사회복지개론

엄기욱 · 김순규 · 배진희 · 오세영 공저

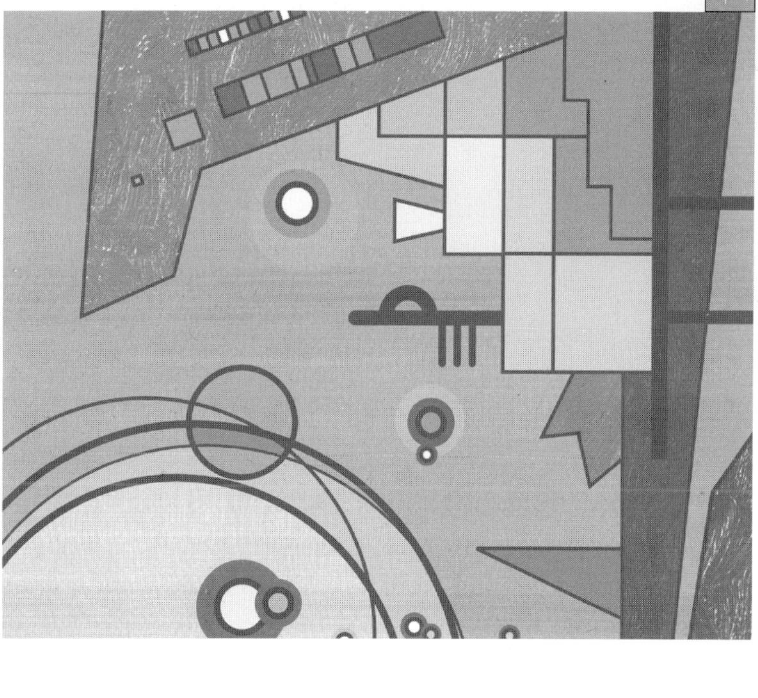

학지사

머리말

최근 사회복지에 대한 관심이 높아지면서 사회복지학을 전공하는 학생들뿐만 아니라 복수전공이나 교양차원에서 사회복지개론을 수강하는 학생들이 많아졌다. 이렇게 되자, 사회복지개론을 강의하는 시간강사나 경력이 짧은 교수는 매우 힘든 학기를 보내게 되었다. 왜냐하면 사회복지학 세부전공이 명확해지면서 사회복지개론을 담당하는 경우가 많아졌기 때문이다. 사회복지학을 전공하기 위해 수강하는 학생과 그렇지 않은 학생들 간의 관심과 집중력 차이도 수업방향 설정을 어렵게 한다. 사회복지개론에서 한 주에 다루는 수업 내용은 세부전공에서는 한 학기 동안 배워야 하는 내용이기 때문에 가르치는 교수나 배우는 학생들 모두 힘들다. 이러다 보니 2년 또는 4년 동안 사회복지학을 전공하고 졸업한 학생들조차 사회복지란 무엇인가처럼 사회복지를 한마디로 정의해 보라는 질문에 정확하게 대답하지 못하는 경우가 많다.

이러한 문제인식에 기초하여 대학에서 사회복지개론 수업을 담당하는 교수들이 모여 이 책에 다음과 같은 특징을 반영하고자 노력했다. 첫째, 기본적으로 한국사회복지교육협의회에서 발간한 2010년도 사회복지학 교과목 지침서상의 교과목 내용에 충실하고자 했다. 이는 사회복지학에서 배워야 할 최소한의 학습내용에 대한 개념 확립에 도움을 줄 것이다. 둘째, 단원별로 학습개요, 학습목표, 학습과제를 제시했으며, 용어해설과 시사 및 사례 등을 가급적 많이 다루려고 했다. 이는 피학습자의 학습목표와 방향 설정에 도움이 될 것이며, 학습 수월성을 보장해 줄 것이다. 셋째, 사회복지학 입문서로서 사회복지에 대한 기초 지식이 없는 학생들이 쉽게 이해할 수 있도록 핵심내용을 중심으로 집필하였다. 특히 사회복지 세부전공, 적성 및 직업에 대한 방향 설정에 도움이 될 만한 단원(제3장 전문직으로서의 사회복지)을 앞에 배치했다. 이는 사회복지 학습에서 구체적 목표와 방향을 설정하는 데 도움이 될 것이다.

이 책의 저자들은 집필 계획과 분담 집필내용이 정해진 이후 1년간 매달 1회 정기모임을 가지면서 목차와 내용 수정, 개념과 용어 통일 그리고 사회복지 현안에 대한 소규모 세미나를 진행했으며, 이를 통해 서로의 부족함을 보충하고자 했다. 그럼에도 불구하고 학문적 역량 부족과 게으름으로 다른 개론서와의 차별성을 부각시키지 못했음을 부끄럽게 생각하며, 미흡한 부분에 대한 독자 여러분의 비판과 진솔한 조언을 겸허히 받아들이고자 한다.

끝으로 완성도가 낮은 이 책의 출간을 위해 애쓰신 학지사 김진환 사장님과 촉박한 시간임에도 불구하고 편집과 교정에 힘쓴 학지사 편집부 직원 여러분께 감사드린다.

2013월 2월
저자 일동

차 례

⊙ 머리말 _ 3

제1장 인간의 삶과 사회복지 9

1. 인간의 욕구 _ 11
2. 생애주기별 욕구와 사회복지 _ 18
3. 사회문제와 사회복지 _ 23
4. 사회복지의 개념 _ 25
5. 사회복지의 관점 _ 26
6. 사회복지의 학문적 성격 _ 27

제2장 사회복지의 가치, 이념, 윤리 33

1. 사회복지의 가치 _ 36
2. 사회복지의 이념 _ 43
3. 사회복지의 윤리 _ 47

제3장 전문직으로서의 사회복지 57

1. 사회복지 전문직의 개념과 성격 _ 59
2. 사회복지 전문직의 조건 _ 64

3. 우리나라 사회복지사제도 _ 68
4. 외국의 사회복지사제도 _ 79

제4장 사회복지의 구성요소 87
1. 사회복지의 대상 _ 89
2. 사회복지의 급여 _ 90
3. 사회복지의 자원과 공급주체 _ 92
4. 사회복지 전달체계 _ 99
5. 사회복지의 재원 _ 108

제5장 사회복지의 동기 117
1. 상부상조 _ 119
2. 종교적 동기 _ 121
3. 정치적 동기 _ 122
4. 이념적 동기 _ 123
5. 경제적 동기 _ 126

제6장 사회복지의 역사 133
1. 스웨덴의 사회복지 발달과정 _ 136
2. 영국의 사회복지 발달과정 _ 143
3. 미국의 사회복지 발달과정 _ 155
4. 한국의 사회복지 발달과정 _ 160

제7장 사회복지의 미시적 접근 171

1. 미시적 접근방법의 관점과 이론 _ 174
2. 개인중심 사회복지실천 _ 177
3. 가족중심 사회복지실천 _ 184
4. 집단중심 사회복지실천 _ 189

제8장 사회복지의 중범위적 접근 197

1. 지역사회복지 _ 199
2. 사회복지행정 _ 212

제9장 사회복지의 거시적 접근 229

1. 거시적 접근방법의 의의 _ 231
2. 사회복지정책 및 제도의 유형과 특성 _ 233
3. 우리나라의 사회복지정책 및 제도 _ 237

제10장 사회복지의 실천 분야 I 261

1. 아동 및 청소년복지 _ 263
2. 여성복지 _ 269
3. 가족복지 _ 283

제11장 사회복지의 실천 분야 II 293

1. 노인복지 _ 295
2. 장애인복지 _ 306

제12장 사회복지의 실천 분야 III 331

1. 의료 · 정신보건사회복지 _ 333
2. 학교사회복지 _ 339
3. 산업사회복지 _ 343
4. 교정사회복지 _ 353

제13장 사회복지와 복지국가 361

1. 복지국가의 개념 _ 363
2. 복지국가의 유형 _ 372
3. 복지국가의 발전단계 _ 378
4. 복지국가의 전망 _ 384

⊙부 록 _ 389

인간의 삶과 사회복지

학습개요

- 인간의 삶에서 사회복지가 지니고 있는 의미를 살펴본다.
- 인간의 욕구와 사회문제에 대한 대응으로서 사회복지의 개념을 이해하고, 사회복지가 학문적으로 어떠한 성격을 지니는지에 대해 살펴본다.

학습목표

- 인간의 욕구와 사회문제의 개념을 설명할 수 있다.
- 사회복지의 개념과 관심을 이해하고, 학문적인 성격을 파악할 수 있다.

학습과제

- 인간의 욕구와 사회문제를 해결하기 위한 대응으로서 사회복지가 인간의 삶의 주기에 어떠한 접점을 지니는지 설명해 보자.
- 사회복지학과 사회과학의 관계를 설명하고 타 학문과의 비교를 통한 사회복지학의 특징을 논의해 보자.

제1장 인간의 삶과 사회복지

1. 인간의 욕구

욕구(need)에 대한 정의는 누가 했는지, 무엇을 목적으로 했는지 등에 따라 달라진다. 위키백과에 따르면, '욕구'란 유기체가 건강한 삶을 영위하기 위해 반드시 필요한 것을 말한다. 따라서 결핍되면 기능장애나 죽음과 같이 명백하게 부정적인 결과를 초래한다는 점에서 욕망(wants)과 구분된다. 욕구는 음식과 같이 객관적이고 물질적인 것도 있지만, 자존감과 같이 주관적이고 심리적인 것도 있다. 이 같은 욕구에 대한 정의는 종종 논쟁거리가 되기도 한다. 특히 정치학, 사회과학, 철학 분야에서 욕구와 욕망을 구분하는 것은 중요한 문제다. 욕구에 대한 정의는 크게 심리적 관점과 정치적 관점으로 구분할 수 있다. 심리적 관점의 대표적인 학자는 매슬로(Abraham Maslow)다. 그는 인간이 안전에 대한 욕구부터 자아실현의 욕구까지 위계적인 심리적 욕구를 가지고 있다고 했다. 매슬로의 욕구이론은 이후 알더퍼(Clayton Alderfer)가 더욱 발전시켰다(위키백과, Need).

1) 매슬로의 욕구위계이론

매슬로의 욕구위계이론은 1943년 그의 논문 「인간동기이론(*A Theory of Human Motivation*)」에 처음 소개되었다. 인간의 심리적, 신체적 욕구수준을 표현한 피라미드는 그 이론을 설명하기 위해 만든 것이다. [그림 1-1]과 같이 매슬로는 인간의 욕구를 위계적인 다섯 단계로 구분하고, 하위 욕구가 어느 정도 충족될 때 상위 욕구가 발생한다고 하였다. 첫 번째 단계는 생리적 욕구로 공기, 음식, 물 등에 대한 욕구다. 이는 인간의 욕구 중 가장 강한 욕구인데, 이 욕구가 충족되지 않으면 다른 욕구는 존재하지 않거나 뒤로 밀려난다. 두 번째 단계는 안전욕구다. 이는 자기 자신을 외부의 위협에서 안전하게 보호하고자 하는 욕구로, 신체적 안전과 심리적 안정에 대

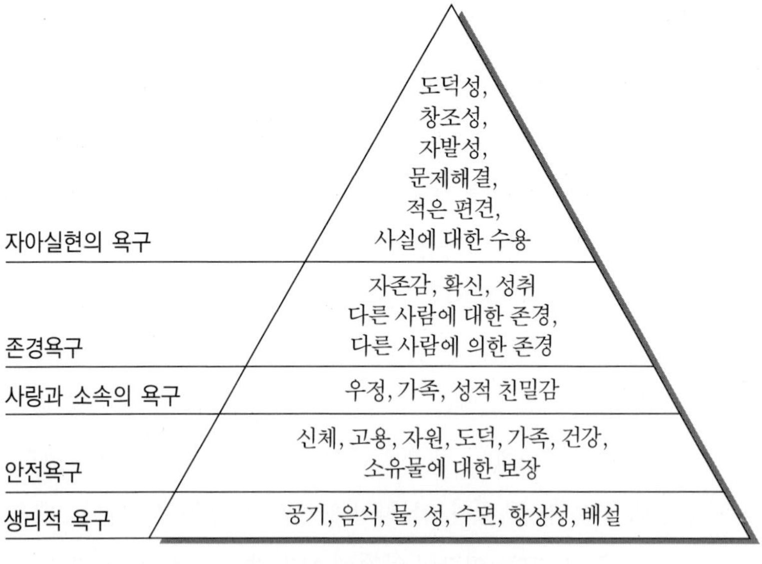

[그림 1-1] 매슬로의 욕구위계도

출처: 위키백과. Abraham Maslow

한 것이다. 이 안전욕구는 첫 번째 단계인 생리적 욕구가 충족될 때 발생한다. 세 번째 단계는 사랑과 소속의 욕구다. 이는 다른 사람으로부터 사랑을 받고 다른 사람을 사랑하고자 하며 어떤 집단에 소속되어 집단의 구성원으로서 역할을 수행하고자 하는 욕구다. 대인관계를 통해 서로 정을 교환하고자 하는 것도 사회적 욕구라고 할 수 있다. 네 번째 단계는 존경욕구다. 이는 자신의 가치를 스스로 인정하고 다른 사람에게 존경을 받고자 하는 욕구다. 중요한 책임을 잘 수행하려고 하거나 많은 재산을 사회나 교육기관에 기부하는 일은 바로 이러한 욕구에서 나온 행동이다. 다섯 번째 단계는 자아실현의 욕구다. 자신의 모든 잠재능력을 최대한 발휘하여 가치 있는 삶을 누리고자 하는 욕구다. 예술이나 학문에 몰두하는 행동이 이와 관련된다(김문준, 2007: 72).

2) 알더퍼의 ERG이론

알더퍼는 1969년 매슬로의 욕구위계이론을 확장시켜 ERG이론을 만들었다. 이 이론은 3개의 핵심적 욕구군으로 존재(existence), 관계(relatedness), 성장(growth)을 제시하고 있으며, 각 단어의 첫 글자를 가져와 ERG이론으로 명명하였다(Alderfer, 1969). 존재욕구는 생존에 필요한 것들과 관련되는데, 매슬로의 생리적 욕구와 안전욕구가 해당된다. 관계욕구는 타인과 중요한 관계를 유지하고자 하는 것으로, 매슬로의 사랑과 소속의 욕구 그리고 존경욕구 중 다른 사람에 의한 존경과 관련된다. 마지막으로 성장욕구는 창조적이고 개인적인 자기발전을 도모하기 위한 인간의 노력과 관련되는데, 매슬로의 존경욕구 중 자존감과 자아실현의 욕구가 해당된다(위키백과, Motivation). 이러한 알더퍼의 이론은 하위 욕구가 충족되어야 상위 욕구가 발생한다는 점에서는 매슬로의 욕구위계이론과 차이가 없다. 그러나 [그림 1-2]와 같이 상위 욕구가 충족되지 않을 경우 그보다 낮은 하위 욕구로 좌

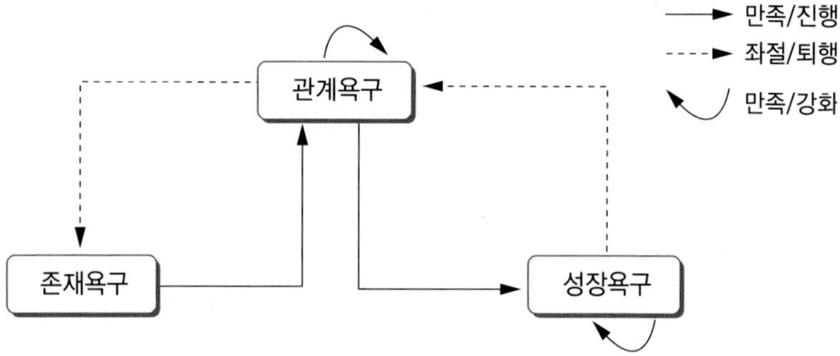

[그림 1-2] 알더퍼의 ERG 관계도

출처: Alderfer, C. (1972).

절, 퇴행하여 그 하위 욕구의 중요성이 더 커진다는 퇴행이론(regression theory)을 제안하고 있다는 점에서 차별성을 지닌다. 즉, ERG이론은 동시에 두 가지 이상의 욕구가 작용할 수 있음을 보여 준다(김용순, 양효원, 2009: 67-68).

3) 고프와 도얄의 인간욕구이론

욕구에 대한 이러한 심리적 접근의 한계는 욕구의 개념이 문화와 사회에 따라 그리고 동일 사회 내에서도 영역에 따라 달라질 수 있다는 점이다. 다시 말해서 어떤 이에게는 욕구로 정의되지만, 다른 이에게는 반드시 필요한 욕구가 아닌 온정적인 것으로 간주되기도 한다. 정치경제학자인 고프(Ian Gough)는 이러한 욕구에 대한 주관적이고 문화상대주의적인 접근과는 다르게 객관적이고 보편적인 인간의 욕구를 연구한 대표적인 학자다. 그는 1991년 의료윤리학자인 도얄(Len Doyal)과 함께 『인간욕구이론(*A Theory of Human Need*)』을 출간하였다. 이들은 인간의 욕구를 복지국가가 제공하는 사회적 원조차원에서 다루었다. 여기서 인간은 사회적 존재이며, 자유로운 사회적 참여를 통해서만이 자신의 능력을 확인하고 개발시킬 수 있다고 보았다. 따라서 인간의 가장 보편적인 욕구는 참여(participation)라고 주장하였다. 또한 완전한 사회적 참여를 위해 신체적 건강(physical health)과 자율(autonomy)이 필요하며, 이 두 가지를 인간의 기본 욕구(basic needs)라고 하였다. 여기서 자율이란 어떤 것을 결정하고 선택할 수 있는 자유를 의미한다. 그리고 이 기본 욕구를 충족하기 위해 필수적인 열한 가지 중간 욕구(intermediate need)를 다음과 같이 제시하였다. ① 적당한 음식과 물, ② 안전한 주거, ③ 위험하지 않은 노동환경, ④ 위험하지 않은 물리적 환경, ⑤ 적절한 의료서비스, ⑥ 아동기 보호, ⑦ 중요한 일차적 대인관계, ⑧ 신체적 안전, ⑨ 경제적 안전, ⑩ 안전한 출산과 자녀양육, ⑪ 기본 교육 등이다(Blakemore & Griggs, 2007). 이들은 이 욕구들이 결핍되면, 신체적 건강과 자율이라는 기본 욕구가 충족되기 어렵다고 보았다. 따라서 현대 복지국가가 제공하고 있는 사회복지서비스들이 이 욕구들과 매우 밀접한 관련이 있다는 점에서 이들의 관점이 시사하는 바가 크다.

4) 브래드쇼의 사회적 욕구

매슬로나 알더퍼가 제시한 욕구에 대한 정의는 욕구가 있는 집단과 없는 집단을 구분하는 데 한계가 있다. 이러한 점에서 브래드쇼(Bradshaw, 1972)는 욕구가 있는지 없는지를 결정할 수 있는 방법론을 제공하였다. 그는 우선 네 가지 유형의 사회적 욕구인 규범적 욕구, 느끼는 욕구, 표현적 욕구, 비교적 욕구를 제시하였다. 그리고 주어진 상황에 이 네 가지 유형의 욕구가 있는지 조사하고, 모두 존재하면 욕구가 있는 것으로 간주하였다(United Nation, 2002: 17-18).

(1) 규범적 욕구

규범적 욕구(normative need)는 전문가가 정의하며, 지식에 기반하는 경향이 있다. 전문가, 정책결정자, 사회과학자들이 바람직한 기준을 마련하고, 실제 상황은 이 기준과 비교된다. 실제 상황이 기준 이하일 경우 지원이나 특별한 서비스에 대한 욕구가 있는 것으로 간주한다. 대표적인 예가 지능지수(IQ)다. IQ는 특별한 욕구가 있는 사람을 나타내기 위해 사용되는데, IQ가 80 이하일 경우 정신지체로 간주한다. 국민기초생활보장제도상의 대상자도 규범적 욕구와 관련된다. 왜냐하면 그들의 욕구는 자신들의 자산이 정책결정자들이 정한 수준 이하일 경우에만 인정되기 때문이다. 그리고 정책결정자들이 정한 그 기준은 가치중립적이지 않으며, 사회정치적 상황이나 경제 상황에 따라 때때로 바뀐다.

(2) 느끼는 욕구

느끼는 욕구(felt need)는 사람들이 원하는 것을 말한다. 이는 서비스 이용자 또는 잠재적 이용자에게 그들이 원하는 것이 무엇인지 물어봄으로써 쉽게 확인된다. 그러나 느끼는 욕구는 이용자들의 높은 기대(예를 들어, 공공주택의 수준을 고급스러운 민간주택 수준과 비교하는 것) 때문에 과장되기도 하고, 잠재적 이용자의 무지 또는 서비스 거절로 축소되기도 한다.

(3) 표현적 욕구

표현적 욕구(expressed need)는 요구(demand)된 욕구를 말한다. 요구는 욕구가 충족되지 않을 때 발생하는데, 다른 한편으로는 욕구를 느끼지 않으면 요구는 발생하지 않는다. 사회서비스가 필요한 사람들의 대부분은 자원이 부족하고 학력이 낮아 그들의 요구는 종종 표현되지 않는다. 또한 산업안전과 같은 정당한 집단적 요구는 때때로 정부에 대항하는 정치적 행동으로 간주되어 이러한 요구의 표현이 제재를 받기도 한다. 정책결정자들은 요구가 없으면 욕구가 없다고 생각한다. 그러나 문화적 이유로 욕구가 표현되지 않는 경우도 있다. 예를 들어, 아내학대와 아동학대는 몇몇 나라에서는 상당히 심각한 문제이지만, 그저 사적인 가족문제로 치부해 버리는 나라도 있다.

(4) 비교적 욕구

비교적 욕구(comparative need)는 서비스를 이미 받고 있는 이용자와의 비교를 통해 측정된다. 따라서 서비스를 받고 있는 사람과 동일한 혹은 더 나쁜 상태에 있다면 그 사람은 비교적 욕구가 있다고 본다. 이 개념은 지역이나 나라를 기준으로 적용할 수도 있다. 예를 들어, A지역에는 무료 의료서비스가 있는 반면 B지역에는 없는 경우 B지역은 무료 의료서비스에 대한 욕구가 있는 것이다. 그러나 비교적 욕구는 이미 존재하는 서비스 이용자의 욕구수준과의 비교를 통해 파악되기 때문에 '새로운 서비스 욕구가 있을 경우는 어떻게 그 욕구를 측정하는가?' '비교를 위해 사용한 욕구수준을 상향 조정할 필요는 없는가?' 등에 대한 해답을 얻는 데는 한계가 있다.

5) 니프의 인간의 기본적 욕구

니프(Max-Neef)는 매슬로의 욕구위계이론과는 다르게 인간의 다양한 기본적 욕구를 단계적으로 보지 않고 하나의 체계로 이해해야 한다고 주장하였다. 즉, 이들 욕구들은 서로 관련되어 있으며 상호작용하기 때문에 욕구충족과정에서 위계적이라기보다는 동시적이고 상호 보완적이며 교환 가능하다는 것이다. 니프는 인간의 기본적 욕구를 다음과 같이 아홉 가지로 분류하였다. 그리고 이들 욕구를 존재하는 것, 가지고 있는 것, 행동하는 것, 상호작용하는 것 등의 존재론적 범주에 따라 정의하여 36개로 구분된 〈표 1-1〉을 개발하였다(Max-Neef, 1991).

〈표 1-1〉 니프가 분류한 인간의 기본적 욕구

욕 구	존재하는 것	가지고 있는 것	행동하는 것	상호작용하는 것
생존 (subsistence)	심리적 · 정신적 건강	음식, 주거, 일	먹이는 것, 입히는 것, 휴식하는 것, 일하는 것	생활환경, 사회적 장소
보호 (protection)	돌봄, 적응, 자율	사회보장, 의료제도, 일	협동, 계획, 돌봄, 도움	사회환경, 거처
애정 (affection)	존경, 유머, 관용, 관능	우정, 가족, 자연과의 관계	나눔, 돌봄, 사랑하는 것, 정서를 표현하는 것	사적인 공간, 친교를 위한 친밀한 공간
이해 (understanding)	비판능력, 호기심, 통찰력	책, 선생님, 정책, 교육	분석, 연구, 계획, 투자	학교, 가족, 대학, 지역사회
참여 (participation)	수용, 헌신, 유머	책임감, 의무, 일, 권리	협력, 반대, 의견 표현	연합회, 정당, 교회, 이웃
여가 (leisure)	상상, 평온, 자발성	게임, 파티, 안식	공상, 기억, 긴장을 푸는 것, 즐기는 것	풍경, 친밀한 공간, 혼자일 수 있는 공간
창조 (creation)	상상, 대담, 발명, 호기심	능력, 기술, 일, 기법	발명, 건설, 조립, 디자인, 일, 해석	표현을 위한 장소, 작업장, 청중
정체성 (identity)	소속감, 자존감, 일관성	언어, 종교, 일, 관습, 가치, 규범	자신에 대해 아는 것, 성장, 자신에게 헌신하는 것	매일 그 사람이 소속되어 있는 장소
자유 (freedom)	자율성, 열정, 자존감, 개방성	동등한 권리	반대하는 것, 선택, 위험을 무릅 쓰는 것, 인식을 개발하는 것	모든 장소

출처: Max-Neef(1991). pp. 31-32.

2. 생애주기별 욕구와 사회복지

인간은 일생을 통해 다양한 유형의 위험에 노출된다. 이러한 위험은 지속적으로 남아 있는 것이 아니라 생애주기에 따라 변한다. 위험이 없고, 사회적 보호가 필요 없는 연령은 존재하지 않는다. 또한 사회복지를 아동, 청소년, 성인, 노인 등 특정 연령대만을 위한 프로그램으로 간주해서는 안 된다. 젊은 세대와 젊은 세대가 지불하는 연금으로 생활하는 노인세대로 구분하여 상반되게 개념화하는 것은 지나치게 단순화한 것이다. 왜냐하면 젊은 세대 또한 나이가 들면 보다 젊은 세대에 직접적 · 간접적으로 의존하여 연금을 돌려받게 될 것이기 때문이다. 결과적으로 사회복지는 모두에 의한 생애주기적 투자로 간주되어야 한다(Garcia & Gruat, 2003: 32-42).

1) 생애주기, 생애단계, 생애경로

생애주기(life cycle)란, 동일한 위험에 지속적으로 노출되어 있는 기간을 말한다. 새로운 생애주기에 진입했다는 것은 위험수준이 긍정적 혹은 부정적으로 변했음을 의미한다. 따라서 위험수준이 변하지 않으면 인간은 동일한 생애주기에 머무르게 된다. 두 자녀를 둔 맞벌이가정의 생애주기를 예로 들어보자. 이들은 다른 생애단계에 있지만, 동일한 생애주기에 살고 있다. 왜냐하면 동일한 위험에 노출되어 있기 때문이다. 다음은 각 가족구성원들을 새로운 생애주기로 진입하도록 하는 사건들이다. 새로운 생애주기의 위험수준이 이전 생애주기보다 높으면 부정적인 발달로, 새로운

〈표 1-2〉 가족구성원들을 새로운 생애주기로 진입하도록 하는 사건들

위험수준이 더 높은 생애주기로 이끄는 부정적인 사건들	위험수준이 높은 동일한 생애주기에 머무르게 하는 조건들
• 가족구성원의 질병이나 사망	• 기본적인 생활용품과 서비스의 차단
• 부양자의 이혼	• 개인적, 사회적 발달 단절
• 가정폭력	• 배제
• 산업재해 및 사고로 인한 장애	• 의견을 표현할 수 없는 것
• 경기침체나 부양자의 실직	• 항의할 수 없는 것
• 비공식적 지원을 받지 못하는 것	• 건강하지 못한 생활양식
• 성공하지 못한 이민이나 이주	• 폭력
• 위기와 응급 상황	• 위기와 응급 상황
• 전쟁	• 전쟁

위험수준이 낮은 동일한 생애주기에 머무르게 하는 조건들	위험수준이 더 낮은 생애주기로 이끄는 부정적인 사건들
• 안정된 소득	• 부양자가 보다 나은 직업을 얻는 것
• 위험 예방	• 더 나은 교육
• 건강한 생활양식	• 새로운 기술 습득
• 개인적, 사회적 발달 지속	• 창업에 성공
• 의견 표현	• 노동시장에 성공적으로 재진입
• 항의	• 비공식적 지원을 받는 것

생애주기의 위험수준이 이전 생애주기보다 낮으면 긍정적인 발달로 간주될 수 있다.

생애단계(life phase)는 [그림 1-3]과 같이 경제활동 이전, 경제활동기간, 은퇴 후 등 세 단계로 구분할 수 있다. 경제활동 이전의 위험수준은 경제활동기간과 은퇴 후 위험수준에 영향을 미친다. [그림 1-3]에서 생애주기 C, F, I는 위험수준이 가장 높고, 생애주기 A, D, G는 평균적인 위험수준이며, 생애주기 B, E, H는 위험수준이 낮은 것이다. 예를 들어, 학교에 다니지 않고, 의료서비스를 받지 못하는 생애주기 C에 있는 아동은 좋은 직장과 은퇴 후 만족스러운 연금을 받을 기회가 적을 것이다. 외부의 계획적인 개입이 없을 경우, 이 아동은 생애주기 F를 거쳐 생애주기 I에 이른다. 생애경로(life path)를 생애단계별 생애주기 과정으로 정의할 경우 이 아동의 생애경로는 CFI로, 평생 높은 위험수준의 생애주기를 유지한다. 이 아동에게 가장 바람직한 생애경로는 CBDEH나 CDEH이며, 이는 외부적 개입 없이는 불가능하다. 또 다른 예로 학교에 다니고 있고 의료보험에 가입되어 있지만, 부모가 직장을 잃은 생애주기 B에 있는 아동의 생애경로는 BDFI가 될 가능성이 높다.

모든 생애주기에 존재하는 위험수준을 감소시키기 위한 노력은 사회정의와 빈곤감소 그리고 국가발전을 위해 매우 중요하다. 그리고 이는 모든

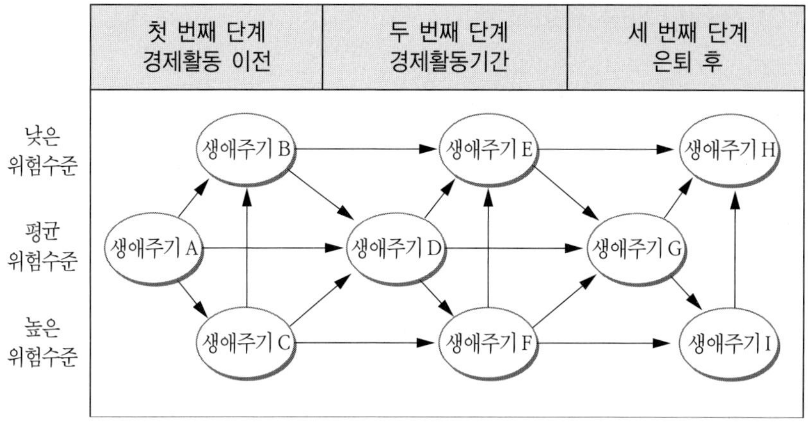

[그림 1-3] 위험수준 및 경제활동 여부에 따른 생애주기, 생애단계, 생애경로

출처: Garcia & Gruat (2003). p. 35.

나라에 해당된다. 선진국의 경우 대부분의 사람들이 적절한 사회적 보호를 받고 있지만, 일부 그렇지 못한 사람들이 존재한다. 이들 국가는 많은 사람들이 BEH에 가까운 생애경로를 유지하도록 하기 위해 노력한다. 과도기에 있는 국가의 경우 일부만이 사회적 보호를 받는다. 이들 국가는 사회적 보호를 받는 사람의 범위를 확대하고, 생애경로 CFI에 있는 사람들을 보다 낮은 위험수준의 생애주기로 보내려는 노력을 한다. 전 세계 인구의 대부분이 살고 있는 개발도상국의 경우 대부분의 인구가 CFI 생애경로를 따르고 있다. 평화로운 경제성장을 이루기 위해 사회복지는 필수적이다. 따라서 사회복지는 선진국, 과도기 국가 그리고 개발도상국에 있는 모든 사람들이 모든 생애단계와 생애주기에 존재하는 악순환에서 벗어날 수 있도록 도움을 주는 보이는 손이다.

2) 생애단계별 사회복지

(1) 첫 번째 단계: 경제활동 이전

생애 첫 번째 단계에서 이루어지는 사회복지의 초점은 활동장애를 포함하여 인간이 남부럽지 않은 삶을 살아가기 위해 꼭 필요한 개인과 사회의 잠재력과 기회제공에 지속적으로 투자하는 것이다. 생애 후기에 나타나는 많은 병리적 문제들은 대부분 아동기 발달에 그 뿌리를 두고 있다. 생애 초기 개입은 이 병리적 문제들을 치료하고 보상하는 것보다 더 효과적인 방법이다. 이 투자는 경제활동 연령에 이르렀을 때 생산적인 노동활동을 할 수 있도록 준비시키는 것이다. 생애 초기단계에 시행할 수 있는 사회복지 프로그램에는 가계소득보장, 임산부 보호, 의료보장, 자녀양육보장, 교육보장, 아동노동 금지, HIV/AIDS 예방, 청년직업훈련, 일과 가정의 양립 등이 있다.

(2) 두 번째 단계: 경제활동기간

이 단계에서 이루어지는 사회복지의 초점은 활동장애를 포함하여 개인과 사회의 잠재력과 기회제공을 유지하고 강화하는 것이다. 이때 시행할 수 있는 사회복지프로그램에는 괜찮은 일자리와 고용의 증진, 실업의 위험으로부터의 보호, 생산적이고 건강한 평균수명과 평생학습의 증진, 정년 이후 활동적인 삶을 위한 준비 등이 있다.

(3) 세 번째 단계: 은퇴 후

이 단계에서 사회복지의 초점은 활동적 노후를 위해 기여하는 것, 독립성을 유지하는 것, 사회참여를 유지하고 증진시키는 것 그리고 장애를 예방하는 것이다. 가장 우선적인 목적은 빈곤해지지 않도록 하는 것인데, 음식, 주거, 보건의료를 포함한 기본적인 상품과 서비스에 접근할 수 있도록 해야 한다. 특별히 남성보다 수명이 긴 여성에게서 노후는 매우 중요하다. 자신의 죽음 때문에 유가족과 부양자들이 어려움을 겪지 않도록 해야 한다.

3. 사회문제와 사회복지

사회복지의 개념을 규정하는 데 고려해야 할 요소가 바로 사회문제다. 우리가 사는 사회에는 빈곤문제, 환경문제, 가정폭력문제, 성폭력문제, 노인부양문제, 자녀양육문제, 실업문제 등 이루 헤아릴 수 없이 많은 사회문제들이 존재하며, 이로 인해 많은 사람들이 고통받으며 살아가고 있다.

이와 같은 사회문제의 해결은 사회문제가 무엇인지 정확히 이해될 때 가능하다. 그렇다면 사회문제란 무엇인가? 사회문제의 정의는 사회문제와 사회문제가 아닌 문제의 구분(박광준, 1999: 14-20)을 통하여 정의하면 도움이 된다.

첫째, 사회문제는 그 원인이 사회적인 데에 있는 문제다. 우리는 흔히 폭풍이나 홍수, 지진 등을 사회문제라고 말하지는 않는다. 그 원인과 본질이 자연적인 재앙이기 때문이다. 사회문제의 원인이 사회적인 데 있다는 것은 사회문제가 불완전한 사회체제 때문에 발생함을 의미한다. 즉, 홍수는 사회문제가 아니지만 홍수로 인한 주택파괴가 장기간 복구되지 않은 채 주민들에게 생활위협으로 되는 것이 사회문제다.

둘째, 사회문제는 사회구성원이 지배적인 사회가치나 규범에서 벗어난 것이라고 판단하는 현상이다. 사회문제는 사회에 바람직하지 못한 결과를 가져오는 것이라고 일반 구성원들이 생각하는 문제다. 사회문제를 규정하는 것은 도덕적인 평가의 요소를 강하게 내포하고 있기 때문에 어떤 형태의 가치지향성을 지닌다. 또한 사회적 규범은 사회문제를 규정한다. 그러므로 규범적으로 잘 통합된 사회에서는 특정 행동이나 현상이 사회적으로 문제가 되는지 명백하게 알 수 있다. 그러나 규범적 혼란이 발생하면 사회문제의 규정도 혼란스러워질 수밖에 없다.

셋째, 사회문제는 사회적인 관심을 불러일으키는 것에 성공한 문제다. 사회문제의 조건을 갖춘 것이라고 하더라도 사람들의 관심 밖에 있다면 그것은 사회문제가 아니다. 사회문제가 성립하려면 반드시 문제가 되는 객관적 상황이 존재해야 하지만, 그러한 객관적인 조건은 사회문제의 필요조건일 뿐 충분조건은 아니다. 아무리 그러한 조건이 갖추어져 있다고 하더라도 많은 사람들이 그것을 문제라고 생각하지 않거나 관심을 가지지 않으면 사회문제가 되지 않는다. 즉, 그 조건들이 사회의 소중한 가치들에 대한 위협이라고 구성원들이 인식하고 관심을 가질 때 비로소 사회문제가 된다.

넷째, 사회문제는 국가적 개입 혹은 사회운동을 불러일으킨다. 개인적 노력의 차원에서 대처하고 해결할 수 있는 문제는 사회문제가 아니다. 사회문제의 해결이나 그 문제에 대한 고통의 완화를 위해서는 사회적인 차원의 개입이 있어야 한다. 사회문제를 해결하기 위한 국가적 개입은 많은 자원의 투입을 필요로 한다. 결국 그 자원은 대부분 국민의 세금으로 충당되기 때문에 사회문제는 사회문제의 직접적인 피해 당사자는 물론 사회 전체 구성원에게 간접적으로 영향을 미치는 것이다. 이에 소요되는 민간 및 국가적인 자원은 대표적인 사회비용(social cost)이다. 어느 쪽이든 간에 사회문제의 해결에는 결국 사회구성원의 부담이 전제된다. 사회문제의 해결을 위한 국가적 차원의 노력이 계속 연기되거나 정부가 그 노력을 포기한 경우에는 그 사회문제의 당사자들로부터 직접적인 항의를 받을 수 있고, 사회운동으로 진행될 수 있다. 그러나 당사자들은 자신의 이해를 표출할 능력이 없는 경우가 많기 때문에 다양한 시민단체나 연구자집단, 종교단체 등이 이들의 입장을 대변하기도 한다. 사회운동은 형태가 다양한데, 때로는 폭력적인 수단이 동원되기도 한다.

4. 사회복지의 개념

사회복지의 개념은 학자에 따라 다양하게 정의된다. 예를 들어, 프리들랜더와 압트(Friedlander & Apte, 1980: 4)는 "사회복지란 국민의 복지와 사회질서 유지에 반드시 필요한 사회적 욕구(social needs)를 충족시키기 위한 제반 시책으로 입법, 프로그램, 급여와 서비스를 포함한다."라고 정의한다. 던햄(Dunham, 1970: 14-20)은 사회복지를 "인구의 일부 또는 전체의 경제적 조건, 건강 또는 대인적 경쟁을 개선하고 유지함으로써 사회적 복지를 추진하려는 조직적인 활동"이라고 정의하였다. 존슨(Johnson, 1983: 10-11)은 "사회복지란 사회제도나 체계 간의 조직적인 활동으로서 인간의 복지를 유지하거나 개선하는 데 목적을 두고 있으며, 사회사업을 포함한 많은 전문직을 포함하는 개념"이라고 정의하였다. 재스트로(Zastrow, 2006: 4-5)는 "사회복지란 사회구성원의 사회적 기능 향상과 각자가 지닌 사회적, 재정적, 건강 및 여가 욕구 충족을 위한 사회제도로서 사회문제를 예방하고 완화하거나 또는 문제해결에 기여함으로써 개인, 집단, 가족, 조직 및 지역사회의 복지를 직접적으로 향상시키는 것을 목적으로 하고 있다."라고 정의하였다. 미국사회복지사협회(NASW)에서는 사회복지를 "사회의 유지에 기본적인 사회적, 경제적, 교육적 및 보건의료적 욕구를 충족하려는 사람을 돕는 프로그램, 급여 및 서비스에 관한 국가의 체계"라고 정의하고 있다.

이와 같이 사회복지의 개념은 다양한데, 이들 정의에 근거해서 이 책에서는 사회복지를 '인간의 기본적인 사회적 욕구를 충족시키고 사회문제를 해결하기 위한 모든 제도와 실천'으로 정의하고자 한다.

사회복지의 가장 중요한 특징은 인간의 사회적 욕구 충족과 사회문제의 해결을 위한 노력이 개별적이고 자의적인 차원에서 이루어지는 것이 아니라 국가, 지방자치단체, 사회복지사업체 등의 조직적이고 체계적인 활동으로 이루어진다는 점에 있다. 이러한 특징은 사회복지활동의 개념을 규정짓는 중요한 근거가 된다. 즉, 어떠한 사회복지활동이 사회복지활동인가 아닌가를 구분짓게 하는 근거는 바로 그것이 사회적 · 조직적으로 행해졌는가의 여부에 달려 있다는 것이다. 이때 대상자를 보다 과학적으로 규정하고 그 선정기준을 과학화하려는 노력의 유무가 중요한 기준이 된다.

그러면 구체적으로 사회복지를 통해서 어떻게 사회적 욕구를 충족시켜 주며 문제를 해결할 것인가? 사회적 욕구의 충족과 사회문제의 해결을 위한 사회복지적 접근은 욕구의 미충족 및 사회문제의 원인에 따라 달리 이루어진다. 즉, 욕구 충족의 실패 및 사회문제의 원인이 사회경제적 요인과 같은 외적 요인에서 비롯된 경우에는 거시적 접근이 필요하며, 개인적 결함이나 부적응과 같은 내적 요인에서 비롯된 경우에는 미시적 접근의 문제해결이 필요하다. 일반적으로 거시적 측면을 '사회복지정책'이라 부르고, 미시적 측면을 '사회복지실천'이라 부르고 있다.

5. 사회복지의 관점

사회복지를 바라보는 관점은 일반적으로 1965년 윌렌스키와 르보(Wilensky & Lebeaux, 1965)가 제시한 잔여적 사회복지와 제도적 사회복지로 설명된다. 잔여적 사회복지(residual social welfare)는 개인의 욕구를 일차적으로 가족과 시장에서 충족하되, 가족과 시장의 기능이 원활하게 수행되지 못할 때 잠정적 내지는 일시적으로 사회가 나서서 보충해 주어야 한다는 관점이다. 가족과 시장을 임시로 보완하는 것이 사회복지이고, 사회복지가 사회를 유지 · 발전시키는 데 필수적이라는 인식이 없다는 점에서 '잔여적'이다. 잔여적 사회복지는 자산조사(means-test)에 크게 의존하고 있다는 점이 특징인데, 이는 사회통합을 저해하는 요소로 작용한다.

제도적 사회복지(institutional social welfare)는 사회복지를 하나의 사회제도로 보는 관점이다. 사회복지는 가족, 경제, 정치, 교육, 종교와 같은 사회의 기본적이고 정상적인 제도로서 평등주의 이념에 따라 모든 국민에게 보편적으로 제공되어야 한다고 본다. 따라서 제도적 관점에서는 사회복지가 사회를 유지하는 데 필수적인 기능을 수행하며, 그 기능이 제도화되는 것은 당연하다는 입장이다.

제도적 사회복지의 장점은 사회복지가 평등주의 이념에 따라 보편적으로 모든 국민에게 제공되기 때문에 인간의 존엄성을 훼손하는 자산조사에 의존할 일이 그만큼 줄어든다는 것이다. 그러나 제도적 사회복지는 비용이 너무 많이 든다는 점과 개인의 자유와 선택권이 침해받는다는 비판을 받기도 한다.

6. 사회복지의 학문적 성격

급변하는 현대사회에서 사회복지의 중요성이 강조됨에 따라 수많은 학자들의 학문적인 노력이 이루어졌고, 그 결과 사회복지학은 중요한 학문분야로 자리를 잡게 되었다.

사회복지학은 산업자본주의 사회의 출현으로 나타난 제 모순을 극복하기 위한 사회적, 제도적 노력의 결과를 반영하는 학문이다. 빈곤과 부적응 등의 사회문제를 그 출발점으로 삼고 불평등과 사회정의의 문제까지 적극적 관심을 가짐으로써 산업사회의 폐해를 시정하고, 진일보한 인간적 복지사회를 구현하는 데 깊이 관여할 수 있는 가능성이 있는 학문이라 할 수 있다(최경구, 1993: 33).

이러한 사회복지학은 사회과학과 밀접하게 관계된다. 사회과학은 모든 인간의 역사적, 사회적 행위를 연구하는 학문이며, 사회복지학도 그 본질은 복지행위를 연구한다. 그래서 사회과학은 인간행위의 사회적 관련에 역점을 두며 사회관계를 분석한다. 또 사회제도로서 사회복지는 복지행위의 사회적 관계에 관심을 갖고 사회체제를 설명한다. 다시 말해, 사회과학은 체제의 학문이며 그것은 자본주의 체제의 과학이다. 그렇기 때문에 사회과학의 일부로서 사회복지학은 체제의 과학이라고 할 수 있다. 특히 현실문제에 대처하며 해결하는 실천과학이다. 이렇게 볼 때 사회과학과 사회복지학은 문제의 해결학이며 문제해결의 실천학문이다(송정부, 1993: 13-14).

사회복지학은 인접 사회과학 분야들과 밀접한 교류관계를 유지함과 동시에 그 자체로도 독특한 특징이 있다(김상균 외, 2009: 64-65).

타 학문과 비교하여 나타나는 사회복지학의 첫 번째 특징은 틈새과학(niche science)적 성격이다. 사회복지학의 정립은 늦게 출발했기 때문에 기성학문 분과와 중복되지 않으면서 동시에 차별성도 유지해야 했다. 이는 기성학문과는 다른 관점과 접근법이 요구되는 상황에서 사회복지학이 등장하여 새로운 도전을 시도했다는 뜻이다. 이러한 새로운 도전에서 사회복지학이 갖는 강점의 하나는 그것이 문제해결을 최우선으로 하는 응용 또는 실천과학이라는 사실이다.

두 번째 특징은 사회과학의 가치성과 관련된다. 사회복지학은 인간의 모든 원조행위를 무차별적으로 취급하지 않는다. 더욱이 영리목적의 상업적 행위는 엄격히 구별한다. 그리하여 탈상품화를 우선적 연구주제로 삼는 것이다. 뿐만 아니라 피원조자의 존엄성, 자율성 그리고 발전가능의 잠재력을 강조한다. 이와 같이 특정한 가치를 중시하는 이유는 사회복지의 존재이유를 약자보호에서 찾기 때문이다.

세 번째 특징은 사회과학이 다학문성(multi-discipline)을 띠는 것과 관련된다. 남을 돕는 원조행위는 국가, 기업 또는 자발조직 등이 실행하는 집합적 행위다. 사회복지학은 정치학, 경제학, 사회학, 심리학 등 인접 사회과학의 다양한 학문적 성과를 적극적으로 활용하여 사회복지학의 이론과 실천의 체계를 발전시키고 있다.

네 번째 특징은 인간의 욕구 충족을 위한 실천활동을 강조하고 사회문제 해결을 지향한다는 점이다. 사회복지학은 응용사회과학 또는 실천사회과학으로서 사회문제의 해결을 위한 방법을 창출해 내고 이를 실제 사회현상에 적용하는 실천지향적인 학문이다.

용어해설

- **문화상대주의**: 세계 문화의 다양성을 인정하고 각 문화는 문화의 독특한 환경과 역사적 · 사회적 상황에서 이해해야 한다는 견해. 사회의 환경과 맥락을 고려하여 문화를 판단하는 것으로, 어떤 문화요인도 나름대로 존재이유가 있는 것
- **사회적 욕구(social needs)**: 사회적 위험으로 인해 개인의 욕구를 충족시키지 못하는 구성원이 발생했을 때 그들이 당면하고 있는 사회적 위험을 사회가 공동으로 대처하려는 욕구
- **유기체**: 많은 부분이 일정한 목적 아래 통일 · 조직되어 그 각 부분과 전체가 필연적 관계를 가지는 조직체
- **자존감**: 자아존중감(self-esteem)의 약칭. 자신이 사랑받을 만한 가치가 있는 소중한 존재이고 어떤 성과를 이루어낼 만한 유능한 사람이라고 믿는 마음
- **잔여적 사회복지(residual social welfare)**: 개인의 욕구를 일차적으로 가족과 시장에서 충족시키고, 가족과 시장의 기능이 원활하게 수행되지 못할 때 잠정적 내지는 일시적으로 사회가 나서서 보충해 주어야 한다는 관점
- **제도적 사회복지(institutional social welfare)**: 사회복지는 가족, 경제, 정치, 교육, 종교와 같은 사회의 기본적이고 정상적인 제도로서 평등주의 이념에 따라 모든 국민에게 보편주의적으로 제공되어야 한다는 관점
- **퇴행이론**: 매슬로의 5단계 욕구이론을 수정해서 개인의 욕구 단계를 3단계로 단순화시킨 알더퍼의 욕구이론을 말함. 인간의 욕구를 존재욕구, 관계욕구 그리고 성장욕구의 3단계로 구분한 알더퍼는 사람들이 실제로 욕구 단계를 어떻게 인지하고 있는지를 경험적으로 연구한 결과를 토대로 하여 좀 더 현실적인 관점에서 이론을

정립함. 알더퍼는 매슬로와 달리 욕구가 하급 단계로부터 상급 단계로만 진행하는 것이 아니라 반대의 방향으로도 이행한다고 주장함. 존재욕구가 충족되어 상위 욕구인 관계욕구를 추구하다 실패하면, 다시 전 단계인 존재욕구로 이행한다는 것임. 즉 매슬로가 욕구 계층 간의 만족-진행(satisfaction-progression)의 요소만을 중시한데 비해, 알더퍼는 좌절-퇴행(frustration-regression)의 요소도 함께 포함해서 인간 욕구를 설명

참고문헌

김문준(2007). 매슬로의 인간주의심리학으로 본 율곡 성리학. **율곡사상연구 15**. 율곡학회. 65-84.

김상균 · 최일섭 · 최성재 · 조홍식 · 김혜란 · 이봉주 · 구인회 · 강상경 · 안상훈(2009). **사회복지개론**. 파주: 나남출판.

김성천 · 강욱모 · 김혜성 · 박경숙 · 박능후 · 박수경 · 송미영 · 안치민 · 엄명용 · 윤혜미 · 이성기 · 최경구 · 최경구 · 최현숙 · 한동우(2009). **사회복지학의 원리와 실제**. 서울: 학지사.

김용순 · 양효원(2009). 식량난을 전후로 한 북한 주민의 직무동기 변화분석-ERG 이론을 중심으로-. **평화연구 17**(1). 고려대학교 평화와 민주주의 연구소. 59-85.

김태성(2008). **사회복지정책입문**. 서울: 청목출판사.

노만 베리 지음. 허구생 옮김(2003). **사회복지의 사상-역사적 기원과 쟁점들**. 서울: 온누리.

박광준(1999). **사회문제의 이해-사회복지학적 관점**. 파주: 양서원.

송정부(1993). 사회과학과 사회복지학 연구방법. **사회과학과 사회복지학**. 서울: 한울아카데미.

오정수 · 최해경 · 정연택 · 류진석 · 유채영(2010). **사회복지학개론**. 파주: 양서원.

윤찬영(2007). **사회복지의 이해**. 파주: 학현사.

찰스 자스트로 지음. 강흥구 외 편역(2006). **사회복지개론**. 서울: 시그마프레스.

최경구(1993). 사회학과 사회복지학. **사회과학과 사회복지학**. 서울: 한울아카데미.

최선화 · 박광준 · 황성철 · 안홍순 · 홍봉선(2008). **사회문제와 사회복지**. 파주: 양서원.

현외성(1993). 정치학과 사회복지학-사회복지정치학 시론. **사회과학과 사회복지학**. 서울: 한울아카데미.

Alderfer, C. (1969). An Empirical Test of a New Theory of Human Needs, *Organizational Behavior and Human Performance, Volume 4*, issue 2, 142-175.

Alderfer, C. (1972). *Existence, relatedness, and growth: human needs in organizational settings.* The university of California.

Barker, R. L. (1999). *The Social Work Dictionary,* 4th ed., Washington, DC: National Association of Social Workers.

Berger, K. (1983). *The developing person through the life span,* Worth Publishers in New York, N.Y. 627-659.

Bradshaw (1972) . "The concept of social need", *New Society, 30,* March.

Doyal, L. & Ian G. (1991). *A Theory of Human Need.* Macmillan.

Dunham, A.(1970). *The New Community Organization,* New York: Thomas Y. Crowell.

Friedlander, W. A., & Apte, R. Z.(1980). *Introduction to Social Welfare,* 5th ed., Englewood Cliffs, NJ: Prentice-Hall.

Garcia, A. B., & Gruat, J. V. (2003). *Social Protection: A life cycle continuum investment for social justice*, poverty reduction and sustainable de velopment. ILO.

Gough, I. (1994). Economic Institutions and the Satisfaction of Human Needs. *Journal of Economic Issues. vol. 28*, no. 1 (March 9), 25-66.

Johnson, H. W. (1983). *The Social Services-An Introduction-*, Itaska, HL: F. E. Peacock.

Ken, B. & Edwin G. (2007). *Social Policy.* The McGraw-Hill Companies.

Martin, G. T. & Zald, M. N. (1981). *Social Welfare in Society,* Columbia University Press.

Max-Neef, M. A. (1991). *Human Scale Development: conception, application and further reflections*. The Apex Press New York and London.

Standing, G. (2002). *Beyond the New Paternalism*. Basic security as equality, New York, Verso.

Titmuss, R. M. (1974). *Social Policy: An Introduction*. London: George Allen & Unwin Ltd.

United Nations. (2002). *Access to social services by the poor and disadvantaged in asia and the pacific: major trends and issues*. Social Policy Paper No. 11. New York.

Wikipedia. Abraham Maslow, the free encyclopedia.

Wikipedia. Clayton Alderfer, the free encyclopedia.

Wikipedia. Motivation, the free encyclopedia.

Wikipedia. Need, the free encyclopedia.

제2장

사회복지의 가치, 이념, 윤리

☑ 학습개요

- 사회복지실천의 핵심을 이루는 사회복지의 가치, 이념, 윤리의 개념을 이해함으로써, 전문사회복지사로서의 실천지식 및 기술과 함께 가치와 이념, 윤리의 중요성에 대해 살펴본다.
- 사회복지현장에서 발생하는 다양한 딜레마 상황을 이해하고, 이를 해결하기 위한 윤리적 의사결정에 대해 살펴본다.

☑ 학습목표

- 사회복지의 가치, 이념, 윤리의 개념을 설명할 수 있다.
- 사회복지의 가치, 이념, 윤리의 연관성에 대해 이해하고, 자신의 가치를 설명할 수 있다.
- 사회복지의 가치, 이념, 윤리와 관련된 다양한 딜레마 상황을 이해하고 대처할 수 있다.

☑ 학습과제

- 사회복지실천현장에서 발생되는 다양한 윤리적 딜레마 상황의 해결을 위해 사회복지사는 어떠한 노력을 해야 하는지 설명해 보자.
- 사례를 읽고 본인의 가치에 입각한 의견을 제시하고, 딜레마 상황을 해결하기 위한 과정을 논의해 보자.

제2장 사회복지의 가치, 이념, 윤리

주민이 10만 명인 A도시에 거동이 불편한 장애인이 한 명 살고 있다. 시의회에서는 장애시민을 위한 조례를 제정하고 모든 관공서와 편의시설에 장애인용 승강기와 이동장치를 설치하려고 한다. 이 사업을 완수하기 위해서는 약 1,000억 원의 예산이 필요한데, 재원을 마련하기 위해서는 시민 1인당 100만 원의 세금을 추가로 부담해야 한다. 이 내용이 알려지자 시민들 사이에서는 찬반이 극명하게 나뉘었다. 그러나 다수의 시민들은 한 사람을 위해 편의장치가 불필요한 대다수의 시민들이 그러한 비용을 부담하는 것은 잘못된 것이라고 반대하고 있다. 일부 극렬한 반대자들은 장애시민을 다른 지역으로 강제 이주시켜야 한다는 주장도 하고 있다.

■ 당신이 이 도시의 시민이라면 어떤 입장을 지지하겠는가? 그리고 그 근거는 무엇인가?

* 출처: 다문화인권교육 프로그램, 국가인권위원회(2011).

1. 사회복지의 가치

1) 사회복지와 가치

가치(values)에 대해 리처(Ritzer), 카메이어(Kammeyer) 그리고 예트먼(Yetman)은 바람직함(desirability)의 기준(standards)이라고 정의하고, 인생의 기본적이고 중요한 결정에 기준이 되는 지침이라고 하였다(김상균 · 오정수 · 유채영, 2002: 75). 즉, 가치는 선호되거나 바람직하다고 생각하는 믿음 또는 신념으로 개인이 가지고 있는 가치에 따라 서로 다른 행동양식을 보이며, 결정과 선택에 중요한 준거로 작용한다. 같은 맥락에서 사회복지의 가치는 사회복지사의 실천에 영향을 주는 지침이며, 기준이라고 할 수 있다. 이러한 가치는 지식, 기술과 더불어 사회복지 전문직의 3대 핵심요소(pillars) 중 하나이며(Lou, Pearson, & Wong, 2010 재인용; 3-pullen, 2006), 지식과 기술을 적용하기 위한 기반으로서 사회복지실천에 영향을 주는 요소다.

구체적으로 사회복지와 가치의 관계를 사회복지의 개념적 측면과 실천적 측면에서 살펴보면 다음과 같다.

첫째, 사회복지의 개념적 측면에서 사회복지는 사회구성원 모두의 안녕상태를 의미하며, 이러한 상태를 추구하기 위한 체계적이고 사회적인 노력이라고 할 수 있다. 이처럼 사회복지 개념은 이념적 의미와 더불어 실천적 의미를 담고 있는데, 이는 모든 인간은 존중되어야 한다는 가치에 기반한다. 그리고 사회복지는 이러한 인간존중의 가치를 중심으로 사회복지 변천과정에 따라 다양한 가치와 결부되어 사회복지를 실천하고 있다.

둘째, 사회복지의 실천적 측면에서 가치는 사회복지의 정책결정과정뿐 아니라 사회복지사로서 활동하는 데 기준이 되며, 사회복지 실천의 전 과정에 중요한 영향을 미친다. 즉, 제한된 사회적 자원을 어떻게 배분할 것인가와 관련한 정책 선택에서 가치는 결정적 기능을 하며(윤철수 외, 2008 재인용: 68), 사회복지실천에서 사회복지사는 가치의 기준으로 클라이언트를 돕기 위한 개입방법을 선택하고, 실천과정에서 발생하는 윤리적 문제들을 해결하기 위한 지침으로 활용한다(오혜경, 2004: 121).

예를 들어, 가치가 사회복지실천에 영향을 미치는 경우를 살펴보자. 알코올문제가 있는 남성이 클라이언트인 경우, 바람직하지 않은 행동이나 정서에 대해 왜곡된 인지과정이나 비합리적인 신념이 원인이라고 믿는 사회복지사는 클라이언트의 변화를 위해 인지행동치료이론에 근거한 개입방법을 선택할 것이다. 그러나 바람직하지 않은 행동이 주변에서 잘못된 행동을 보고 배운 결과라고 믿는 사회복지사는 클라이언트의 변화를 위해 사회학습이론에 근거한 개입방법을 선택할 것이다. 이처럼 가치는 사회복지사가 개입방법을 선택하는 데 영향을 미치는 것과 같이 사회복지의 거시적, 미시적 실천 모두에 중요한 영향을 미친다.

가치는 이념(ideologies) 및 윤리(ethics)와 밀접한 관련이 있는데, 이념은 한 사회의 가치나 신념체계를 나타내는 것으로 복지국가의 형성과 변화에 결정적인 영향을 준다(김영화, 1997: 55). 따라서 사회복지학을 거시적 측면의 사회복지정책과 미시적 측면의 사회복지실천으로 구분할 때, 이념은 거시적 측면에서의 사회복지정책에서 보다 빈번하게 다루어진다. 이에 반해 윤리는 미시적 측면의 사회복지실천에서 자주 다루어지며, 가치가 무엇이 좋고(good) 바람직한가(desirable)에 관심을 둔다면, 윤리는 무엇이 옳고(right) 바른지(correct)에 관심을 둔다(류순애, 2002: 15). 즉, 윤리는 행위에 대한 도덕적 지침으로서 사회복지실천의 윤리는 바로 사회복지 가치에 기반한다. 이에 가치와 관련된 두 개념에 대해 깊이 있게 후술하고자 한다.

정리하면, 사회복지는 다른 어느 것보다 사람이 중심인 학문으로, 사회복지를 실천하는 데 다른 전문직보다 가치지향적이라고 할 수 있다. 따라서 사회복지실천에서 사회복지사는 의식하든 의식하지 못하든 자신의 가치관에 영향을 받는다(이효선, 2002). 그렇기 때문에 사회복지사는 개인의 가치관에 대한 성찰과 더불어 사회복지의 가치에 따른 실천이 이루어질 수 있도록 노력해야 한다.

2) 사회복지의 가치

사회복지의 가치는 사회복지 정책 및 실천에 영향을 미치는 기준이며, 지침의 기능을 수행하기 때문에 그 사회에 수용되고 공유되는 가치를 파악하는 것이 매우 중요하다. 사회복지의 가치에 대해 학자마다 다양한 의견을 제시하지만, 공통적으로 가장 기본이 되는 가치로 인간의 존엄성을 지적한다. 프레드랜더(Friedlander)는 사회복지의 기본 가치로 인간의 존엄성, 자기결정권, 기회균등, 사회적 책임성 등을 지적하면서 인간의 존엄성이 사회복지 가치의 가장 근본이 되며 다른 가치는 인간의 존엄성을 실현하기 위한 가치라고 설명하였다.

사회복지의 가치는 윤리강령을 통해서도 확인할 수 있는데, 여기서는 미국사회복지사협회(NASW)의 윤리강령과 한국의 사회복지사윤리강령을 통해 사회복지의 기본 가치를 살펴보고자 한다(전선영, 2004: 26-29). 미국의 윤리강령에서는 사회복지의 가치를 여섯 가지로 상정하고 있다.

첫째, 서비스(service)의 가치다. 서비스 가치에 대한 윤리적 원칙으로 사회복지사의 일차적 목적은 도움이 필요한 사람을 돕고 사회문제 해결에 역점을 두는 것이라고 기술하고 있으며, 이와 관련된 가치는 사회복지사는 자신보다 다른 사람을 위해 서비스를 제공하고 이를 위해 지식과 기술을 사용하는 것 등을 지적할 수 있다.

둘째, 사회정의의 가치다. 사회정의의 가치에 대한 윤리적 원칙으로 사회복지사들은 사회의 불의에 도전하는 것이라고 기술하고 있으며, 이와 관련된 가치는 사회복지사는 취약하고 억압받는 사람들과 집단을 위해 그들과 함께 사회적 변화를 추구하는 것이다.

셋째, 개인의 존엄과 가치다. 개인의 존엄과 가치에 대한 윤리적 원칙으로 사회복지사들은 개인의 존엄과 가치를 존중한다고 기술하고 있으며, 이에 대한 가치는 사회복지사는 개인적 차이와 문화적, 인종적 차이를 고려하여 클라이언트를 대하고 이들의 자기결정을 증진시키는 것이다.

넷째, 인간관계의 중요성 가치다. 인간관계의 중요성 가치에 대한 윤리적 원칙은 사회복지사들은 중추적인 인간관계의 중요성을 인정하는 것이며, 이에 대한 가치는 사회복지사는 사람과 사람 사이의 관계가 변화를 일으키는 중요한 매개체라는 것을 이해하며 원조과정에서 클라이언트와 수평적 관계를 갖는 것이다.

다섯째, 성실의 가치다. 이에 대한 윤리적 원칙은 사회복지사들은 진심어린 태도로 행동한다는 것이며, 가치는 사회복지사는 끊임없이 전문직의 사명, 가치, 윤리원칙을 인식하고 그것과 일치하는 태도를 가져야 하며, 정직하고 책임 있는 실천을 해야 한다는 것이다.

여섯째, 능력의 가치다. 이에 대한 윤리적 원칙은 사회복지사들은 유능하게 실천하고, 전문적 기술을 발전시키고 향상시키는 것이며, 가치는 사회복지사는 끊임없이 전문지식과 기술을 증진시키고 그것을 적용하려고 노력하며, 전문직의 기본 지식에 기여하려고 노력해야 한다는 것이다. 이상에서 설명한 사회복지의 가치는 개인적 차원의 가치에서부터 사회적 차원의 가치까지로 구성되어 있다. 즉, 사회복지실천이 사람을 중심으로 이루어진다는 점에서 인간존중의 가치가 사회복지의 가장 중심적인 핵심가치이며, 구체적인 사회복지실천은 이러한 가치를 지지하는 윤리적 원칙과 사회복지사 윤리강령을 통해 실현될 수 있을 것이다.

한국의 사회복지사 윤리강령([부록 1] 참조)은 사회복지사의 전문성 강화와 더불어 사회적 가치의 확대 등에 기여할 수 있도록 규정되어 있는데, 크게 세 부분으로 구분할 수 있다(엄명용 외, 2002: 106). 첫 번째는 전문으로 인본주의, 평등주의 사상, 인간의 존엄성과 가치 존중, 천부의 자유권과 생존권의 보장, 사회정의, 평등과 자유, 민주주의의 가치 실천 등을 기본 이념으로 선언하고 있다. 두 번째는 실천적 가치로 클라이언트의 개인 주체성과 자기결정권의 보장, 사회복지사의 전문적 기술과 기술의 개발, 전문가로서의 능력과 품위 유지의 노력 등을 규정하고 있다. 세 번째는 윤리강령의 핵심이 되는 윤리기준으로 사회복지사의 기본적 윤리기준, 클라이언트에 대한 윤리기준, 동료에 대한 윤리기준, 사회에 대한 윤리기준, 기관에 대한 윤리기준, 사회복지위원회의 구성과 운영을 규정하고 있다.

한편 사회복지의 가치는 사회복지정책 형성 및 운영에 영향을 미치는 가치와 사회복지의 실천과정에 영향을 미치는 가치로 분류해서 살펴볼 수 있다. 먼저 사회복지정책과 관련된 가치 중 자유, 평등, 정의, 연대에 대해 살펴보면 다음과 같다.

- 첫 번째 가치는 자유(liberty)다. 특히 적극적 자유[1]를 옹호하는 사회일수록 사회복지정책 확대에 적극적이다. 왜냐하면 적극적 자유, 즉 자신이 원하는 것을 행할 수 있는 상태가 되기 위해서는 일정 조건들이 갖추어져야 하고 이를 위해 정책이 마련되어야 한다고 보기 때문이다. 적극적 자유를 옹호하는 집단은 국가의 개입을 선호하고 이를 통해 일부 사람들의 자유를 침해하더라도 총체적 자유는 증대될 수 있다고 본다. 또한 정책의 수혜를 받는 것이 사회적 권리로 인정되어야 한다고 본다.

1) 벌린(Berlin)은 자유를 소극적 자유와 적극적 자유로 분류하였다. 소극적 자유는 다른 사람의 간섭 없이 자신의 의지대로 행할 수 있는 상태를 의미한다. 이는 반집합주의자와 신자유주의자들이 선호하는 자유의 개념이다. 반면 적극적 자유는 자신이 원하는 모든 것을 행할 수 있는 상태를 의미한다. 페이비언 사회주의, 집합주의자들이 선호하는 자유의 개념이다.

〈표 2-1〉 평등의 개념

구 분	개 념	반영 정책
결과의 평등	모든 사람을 똑같이 취급하여 사람들의 욕구나 능력의 차이에 관계없이 사회적 자원을 똑같이 분배하는 것	사회적 수당
비례적 평등	개인의 욕구, 노력, 능력, 기여의 정도에 따라 사회적 자원을 상이하게 배분하는 것	소득비례연금
기회의 평등	결과가 평등한지 여부와 상관없이 결과를 얻을 수 있는 과정상의 기회만을 똑같이 해 주는 것	의무교육

- 두 번째 가치는 평등(equality)이다. 모든 인간이 충분하고 만족스러운 삶을 영위할 수 있는 권리를 똑같이 지니고 있다는 것이다. 평등의 개념을 좀 더 세분화하면 결과적 평등, 비례적 평등, 기회의 평등으로 분류할 수 있다. 각각의 개념과 평등의 개념이 반영된 정책을 정리하면 〈표 2-1〉과 같다.
- 세 번째 가치는 정의(justice)다. 사회복지는 특히 분배의 정의를 강조하는데 사회적으로 취약한 계층이나 불우한 환경에 처한 사람들에게 보다 나은 처우와 권리 및 자원의 배분이 이루어질 수 있도록 노력해야 한다는 것이다.
- 네 번째 가치는 연대(solidarity)다. 전통사회에서는 가족이나 지역공동체의 상호의존성에 기초하여, 즉 기계적 연대[2)]에 의해 자원의 재분배가 이루어지고 사회통합이 달성되었다. 그러나 산업화 이후 가족과 지역사회의 공동체 기능이 약화되어 근대사회 이후 사회통합을 위한 사회적 장치가 필요하게 되었는데 그것이 바로 사회복지다. 따라서 연

2) 뒤르켕(Durkheim)은 연대를 기계적 연대와 유기적 연대로 분류하였다. 기계적 연대는 구성원들을 결속시킬 수 있는 공통의 대인관계나 가치, 신념이 존재할 때 가능한 것으로 가족이나 부족사회에서 나타나는 연대라고 하였다. 반면 유기적 연대는 분업을 바탕으로 이질적인 개인의 기능적 차이가 엮어 내는 것으로 집합의식이 약하고 개인의식이 강한 근대사회에서 나타나는 연대라고 하였다.

대는 사회복지의 중요한 가치라 볼 수 있다.

한편 사회복지의 실천가치는 사회복지의 기본 가치가 실천현장에서 실제적인 수준으로 표현될 수 있도록 하는 것이며, 사회복지사 개인의 가치를 실천가치에 내면화함으로써 가능하다. 이는 사회복지사 개인의 가치가 사회복지실천 과정에서 다양한 차원에 영향을 미치기 때문인데, 사회복지사의 개인 가치보다 사회복지의 기본 가치가 실현될 수 있도록 사회복지사 개인 가치에 대한 윤리교육이 필요하다 하겠다. 이와 관련하여 미국사회복지교육협의회(CSWE)에서 제시한 사회복지의 중심적 실천가치를 살펴보면 다음과 같다(김정진 외, 2007).

- 사회복지사의 전문적 관계는 개인의 가치와 존엄성에 기초하며, 상호참여와 수용, 비밀보장, 정직 그리고 책임 있는 갈등관리를 통해 발전한다.
- 사회복지사는 자율적인 자기결정의 권리와 원조과정에 적극적으로 참여하는 권리를 존중한다.
- 사회복지사는 클라이언트체계가 필요로 하는 자원을 충족할 수 있도록 도울 책임이 있다.
- 사회복지사는 사회제도보다 인간의 욕구에 부응하도록 변하는 데 기여할 책임이 있다.
- 사회복지사는 다양한 집단의 고유한 특성을 존중하고 차이를 수용해야 한다.
- 사회복지사는 실천윤리를 기반으로 적절하게 개입하고 실천하여야 할 책임이 있다. 따라서 사회복지사는 전문적인 지식과 기술을 지속적으로 발전시키는 노력과 더불어 윤리적 실천을 위한 훈련을 해야 한다.

2. 사회복지의 이념

1) 사회복지와 이념

이념, 즉 이데올로기(ideology)에 대한 가장 일반적인 정의는 개인, 집단, 사회의 행동에 영향을 미치고 이들에 의해 유지되는 가치 및 신념체계라는 것이다(임춘식 외, 2007 재인용: 60). 이러한 이념은 사회현실을 묘사하고 그것을 변화시키는 방법을 제시하기 때문에 기술적이고 처방적인 특징을 가지고 있다. 현실묘사는 해당 이념의 가치 원칙에 따라 표현되며, 변화를 위한 방법은 해당 이념의 제안과 비전에 근거를 둔다(조성숙 역, 2009: 18).

사회복지의 이념 또한 한 사회의 가치나 신념체계로서 복지제도의 근거가 되며, 사회복지적 실천으로 분석할 수 있다. 즉, 사회복지의 이념은 국가와 생산, 복지관계를 기능적으로 설명해 주며, 정책 결정에 결정적인 역할을 미친다(김영화, 1997: 56). 이렇듯 사회복지의 이념은 사회복지의 정책적 측면에서 보다 활발하게 논의되고 있다.

구체적으로 이념과 사회복지와의 관계를 살펴보면 다음과 같다(임춘식 외, 2007: 61).

첫째, 이념은 복지국가와 관련하여 "사회경제적 문제들에 대하여 국가개입은 어느 정도 이루어져야 하는가?" "국가복지제공의 긍정적 또는 부정적 개념은 무엇인가?" "국가개입은 어떤 제도적 형태로 이루어져야 하는가?" "미래 이상사회의 형태는 어떠하며, 현재의 복지국가와는 어떻게 다른가?" "이런 이상적 유형의 사회를 실현하기 위하여 필요한 방법과 절차는 무엇인가?"와 같은 질문에 대한 가치판단적 설명을 제시할 수 있다.

둘째, 이념은 복지와 관련된 정부정책을 보다 명확하게 이해할 수 있도록 하며, 해당 정부정책의 목적과 본질이 사회의 다양한 계급 혹은 계층 가운데 어느 편을 지지하는지 그리고 왜 그런지에 대한 설명을 제시해 준다. 이를 통해 이념은 복지국가를 성장시켜 온 외부적 동인임과 동시에 복지국가의 목적과 내용을 규정하고 한계를 짓는 복지국가의 본질을 구성하는 것이라고 할 수 있다.

2) 사회복지의 주요 이념

사회복지 이념은 복지제도의 근거를 제공하는 가치와 신념으로, 어떠한 이념을 추구하느냐에 따라 사회복지에 대한 입장이 달라진다. 이에 대표적인 이념으로 신자유주의, 사회민주주의, 보수주의를 살펴보고, 이들이 취하는 사회복지의 관점을 검토하고자 한다.

(1) 신자유주의

1970년대 후반 복지국가를 비판하면서 등장한 신자유주의(neoliberalism)는 사회문제에 대해 정부의 개입을 최소화하고 시장의 기능을 확대하는 입장으로, 최소한의 사회안전망을 제공함으로써 사회경제적 관계를 시장중심으로 재편하려는 이념이다. 이러한 신자유주의 이념의 대표적 사례로서 미국의 레이건정부와 영국의 대처정부를 들 수 있다(심창학, 2001: 136-137).

신자유주의 이념은 개인의 자유를 핵심가치로 보기 때문에 정부의 개입이 확대되는 것을 반대한다. 따라서 신자유주의 입장에서는 정부가 사회복지에 적극적으로 개입하는 것은 개인의 자유를 침해하는 것이라고 보고, 정부의 사회복지정책 및 실천적 개입이 제한되어야 한다고 본다. 예를 들어, 신자유주의는 사회복지에 대한 정부의 적극적인 개입은 공공부문의 확대로 관료제화를 초래하고, 과도한 복지급여는 근로의욕 저하 및 도덕적 해이를 가져와 시장의 효율성을 저해한다고 주장한다.

한편, 신자유주의는 신우익(The New Right), 신보수주의(Neoconservatism)로 불리는데, 이는 신자유주의가 이념적 측면에서 보수주의적 성향을 띠고 있으며, 개인의 자유를 실현하는 최선의 방법으로 자본주의적 시장경제 질서를 지지하기 때문이다(심창학, 2001: 137-138).

(2) 사회민주주의

사회민주주의(social democracy)는 자본주의를 개혁할 방법을 찾는 데 관심을 가졌으며, 혁명보다는 점진적인 변화를 옹호한다. 또한 자본주의 국가는 자본가계급의 독점에 대항하고, 공익에 기여할 수 있다고 본다(조성숙 역, 2009: 109). 따라서 자본주의 국가에 대해 비판적일지라도 사회복지에서 국가의 적극적인 역할에 대해 일반적으로 지지하는 입장을 취한다. 사회민주주의는 기본적으로 시장기능을 불신하기 때문에 시장경제의 분배기능에 반대하는 입장이며, 이는 사회의 불평등을 증가시키고 사회통합을 저해한다고 설명한다. 따라서 국가가 다양한 사회복지정책과 서비스를 실시하여 사회불평등을 감소시키고, 사회통합을 증진시켜야 한다고 본다(임춘식 외, 2007: 63). 즉, 사회민주주의에서는 사회복지에 대한 국가의 적극적인 개입을 지지하는 입장으로 복지국가가 민주주의를 발전시키는 긍정적 기능을 수행하는 것으로 본다. 대표적인 사례로 제2차 세계대전 직후 1945~1951년의 영국 노동당정부를 들 수 있는데, 노동당정부는 경제를 규제하고 자본주의의 엄격한 규제를 완화하는 복지대책을 도입함으로써 전후 복지국가의 기초를 마련하였다(조성숙 역, 2009: 109).

한편, 사회민주주의에서는 복지와 노동의 결합을 중요하게 고려하며, 이를 통해 높은 복지수준을 유지한다. 따라서 여성과 남성 모두 취업활동을 해야 한다는 사회적 인식과 이를 위한 지원서비스가 발달하며, 여성고용이 차지하는 비율이 높은 편이다(심남, 1992: 28; 정재훈, 2003: 263).

(3) 보수주의

보수주의(conservatism)는 개인의 자유보다 사회질서에 우선순위를 둔다. 따라서 보수주의는 개인의 자유를 최고의 가치로 여기는 자유주의가 결점이 있는 인간본성에 대해 이를 과도하게 신뢰한다고 지적한다(조성숙 역, 2009: 75-76). 이러한 보수주의는 전통의 지속을 지향하며 가족, 종교, 민족에의 헌신을 강조한다. 또한 가족의 보존 및 그것의 복지제공 역할을 강조하기 때문에 가정에서 제공되는 복지서비스가 고갈될 때만 국가가 사회복지에 개입하게 된다.

보수주의에서 사회복지는 개인의 권리가 아닌 사회구성원의 도덕적 의무로 고려되며, 서비스 이용에 각종 제약이 부과된다. 또한 서비스 이용자는 사회적 낙인이 부과되기도 한다(백종만 외, 2001: 17-18). 즉, 보수주의에서는 문제해결을 위해 국가가 노력하지만, 이는 개인의 욕구 해결이 일차적이기보다 사회통제가 우선적인 목적일 때가 많다. 예를 들어, 사람들이 대규모 실업 상태에 있을 때, 보수주의자들은 이들을 도와야 한다고 인식하고, 국가에서 이들에 대해 급여나 서비스를 제공한다. 그러나 이는 정부의 책임으로서 제공되기보다는 동정의 행위로 간주한다는 것이다.

이상을 통해 신자유주의, 사회민주주의, 보수주의 이념에 따라 사회복지에 대한 관점이 분명하게 다름을 확인할 수 있다. 또한 사회복지 이념으로 어떠한 것을 취하느냐에 따라 국가가 사회문제를 해결하고 인간의 욕구를 충족하는 데 얼마나 그리고 어떻게 개입하는지 알 수 있다.

3. 사회복지의 윤리

1) 사회복지와 윤리

윤리는 인간행위 및 도덕적 의사결정과 관련된 철학의 한 분야로서 가치에 기반을 둔다. 즉, 윤리는 가치에서 비롯되는데, 두 개념에는 차이가 있다. 일차적인 측면에서 윤리는 사람들이 옳다고 여기는 것을 행동으로 옮기는 것이 아니라 옳은 것이 무엇인지를 결정하도록 돕는 것과 관련된다(서미경 외 역, 2000: 36). 따라서 사회복지의 윤리는 전문직으로서 사회복지를 실천하는 데 무엇이 도덕적으로 바른지 인식하도록 돕는 개념이며, 올바른 의사결정을 돕는 기준이다.

이러한 윤리는 크게 일반 윤리(general ethics)와 전문가 윤리(professional ethics)로 구분할 수 있는데, 일반 윤리는 일상생활에서 행하고 지켜야 할 것과 관련되며, 전문가 윤리는 전문가로서 특별한 영역에서 요구되는 것과 관련된다.

먼저, 일반 윤리는 사람들이 사회생활에서 도덕적 행위가 필수라는 사실을 깨닫도록 하기 위해 필요하다(김상균 외, 2002: 24). 인간은 사회적 동물로, 마음대로 해도 좋은 것과 그렇지 않은 것이 있으며, 이에 대한 기준을 마련해 주는 것이 일반 윤리라는 것이다. 궁극적으로 일반 윤리는 성숙한 사회를 만들기 위해 필요하다고 할 수 있다.

다음, 전문가 윤리는 일반 윤리의 하위개념으로 일반 윤리와 동일하지는 않지만 밀접하게 관련되어 있다. 따라서 어떤 전문가 윤리도 일반 윤리에 근본적으로 위반되지는 않는다. 그러나 세부적인 측면에서는 다를 수 있는데, 예컨대, 일반 윤리와 전문가 윤리 모두 평등의 원칙을 지지하지만, 전문가 윤리는 다른 사람의 이익보다 클라이언트의 이익을 우선한다는 점이다

(김상균 외, 2002 재인용: 25-26). 따라서 대부분의 전문직들은 해당 전문직 수행과 관련된 윤리강령을 채택하고 있으며, 전문직으로서 사회복지 역시 사회복지사의 활동과 관련하여 사회복지사 윤리강령을 채택하고 있다.

한편, 사회복지 윤리는 전문직으로서 세 가지 측면에서 기여한다(류순애, 2002 재인용: 20). 첫째, 사회복지 윤리가 전문직으로서 행위를 이끌어 준다는 점, 둘째 사회복지 윤리가 사회복지실천의 원칙을 제시해 준다는 점, 셋째 사회복지실천의 평가기준을 제시한다는 점이다.

2) 사회복지의 실천윤리와 윤리적 갈등

인간존엄성의 가치에 기반을 둔 사회복지를 실천하기 위해서는 사회복지실천 현장에서 구체적으로 적용할 실천윤리가 필요하며, 사회복지사 윤리강령이 이러한 기능을 수행한다. 사회복지사 윤리강령은 20세기 중반 사회복지실천에서 전문가의 도덕성 문제가 공식적으로 논의되기 시작하면서 만들어졌다. 이를 통해 사회복지사들은 전문적인 실천으로서 적절하고 타당한 내용과 방법에 대한 지침을 갖게 되었으며, 사회복지실천에서 윤리가 강조되고 윤리교육의 필요성이 널리 인식되기 시작하였다(오혜경, 2004: 127-128).

우리나라도 한국사회복지사협회에서 사회복지의 가치와 윤리를 원칙으로 사회복지사 윤리강령을 만들었으며, 이는 사회복지 전문가로서 다양한 체계, 즉 클라이언트, 동료, 전문직 그리고 사회에 대한 책임과 원조를 점검하고, 이들과 관련된 딜레마 상황에서 지침으로 제공되고 있다.

한편, 사회복지를 실천하는 데 고려해야 할 윤리적 측면은 크게 두 가지로 설명할 수 있다. 첫째, 윤리적으로 옳은 실천과정과 그렇지 않은 실천과정 중 하나를 선택해야 하는 것으로, 어느 것이 옳은지가 분명하다. 그리고 이러한 상황은 사회복지사 윤리강령에 따라서도 쉽게 선택할 수 있다.

둘째, 두 가지 모두 옳은 것으로 판단되는 실천과정 중 하나를 선택해야 하는 경우로, 대부분 이러한 상황에서 윤리적 갈등이 발생하며, 이때 윤리강령이 선택에 미치는 영향은 저조하다(김순란, 1980: 26). 이처럼 윤리적 갈등은 사회복지를 실천하는 과정에서 끊임없이 발생하며, 이러한 상황에서 윤리강령이 의미 있는 기준으로 제시되기도 하지만, 대부분은 윤리강령 자체로 윤리적 갈등을 명확하게 해결하는 데 한계가 있다. 이는 사회복지사 윤리강령이 보편적인 사회복지 전문직의 윤리원칙을 제시하기 때문으로, 윤리적 갈등을 해결하기 위해서 그리고 가장 윤리적인 것을 선택하기 위해서는 윤리적 의사결정을 할 수 있는 접근방법들을 살펴볼 필요가 있다. 그 전에 사회복지를 실천하는 과정에서 발생하는 윤리적 갈등을 살펴보면 다음과 같다.

윤리적 갈등은 사회복지사가 전문가로서 지켜야 할 윤리적 가치나 원칙이 서로 충돌하여, 어떠한 실천활동을 선택하는 것이 가장 윤리적으로 올바른 것인지 판단하기 어려운 상태를 말한다(김기덕, 2002: 258). 이러한 윤리적 갈등은 사회복지 영역에서 크게 세 가지 범주로 유형화할 수 있다(임춘식 외, 2007: 66-68). 첫째, 직접적 서비스과정에서 발생하는 윤리적 갈등이 있다. 이는 사회복지사가 개인, 가족, 집단을 대상으로 직접적인 대인서비스를 제공하는 상황에서 발생한다. 즉, 클라이언트에게 서비스를 제공할 때, 사회복지사는 윤리적 가치나 의무 중 한 가지만을 준수하기 힘든 상황에 놓인다. 예를 들어, 말기 암환자가 사회복지사에게 육체적 고통에서 벗어나고 싶다며 안락사를 요구할 경우 혹은 의학적 지원을 거부할 경우, 사회복지사는 클라이언트의 자기결정과 생명존중 가치 사이에서 갈등을 경험하게 될 것이다. 이는 클라이언트의 자기결정의 범위를 어디까지 보장하며, 클라이언트의 자기결정 가치와 생명존중 가치 중 어떠한 가치가 우선하는지 등을 통해 해결해야 할 것이다. 둘째, 간접적 서비스과정에서 발생하는 윤리적 갈등이다. 이는 사회복지정책이나 프로그램을 기획하고 실행해 가는 과정에서 발생하는데, 한 사회의 제한된 자원을 어떠한 인구집단에 어떠한 방식으로 분배할 것인지, 사회복지서비스 전달에서 민간과 정부의 역할분담은 어느 정도로 이루어져야 하며 그것의 정당성은 어디에서 확보할 수 있는지, 마지막으로 클라이언트를 위한 사회복지사의 실천이 관련 법률을 위반할 경우 전문직의 윤리로서 정당화될 수 있는지다. 셋째, 사회복지조직체 및 동료 사회복지사와의 관계에서 파생하는 윤리적 갈등이 있다. 이는 사회복지조직에서 일하는 사회복지사가 조직체 구성원이기 때문에 경험하는 윤리적 갈등이다. 먼저, 동료 사회복지사의 과오를 고발해야 하는지, 조직차원에서 요구하는 부정행위 요구를 수용해야 하는지 그리고 사회복지기관의 이익과 클라이언트의 이익이 충돌할 경우 어떤 이익을 우선해야 하는지다.

사실 가치가 중요한 영향을 미치는 사회복지실천에서 윤리적 갈등이 발생하는 것은 필연적이며, 중요한 것은 이러한 윤리적 갈등 상태에서 바람직한 선택이 되는 의사결정을 할 수 있어야 한다는 것이다. 이에 그 방법으로서 윤리적 의사결정모델에 대해 살펴보고자 한다.

3) 윤리적 의사결정모델

윤리적 갈등 상황에서 가장 바람직한 의사결정을 내리기 위한 윤리적 의사결정모델로서 로웬버그(Loewenberg)와 돌고프(Dolgoff)의 의사결정모델과 리머(Reamer)의 의사결정모델을 살펴보고자 한다(김기덕, 2002: 285-287, 302-303).

첫째, 조세프의 의사결정모델이다. 이는 사회복지사가 클라이언트를 위해 실시하는 미시적인 개입에서뿐만 아니라 사회정책 및 계획과 같은 거시적인 수준에서 제기될 수 있는 윤리적 갈등 상황 모두에서 유용하게 사용될 수 있다. 4단계의 과정을 통해 이루어지며 각각의 단계는 다음과 같다.

- 1단계: 주어진 사례의 상황에 대한 분명한 이해를 통하여 가장 문제가 되고 있는 핵심적인 가치갈등이 무엇인지 그리고 그와 관련된 윤리적 쟁점은 무엇인지를 명확히 하는 단계다. 1단계에서는 주어진 사례의 상황과 윤리적 쟁점이 놓여 있는 맥락에 대한 정확한 기술이 이루어져야 하며, 특히 문제가 되고 있는 윤리적 갈등이 명확하게 서술될 수 있어야 한다.
- 2단계: 이전의 단계에서 명확하게 된 쟁점과 관련하여 다양한 윤리적 입장을 지지하는 배경정보들을 수집하고 고찰하는 단계다. 이 단계에서 가장 중요한 것은 의사결정의 객관성을 확보하기 위해 대립하고 있는 양쪽 입장을 지지하는 정보를 각각 고르게 수집하는 것이다.
- 3단계: 주어진 문제 상황과 관련된 다양한 가치와 의무들이 명확하게 확인되고 그들 사이의 우선순위를 정하는 단계다. 즉, 현재의 갈등상황을 구성하고 있는 제반 가치들을 추출해 내고 그들 간의 상대적인 중요도를 결정하여 우선순위를 정하는 것이다. 가치의 상대적 우선순위를 결정하는 기준으로 윤리강령이 사용된다.
- 4단계: 주어진 상황에서 사회복지사가 선택할 수 있는 실천행위의 대안들이 확정되고 이러한 윤리적 선택을 정당화할 수 있는 근거들이 논리적으로 제시되어야 한다. 특히 선택한 실천행위에 대한 논리적 정당화를 위해 선택된 특정 실천행위의 결과가 다른 대안적 실천행위보다 상대적으로 나은 결과임을 제시하여야 한다.

조세프 모델의 강점은 의사결정의 초기단계부터 사회복지사로 하여금 현재 자신이 처한 복잡한 상황을 분명한 윤리적 갈등구조의 형태로 명확하게 구성할 수 있게 해 준다는 점이다. 윤리적 우선순위 결정과 관련하여 윤리원칙심사(Ethical Principles Screen: EPS)의 내용을 살펴보면 다음과 같다.

- 윤리원칙 1: 생명보호의 원칙
- 윤리원칙 2: 평등과 불평등의 원칙
- 윤리원칙 3: 자율과 자유의 원칙
- 윤리원칙 4: 최소한 해악의 원칙
- 윤리원칙 5: 삶의 질 원칙
- 윤리원칙 6: 사생활보호와 비밀보장의 원칙
- 윤리원칙 7: 성실의 원칙

윤리원칙심사의 원칙은 총 일곱 가지이며, 번호 순서는 중요도를 의미한다. 따라서 원칙 1인 생명보호의 원칙이 가장 중요하며, 다른 원칙보다 우선적으로 고려되어야 한다고 본다.

둘째, 리머의 윤리적 의사결정모델이다. 이 모델도 의사결정의 절차와 윤리적 갈등해결을 위한 지침으로 구분된다. 먼저, 윤리적 의사결정 과정에 대해 살펴보면 다음과 같다.

- 상충되는 사회복지의 가치와 의무를 포함해서, 윤리적 쟁점이 무엇인지 확인한다.
- 윤리적 결정으로 영향을 받을 수 있는 개인, 집단, 조직 등이 누구인지 확인한다.
- 가능해 보이는 모든 실천활동과 관련된 당사자, 그에 따른 이득과 위험 등을 잠정적으로 분명히 한다.
- 각각의 행동방안에 대한 찬성과 반대 논리들을 다음 사항을 고려하여 충분히 검토한다.
  - 윤리이론, 원칙, 지침
  - NASW 윤리강령 및 법률적 원칙들
  - 사회복지실천이론들과 원칙들

– 개인적 가치, 특히 자신의 개인적 가치와 충돌하고 있는 것
- 동료 혹은 적절한 전문가와의 상의(기관의 직원, 상사, 관리자, 변호사, 윤리학자 등)
- 결정을 내리고 의사결정 과정을 기록한다.
- 결정내용을 모니터, 평가, 기록한다.

이 같은 단계를 통하는 리머의 윤리적 의사결정 과정의 특징을 지적하면, NASW 윤리강령뿐 아니라 다양한 자원을 활용하여 윤리적 의사결정을 내리도록 한다는 점과 외부전문가의 조언을 공식화함으로써, 사회복지사의 선입견에 의한 협소한 결정을 예방하고자 하였다는 점이다.

윤리적 갈등해결의 지침에 대해 설명하면 다음과 같다. 여섯 가지의 진술로 이루어져 있으며, 실천현장에서 직면하는 윤리적 갈등유형을 분류하고, 사회복지사가 우선적으로 고려해야 할 윤리적 가치와 그에 대한 행위를 제시한다.

- 인간활동에 필수적인 전제조건(예를 들어, 생명 그 자체, 건강, 음식물, 주거지, 정신적 균형 상태 등)에 대한 위해와 관련된 규범들은 거짓정보 제공이나 비밀의 폭로, 오락, 교육 등과 같은 부차적인 것들의 위협과 관련된 조항에 우선한다.
- 어떤 개인이 가진 기본적인 안녕(인간활동에 필수적인 수단이나 조건을 포함해서)에 대한 권리는 다른 사람이 소유한 자기결정에 대한 권리에 우선한다.
- 어떤 개인이 가지는 자기결정에 관한 권리는 자신의 기본적인 안녕에 대한 권리에 우선한다.
- 자신이 자유로운 상태에서 스스로 동의한 법률, 규칙, 규정을 준수하는 것은 이러한 법률, 규칙, 규정과 상충되는 방식으로 자유롭게 행동

할 수 있는 개인의 권리에 우선한다.

- 개인이 가지는 안녕에 대한 권리가 자신이 자발적으로 참여한 단체의 법률, 규칙, 규정, 협정 등과 충돌할 때는 행복에 대한 권리가 우선한다.
- 기아와 같은 기본적인 해악을 예방해야 된다는 의무와 주택, 교육, 공적부조와 같은 공공재를 제공해야 된다는 의무는 개인이 자신의 재산에 대해서 전적으로 가지는 처분권에 우선한다.

이상을 통해 다른 가치보다 인간이 가지는 자유와 안녕에 대한 기본적인 권리가 가장 중요함을 알 수 있으며, 자유와 안녕 사이에서는 개인의 자유가 안녕보다 우선적으로 고려되어야 함을 알 수 있다.

용어해설

- **가치(values)**: 주관적으로 선호하는 것으로 인간의 의사결정과 행동에 영향을 미치는 개념
- **이념(ideologies)**: 개인, 집단, 사회의 행동에 영향을 미치고 이들에 의해 유지되는 가치 및 신념체계
- **윤리(ethics)**: 무엇이 옳고(right) 그른가(wrong)를 판단하는 도덕적 지침
- **신자유주의**: 사회문제에 대해 정부의 개입을 최소화하고, 시장의 기능을 확대하는 이념
- **사회민주주의**: 사회문제 및 사회복지에 대해 정부의 적극적인 역할을 지지하는 이념
- **보수주의**: 전통의 지속성을 강조하는 이념으로 가족의 보존 및 그것의 복지제공 역할을 강조함. 국가에 의한 사회복지개입은 가정에서 제공되는 사회복지서비스가 고갈될 때 이루어짐
- **윤리적 딜레마(ethical dilemma)**: 다양한 가치갈등으로 겪게 되는 어려움

참고문헌

국가인권위원회(2011). 다문화인권교육프로그램. 국가인권위원회.

김기덕(2002). **사회복지윤리학**. 서울: 나눔의 집.

김상균(1999). 한국 사회복지의 이념적 지평과 지향. **한국사회복지학회 학술대회 자료집, 10**, 13-43.

김상균 · 오정수 · 유채영(2002). **사회복지 윤리와 철학**. 파주: 나남출판.

김순란(1980). 한국사회사업가의 전문적 가치관과 윤리적 문제에 관한 연구. 이화여자대학교 석사학위논문.

김영화(1997). 사회복지의 이념과 현실적 타당성을 위한 탐색적 연구. **한국사회복지학, 33**, 55-70.

김정진 · 임은희 · 권진숙(2007). **사회복지실천기술론**. 고양: 서현사.

류순애(2002). 사회복지실천의 윤리적 갈등과 사회복지사의 판단에 관한 연구. 청주대학교 행정대학원.

백종만 · 최원규 · 최옥채 · 윤명숙 · 홍경준 · 이상록 · 박현선(2001). **사회와 복지**. 서울: 나눔의 집.

서미경 · 김영란 · 박미은 공역(2000). **사회복지 실천윤리**. 파주: 양서원.

심남(1992). 한국의 복지정책과 국가−Esping Andersen의 복지국가체제 3유형론의 관점에서−. 이화여자대학교 석사학위논문.

심창학(2001). 사회복지정책에 미친 신자유주의의 영향: 영국, 프랑스 국가 역할의 변화를 중심으로. **사회복지정책, 13**, 130 158.

오혜경(2004). 사회복지실천의 가치와 윤리에 관한 연구. **사회복지리뷰, 9**, 115-143.

윤철수 · 노혁 · 도종수 · 김정진 · 김미숙 · 석말숙 · 김혜경 · 박창남 · 장은숙(2008). **사회복지개론**. 서울: 학지사.

이종일(2007). 사회복지윤리에 대한 한 연구. **사회복지개발연구, 13**(2), 135-149.

이현주(2000). 사회복지전문직 종사자의 윤리적 갈등에 관한 연구. 중앙대학교 석사학위논문.

이효선(2002). 사회복지 기본가치와 보편적 윤리의 관계성에 관한 연구: 칸트를 넘어 하버마스까지. **한국사회복지, 6**, 47-61.

임춘식 · 강원돈 · 강호성 · 고수현 · 김기덕 · 김봉순 · 김윤정 · 김형수 · 박근수 · 박순우 · 변보기 · 성명옥 · 신창식 · 이민표 · 이병록 · 이양훈 · 이영희 · 이용환 · 이창수 · 이채식 · 정연택 · 조학래 · 최명민 · 표갑수 · 홍숙자(2007). **사회복지학개론**. 고양: 공동체.

장홍숙(2009). 사회복지사의 윤리적 민감성에 영향을 미치는 연구. 숭실대학교 석사학위논문.

전선영(2004). 사회복지교육과 사회복지가치 및 옹호의 관계에 관한 연구. 서울여자대학교 석사학위논문.

정재훈(2003). 보수주의 복지국가의 성차별적 특성분석: 독일 보육수당 · 휴가정책 변화를 중심으로. **사회복지연구**, 22, 257-289.

조성숙 역(2009). **이데올로기와 복지**. Cary Taylor, Ideology and Welfare. 서울: 신정.

주석진(2010). 학교사회복지 현장에서의 윤리적 갈등에 관한 탐색적 연구. **임상사회사업연구**, 7(2), 45-70.

Lou, V. W., Pearson, V., & Wong, Y. C. (2010). Humanitarian welfare values in a changing social environment: A survey of social work undergraduate students in Beijing and Shanghai. *journal of social work, 22*, 1-19.

제3장

전문직으로서의 사회복지

학습개요

- 사회복지 전문성의 개념과 전문직으로서 갖추어야 할 조건에 대해서 살펴본다.
- 우리나라 사회복지사제도의 생성과 발달, 활동 영역 등을 파악하고 미국, 일본 사회복지사제도를 개괄적으로 살펴본다.

학습목표

- 사회복지 전문성의 개념을 이해하고 전문직으로서 갖추어야 할 조건을 익힐 수 있다.
- 우리나라 사회복지사제도의 발달과정과 자격취득을 위한 조건, 활동 영역을 알 수 있다.
- 미국, 일본의 사회복지사제도를 알아보고 우리나라에 주는 시사점을 모색할 수 있다.

학습과제

- 우리나라에서 사회복지 전문직 확대를 위한 정책적, 실천적 방안을 찾아보자.
- 미국, 일본 등 외국의 사회복지사 자격제도와 비교한 우리나라 사회복지사 자격제도의 한계와 발전방안을 논의해 보자.

제3장 전문직으로서의 사회복지

1. 사회복지 전문직의 개념과 성격

1) 전문직의 개념

일반적으로 전문직(professions)이란, 전문성을 가진 직업이나 그 직업에 종사하는 사람들의 집단을 의미한다. 예를 들어, 성직자, 의사, 변호사, 대학교수와 같은 전문가집단과 요리사, 미용사, 자동차정비사와 같은 전문가집단이 있다. 전자의 경우 후자에 비해 사회적 지위가 높고 장기간의 교육훈련을 통해서 어려운 자격을 획득하여 직업적 자립성과 배타성이 강하며, 높은 수준의 직업윤리가 요구된다. 특히 전문직 수준과 관련하여 중요한 것은 업무내용이나 조건의 주요한 부분을 전문직만이 소유(self-control)할 수 있는 권한 부여나 조직의 지배로부터 자율성을 가지고 있느냐의 여부다.

이와 같이 권한과 자율성을 기본원리로 하는 전문직은 장기간의 교육훈련을 통해서 습득한 전문적인 지식과 기술을 바탕으로 그들이 일하는 조직에서 독립된 지위를 형성한 직업을 일컫는 용어였다.

일반적으로 산업화가 진행되어 사회의 조직화가 이루어지면서 조직 속에서 일하는 사람들이 증가하게 되었다. 예전에 독립된 자유업으로서 존재하던 성직자, 의사, 변호사, 대학교수 등도 교회, 병원, 법률회사, 대학과 같은 조직에서 일하게 되었다. 그럼에도 불구하고 이러한 전문가집단에게는 조직의 목표 결정, 그 목표를 달성하기 위한 기준 설정, 그 기준의 유지에 대한 책임 등에 관한 역할이 주어졌고, 관리자집단은 설정된 목표가 원활하게 달성될 수 있도록 조직 환경을 정비하고 인적 · 물적 자원을 조달하는 업무에 전념하게 되었다. 따라서 전문가집단이 책임지는 영역과 관리자집단이 가지고 있는 권한의 영역은 명확하게 구분되며, 전문직 종사자는 자율적(autonomous)인 전문직 조직 속에서 전문적 업무에 종사하였다.

그러나 타율적(heteronomous)인 전문직 조직에서의 전문가집단은 관리조직 내에 종속되어 있으며, 전문직 종사자에게 허용되는 자율적인 업무양은 상대적으로 적어진다. 구체적인 규칙이나 업무상의 감독체계는 수행되는 업무의 많은 부분을 통제한다. 이러한 상황에서는 전문직 종사자 개인이나 집단에게 책임을 부여할 수 있는 활동 영역을 결정하는 일이 쉽지 않다.

2) 사회복지 전문직의 정체성

사회복지의 기본은 인간에 대한 사랑과 애착에서 시작된다. 인간은 누구나가 주체성과 자립성을 가지고 있으며 이는 존중되어야 한다. 따라서 사회복지 전문직 종사자는 빈곤, 장애, 노령, 사회적 부적응과 같은 문제 상황에 직면해 있는 클라이언트의 주체성과 자립성을 믿고 그들의 자립을 지원하는 역할을 수행한다. 이러한 업무에 종사하기 위한 사회복지 전문직은 고도의 전문적 지식이나 기술을 가지고 있어야 하며, 사회복지 전문직 종사자로서 준수해야 할 직업윤리를 실천하는 것이 중요하다.

이러한 관점에서 사회복지서비스 제공의 중심에 있는 전문가(professional)인 사회복지사(social worker)의 전문성은 어느 정도 확보되어 있는가에 대한 해답은 크게 세 가지 차원의 논의를 통해 확인할 수 있다.

첫째, 학문 · 연구 차원에서의 전문성은 연구 대상과 관련한 독자적인 관점과 접근방법 그리고 이론적 체계를 갖추는 것을 의미한다. 또한 독자적인 사회복지 연구(실천)방법과 기술에 대한 탐구, 독자적인 가치와 철학을 갖는 것이다. 여기에서 활용되는 수단은 문헌연구, 조사, 관찰과 같은 연구방법이다.

둘째, 전문직업 차원에서의 전문성은 실용성에 기반을 둔 문제해결과 지원, 일상생활문제와 인권보장 등을 목적으로 하는 것을 의미한다. 독자적인 기술습득과 개발, 기술의 보편화를 도모하기 위해 노력하며, 수단적 가치는 개별성의 존중, 의도적인 감정표현, 통제된 정서적 관여, 수용, 비심판적 태도, 이용자의 자기결정, 비밀보장 등이다. 이때 활용되는 수단은 전문가집단의 조직화, 양성, 훈련, 연수, 팀워크, 슈퍼비전, 타 직종과의 연계 등이다.

셋째, 전문직제도 차원에서의 전문성은 서비스 이용자를 위한 사회적 발언권 강화, 직업적 확립, 신분 안정, 사회적 승인 등을 요구하는 데서 찾을 수 있다.

3) 사회복지 전문직의 위치

사회복지 전문직과 관련된 본격적인 논의는 1915년 플렉스너(A. Flexner)

가 전미자선과 교정회의(National Conference of Charities and Correction)에서 한 연설 '사회사업은 전문직인가?'에서 시작되었다. 그는 사회사업(social work)[1)]의 전문직 평가를 위한 여섯 항목의 기준을 제시했다(Flexner, 1915).

- 광범위한 개입의 책임성을 기초로 한 지적인 활동일 것
- 과학과 학습을 통해서 그들의 기초 자료를 이끌어 낼 것
- 이러한 자료를 통해 실질적이고 명확한 결론을 만들어 낼 것
- 전수가능하며 고도의 전문화된 교육훈련을 통해서 구사하고 전수할 수 있어야 할 것
- 직능집단을 결성할 수 있어야 하며, 집단의식을 가지고 활동이나 의무·책임을 유지하면서 전문가집단을 구성할 것
- 전문가들은 점차 이타성이 증가될 것 그리고 사회적 목적 달성을 위해 노력할 것

플렉스너는 이상의 기준에 따라 사회사업을 검토한 결과, 독자적인 기술, 전문교육을 위한 프로그램의 마련, 전문직과 관련된 문헌과 실천기술을 가지고 있지 못하기 때문에 전문직이라고 할 수 없다고 했다. 플렉스너의 이러한 지적은 이후 미국 사회사업이 기술 중시 경향으로 발전을 도모하는 데 주요한 이론적 바탕이 되었으며, 개별사회사업(case work)을 중심으로 한 실천기술 체계화의 배경이 되었다.

1952년 전미사회사업교육협회(CSWE)에서는 전문직 지위를 위하여 석사학위 과정을 마쳐야 한다고 했으며, 1955년에는 전국 단위의 사회사업가조직인 전미사회사업가협회(NASW)가 창설되고 윤리강령을 채택하여 전

1) 여기에서의 사회사업은 미국의 전문성이 강조된 소셜워크(social work)를 지칭한다.

문직으로 인정받기 위해 노력했다. 1950년대 후반에 이르러 그린우드(E. Greenwood)는 기존의 전문직을 규정하는 기준에 비추어 사회사업은 이미 전문직에 속한다고 했다(Greenwood, 1957). 이후 사회사업에 대한 전문직에 대한 논의는 전문화 정도에 대한 논의, 즉 완성도가 높은가(full), 완전한가(compete), 확립되어 있는가(established), 상급인가(major), 하급인가(minor) 등에 관한 논의로 이어졌으며, 그린우드는 사회사업 전문직은 완전한 전문직이 아닌 준전문직(semi-profession)이라고 평가했다.

이와 같이 사회복지의 전문직으로서의 위치는 성직자, 의사, 변호사, 대학교수 등보다는 불안정하다. 캐럴(Carroll)은 그 이유를 사회사업은 너무 다양한 분야에서 다양한 일을 하기 때문에 고유한 이론적 체계를 구축하는 것이 곤란하기 때문이라고 했다. 포플(Popple, 1990) 등은 캐럴이 제시한 3차원 모델에 기초하여 작성한 4차원 모델(실천 분야 추가)을 통해 이를 잘 설명해 주고 있다. 즉, 사회복지의 대상(개인, 가족, 소집단, 공적 조직, 커뮤니티, 지역(사회), 사회복지 개입문제 영역(약물남용, 알코올의존증, 성인범죄, 소년비행, 발달장애, 정신질환, 아동학대와 유기, 인종차별, 빈곤, 질병), 사회복지실천 분야(노인, 주거, 산업, 보건, 재활, 정신보건, 교정, 아동, 공공부조), 개입방법(사례관리, 개별사회사업, 집단사회사업, 가족치료, 사회복지행정, 컨설테이션, 슈퍼비전, 조사, 지역사회조직, 사회계획)이 매우 광범위하기 때문에 네 가지 영역에 따른 세부전공 분류 조합에 적합한 공통의 지식과 이론체계를 만드는 작업이 매우 어렵다는 것이다. 이렇게 다양한 영역에서 다양한 일을 하는 사회복지사는 수행업무에 독립적이고 배타적인 전문성을 확보하기 어렵다는 근본적인 한계를 지니게 된다.

2. 사회복지 전문직의 조건

사회복지 전문직에 대한 논의는 플렉스너 이후 활발하게 진행되었으며, 그 직무의 전문성을 확립하기 위해서는 고도의 이론적 지식과 기술을 확보하고 사회적으로도 필요성을 승인받아야 한다. 이러한 전문직에 대한 논의는 주로 미국 사회복지 영역에서 역사적으로 논의되어 왔다.

그린우드는 전문직의 성립조건으로서 체계적 이론, 전문적 권위, 사회적 승인, 윤리강령, 전문직 문화를 제시했다. 밀러슨(G. Millerson, 1964)은 전문직이란 "주관적 · 객관적으로 상응하는 직업상의 지위가 인정되어야 한다. 이는 일정한 연구 영역을 가지고 전문적인 교육을 거쳐 고유의 직무를 행하며 비교적 지위가 높고 비육체적 직무에 속하는 직업"이라고 정의했다. 그 기본 조건으로서 공공의 복지라는 목적, 이론과 기술, 교육과 훈련, 시험에 의한 능력의 증명, 윤리강령, 전문직 단체의 조직화를 들었다.

이상의 내용을 토대로 사회복지 전문직이 갖추어야 할 내적 조건과 외적 조건을 정리하면 다음과 같다.

1) 전문직화를 위한 내적 조건

(1) 체계적인 이론과 기술

먼저 전문직은 직무수행에 사용되는 지식이나 기술이 전문적이고 체계적인 이론을 기초로 하고 있어야 한다. 이를 위해 전문직의 교육훈련은 일정기간 체계적으로 이루어질 필요가 있다.

사회복지 발전과정을 분석하면서 사회복지 고유의 시점이나 대상 영역을 명확화할 수 있는 원리체계를 가지고 있어야 한다. 생활문제의 실태를 객관적으로 평가하여 직접적 원인과 근본적 원인을 규명하고, 생활문제의 인과관계를 규명할 수 있는 진단적 지식을 가지고 있어야 한다. 또한 생활문제를 제도적으로 해결하기 위한 사회복지정책의 분석이나 종합적인 사회복지계획의 입안, 사회복지행정 및 운영에 관한 체계적 이론을 갖추어야 한다. 사회복지시설 및 기관의 자원, 서비스체계에 관한 지식과 사회복지서비스가 필요한 사람의 욕구에 근거하여 직접적 · 간접적 실천이론과 방법, 기술체계를 확립해야 한다.

현재 사회복지 전문직을 위한 체계적인 이론이나 기술이 충분한 수준에 이르렀다고는 할 수 없으나, 전문적 실천활동에 대한 사회적 근거와 정당성 등은 확립되어 가고 있다.

(2) 사회적 승인

사회복지의 체계적 이론을 토대로 사회복지사가 가지고 있는 전문적 지식과 기술이 사회적인 유용성을 갖기 위해서는 사회나 법률에 의해 인지되고 승인되어야 한다. 사회복지 종사자는 클라이언트나 서비스 이용자의 일상적인 생활문제뿐만 아니라 개인적인 생활 등 기본적 인권과 관련된 업무에 관여할 수 있는 권한을 가지고 있으므로 사회적 승인이나 검증을 받지 않으면 그 직무에 종사하지 못하게 해야 하는 것이다. 구체적으로는 전문직에 걸맞는 자질을 갖추었다는 것을 증명하기 위한 공적인 시험을 실시하고 전문적인 능력이 있음을 증명할 수 있는 체계가 확립되어야 한다.

(3) 윤리강령

전문직의 본질적 속성에는 공공의 복지를 달성하기 위한 일정한 가치실현이 포함된다. 사회복지사에게는 사회로부터 위임받은 일정의 사명을 실행하기 위해 행동규범, 자기규제가 요구되는데, 이것이 바로 윤리강령이다. 사회복지 전문직에 윤리가 요구되는 이유는 많은 클라이언트가 심각한 생활문제와 인권침해 등에 직면하고 있으면서도 스스로의 권리를 주장할 수 없는 상황에 놓여 있기 때문이다.

윤리강령에 포함되어야 할 기본 내용에는, 첫째 사회복지 전문직의 업무가 영리추구의 목적으로 이용되어서는 안 된다는 것이다. 둘째, 사회복지 전문직은 사회적으로 요구되는 사명을 수행하기 위해 정치의 지배로부터 독립적이고 그 구속에서도 자유로워야 한다. 셋째, 사회복지 전문직이 고도의 지식과 기술을 배타적으로 사용하거나 자기 입장과 지위를 집단적으로 지키려는 경향은 엄격하게 제한되어야 한다.

(4) 전문직 단체의 조직화

전문직이 사명을 달성하기 위해서는 정치 등의 권력기구로부터의 외압이나 지시에 따라 행동하지 않고 독립적인 위치에 있어야 한다. 이를 위해서 상호 단결하여 독자의 판단과 행동의 가치기준을 가진 직능적 전문직 단체를 조직화해야 한다. 특히 사회복지 전문직이 근무하는 직장의 경우 규모가 작거나 열악한 경우가 많아 사회복지 직원의 역량 강화를 위한 자체 노력에는 많은 한계가 있다. 따라서 전문직 집단의 조직화를 통해 사회복지 전문성 향상과 개인의 역량 강화, 정서적 지지 등을 위한 노력이 필요하다.

2) 전문직화를 위한 외적 조건

우리나라 사회복지직은 한국사회복지사협회와 같은 전국적인 법정단체와 2003년부터 시작된 사회복지사 1급 국가시험제도에 따라 사회복지사 제도와 전문교육체계를 갖추었으나 전통적인 전문가집단과 비교하면 전문직이 갖고 있는 자율성은 충분히 확보되어 있지 않다. 따라서 전문직으로서의 입지를 강화하기 위해서는 노동환경이나 직장환경 등 외적 요건의 변화도 매우 중요하다. 최근 우리나라에서도 2007년에 사회복지사에 대한 정기적인 보수교육제도를 도입하여 매년 8시간의 보수교육이 의무화되었다. 또한 2011년에는 「사회복지사 등의 처우 및 지위향상을 위한 법률」을 제정하여 사회복지사 등의 처우 개선과 지위향상을 위한 법률적 조치가 강구되고 있다.

(1) 노동조건, 노동환경의 개선

임금, 노동시간, 노동의 강도 등 직접적인 노동조건이 개선되어야 한다. 전문기술직으로서의 사회적 평가는 임금수준과 어느 정도 비례한다고 볼 수 있으며, 장시간에 걸친 근무시간과 과도한 사례 담당 등은 전문직으로서의 실천활동을 제약한다. 직장의 시설이나 설비와 같은 노동환경 조건이나 물리적 수단의 확충 정비가 이루어질 때 전문적인 기술발전을 도모할 수 있을 것이다.

(2) 조직과 운영의 민주화

사회복지기관의 민주적이고 개방적인 운영은 사회복지 전문직에 대한 자율성을 증대시켜 전문성 향상에 기여한다. 예를 들어, 합리적 · 능률적 운영목표 아래 관료제적 지배와 복종, 규칙이나 절차와 같은 기계적인 움직임을 중시하게 된다면 사회복지 전문직 종사자의 실천은 큰 제약을 받을 것이다. 따라서 수직적, 폐쇄적인 운영체계의 변화를 위한 개인의 노력과 노동조합을 포함한 조직적이고 집단적인 노력이 있어야 한다.

(3) 연구, 연수체제의 확립

사회복지직원의 연구, 연수의 보장과 전문직 집단으로서의 자율성 보장이 요구된다. 특히 전문직으로서의 사회복지직은 일상적인 실천활동을 통한 실천기술의 축적 이외에 연수나 연구체계를 확립하면서 전문적 능력이나 기술을 함양해야 할 것이다. 직장 내외 연수를 실시하는 데 어려움이 없도록 합리적인 직원 배치와 업무 조정을 해야 하며, 연수에 대한 권리를 보장하고 자발적인 연구환경 조성에 대한 노력이 필요하다.

3. 우리나라 사회복지사제도

자격이란, 한 개인이 특정 기준에 준하는 지식, 기술 및 폭 넓은 역량을 획득했다고 소관기관이 판단할 때 수여한다. 그 기준은 평가과정을 거치거나 교육과정을 성공적으로 이수함으로써 확인된다. 자격을 위한 학습 및 평가는 교육과정에서나 근무경험을 통해 이루어질 수 있다. 자격은 노동시장에서 그리고 추가교육 및 훈련에서의 가치를 공식적으로 인정하는 것이다. 따라서 자격은 어떤 일에 종사할 수 있는 법적 권리가 될 수 있다.

자격제도란, 학습의 인정이라는 결과를 가져오는 모든 측면의 국가활동을 포함한다. 자격은 관리주체의 유형에 따라 국가자격과 민간자격으로 구분한다. 국가자격은 국가가 법률에 따라 부여하는 자격으로, 국가기술자격법에 의한 국가기술자격과 개별 법령에 의한 국가자격으로 분류한다. 민간자격은 자격기본법에 근거한 공인민간자격과 순수민간자격 등 민간단체가 임의로 부여하는 자격으로 분류한다(이동임 외, 2009). 사회복지사 자격은 개별 법령에 의한 국가자격에 해당한다.

1) 우리나라 사회복지사 자격제도의 역사

사회복지사 자격제도의 변천과정을 「사회복지사업법」을 중심으로 살펴보면 크게 네 시기로 구분하여 살펴볼 수 있다(엄기욱, 2004: 67-71을 참고로 수정 · 보완).

(1) 사회사업가 시기(1970년 이전)

사회복지사 자격제도 이전 단계다. 1970년 「사회복지사업법」이 제정되기까지 사회복지 전문직에 대한 자격제도는 존재하지 않았다. 이 시기는 캐나다유니테리안봉사회와 기독교봉사회에 소속되어 주로 구제사업을 담당하던 개별 사회사업가들이 1965년 7월 한국케이스워커협회를 조직하여 사회사업가(social worker)로서 활동하였다. 1967년 3월에는 한국케이스워커협회 회원을 포함한 모든 분야의 사회사업가들이 참여한 한국사회사업가협회가 출범하였다. 1969년 6월에는 제1회 사회사업가대회가 '국가발전과 사회사업가의 역할'이라는 주제로 개최되는 등 사회사업가의 정체성 확립을 위한 노력이 있었다.

(2) 사회복지사업 종사자 시기(1970~1983년)

초보적 단계의 전문직 제도가 권위 있는 조직(국가)으로부터 승인받은 시기다. 1970년 1월 사회복지사업법이 제정되어, 동법 제5조에서 "보건사회부장관은 대통령령이 정하는 자격을 가진 자에게 사회복지사업 종사자 자격증을 교부한다."라고 하였다. 사회복지사업 종사자 자격증은 4년제 대학에서 사회사업학과를 졸업하거나 5년간의 실무경험 및 사회사업 종사자 훈련원에서의 3~8개월간 훈련 등을 통해 자격을 취득할 수 있었다. 사회복지법인이 운영하는 사회복지시설의 장은 사회복지사업 종사자 자격증을 가진 자로 한정하였고, 직원의 경우도 법인 종사자 총수의 5분의 2 이상을 사회복지사업 종사자 자격자로 채용해야 한다는 규정을 두었다.

(3) 사회복지사 국가자격제도 도입 시기(1984~2002년)

1983년 5월 개정된 「사회복지사업법」에서는 "사회복지에 관한 전문지식과 기술을 가진 자에게 사회복지사 자격증을 교부할 수 있다."라고 하여, 사회복지에 관한 전문지식과 기술을 가진 자로 사회복지사를 정의하였다.

그리고 동법 시행령 제11조에서 사회복지사의 자격기준을 1, 2, 3급으로 세분화하였고, 제12조에서는 사회복지사의 성실의무를 규정하여 사회복지사는 사회복지를 위하여 헌신, 봉사하고 맡은 바 책무를 성실히 수행할 것을 요구하였다. 직원의 채용은 법인 종사자 총수의 3분의 1 이상을 사회복지사로 채용하도록 했으며, 사회복지사 총수의 5분의 1 이상을 사회복지사 1급 또는 사회복지사 2급으로 충원하도록 했다. 그러나 1999년 10월 개정된 동법 시행령에서는 총량 정원제에서 업무내용 전담제로 변경되면서 사회복지사에 대한 업무 범위가 규정되었다. 즉, 사회복지사가 담당하는 업무내용은 ① 사회복지프로그램의 개발 및 운영업무, ② 입소자의 생활지도업무, ③ 사회복지를 필요로 하는 사람에 대한 상담업무다. 1992년 12월 개정된 「사회복지사업법」 제10조에서는 생활보호업무를 전담할 사회복지전담공무원을 둘 수 있도록 했다. 사회복지전담공무원의 임용자격은 사회복지사로 제한하여 이후 사회복지사의 양적 · 질적 확대에 많은 기여를 하였다. 한편 1995년 제정된 「정신보건법」에서는 정신질환자에 대한 개인력 조사 및 사회조사, 정신질환자와 그 가족에 대한 사회사업지도 및 방문지도를 주요한 직무로 하는 법적 자격인 정신보건 사회복지사제도가 도입되었다.

(4) 사회복지사 자격의 고도화 시기(2003년~현재)

1998년 개정된 「사회복지사업법」은 사회복지사 자격제도에 커다란 변화를 가져왔다. 「사회복지사업법」 제11조에서 사회복지사 1급 자격증을 교부받고자 하는 경우는 국가시험에 합격해야 함을 규정하여 국가시험제도가 도입되었다. 제1회 국가시험은 법 개정 이후 4년이 경과한 2003년 4월에 시행되었는데, 법 개정 당시 대학(원)에 재학하고 있는 학생 등에게 불이익을 주지 않기 위한 조치였다. 2007년 12월 법 개정에서는 사회복지법인 또는 사회복지시설에 종사하는 사회복지사는 매년 8시간의 보수교육을 받도록 의무화하여 사회복지사의 자질 향상과 전문성 제고를 위한 법적 장치를 마련하였다. 2011년 3월에는 사회복지사 등에 대한 처우를 개선하고 신분보장을 강화하여 사회복지사 등의 지위를 향상하도록 함으로써 사회복지 증진에 이바지하는 것을 목적으로 하는 「사회복지사 등의 처우 및 지위 향상을 위한 법률」이 제정되었다. 특히 본법 제3조에서는 국가와 지방자치단체는 사회복지사 등의 보수가 사회복지전담공무원의 보수수준에 도달하도록 노력하여야 하며, 제4조에서는 사회복지사 등의 생활안정과 복지증진을 도모하기 위하여 사회복지공제회를 설립할 수 있도록 하는 등 사회복지사의 처우와 복지증진을 위한 법률적 근거를 마련하였다.

사회복지사 자격제도의 변천과정에 나타난 특징과 과제는 다음과 같다.

첫째, 사회복지사 자격제도 도입 초기부터 사회복지사의 역할을 명문화하고 있다는 것이다. 법 제정 초기에는 시설장의 자격을 사회복지사업 종사자로 한정하였고, 시설 종사자의 일정비율을 사회복지사로 채용하도록 하였으며, 사회복지사의 업무내용을 명시하는 등의 조치가 있었다. 사회복지전담공무원의 경우도 사회복지사로 한정하여 임용하도록 하는 등의 조치가 있었다.

둘째, 사회복지사 양성에 대한 종합적이고 체계적인 접근이 이루어지고 있지 못한 아쉬움이 있다. 사회복지사 유사명칭 사용금지에 관한 규정이 없어 유사 민간자격들이 남발하고, 사회복지사 양성 교육기관의 진입장벽이 거의 없어 사회복지사가 과잉으로 배출되고 있다. 이는 사회복지사의 사회적 신뢰성과 전문성을 확립하는 데 걸림돌이 되고 있다.

셋째, 사회복지사의 정체성 확립을 위한 노력이 필요하다. 사회복지사 등급별 직무나 역할 그리고 처우수준에 대한 차별적 규정이 없어 등급별 자격제도의 실효성을 담보하지 못하고 있다.

2) 사회복지사 자격기준 및 교육내용

(1) 일반적 자격기준

「사회복지사업법」 제11조(사회복지사 자격증의 교부)에서는 "보건복지부장관은 사회복지에 관한 전문지식과 기술을 가진 자에게 사회복지사 자격증을 교부할 수 있다."라고 규정하였다. 그리고 사회복지사의 등급은 1, 2, 3급으로 하고, 1급은 국가시험에 합격한 자다. 사회복지사가 될 수 없는 결격사유는 ① 금치산자 또는 한정치산자, ② 금고 이상의 형의 선고를 받고 그 집행이 종료되지 아니하였거나 그 집행을 받지 아니하기로 확정되지 아니한 자, ③ 법률 또는 법원의 판결에 의하여 자격이 상실 또는 정지된 자, ④ 마약 · 대마 또는 향정신성의약품의 중독자다.

(2) 등급별 자격기준

사회복지사 자격취득을 위한 등급별 기준은 다음과 같다. 사회복지사 1급은 국가시험에 합격한 자다. 국가시험은 매년 1회 이상 실시하며, 필기시험 방법에 의한다. 시험합격은 매 과목 4할 이상, 전 과목 총점의 6할 이상을 득점한 자다. 시험과목은 사회복지기초(인간행동과 사회환경, 사회복지조사론), 사회복지실천(사회복지실천론, 사회복지실천기술론, 지역사회복지론), 사회복지정책과 제도(사회복지정책론, 사회복지행정론, 사회복지법제론)등 3개 과목, 8개 영역으로 지정되어 있다. 시험문항은 영역별 30문항씩 총 240문항이다.

국가시험 응시자격은 다음과 같다. ① 대학원 졸업(예정)자의 경우는 대학원에서 사회복지학 또는 사회사업학을 전공하고 석사학위 또는 박사학위를 취득한 자다(다만, 대학에서 사회복지학 또는 사회사업학을 전공하지 아니하고 동 석사학위를 취득한 자는 보건복지부령이 정하는 사회복지학 전공교과목과 사회복지관련 교과목 중 사회복지현장실습을 포함한 필수과목 6과목 이상〈대학에서 이수한 교과목을 포함하되, 대학원에서 4과목 이상을 이수하여야 한다〉, 선택과목 2과목 이상을 각각 이수하여야 한다). ② 대학교 졸업(예정)자의 경우는 대학(또는 동등 이상의 학력이 있다고 인정하는 자)에서 보건복지부령이 정하는 사회복지학 전공교과목과 사회복지관련 교과목을 이수하고 학사학위를 취득한 자다. ③ 전문대학 졸업자의 경우는 전문대학(또는 동등 이상의 학력이 있다고 인정하는 자)에서 보건복지부령이 정하는 사회복지학 전공교과목과 사회복지관련 교과목을 이수하고 졸업한 자로서 1년 이상 사회복지실무경험이 있는 자다. ④ 외국대학(원)졸업자의 경우 외국의 대학 또는 대학원에서 사회복지학 또는 사회사업학을 전공하고 학사학위 이상을 취득한 자로서 상기의 ①과 ②의 자격과 동등하다고 보건복지부장관이 인정하는 자다. ⑤ 사회복지사 3급 자격증 소지자로서 3년 이상 사회복지사업의 실무경험으로 2급 자격증을 취득한 경우 이로부터 1년 이상 사회복지사업의 실무경험을 가진 자다.

사회복지사 2급 자격 취득을 위한 기준은 국가시험 응시자격에 해당하는 자다. 사회복지사 3급 자격 취득을 위해서는 ① 전문대학 졸업자의 경우는 보건복지부장관이 지정하는 교육훈련기관에서 12주 이상 사회복지사업에 관한 교육훈련을 이수한 자, ② 고등학교 졸업자의 경우는 보건복지부장관이 지정하는 교육훈련기관에서 24주 이상 사회복지사업에 관한 교육훈련을 이수한 자, ③ 3년 이상 사회복지사업의 실무경험이 있는 자로서 보건복지부장관이 지정하는 교육훈련기관에서 24주 이상 사회복지사업에 관한 교육훈련을 이수한 자, ④ 「사회복지사업법」(제2조 1항)에서 정하고 있는 사회복지사업 업무에 8급 또는 8급 상당 이상으로 3년 이상 종사한 공무원으로서 보건복지부장관이 지정하는 교육훈련기관에서 4주 이상 사회복지사업에 관한 교육훈련을 이수한 자여야 한다.

2003년 처음 실시된 국가시험은 67.2%의 합격률을 나타냈으나 매년 낮아지는 경향을 보이고 있다. 특히 제5회 시험과 제9회 시험의 합격률은 각

〈표 3-1〉 사회복지사 1급 국가시험 합격률

구 분	시험일자	응시자	합격자	합격률
제1회	2003. 4. 27.	5,190	3,487	67.2
제2회	2004. 3. 7.	7,233	4,543	62.8
제3회	2005. 3. 6.	8,635	3,732	43.2
제4회	2006. 3. 12.	12,151	5,056	41.6
제5회	2007. 3. 4.	16,166	4,006	24.8
제6회	2008. 2. 3.	19,493	9,034	46.3
제7회	2009. 2. 8.	22,753	7,081	31.1
제8회	2010. 1. 24.	23,050	9,700	42.1
제9회	2011. 1. 23.	21,868	3,141	14.4
제10회	2012. 2. 5.	23,627	10,320	43.7

각 24.8%와 14.4%로 역대 최저 합격률을 보였다(〈표 3-1〉 참조). 이는 사회복지사의 고용시장 상황에 비해 급격하게 증가한 사회복지사 2급 자격증 소지자 배출에 따른 수급조절 필요성을 반영한 것이라 판단되나, 자격제도의 신뢰성과 공평성을 담보하기 위해서는 안정적인 합격률을 유지해야 할 것이다.

(3) 사회복지사 양성 교육내용

사회복지학 전공교과목 및 실습규정을 살펴보면 다음과 같다. 필수과목으로는 10개 과목(사회복지개론, 인간행동과 사회환경, 사회복지정책론, 사회복지법제, 사회복지실천론, 사회복지실천기술론, 사회복지조사론, 사회복지행정론, 지역사회복지론, 사회복지현장실습), 선택과목은 20개 과목(아동복지론, 청소년복지론, 노인복지론, 장애인복지론, 여성복지론, 가족복지론, 산업복지론, 의료사회사업론, 학교사회사업론, 정신건강론, 교정복지론, 사회보장론, 사회문제론, 자원봉사론, 정신보건사회복지론, 사회복지지도감독론, 사회복지자료분석론, 프로그램 개발과 평가, 사회복지발달사, 사회복지윤리와 철학)이 지정되어

〈표 3-2〉 사회복지학 전공교과목 및 학점

구 분	교과목	이수과목(학점)	
		대학원	대학 · 전문대학
필수과목	사회복지개론, 인간행동과 사회환경, 사회복지정책론, 사회복지법제, 사회복지실천론, 사회복지실천기술론, 사회복지조사론, 사회복지행정론, 지역사회복지론, 사회복지현장실습	6과목 18학점 (과목당 3학점) 이상	10과목 30학점 (과목당 3학점) 이상
선택과목	아동복지론, 청소년복지론, 노인복지론, 장애인복지론, 여성복지론, 가족복지론, 산업복지론, 의료사회사업론, 학교사회사업론, 정신건강론, 교정복지론, 사회보장론, 사회문제론, 자원봉사론, 정신보건사회복지론, 사회복지지도감독론, 사회복지자료분석론, 프로그램 개발과 평가, 사회복지발달사, 사회복지윤리와 철학	2과목 6학점 (과목당 3학점) 이상	4과목 12학점 (과목당 3학점) 이상

주) 교과목의 명칭이 동일하지 아니하더라도 교과의 내용이 동일하다고 보건복지부장관이 인정하는 경우에는 동일 교과목으로 본다.

있다(〈표 3-2〉 참조).

2008년 11월 「사회복지사업법」 시행규칙 개정으로 사회복지현장 실습에 관한 기준이 명문화되었다. 따라서 사회복지현장 실습기관은 「사회복지사업법」에 규정된 법인 · 시설, 기관 및 단체에서 실시하여야 한다. 실습지도자는 사회복지사 1급 자격증을 소지한 자로서 3년 이상 또는 사회복지사 2급 자격증을 소지한 자로서 5년 이상 사회복지사업의 실무경험이 있는 자로 하며, 현장 실습시간은 120시간 이상이어야 한다.

사회복지사제도와 더불어 사회복지관련 양대 법적 자격인 정신보건사회복지사제도는 1995년 제정된 「정신보건법」에 의한 자격제도다. 정신보건사회복지사는 1급과 2급으로 나누어지며, 1급의 경우는 대학원에서 사회복지학 또는 사회사업학을 전공한 석사학위 이상 소지자로서 보건복지부장관이 지정한 전문요원 수련기관에서 3년 이상 수련을 마친 자 또는 보건소에서 5년 이상 정신보건 분야의 임상실무경험이 있어야 한다. 2급 정신보건 사회복지사의 경우는 「사회복지사업법」에 의한 사회복지사 1급 자격 소지자로서 보건복지부장관이 지정한 전문요원 수련기관에서 1년 이상 수련을 마친 자로서 150시간의 이론교육과 830시간의 실습교육 후 제출과제와 이론시험에 합격해야 자격을 취득할 수 있다. 2009년 12월 현재 2,217명의 정신보건 사회복지사가 배출되었으며, 이 중 1급 자격증 소지자는 440명, 2급 자격증 소지자는 1,777명이다.

3) 사회복지사의 직무와 활동 영역

사회복지사의 직무 및 활동 영역은 매우 다양하다. 우선 「사회복지사업법」 시행령 제6조에 규정된 사회복지사의 업무는 ① 사회복지 프로그램의 개발 및 운영업무, ② 입소자의 생활지도업무, ③ 사회복지를 필요로 하는 사람에 대한 상담업무다.

사회복지사의 표준직무는 접수, 사정, 직접서비스, 점검, 평가 및 종결, 사후관리, 간접서비스, 자기계발, 업무형성과 유지, 인력관리, 기획 및 재정관리, 시설관리, 문서관리 등이다(윤현숙 · 강흥구, 2005). 이를 1급과 2, 3급의 직무로 세분화하여 살펴보면 〈표 3-3〉과 같다(강흥구, 2006).

사회복지사의 활동 영역은 크게 공공 영역과 민간 영역으로 나누어 볼 수 있다. 먼저 공공 영역은 지방자치단체에 소속되어 사회복지업무를 담당하고 있는 사회복지전담공무원이 대표적이다. 사회복지전담공무원은 1987년 49명이 사회복지전문요원이란 명칭으로 채용된 것에서 출발하였다. 사회복지전담공무원은 사회복지사에게만 시험 응시자격을 부여하는 제한 경쟁시험으로 이루어진다. 교정직공무원과 보호관찰직공무원의 경우는 시험과목에 사회복지개론이 포함되어 있어 사회복지사들이 선호하는 공무원직종

〈표 3-3〉 사회복지사 1, 2, 3급의 수행직무

사회복지사 1급의 수행직무	사회복지사 2, 3급의 수행직무
• 정보수집 및 개입목표 설정과 같은 사정직무 • 정서적 지원, 교육, 가족관계 유지 프로그램 등의 직접 서비스 • 점검 • 목표달성 확인과 종결, 의뢰 등의 직무 • 사후관리 등 사례 진행과 관련된 직무 • 모금, 후원금관리, 자원봉사자 교육 및 슈퍼비전 업무, 지역사회 연계망조직 과업 등의 간접서비스 • 전문성 향상과 관련된 과업 • 사례자료 만들기 등의 업무유지 과업과 협력관계유지 과업 • 직원교육, 업무수행도 평가, 직원 고충처리, 실습생지도와 같은 인력관리 직무 • 업무지침 마련, 사업계획 수립, 예산편성 등의 기획 및 재정관리 업무 • 사업실적과 보고 및 상담의 기록과 활용에 관련된 문서관리직무	• 일상생활지원(지도): 학습지원, 금전관리지도(경제적 지원), 식사보조 간식지원(급식지원), 여가활동지원, 보건의료서비스 연계, 욕창예방과 와상예방서비스, 이동수단 지원 등의 구체적 과업에 해당하는 직접서비스 직무 • 시설 안전관리 상황 확인, 비품 및 공동 물품관리 업무 등의 시설관리직무
1급이 수행할 수도 2, 3급이 수행할 수도 있는 탄력적인 직무	
• 의뢰 이유 파악, 기본 정보 파악업무와 같은 접수직무 • 기관의 규칙 및 생활안내, 지역사회 자원에 관한 정보를 제공하는 초기 적응과업 • 자원봉사자 모집, 자원봉사자 배치 및 관리와 같은 자원봉사자 관리 과업 • 회의자료 작성 등의 업무유지 과업 • 업무일지 작성, 보고서 작성, 기안문 등 행정문서 작성, 회의록 작성 등의 통계 및 보고서 작성 과업 • 문서결재 및 공문처리 업무 • 기록관리 보존 업무	

에 속한다. 그리고 「아동복지법」 「노인복지법」 「장애인복지법」 등 각종 법률에 근거하여 아동복지지도원, 노인복지지도원, 장애인복지상담원, 보육

지도원, 여성복지상담원 등이 공적 영역에서 근무하고 있으나 사회복지사를 별도로 채용하지 않고 대부분 일반 공무원이 겸직하고 있다.

민간 영역으로는 각종 사회복지관(종합사회복지관, 노인복지관, 장애인복지관, 아동복지관 등)과 지역사회복지기관(자원봉사센터, 사회복지협의회, 사회복지공동모금회, 지역자활기관, 지역정신보건센터 등), 아동청소년복지(생활시설, 보육시설, 아동자립지원시설, 입양기관, 아동보호전문기관, 지역아동센터, 청소년쉼터, 청소년수련시설 등), 노인복지(노인주거복지시설, 노인의료복지시

〈표 3-4〉 사회복지사 자격증 발급 현황

연 도	구 분	교부누계	1급	2급	3급
2001	당해연도	10,301	6,280	3,845	176
	교부누계	52,953	30,028	13,292	9,273
2002	당해연도	16,730	10,487	6,073	170
	교부누계	69,323	40,515	19,365	9,443
2003	당해연도	16,126	5,319	10,492	315
	교부누계	85,449	45,834	29,857	9,758
2004	당해연도	19,196	5,044	13,722	430
	교부누계	104,645	50,878	43,579	10,188
2005	당해연도	25,354	4,421	20,348	585
	교부누계	129,999	55,299	63,927	10,773
2006	당해연도	33,315	5,055	27,871	389
	교부누계	163,341	60,354	91,798	11,162
2007	당해연도	45,552	4,445	40,823	284
	교부누계	208,866	64,799	132,621	11,446
2008	당해연도	60,208	9,170	50,694	344
	교부누계	269,074	73,969	183,315	11,790
2009	당해연도	68,578	7,286	61,069	223
	교부누계	337,652	81,255	244,384	12,013
2010	당해연도	75,164	9,733	65,229	202
	교부누계	412,815	90,988	308,612	12,215

출처: 사회복지사협회 내부자료(2010).

설, 장기요양시설, 노인보호전문기관), 장애인복지(장애인복지관, 생활시설, 직업재활시설, 의료재활시설, 주간보호시설, 단기보호시설, 수화통역센터, 체육관 등), 한부모가족복지(모부자보호시설, 모자자립시설 등), 건강가정지원센터, 다문화가족지원센터, 부랑인복지시설 등이 있다. 상당수의 사회복지사는 보건의료 영역에서 의료사회복지사와 정신보건 사회복지사로 종사하고 있다. 최근에는 학교사회복지 영역의 확대로 학교사회복지사로의 진출이 활발해지고 있다. 그리고 5대 사회보험인 국민연금, 건강보험, 고용보험, 산업재해보상보험, 노인장기요양보험의 업무를 담당하는 관련 공단에서도 사회복지사들이 활동하고 있다. 기업의 사회적 공헌에 대한 관심이 높아지면서 기업복지재단에 소속된 사회복지사도 증가하고 있다. 사회복지사 자격제도로 2010년까지 배출된 사회복지사는 약 41만 명이며, 매년 급격하게 증가하는 추세다(〈표 3-4〉 참조).

4. 외국의 사회복지사제도[2)]

1) 미국의 사회복지사 자격제도

미국의 사회복지사 자격제도는 ① 민간단체인 미국사회복지사협회(National Association of Social Workers: NASW)에서 규정하는 세 가지의 전국적인 수준의 자격, ② 주(州)별로 약간의 차이를 두어 규정하는 주별 자격으로 나누어진다. 주(州) 단위의 자격제도는 주별로 상이한 제도를 운영하고 있으나 자격증 취득을 위한 시험제도는 하나의 전국단위 기관인 미국주정부사회복지국연합회(American Association of State Social Work

2) 노충래, 엄기욱 외(2007)의 내용을 수정 · 보완한 것이다.

Boards: AASSWB)에서 운영한다. 이 시험은 수준에 따라 학사, 석사, 고급(advanced), 임상(clinical)의 4단계로 나누어 실시된다. 각 주에서는 주별 사회복지사 자격제도 규정에 따라 4단계 수준의 자격시험을 모두 적용하거나 선별하여 적용할 수 있다.

미국사회복지사협회에서 제공하는 3개의 자격(credential)은 ① 전문사회복지사, ② 임상사회복지사 ③ 전문임상사회복지사다. 석사학위소지자(MSW)를 위한 전문 분야 인증서(certificate)는 다섯 가지로 의료사회복지 인증(C-SWHC), 아동청소년가족 전문 분야 인증(C-ACYFSW), 알코올음주흡연 분야 인증(C-CATODSW), 사례관리 전문 인증(C-ASWCM), 학교사회복지 인증(C-SSWS)이 있으며, 학사학위 소지자(BSW)를 위한 인증서는 두 가지로 아동청소년가족인증(C-CYFSW), 사례관리 인증(C-SWCM)이 있다. 미국사회복지사협회에서 제공하는 3개의 자격을 구체적으로 살펴보면 다음과 같다.

(1) 전문사회복지사

전문사회복지사(Academy of Certified Social Workers: ACSW)는 1960년부터 실시된 자격으로 사회복지 전문직 자격 중 가장 오래되었고 가장 많은 사람들이 가지고 있다. 사회복지사는 높은 수준의 사회사업실천 및 전문가 윤리와 실천에 대한 유능함을 증명해야 한다.

- 회원자격: 미국사회복지사협회 회원
- 교육경력: 미국사회복지교육협의회(Council of Social Work Education: CSWE)가 인증한 대학원에서의 석사학위
- 실무경력: 석사학위 취득 후 2년 혹은 3,000시간 동안 석사학위를 소지한 슈퍼바이저의 지도감독하에 쌓은 실무경력
- 자격증 및 훈련: 없음

- 제출서류: 직장 슈퍼바이저 평가서, 동료사회복지사 추천서, 사회복지사 윤리강령 및 보수교육에 대한 동의서, 2년 동안 20시간 이상 받은 보수교육 증명서
- 자격시험: 전문사회복지사 자격시험 통과
- 자격갱신: 매년 회원갱신과 함께 자격갱신

(2) 임상사회복지사

임상사회복지사(Qualified Clinical Social Worker: QCSW)를 위한 것으로서 임상사회사업실천에 대한 지식과 기술 그리고 경험에 대한 기준을 충족해야 하고, 미국사회복지사협회의 윤리강령과 임상사회사업실천 기준 그리고 계속 교육기준을 지킬 것에 동의해야 한다.

- 회원자격: 미국사회복지사협회 회원
- 교육경력: 미국사회복지교육협의회(CSWE)가 인증하는 대학원에서의 석사학위 이상
- 실무경력: 석사학위 취득 후 2년 혹은 3,000시간 동안 임상사회사업에서 최소 2년의 실무경력이 있는 임상사회복지사의 슈퍼비전을 받으면서 기관에서 실무
- 자격 및 훈련: 미국사회복지사협회의 ACSW 자격 혹은 주정부가 인정한 사회복지학 석사학위수준의 자격
- 제출서류: 슈퍼비전 증명서, ACSW 자격 혹은 주단위의 사회복지학 석사학위수준의 자격, 성적증명서, 사회복지사 윤리강령 및 보수교육에 대한 동의서
- 자격시험: 별도의 시험 없음
- 자격갱신: 매 2년마다 갱신

(3) 전문임상사회복지사

미국사회복지사협회에서 가장 높은 수준의 전문임상사회복지사(Diplomate in Clinical Social Work: DCSW)에게 부여하는 자격이다.

- 회원자격: 미국사회복지사협회 회원
- 교육경력: 미국사회복지교육협의회(CSWE)가 인증하는 대학원에서의 석사학위
- 실무경력: 석사학위 취득 후 임상사회사업 실무경력 5년이 요구되며, 실무경력 5년 기간 중 처음 2년 동안은 임상사회사업 실무경력이 있는 임상사회복지사의 지도감독하에 실무를 담당해야 하며, 나머지 3년 동안 혹은 4,500시간은 기관경력 및 개업을 통한 독자적인 실무경력도 인정
- 자격 및 훈련: 응시시점을 기준으로 지난 10년 이내에 실무에 종사했어야 하며, 특히 최근 2년간의 실무경력과 주단위의 고급수준 혹은 임상수준의 자격
- 제출서류: 슈퍼바이저 평가서, 주단위의 고급수준 혹은 임상수준의 자격 증명서, 전문가 추천서, 학교성적증명서, 사회복지사 윤리강령 및 보수교육에 대한 동의서
- 자격시험: DCSW 자격시험 통과
- 자격갱신: 매 2년마다 갱신

2) 일본의 사회복지사 자격제도

1987년 「사회복지사 및 개호복지사법」 제정에 따라 사회복지사 자격제도가 도입되었으며, 국가시험에 합격한 자에게만 자격증을 발급하며 자격등급은 나누어져 있지 않다. 사회복지사 국가시험에 응시할 수 있는 자격

〈표 3-5〉 일본의 사회복지사 자격 취득경로

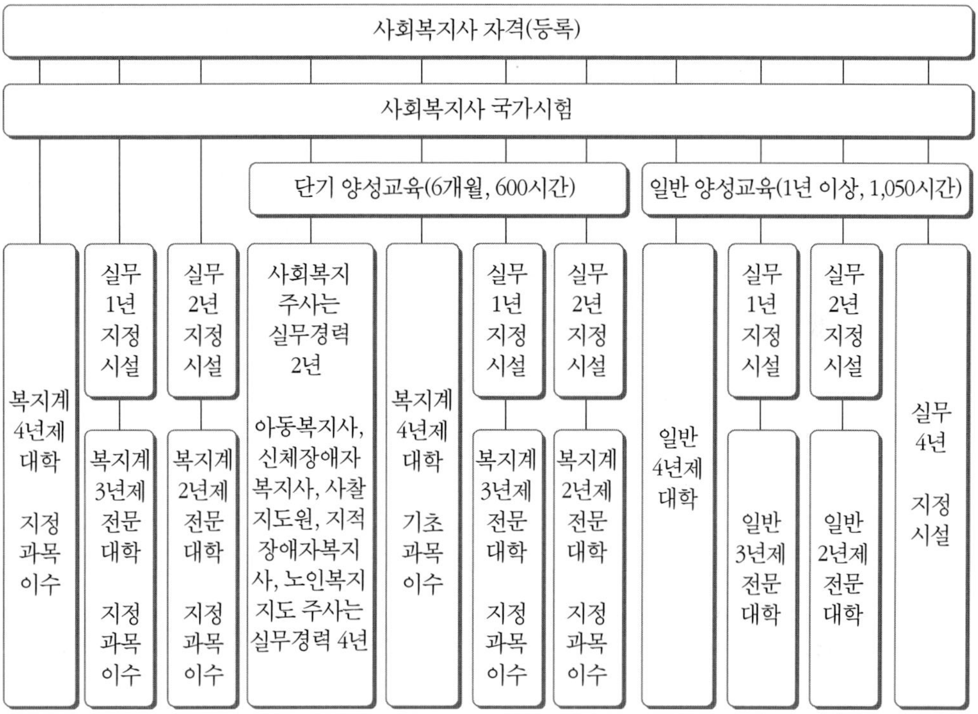

은 다양하다. 즉, 4년제 대학 졸업자의 경우는 사회복지학을 전공하고 지정 교과목을 이수했거나 전문대학 졸업자의 경우는 상기 조건과 더불어 실무경험이 있으면 된다. 또한 공무원으로서 일정기간 사회복지업무에 종사한 자에게는 단기간의 교육과정을 거쳐 시험 응시자격을 부여하는 등 다양한 통로를 열어 놓고 있다(〈표 3-5〉 참조).

사회복지사시험 자격 취득을 위해 대학에서 이수해야 할 지정과목은 18개 과목으로 다음과 같다. ① 인간구조와 기능 및 질병, 심리학이론과 심리적 지원, 사회이론과 사회시스템 중 1개 과목 선택 이수, ② 현대사회와 복지, ③ 사회조사기초, ④ 상담원조 기초와 전문직, ⑤ 상담원조이론과 방법, ⑥ 지역복지이론과 방법, ⑦ 복지행·재정과 복지계획, ⑧ 복지서비스

〈표 3-6〉 일본 사회복지사 국가시험 합격률

	제17회 (2005년)	제18회 (2006년)	제19회 (2007년)	제20회 (2008년)	제21회 (2009년)	제22회 (2010년)	제23회 (2011년)
수험자수	41,044명	43,701명	45,022명	45,324명	46,099명	43,631명	43,568명
합격자수	12,241명	12,222명	12,345명	13,865명	13,436명	11,989명	12,255명
합격률	29.8%	28.0%	27.4%	30.6%	29.1%	27.5%	28.1%

주) 1~23회까지 누계 수험자는 519,619명, 합격자는 148,603명으로 합격률은 28.6%임

조직과 경영, ⑨ 사회보장, ⑩ 고령자에 대한 지원과 개호보험제도, ⑪ 장애인에 대한 지원과 장애인자립지원제도, ⑫ 아동이나 가정에 대한 지원과 아동가정복지제도, ⑬ 저소득자에 대한 지원과 생활보호제도, ⑭ 보건의료서비스, ⑮ 취로지원서비스, 권리옹호와 성년후견제도, 갱생보호제도 중 1개 과목 선택 이수 ⑯ 상담원조 연습, ⑰ 상담원조 실습지도 ⑱ 상담원조 실습이다.

사회복지사 국가시험 과목은 앞의 ⑯~⑱을 제외한 과목이다. 시험은 필기시험이나 단순지식의 검증뿐 아니라 사례분석(연구)과 관련된 응용문제들도 다수 출제되고 있다. 필기시험은 오지선다형 방식으로 출제되며, 모든 과목에 걸쳐 득점하는 것을 조건으로 평균 60점 정도를 합격기준으로 삼지만, 문제의 난이도에 따른 보정(補正) 점수 이상을 얻은 자를 합격자로 한다. 이처럼 보정 점수를 반영하는 방식으로 매년 시험합격률을 30% 정도로 유지하고 있다(〈표 3-6〉 참조).

용어해설

- **개별성의 존중, 의도적인 감정표현, 통제된 정서적 관여, 수용, 비심판적 태도, 이용자의 자기결정, 비밀보장**: 비스텍(biestek)의 관계형성을 위한 일곱 가지 기본 원칙으로 이 책의 제7장 사회복지의 미시적 접근 2. 개인중심 사회복지실천을 참조
- **갱생보호제도**: 범죄나 비행 등 반사회적 행위를 한 자에 대해서 다양한 사회 내 처우를 제공하는 것을 통해 건전한 사회의 일원이 될 수 있도록 재활시키는 것을 목적으로 하는 제도
- **보정점수(補正點數)**: 일본의 사회복지사 국가시험은 문제의 난이도에 따라 합격점수를 조정하여 매년 합격률을 일정하게 유지하는데, 이를 위해 난이도가 높으면 합격점수를 낮추고, 난이도가 낮으면 합격점수를 높이는 식으로 합격률을 조정하는 것을 의미
- **사찰지도원(査察指導員)**: 일본의 지방공무원으로 복지사무소 등에서 기초수급자 등에 대한 조사 등의 업무를 담당하며, 사회복지주사 등 최일선 실무자에 대한 슈퍼바이저 역할을 수행
- **사회복지전담공무원**: 사회복지를 필요로 하는 사람 등에 대하여 항상 그 생활실태 및 가정환경 등을 파악하고, 사회복지에 관하여 필요한 상담과 지도를 행하는 것을 목적으로 시 · 도, 시 · 군 · 구 및 읍 · 면 · 동 등에 배치된 지방공무원으로 사회복지사 자격을 가진 자 중에서 선발
- **사회복지주사(社會福祉主事)**: 일본의 지방공무원으로서 복지사무소 등 각종 행정기관에서 보호 원조를 필요로 하는 사람을 위한 상담, 지도, 원조 업무를 수행하는 사람
- **성년후견제도**: 치매 등으로 인해 판단능력이 불충분한 사람을 보호하기 위한 제도로서, 일정한 조건 아래 본인의 행위능력을 제한하거나 법률행위를 돕거나 대리하는 자를 선임하도록 하는 제도
- **캐나다유니테리안봉사회**: 1952년 한국전쟁 시기 구호사업과 국내 육아시설 및 사회복지관 등의 운영을 지원하던 외국민간원조기관으로 1977년 국내에서의 활동을 끝내고 철수하였으며, 이후 한국봉사회가 그 취지를 이어받아 사업을 수행

참고문헌

강홍구(2006). 사회복지사의 직무특성과 1급과 2, 3급의 직무 유형화에 관한 연구. 한국사회 복지학, 58(1), 209-235.

김태성 · 최일섭 · 조홍식 · 윤현숙 · 김혜란(1998). 사회복지 전문직과 교육제도. 서울: 소화.

노충래 · 임성만 · 강홍구 · 엄기욱(2007). 전문사회복지사 자격제도 및 사회복지사 보수교육 운영방안에 관한 연구. 보건복지부 · 한국사회복지사협회.

엄기욱(2004). 일본의 사례를 통한 한국 사회복지사 1급 국가시험제도의 과제와 발전방안. 한국지역사회복지학, 14, 67-71.

윤현숙 · 강홍구(2005). 사회복지사 표준 직무 매뉴얼. 한국사회복지사협회.

이동임(2004). 자격제도의 개선방향과 과제. 한국직업능력개발원.

奥田いさよ(1992). 社會福祉專門職性の硏究. 川島書店.

Flexner, A. (1915). 'Is Social Worka Profession', *In Proceeding of the National Conference of Charities and Correction: at the 42 Annual Session*, 576-590.

Greenwood, E. (1957). 'Attributes of a Profession', *In Social Work, 2*(3), 54.

Millerson, G. (1964). *The Qualifying Associations: A Study in Professionalization*, Routldege & Kegan Paul.

Popple, P. R., & Leighninger, L. (1990). *Social Work, Social Welfare, and American Society*, Allyn and Bacon, Inc. 85.

제4장

사회복지의 구성요소

학습개요

- 사회복지의 구성요소인 대상, 급여, 자원 및 공급주체, 전달체계, 재원 등에 대해서 살펴본다.

학습목표

- 사회복지의 대상, 급여, 자원 및 공급주체, 전달체계, 재원 등에 대한 학습을 통해 자신의 견해를 정립할 수 있다.

학습과제

- 보편주의와 선별주의, 현금급여와 현물급여, 공공부문과 민간부문, 공공재원과 민간재원 등 사회복지의 쟁점요소들에 대한 자신의 견해를 정립해 보자.

제4장 사회복지의 구성요소

1. 사회복지의 대상

사회복지의 대상은 크게 구분하여 보편주의와 선별주의라는 두 가지 차원에서 설명이 가능하다. 보편주의(universalism)는 사회복지의 급여가 일종의 사회권으로서 모든 국민이 보편적으로 누릴 권리라는 관점으로, 모든 복지 급여에 대한 수급자격을 모든 국민에게 평등하게 부여하여 서비스를 제공하는 방법이다. 보편주의는 복지 수혜자격과 기준을 균등화하여 복지 서비스 수급자들이 그 어떤 낙인감, 열등감, 굴욕감도 갖지 않게 한다.

보편주의에 의한 사회보장제도는 의무가입 대상자 범위와 급여수준의 보편성을 강조하는 제도다. 즉, 가입 대상자 범위의 보편성은 직업 또는 지역의 연대에 얽매이지 않고 모든 주민 또는 경제활동인구 전체를 가입대상에 포함하는 것이다. 급여의 보편성은 기본 욕구 충족이 가능한 수준의 급여가 가입자 모두에게 동등하게 보장됨을 의미한다. 그러나 보편주의는 욕구를 기준으로 볼 때 그것을 필요로 하지 않는 사람에게도 혜택이 돌아가게 된다는 점이 가장 큰 병리현상으로 지적되기도 한다.

선별주의(selectivism)는 사회복지 대상자들을 사회적, 신체적, 교육적 기준에 따라 요건을 매우 엄격히 제한하여 구분한 다음 복지서비스를 제공하는 것으로, 사회복지의 급여는 자산조사로 결정되는 개인적 욕구와 필요를 토대로 하여 제한적으로 활용될 수 있다는 인식이다. 선별주의는 필요한 사람에게 제한적으로 제공하기 때문에 자원의 낭비를 줄이고, 비용의 절약 측면에서 비용효율적인 가치가 발생함을 강조하는 경향이 있다. 선별주의는 자산조사 과정과 일반시민들과의 사회적 관계에서 낙인(stigma)을 피할 수 없다.

2. 사회복지의 급여

사회복지의 급여형태 역시 크게 두 가지 차원에서 설명이 가능하다. 현금급여(in cash)와 현물급여(in kind)가 그것이다.

현금급여는 급여수급자가 자신에게 필요한 재화나 서비스를 직접 시장에서 구매하도록 화폐형태로 지급한다. 대부분의 재화와 서비스를 시장에서 구매할 수 있는 현대 자본주의 사회에서 현금급여는 수급자가 선호하는 급여형태인 동시에 시장기제를 통해 소비가 이루어짐으로써 시장에 대한 왜곡이 발생하지 않는다는 점에서 지지를 받고 있다. 하지만 현금으로 급여를 지급함으로써 원래 정책이 목표했던 대로 쓰이지 않고 불필요한 소비지출에 사용될 수 있다는 한계가 있다.

현금급여의 최대 장점은 급여를 받는 사람들의 선택의 자유와 소비자 주권(consumer sovereignty)을 높임으로써 효용을 극대화할 수 있다는 점이다. 반면에 반드시 필요로 하는 부분에 사용하는 것을 막을 수 없기 때문에 목표에 대한 효과성이 저하된다는 단점이 있다.

현물급여는 수급자에게 필요한 물품과 서비스를 직접 급여로 제공하는 형태를 말한다. 현물급여 중 물품을 직접 급여의 형태로 사용하는 경우는 점차 줄어들고 있지만, 필요한 서비스의 경우 여전히 현물의 형태로 지불되고 있다. 사회복지가 발달할수록 일반적으로 현금급여가 현물급여보다 비중이 커지지만, 미국과 같은 경우 저소득층을 위한 사회복지프로그램 중 약 80%가 현물급여의 형태로 제공되고 있다.

현물급여는 정책이 의도했던 목표를 효과적으로 달성할 수 있고, 현물급여를 통해 경제적 필요가 높은 사람들을 구별할 수 있기 때문에 필요한 대상자에게 집중적으로 급여를 제공할 수 있으며, 대량생산과 대량소비로 인한 경제효과가 있다. 반면에 수급자의 선택의 자유를 제한할 수 있으며 낙인이 수반된다는 단점이 있다. 또한 현물의 보관 및 유통과정에 추가비용이 들어 관리운영에 대한 효율성이 떨어진다.

사회복지의 급여형태는 현물과 현금 이외에도 권력(power), 증서(voucher), 기회(opportunity) 등이 있다.

권력은 재화와 자원을 통제할 수 있는 영향력을 의미하는 것으로 수급자에게 정책결정에 있어 권력을 부여하여 그들에게 유리하게 결정될 수 있도록 하는 것이다. 건강보험이나 국민연금의 가입자 대표들을 의사결정에 참여시키는 것을 그 예로 들 수 있다.

증서는 현금급여와 현물급여의 중간적 형태로 정해진 용도 내에서 원하는 재화나 서비스를 자유롭게 선택할 수 있는 일종의 이용권을 말한다. 식권(food stamp)이나 교육증서(educational voucher) 등을 예로 들 수 있다.

기회는 원하는 목적을 달성하게 만드는 유인과 제재를 말한다. 학교 입학 시 소수인종 학생에게 특혜를 주는 것, 장애인의무고용제 등을 기회의 예로 들 수 있다.

3. 사회복지의 자원과 공급주체[1)]

1) 사회복지 자원

(1) 사회복지 자원의 정의

사회적 욕구를 해결하기 위해서는 자원(resources)이 필요하다. 사전적 의미에서 자원이란 인간의 생존을 위한 의식주를 비롯하여 경제적 생산을 위한 원료와 에너지 등 인간을 활동시키는 요소를 의미한다. 이는 인간의 삶을 정상적으로 영위하는 데 필수적인 물질적, 정신적, 환경적, 사회적, 인적 자원을 모두 포괄하는 개념이다(박세경 외, 2010: 21).

일반적으로 사회복지 자원이라 함은 사회복지 대상자인 개인, 가족, 공동체구성원 그리고 국민 전체의 사회적 욕구를 충족시키거나 그들이 당면한 문제를 해결해 주기 위한 수단을 의미한다. 자원을 구분하는 방법은 다양하다. 유형자원과 무형자원 혹은 인적 자원과 물적 자원과 같이 형태에 따라 구분할 수도 있고, 공공자원과 민간자원처럼 공급자가 속한 조직의 성격에 따라 구분할 수도 있다(김상균 외, 2009: 138).

(2) 사회복지 자원의 특징

사회복지 자원은 다음과 같은 특징을 지닌다(김교성 외, 2006: 26). 첫째, 가치재로서 인간에게 효용을 제공할 때 자원으로서의 의미를 갖는다. 둘째, 사회복지 자원은 제한되어 있다. 셋째, 인간의 사회적 욕구를 해결하기 위한 요소다. 넷째, 사회적 관계 속에서 자원으로서의 의미를 부여받는다. 예를 들면, 한 인간의 욕구를 해결하기 위해 다른 사람의 도움을 받음으로

1) 이 내용은 오세영(2011)의 제2장의 내용을 참조하여 기술하였다.

써 인적 자원의 효용가치를 부여받는다.

사회복지 자원은 기본적으로 'A는 (Y를 위해) X를 필요로 한다. A need X(for you).'라는 논리식을 통해서 인식되기도 한다. 여기서 A는 욕구를 가진 주체이고, X는 욕구의 대상이자 욕구 충족의 수단이며, Y는 이러한 사건이 발생하는 목적을 의미한다(김교성 외, 2006: 31에서 재인용).

그러나 이와 같은 인식법은 사회복지 자원이 이념형(ideal type)의 사회복지라는 틀 속에서 개념화된 것에 불과하기 때문에 현실에서 설명력을 갖기 어렵고, 사회복지 자원을 이해하는 데에는 유용하지 않다는 지적(김교성 외, 2006: 31-34)도 주목할 만하다.

예컨대, 현실에서 모든 인간의 욕구를 충족시킬 정도로 자원은 충분하지 않고 그렇기 때문에 한편으로는 자원분배에 관한 일정한 기준을 마련하려고 하며 다른 한편으로는 새로운 자원을 개발하려고 한다. 또한 개인의 욕구보다는 공급자의 의도와 목적이 더 중요하게 취급되는 것이 현실이다. 왜냐하면 어떤 욕구에 대해, 얼마만큼의 자원을, 어떻게 제공할 것인가에 관한 기준과 권한의 대부분을 공급자가 갖고 있기 때문이다. 따라서 사회복지 자원에 대한 이해를 더하기 위해서는 이념형의 사회복지에 기반하되 현실형(real type)의 사회복지에 맞는 새로운 틀(예컨대, 공급주체는 욕구주체의 욕구 충족을 위해 자원을 제공한다)이 필요하다. 목적으로서의 욕구 충족을 중요시하되 자원분배의 효과성이 그 목적의 실현가능성을 제한하는 현실을 인정하지 않을 수 없기 때문이다.

(3) 사회복지 자원의 범위

이러한 문제의식을 바탕으로 사회적으로 승인된 욕구를 충족시키는 데 동원되는 사회복지 자원의 범위가 어떻게 결정되는지를 살펴보면 다음의 세 가지로 정리된다(김교성 외, 2006: 34-35).

첫째, 자원의 범위는 욕구에 대한 사회적 승인으로 결정된다. 사회적으로 승인된 욕구의 목록을 욕구범주(needs category)라고 할 수 있는데, 가장 적절한 예는 베버리지보고서다. 이는 '요람에서 무덤까지'와 같은 욕구에 대한 인식과 그것을 구체화하여 어떤 욕구에 대응하여 어떤 자원을 공급할 것인가에 관한 욕구대비 자원목록(흔히, 제도 또는 프로그램)이 잘 나타나 있다. 공급주체의 입장에서 볼 때 욕구범주는 동원해야 할 자원의 특성과 범위를 파악하는 데 유용한 개념이다.

둘째, 자원의 범위는 공급주체에 따라 결정된다. 좀 더 구체적으로 말하자면 공급주체가 우선시하는 가치 또는 목적에 따라 자원의 특성과 범위가 결정된다. 공급주체는 욕구의 확인, 제한된 자원, 욕구 해결의 실현가능성에 기반한 욕구범주를 설정함으로써 어떤 욕구를 사회적으로 승인한다. 이 과정에서 공급주체는 욕구범주를 충족시킬 수 있는 자원을 확인해야 한다. 필요에 따라서 자원을 추가로 개발해야 하는 경우도 있고, 가용한 자원 중에서 사회적 여건에 따라 더 이상 자원으로 이용할 수 없는 경우도 발생한다.

셋째, 환경변화는 자원의 범위에 영향을 미친다. 공급주체가 우선순위를 정하는 데 고려해야 할 사회경제적·정치적 요인과 다르게 인구학적 변동과 같은 환경변화는 자원의 범위를 정하는 데 지속적인 요인으로 작용한다.

(4) 자원 파악의 범위

제도 영역에서 공급되는 자원은 재원 조성과 그것의 공적 통제가 법적 관계(legal relations)에 기반하고 있는가에 따라 공식적 자원과 비공식적 자원으로 구분된다.

또한 자원은 자원 파악의 예측가능성에 따라 명시적 자원과 암묵적 자원으로 구분된다. 명시적(explicit) 자원은 사회복지 대상자들의 문제 또는 욕구를 해결하기 위한 자원으로서 법 또는 규정에 명시되어 있는 자원을 의미하며, 향후 사용가능하거나 이미 사용된 자원이다. 이에 반해 암묵적(implicit) 자원은 명시적 자원과는 달리 미리 준비되어 있거나 예측가능한 자원이 아니라 긴급한 상황에서의 자원의 구축 또는 시장과 민간의 자발적 참여를 통해 유동적으로 형성되는 잠재적 자원이다. 이 자원의 특성은 가용한 자원을 의미하고, 앞으로 개발되어야 할 자원을 말한다(김교성 외, 2006: 36).

(5) 사회복지 자원체계

사회복지 자원체계란 사회복지 자원이 인간의 욕구를 해결하기 위한 일련의 과정으로서 과정의 구조를 의미한다. 사회복지 자원체계는 제한된 자원을 분배하기 위한 공급주체, 욕구를 가진 대상, 전달체계, 재원 등의 하위단위를 구성한다(김교성 외, 2006: 28-30).

첫째, 자원의 공급주체는 국가(공공), 시장(기업), 사적(민간), 제3섹터, 가족, 종교단체 등으로 구분할 수 있다. 주체에 따라 사회복지 자원의 성격과 의도된 목적, 자원의 형태 등은 상이하지만, 궁극적으로 대상자의 사회적 욕구를 해결하고자 하는 사회통합적 차원의 목적을 수행하는 것은 동일하다.

둘째, 대상은 사회적 욕구를 지닌 개인을 의미한다. 물론 개인은 환경의 영향을 받기 때문에 개인과 환경 모두를 포함한다. 대상의 선정기준은 크게 보편주의(universalism)와 선택주의(selectivism)로 구분된다.

셋째, 전달체계는 기관, 조직, 인력, 운영(재정)의 총체적 구성을 의미한다. 국가의 경우 법적 제도하에서 사회복지 자원을 대상자에게 제공할 수 있도록 기관운영 또는 재정지원 그리고 관리감독 등의 형태로 이루어진다. 민간, 제3섹터의 경우는 대상자에게 직접 또는 사회복지기관을 통해서 전달된다. 기업, 종교단체의 경우는 사회복지관련 기관을 직접 운영하거나 공공복지기관을 통해서 전달되기도 한다.

넷째, 재원은 다른 자원의 활용을 가능하게 하는 요인으로 매우 중요한 자원이다. 재원은 형태에 따라 현금, 현물(서비스 물품), 바우처, 인적(관리 운영비) 등으로 구분된다.

2) 사회복지의 공급주체

일반적으로 사회복지 공급체계는 크게 공공부문(public sector)과 민간부문(civilian sector)으로 구성된다(김상균 외, 2009: 276-277). 이것은 공급자의 공공성과 사회복지 재원의 공공성 여부에 따른 분류인데, 때로는 공적 부문(public sector)과 사적 부문(private sector)이라는 말로 표현되기도 한다.

공공부문은 정부와 지방자치단체가 공급주체가 된다. 따라서 그 운영재원이 국가 또는 지방자치단체의 조세(일반조세, 목적세 또는 사회보험료)로 충당된다. 공공부문은 주로 국민연금, 국민건강보험, 고용보험, 산업재해보상보험과 같은 공적 사회보험, 국민기초생활보장과 같은 공공부조를 담당한다.

민간부문의 특성은 공급자가 민간단체나 법인이고, 운영재원도 대부분 지역사회나 공동체 개인, 가족, 사회단체 및 기업 등에서 조달된다는 것이다. 즉, 민간부문 재원은 민간의 자발적 기부금이라 할 수 있다. 그러나 재원 면에서 보면 전적으로 민간재원으로 충당하는 경우도 있고, 민간재원 외에 부분적으로 정부의 재정지원을 받는 경우도 상당히 많다. 민간부문 사회복지서비스 수급자는 일정한 요건을 갖추어야 하는 경우도 있지만, 공공부문에서와 같이 수급자격 규정이 엄격히 적용되지는 않는다.

민간부문은 영리성에 따라 다시 세분화된다. 즉, 공공부문을 제1부문(first sector)으로 한다면 민간부문은 영리추구의 상업활동 부문(제2부문: second sector)과 비영리 자발적 단체의 활동부문(제3부문: third sector)으로 구분된다. 비영리 자발적 단체의 활동부문은 비영리조직의 활동부문을 의미하는 것으로 제3섹터로 불린다. 제3섹터란 자원봉사부문을 비롯하여 민간비영리단체, 이웃, 가족을 포함한 사회부문을 일컫는다. 이 중에서 가족이나 이웃은 비공식적인 섹터로서 개별적으로 유형화되는 경우도 있다. 또한 비영리단체(Non-Profit-Organization: NPO)와 비정부조직(Non-Government-Organization: NGO)은 실제로 중복되는 개념이지만 전자가 영리활동을 목적으로 하지 않는 것을 강조하는 것에 비해, 후자는 정부활동과는 구분하려는 것이 강조된다.

최근 들어 정부도 아니고 시장도 아닌 제3섹터, 즉 비영리조직의 민간활동이 사회적으로 요구되고 있다. 그것은 복지다원주의(welfare pluralism)로 설명이 가능하다. 복지다원주의란 기존의 국가중심의 복지공급을 지양하고 비영리부문, 영리부문, 가족이나 이웃 등 복지의 주체를 다원화하자는 것으로 영국에서 발전한 개념이다. 이러한 복지다원주의는 정부실패 및 시장실패가 발생하는 영역에서 국가복지의 탈중앙화와 집합재 공급에서의 준시장적 요소도입을 핵심으로 하고 있다(오세영, 2009: 72-73).

(1) 사회복지 공급의 역할분담

사회복지서비스 제공에서 자원이 효율적이고 효과적인 배분이 이루어지게 하기 위해서는 정부와 민간의 사회복지 역할분담이 매우 중요하다. 그런데 정부와 민간의 관계는 상당히 복잡하다. 이 복잡한 관계를 이해하기 위해서는 관계성을 유형화할 필요가 있다. 기드론 등(Gidron, Kramer, & Salamon, 1992: 16-20)은 정책주체의 기능을 재원과 제공의 두 가지로 구분하고 정부와 제3섹터의 우위성을 고려하면 그 관계는 다음의 네 가지 모델로 유형화할 수 있다고 하였다(오세영, 2009: 85-86 재인용).

첫째, 정부지배형(government-domination) 모델이다. 이 모델에서는 정부가 재원과 서비스 제공 면에서 독점적인 역할을 담당한다. 재(財)나 서비스의 수준이 낮은 경우에도 국가가 독점하기 때문에 복지국가와 같은 의미로 사용되지 않는다. 필연적으로 주요한 재원과 제공인원의 주체로서 정부를 상정하고 있다.

둘째, 이중(dual) 모델이다. 이 모델에서는 정부와 제3섹터가 사회서비스의 제공과 재원의 양 측면에서 모두 관여한다. 서비스의 제공에서는 경합하지만 각각 존재의 이유를 달리한다. 한편으로 제3섹터는 정부에 의해서 제공되는 서비스를 보충한다. 정부와 같은 종류의 서비스를 제공하지만 정부의 서비스가 미치지 못한 사람들에게도 공급이 이루어진다. 다른 한편에서 제3섹터는 정부활동으로 충족되지 않는 욕구(needs)를 충족시킴으로써 정부의 서비스 제공을 보완한다.

셋째, 협력형(collaboration) 모델이다. 이 모델에서는 정부가 재원을 확보하고 그것을 제3섹터에 보조하며 제3섹터가 사회서비스를 제공한다. 재정주체와 제공주체가 별도의 영역에 존재한다. 이론적으로는 그 반대도 있을 수 있지만 실제로는 정부재원에 의존하는 것이 대부분이다. 이 협력적인 정책실시에는 두 가지 방법이 있다. 하나는 민간비영리단체나 가족이 제공하고 있는 서비스를 정부가 구입하는 방법이고, 다른 하나는 정부가 사업을 민간비영리단체와 계약을 맺고 위탁하는 방법이다.

넷째, 제3섹터 지배형(third-sector-domination) 모델이다. 이것은 정부지배형 모델과 대조적이며 민간이 재원과 서비스 공급에서 주요한 섹터가 되는 모델이다. 정부관여에 반대하는 사람들의 근저에는 개인의 사회에 대

〈표 4-1〉 정부와 제3섹터의 관계 유형

기 능 / 모 델	정부지배형 모델	이중(dual) 모델	협력형 모델	제3섹터 지배형 모델
재원 부담	정부	정부/제3섹터	정부	제3섹터
서비스 공급	정부	정부/제3섹터	제3섹터	제3섹터

출처: Gidron, Kramer, & Salamon. (1992). p. 18.

한 공헌이 국가의 일원적인 가치아래 판단되는 것에 대한 거부감이 존재한다. 이것을 극단적으로 표현하면 야경국가시대의 역할만을 정부에 요구하고 있다고 생각된다.

4. 사회복지 전달체계[2)]

1) 사회복지 전달체계의 정의

사회복지 전달체계란 사회복지정책을 사회복지서비스로 전환하는 과정에서 공급자인 사회복지조직과 수요자인 클라이언트를 연결하는 조직적인 장치를 말한다. 사회복지 전달체계는 사회복지 급여와 서비스를 적절하고 효율적으로 대상자에게 전달하여 그들의 욕구를 효과적으로 충족시키는 데 결정적인 역할을 수행하기 때문에 매우 중요하다. 즉, 사회복지 급여 및 서비스 대상자의 자격요건을 조사 및 심사하는 일과 급여 및 서비스의 제공과정과 절차 등은 결국 전달체계상에서 대상자와 밀접하게 접촉하면서 실천되기 때문에 전달체계가 그만큼 중요한 것이다. 결국 사회복지 전달체계가 어떻게 구축되느냐에 따라 서비스의 양과 질이 달라진다고 볼 수 있다.

사회복지 전달체계는 일반적으로 공적 전달체계와 사적(민간) 전달체계로 구분된다. 공적 전달체계는 정부(중앙정부와 지방정부)나 공공기관이 직접 관리하고 운영하며, 사적 전달체계는 민간단체와 개인이 직접 관리하고 운영한다. 공적 전달체계의 경우 재정적으로는 안정적이지만 관료적이고 경직되어 있으며 체계가 복잡한 반면, 사적 전달체계의 경우는 재정적 취약성을 극복하기 어렵지만 융통성이 있고 보다 클라이언트에게 가깝게 위

2) 사회복지 전달체계에 관해서는 오세영(2009)의 제7장을 참조하여 기술하였다.

치하고 있으며 창의적이고 유연한 장점이 있다.

2) 사회복지 전달체계의 원칙

사회복지 전달체계의 궁극적인 목적은 서비스를 효과적이고 효율적으로 전달하는 것이라 할 수 있다. 그런데 서비스를 전달하는 데 그 효율성과 효과성을 떨어뜨리는 많은 문제점들이 발생하게 된다. 대표적인 문제가 서비스의 분열성, 비접근성, 불연속성, 무책임성 등이다(Gilbert & Terrell, 2002: 166).

〈표 4-2〉 서비스 전달체계의 문제점

사례: 70세의 병약한 재가독거노인이 있다. 그는 정기적인 건강진단을 실시하는 검진센터(A)에 정기적으로 가서 검진을 받고, 그 결과에 따라 1주일에 수일간 재활훈련기관(B)에 가서 낮 시간 동안 재활훈련을 받고, 매일 복지기관(C) 소속의 홈헬퍼로부터 세탁 등의 재가복지서비스를 받고 있다.

전달체계 문제점	구체적 사례
분열성	A, B, C가 전혀 동떨어진 장소에 위치하고 있어서 하루는 A, 하루는 B의 식으로 이용할 수밖에 없다. A와 B에 의한 서비스가 전혀 차별성이 없다. A에서 검진받은 경우나 그냥 B만을 이용하는 것이나 서비스에 차이가 없다.
비접근성	C의 이용은 무료이지만 A, B의 이용은 상당한 이용료 부담이 있어서 이용하기가 곤란하고, 집에서 너무 먼 거리에 위치하고 있다. B는 주로 아동을 위한 기관으로 노인이 이용하는 경우에 다양한 제약이 따른다. 혹은 A, B, C의 기관이 특정 종교의 신자들만 우대한다.
불연속성	집에서 A까지는 순회버스가 있으나 A에서 B까지 가는 데에는 교통편 이용이 곤란하다. A, B의 업무시간이 다르다. A를 통해서 B로 가는 경우에도 가는 곳마다 각각 서비스 이용신청을 해야 하고, A, B, C 간의 상호 업무연계나 환자를 위한 정보교환, 의뢰 등의 노력이 없다.
무책임성	이 노인이 각각의 서비스에 대해서 불만을 가지고 있을 때, 그것을 어느 행정부서에 호소해야 할지가 불분명하고, 행정부서에 호소해도 업무 영역이 불명확하여 그 책임을 규명하기가 힘들다.

서비스의 분열성(fragmentation)은 서비스가 한 장소에서 모두 이루어지고 있지 않을 뿐만 아니라 기관들이 그들의 활동을 조화시키기 위해 노력하고 있지 않는 문제를 말한다.

비접근성(inaccessibility)은 클라이언트의 소득, 연령, 종교, 이용료 부담, 지리적 위치 등에 따라 서비스 이용에 제한을 두는 문제를 말한다.

불연속성(discontinuity)은 클라이언트가 서비스를 이용하는 데 불편을 겪거나 의사소통과 후송에 필요한 채널이 충분하지 못한 문제를 말한다.

무책임성(unaccountability)은 원조에 필요한 것들이 그 환경에 영향을 주는 의사결정에 영향을 미치지 않는 문제, 의사결정권자가 클라이언트의 욕구와 이익에 무감각한 문제를 말한다.

이렇게 볼 때 이상적인 사회복지서비스 전달체계는 '통합되어 있고, 연속적이며, 접근가능성이 높고, 그 책임성이 명백한 방향으로' 이루어진 체계를 의미한다. 그러나 현실사회에서 이러한 네 가지의 문제를 동시에 해결하는 것은 쉽지 않다. 왜냐하면 이 네 가지 요소는 상충하는 성격을 부분적으로 가지고 있기 때문이다. 예를 들면, 타 기관에 적극적으로 의뢰를 하는 것은 분열성을 감소시키지만 무책임성을 증가시키는 등의 문제를 야기할 수 있는 것이다.

3) 한국의 공적 사회복지 전달체계

한국의 공적 사회복지 전달체계는 국가 또는 지방자치단체가 수립과 운영주체인 경우를 말한다. 각종 사회보험은 중앙정부차원에서 전달되고 있고, 공공부조와 사회복지서비스 전달체계는 중앙 및 지방자치단체에서 분담하는 형태를 취하고 있다. 각각의 전달체계를 간략하게 그림으로 제시하면 [그림 4-1]과 같다.

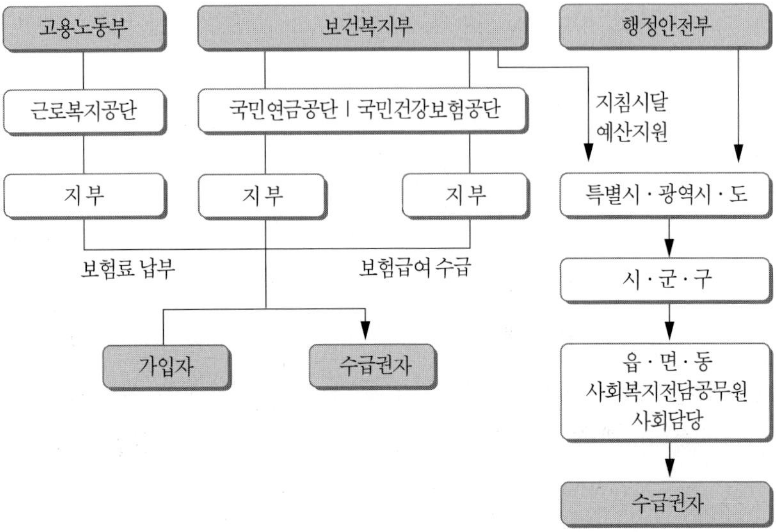

[그림 4-1] 사회복지제도별 공공 전달체계의 개요

중앙정부차원에서의 공적 사회복지서비스 전달체계를 보면, 산재보험과 고용보험은 고용노동부 소관이다. 실제적인 업무는 근로복지공단에 위탁하여 처리하고 있다. 근로복지공단은 각 지역단위로 하여 지부를 두어 운영된다. 반면에 국민연금과 국민건강보험, 노인장기요양보험의 소관부서는 보건복지부다. 역시 산하에 지역단위로 지부가 관련 업무를 처리하고 있다. 그러나 공공부조와 사회복지서비스는 사회보험과는 조금 다른 전달체계의 모습을 보인다. 소관 중앙부서는 보건복지부이지만 지방에는 보건복지부 지부나 사무소가 없기 때문에 행정안전부 소속의 지방조직에 공공부조와 사회복지서비스 업무를 위탁하여 운영하고 있다. 이와 같이 공적 사회복지서비스 전달체계는 소관 부서가 서로 다름을 알 수 있다.

중앙정부차원에서의 사회복지행정은 1948년 정부수립과 동시에 사회부가 발족되어 담당하였는데, 이는 1955년에 보건부와 사회부가 보건사회부로 개편되었고, 1994년 보건사회부가 보건복지부로 개칭(30여 회의 직제 개정)되었으며, 2008년 정권이 바뀌면서 보건복지부가 보건복지가족부로 개칭되었으나, 2010년 3월부터 다시 보건복지부로 변경되어 현재에 이르고 있다.

지방정부차원에서의 공적 사회복지 전달체계를 보면, 담당조직으로 행정안전부의 지방조직인 특별시(광역시) · 도단위의 사회복지과 · 가정복지과 · 여성복지과 등이 설치되어 있다. 그리고 행정안전부의 지방 하위조직인 시 · 군 · 구단위에는 사회복지과 혹은 가정복지과 산하에 사회복지계, 가정복지계, 부녀복지계, 청소년복지계 등이 설치되어 있다. 이 중 가정복지계가 보건복지부나 시 · 도의 가정복지국에서 시달된 업무지침을 받아 사업을 시행한다. 그리고 필요한 업무는 다시 일선조직인 읍 · 면 · 동단위의 사회복지계나 소속 사회복지전담공무원으로 이어진다.

그동안 사회복지 전달체계를 개편하기 위한 사업은 계속해서 추진되어 왔다. 1995년부터 보건복지사무소 시범사업을 4년에 걸쳐 실시하였으나 무산되고 말았고, 그 후 다시 2004년부터 시범 사회복지사무소 사업을 실시해 왔지만 역시 시범사업으로 그치고 말았다. 그리고 새롭게 제안된 것이 중앙행정조직의 개편에 의한 사회복지 전달체계의 개편이다. 2006년 4월에 당시 행정자치부에서 '지방자치단체 주민생활지원기능 강화계획'을 발표하여 같은 해 7월부터 주민생활지원 서비스체계로의 개편이 단계적으로 이루어졌고, 2007년 7월 1일부터 전국적으로 확대되었다. 그 주요 개편내용은 다음과 같다(김승권 외, 2007: 75-76).

첫째, 인력규모는 기존의 수준을 그대로 유지하되 조직을 개편하여 인력 및 업무를 사회복지 분야에 재배치하였다. 시 · 군 · 구에 주민생활지원 전담부서를 설치하여 지역주민에게 포괄적인 서비스 제공을 목적으로 분산되어 있던 복지 · 보건 · 주거 · 고용 · 평생교육 · 생활체육 · 문화 · 여가 등 8대 서비스의 추진부서를 통합하여 전담부서를 설치하고, 서비스기획팀, 통합조사팀 등을 설치하여 업무의 전문화를 통한 서비스 제공능력을 강화하며, 읍 · 면 · 동에 주민생활지원담당을 설치하였다. 또한 사회복지직 및 행정직의 배치를 조정하여 시 · 군 · 구 주민생활지원부서의 총괄기획담당, 서비스연계담당, 통합조사담당은 사회복지직을 우선 배치하도록 하였다.

둘째, 주민에 대한 통합서비스 제공체계를 마련하는 것으로 주민생활지원 통합서비스 제공은 전달체계 개편의 핵심 목표로서 복지 · 보건 · 고용 · 주거 · 평생교육 · 생활체육 · 문화 · 관광 등 주민 삶의 질에 직접 관련된 공공 · 민간의 서비스를 종합적으로 제공한다. 시 · 군 · 구는 읍 · 면 · 동에서 지역주민에 대한 상담–신청접수–서비스계획수립–연계–사후관리의 업무진행이 원활히 이루어질 수 있도록 통합서비스 제공 네트워크 구축 등 주민생활지원서비스 인프라를 제공하는 것을 주된 역할로 한다.

2010년 1월부터 '희망복지' 전달체계라는 이름으로 사회복지전달체계의 개편이 추진되었는데, 그 주된 내용은 시 · 군 · 구 본청에 민관합동으로 '희망복지지원단'을 설치하여 통합사례관리 · 긴급지원 · 현장방문 · 콜센터의 업무 등을 담당하게 하고 지자체 공무원과 희망복지 민간협력기관의 파견 직원을 근무하도록 한다는 것과 사회복지 급여 및 서비스 지원 대상자의 자격 및 이력에 관한 정보를 통합관리하고, 지자체의 복지 업무 처리를 지원하기 위한 정보시스템(사회복지통합관리망)을 구축한다는 것을 기본 골자로 하고 있다.

이에 따라 각종 사회복지 급여와 서비스 제공을 지원해 온 지방자치 단체의 정보시스템이 '행복e음'이라는 사회복지통합관리망으로 개편되었다.[3] 사회복지통합관리망이란 "사회복지 급여 및 서비스지원 대상자의 자격 및 이력에 관한 정보를 통합관리하고, 지자체의 복지업무 처리를 지원하기 위한 정보시스템"이다.[4] 이는 기존 시 · 군 · 구별 새올행정시스템(주

3) 이하의 내용은 주로 보건복지부(2010)의 사회복지통합관리망 구축현황 및 추진계획을 참조하였다.

4) 이는 「사회복지사업법」 제6조의 2(사회복지업무의 전자화)에 근거하고 있는데, 그 내용은 다음

민, 지적, 재정, 세정, 복지 등 31개 시 · 군 · 구 업무 지원시스템) 중 복지 분야를 분리하여 중앙에 통합 구축하는 것을 골자로 한다. 시스템은 [그림 4-2]와 같이 복지급여 통합관리시스템을 중심으로 상담 및 사례관리시스템, 사회복지시설정보시스템으로 구성되고, 정책 소관부처인 보건복지부가 기획 · 관리 및 시스템 운영을 주관한다. 그 주요 내용은 다음과 같다.

첫째, 기존의 시 · 군 · 구별, 복지사업별 DB로 집행되던 약 120여 개의 복지급여 및 서비스 이력을 전국, 개인별 · 가구별로 통합관리하며, 복지수급자별 자격과 서비스 정보를 비교하여 부정 및 중복 지원은 차단하고 누락서비스를 발굴하여 지원하도록 되어 있다.

둘째, 유관기관 공적 자료 연계를 기반으로 설계되었다. 즉, 복지수급자의 정확한 선정 및 사후관리를 위해 27개 기관 215종의 소득 · 재산자료와 서비스 이력정보 등을 연계하여 각 지자체에 수시 제공하도록 되어 있다. 소득 · 재산 · 인적 정보는 18개 기관 49종, 급여 · 서비스 이력정보는 15개 기관 166종이 포함된다. 또한 사회복지시설과 지자체 간의 보조금 청구 등을 온라인으로 연계하고, 시설수급자 등 개인별 급여 · 서비스 이력을 통합관리하도록 되어 있다.

셋째, 복지급여 지급절차를 보완하여 사회복지통합관리망과 지방재정시스템을 연계하고, 계좌 실명인증을 거쳐 금융기관에 입금하도록 하여, 복지급여 지급내역의 임의수정을 방지하고 있으며, 복지급여 계좌도 수급

과 같다. ① 국가 및 지방자치단체는 사회복지업무를 전자적으로 처리할 수 있도록 필요한 시책을 강구하여야 한다. ② 보건복지부장관은 사회복지업무에 필요한 각종 자료 또는 정보의 효율적 처리와 기록 · 관리업무의 전자화를 위하여 정보시스템을 구축 · 운영할 수 있다. ③ 보건복지부장관은 제2항에 따른 정보시스템을 구축 · 운영하는 데 필요한 자료로서 각호 어느 하나에 해당하는 자료를 수집 · 관리 · 보유할 수 있으며 관련 기관 및 단체에 필요한 자료의 제공을 요청할 수 있다. 이 경우 요청받은 기관 및 단체는 정당한 사유가 없는 한 이에 응하여야 한다. ④ 지방자치단체의 장은 사회복지사업을 수행함에 있어 관할 복지행정시스템과 제2항에 따른 정보시스템을 전자적으로 연계하여 활용하여야 한다. ⑤ 사회복지법인의 대표이사 및 사회복지시설의 장은 국가 및 지방자치단체가 실시하는 사회복지업무의 전자화 시책에 협력하여야 한다(개정 2009. 6. 9).

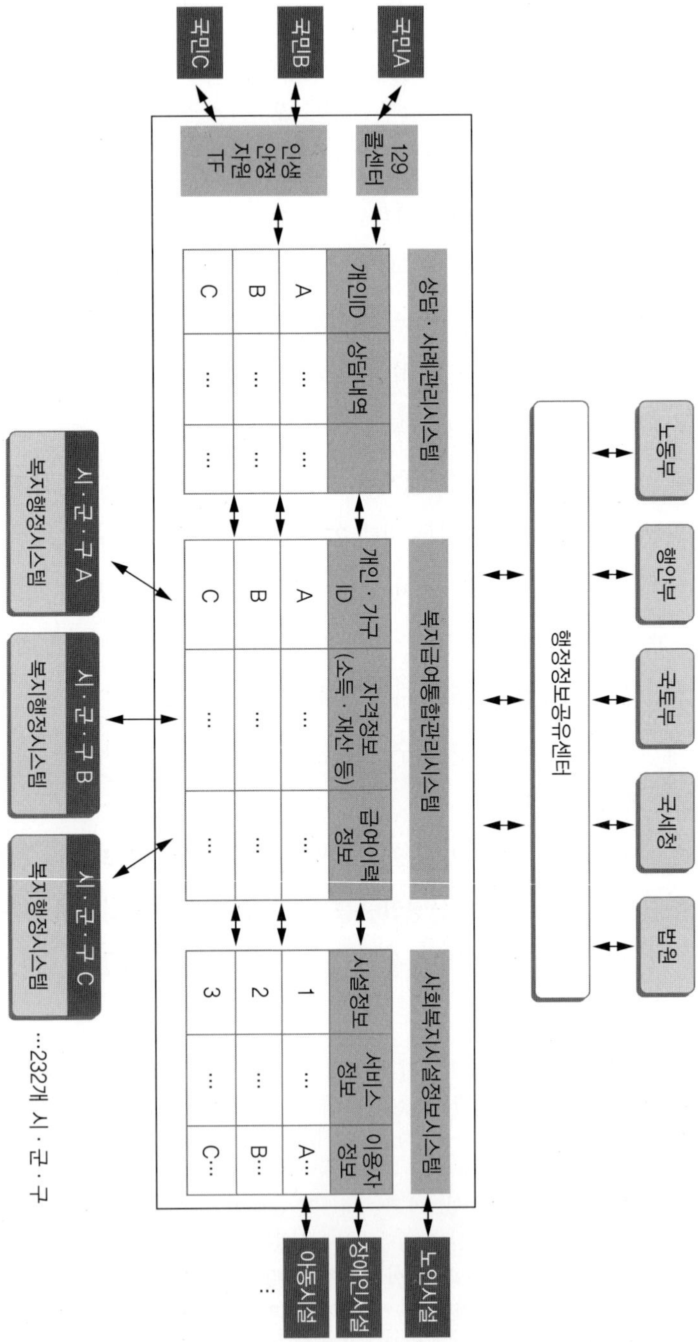

[그림 4-2] 사회복지통합관리망의 구성도

자 1인당 하나로 단일화하였다.

넷째, 지자체 복지업무 처리절차를 개선하였는데, 먼저 그 절차를 간소화하여 사업별 유사 · 중복서식을 37종에서 6종으로 통합하고, 사업별로 다른 소득 · 재산 조사방법을 통일하여 한 번 조사하면 여러 사업에서 공동 활용할 수 있도록 개선하였다. 또한 정기적인 소득 · 재산 변동의 확인, 급여지급자료 생성 등 반복처리업무를 자동화하고, 담당공무원이 처리할 변동사항 등을 자동안내하도록 하는 장치를 마련하였다.

다섯째, 보건복지콜센터(129) 및 시 · 군 · 구, 읍 · 면 · 동의 전화, 방문상담 정보를 개인별로 통합관리하고(보건복지콜센터 전화민원의 시 · 군 · 구 이관서비스), 수요자별 욕구에 적합한 민간서비스 연계 등이 가능할 수 있도록 하는 사례관리 기반이 구축되도록 하였다.

마지막으로 사회복지통합관리망 구축을 통한 업무 효율화를 극대화하고 찾아가는 서비스를 강화하기 위해 일선 복지행정조직을 개편하였다. 행정조직 개편의 주된 내용은, 첫째, 복지급여 대상자 자산조사 및 자격관리 업무를 시 · 군 · 구로 일원화하고 통합조사팀을 통합조사관리팀으로 확대 개편하도록 하였다. 둘째, 시 · 군 · 구의 서비스 연계팀을 중심으로 사례관리를 추진하여 복합적인 문제를 지닌 수급 대상자에게 통합 서비스를 제공하도록 하였다. 이를 위해 공공과 민간의 연계와 정보공유를 포함하고 있다. 셋째, 읍 · 면 · 동 및 서비스 연계팀은 상담 및 신청접수, 지원이 필요한 가구를 발굴, 찾아가는 서비스 기능을 강화하도록 하였다.

4) 한국의 사적 사회복지 전달체계

사적(민간) 사회복지조직이란 영리를 목적으로 하지 않는 주민조직과 사회복지법인, 재단법인 및 사단법인, 종교단체, 법정단체 및 기타 특수법인, 등록단체나 그 법인 또는 단체가 사회복지사업을 목적으로 운영하는 시설

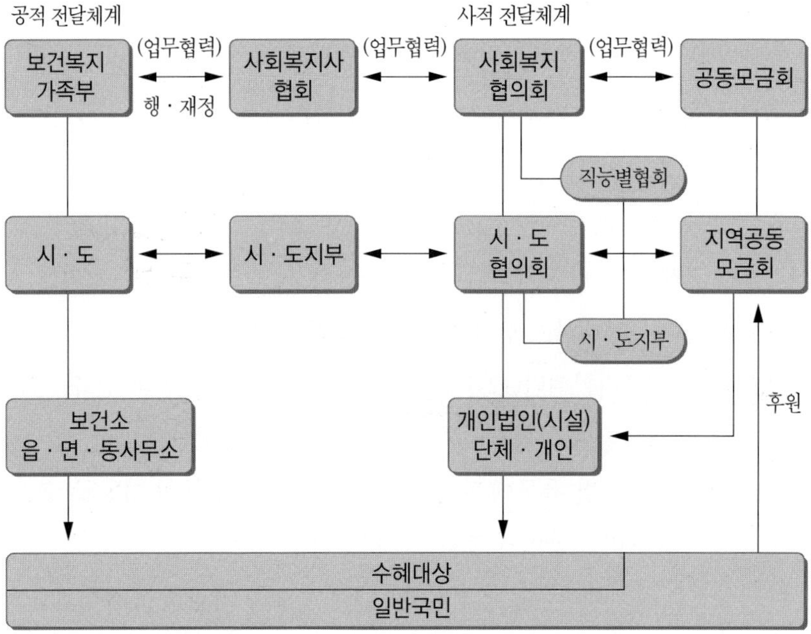

[그림 4-3] 사적 사회복지서비스 전달체계의 현황

출처: 현외성(2004). p. 239.

과 기관을 말한다. 이러한 사적 사회복지조직에 의해 전달되는 사회복지 전달체계는 거의 대부분 사회복지서비스 부문에 집중되어 있다. 물론 사회복지 공급주체에 따라 전달체계가 약간 상이하지만 대부분 정부에서 일부분의 재정지원과 행정적 지도감독을 하고 있다.

사적 사회복지서비스 전달체계의 구조를 살펴보면 [그림 4-3]과 같다.

5. 사회복지의 재원

사회복지의 재원은 크게 볼 때 공공부문의 재원과 민간부문의 재원으로 구분된다(송근원 · 김태성, 2004: 315-352).

1) 사회복지의 공공재원

(1) 일반세

일반세는 정부가 특별히 용도를 정하지 않고 징수하는 조세로서 크게 세 가지로 구분된다. 즉, 소득에 부과하는 소득세(개인소득세와 법인소득세)와 소비에 부과하는 소비세(부가가치세 등) 그리고 부(富)에 부과하는 세(재산세, 상속세 등)다.

일반세 가운데 조세의 누진성을 높이는 데 가장 크게 기여하는 것은 소득세다. 그중에서도 개인소득세가 특히 조세의 누진성이 강하고 소득재분배 효과가 높다. 그 이유는 세 가지로 설명이 가능한데, 첫째, 개인소득세는 기본적으로 부담능력의 원칙(ability to pay)에 따라 세율이 부과되기 때문에 고소득층의 세율이 저소득층보다 높다. 둘째, 개인소득세는 다른 조세에 비하여 각종 조세감면을 통해 저소득층의 조세부담을 면제 또는 감면시켜줌으로써 소득재분배 효과를 높인다. 셋째, 아무리 조세가 누진성이 강해도 일반예산에서 차지하는 비중이 낮다면 소득재분배 효과는 적을 수밖에 없지만, 개인소득세는 일반예산을 구성하는 조세 가운데 가장 비중이 크다.

일반세를 구성하는 조세 가운데 두 번째로 큰 것은 소비에 대한 조세다. 소비에 대한 조세는 부담능력을 고려하지 않고 상품을 소비할 때 부과하는 세금을 말하는데, 크게 두 가지로 구분된다. 첫째, 어떤 상품의 최종소비자가 부담하는 조세(이는 다시 모든 상품의 소비에 단일세율을 부과하는 일반소비세와 상품마다 부과세율이 다른 특별소비세로 구분된다)이고, 둘째, 상품의 생산에서 최종 소비에 이르기까지 여러 단계에서 부과되는 세금(부가가치세)이다. 소비에 대한 조세는 앞서 말한 개인소득세에 비하여 역진적이라고 할 수 있는데, 특히 일반소비세는 소득에 상관없이 소비에 대하여 동일세율을 부담하기 때문에 가장 역진적인 조세라 할 수 있다.

일반세 가운데 가장 적은 비중을 차지하는 것이 부(富)에 관한 조세인데, 이 가운데 가장 중요한 조세가 재산세(property tax)다. 재산세는 대개 단일 세율을 부과하고 세금부과 대상이 되는 재산의 가치평가액이 시장가격의 변화에 따라 빨리 변화하지 못하며, 많은 재산을 포괄적으로 세금부과 대상에 포함시키는 것이 어렵기 때문에 일반적으로 재산이 많은 사람들이 없는 사람들보다 재산세에 대한 실질 조세부담률이 적다고 볼 수 있다. 반면에 상속세나 증여세와 같은 조세들은 비록 누진적인 세율이 적용되나 실질적으로 이러한 세를 내는 사람은 매우 소수이고 그 액수도 적기 때문에 일반세에서 차지하는 비중은 미미하다고 할 수 있다.

(2) 목적세

목적세는 일반조세와 달리 사회보장과 같은 특별한 목적을 위해 지출용도를 정해 놓고 걷는 세금이다. 따라서 사회보장성 조세인 목적세는 사회보험을 위한 보험료(기여금)를 사용자나 피고용자에게 강제로 부과하여 일종의 세금과 같은 기능을 한다.

사회보장세를 통한 사회복지의 재원은 일반세에 비하여 소득재분배 효과가 크지 않다. 왜냐하면 사회보장세는 모든 소득계층의 근로소득(earning)에 동일한 비율로 부과되는데 이는 결국 실질적인 소득층의 부담률을 높이는 결과를 초래하기 때문이다. 또한 사회보장세는 사용자와 피고용자가 동률로 부담하거나 사용자가 대부분 부담하는데, 이때 사용자 부담이 실질적으로 대부분 피고용자의 부담이라면 사회보장세의 역진성은 더욱 커질 수 있다.

(3) 조세비용

조세비용(tax expenditure)은 세금을 걷어 사회복지 급여로 지출하는 대신 각종 조세를 감면시켜 사회복지의 목표를 이룰 수 있는 방법이다. 이는 실질적인 조세수입의 감소를 통해 특정의 목적을 달성하기 때문에 공공부문 재원으로 분류한다. 정부의 입장에서는 조세지출만큼 조세수입이 줄고, 따라서 그만큼 정부지출을 한 것과 비슷하기 때문에 실질적으로 정부지출의 하나로 파악한다.

경제적 욕구를 고려하여 다양한 형태로 총소득에서 과세 대상을 제외시켜서 세금을 줄여 주는 조세감면과 본인을 비롯한 배우자, 노인, 장애인, 아동 등에 대한 인적 공제(personal exemption)와 근로소득공제, 보험료, 의료비, 교육비, 주택비 등의 지출액에 대해 총소득에서 공제하여 결과적으로 세금을 줄여 주는 소득공제(deduction), 내야 할 세금액수를 줄여 주는 제도인 세액공제(taxcredit) 등이 있다.

조세비용 또한 소득역진적인 한계를 지니고 있다. 즉, 많은 수의 저소득층은 소득이 낮아 과세 대상에서 제외되어 조세감면 혜택은 누리지 못하고, 소득이 높을수록 공제 대상 지출이 높기 때문에 고소득층이 유리하다. 또한 누진적인 개인소득세 구조에서 소득이 높을수록 조세감면의 액수가 커지기 때문에 고소득층이 유리하다.

2) 민간재원

민간부문의 재원은 크게 자발적 기여, 이용자 부담, 기업복지 세 가지로 분류된다.

(1) 자발적 기여

자발적 기여(voluntary contribution)는 민간의 자발적인 기부금을 의미하는데, 기여의 형태는 크게 개인, 재단(foundation), 법인, 기업 그리고 유산 등으로 이루어진다. 국가사회복지가 발달한 국가들에서도 여전히 자발적 기여에 의한 사회복지도 무시하지 못할 정도로 존재한다. 그러나 자발적인 기여 역시 소득재분배의 역진성 문제가 가장 큰 문제로 지적된다. 예컨대, 기여를 어떤 사람이 하는가라는 측면에서 보면 고소득층과 저소득층의 차이가 없다는 것이다. 문제는 자발적 기여는 대부분 세제감면의 혜택을 받는데, 이때 고소득층의 한계세율이 높기 때문에 세금감면을 통한 실질적인 이득은 고소득층이 크다는 점에 있다. 다시 말해, 자발적 기여 대신에 혹은 자발적 기여에 대한 조세감면이 없이 조세(개인소득)로 재원을 마련하는 것이 소득재분배의 누진성을 높일 수 있다는 것이다.

(2) 이용자 부담

이용자 부담(user fee)은 사회복지서비스를 이용한 사람이 부담하는 비용을 말한다. 이용자 부담은 사회복지서비스의 남용을 막고(예컨대, 의료서비스), 과대한 정부 부담의 한계를 극복(예컨대, 주택서비스)하며, 사회복지서비스의 질을 높이고 이용자의 자기존중(self-fespect)을 높일 수 있다(예컨대, 상담서비스)는 점에서 필요성이 제기되고 있다. 그러나 사회복지서비스의 주된 이용자는 저소득층인 경우가 많기 때문에 이용자 부담은 기본적으로 역진적인 성격을 지닐 수밖에 없다. 또한 이용자 부담은 그 액수가 크지 않더라도 저소득층에게는 부담이 되어 사회복지서비스 이용의 억제요인으로 작용할 수 있다. 이용자 부담은 이용자의 선택권을 강화하는 이점이 있지만, 이용자 가운데에는 선택능력이 없는 경우가 많아 이 경우의 이용자 부담은 불필요하다.

(3) 기업복지

기업복지(occupational welfare)는 기업이 피고용자들에게 제공하는 임금 외 급여 또는 부가급여(fringe benefits)를 말한다. 기업복지에는 소득보장의 영역에서는 기업연금(occupational pension)이 있고, 의료서비스 영역에서는 기업의료보험, 교육에서는 피고용자 자녀의 학비보조, 주택에서는 사원주택, 개별 사회서비스에서는 탁아프로그램을 포함한 다양한 프로그램이 있다.

기업복지의 재원은 사용자의 입장에서 보면 피고용자들에게 직접적인 임금 대신 기업복지 형태의 지급이 세제상 유리하고, 양질의 근로자들을 고용하고 유지할 수 있다는 점에서 필요하다. 피고용자의 입장에서도 임금 대신 기업복지의 형태로 보상받는 것이 유리하다. 일반적으로 기업복지 형태의 급여는 과세 대상에서 제외되기 때문에 개인소득세의 높은 누진적인 조세율에서는 기업복지 형태의 급여가 임금보다 순이득의 측면에서 유리할 수 있다. 정부의 입장에서 보더라도 기업복지의 재원은 필요한데, 그 이유는 기업복지의 확대로 국가복지에서 사용할 재원을 절감할 수 있기 때문이다.

그러나 기업복지는 소득재분배를 악화시킬 수 있다는 문제가 있다. 기업복지에 사용되는 재원은 대부분 조세감면을 받는데, 이때 고소득층일수록 조세감면 혜택이 더 클 뿐만 아니라 기업복지의 급여가 대부분 고소득층에로 집중된다는 것이다. 이러한 측면에서 볼 때 기업복지는 본질적으로 고소득층에 대한 보상적 성격을 지니고 있다고 할 수 있다.

용어해설

- **보편주의(universalism)**: 사회복지의 급여는 일종의 사회권으로서 모든 국민이 보편적으로 누릴 수 있는 권리라는 관점으로 모든 복지급여에 대한 수급자격을 모든 국민에게 평등하게 부여하여 서비스를 제공하는 방법
- **사회복지자원**: 사회복지 대상자인 개인, 가족, 공동체 구성원 그리고 국민 전체의 사회적 욕구를 충족시키거나 그들이 당면한 문제를 해결해 주기 위한 수단
- **사회복지전달체계**: 사회복지정책을 사회복지서비스로 전환시키는 과정에서 공급자인 사회복지조직과 수요인자인 클라이언트를 연결시키는 조직적인 장치

- **사회복지통합관리망**: 사회복지 급여 및 서비스 지원 대상자의 자격 및 이력에 관한 정보를 통합관리하고, 지자체의 복지업무 처리를 지원하기 위한 정보시스템
- **선별주의(selectivism)**: 사회복지 대상자들을 사회적 · 신체적 · 교육적 기준에 따라 요건을 매우 엄격히 제한하여 구분한 다음 복지서비스를 제공하는 방법
- **제3섹터(third sector)**: 자원봉사 부문을 비롯한 민간비영리단체, 이웃, 가족을 포함한 사회부문
- **조세비용(tax expenditure)**: 세금을 걷어 사회복지 급여로 지출하는 대신 각종 조세를 감면시켜 사회복지의 목표를 이룰 수 있는 방법
- **현금급여(in cash)**: 급여수급자가 자신에 필요한 재화나 서비스를 직접 시장에서 구매하도록 화폐 형태로 지급하는 급여
- **현물급여(in kind)**: 수급자에게 필요한 물품과 서비스를 직접 급여로 제공하는 형태

참고문헌

김교성 · 김종건 · 안현미 · 김성욱 · 이근정 · 신민정(2006). **사회복지자원총량조사연구**. 사랑의 열매 사회복지공동모금회.

김상균 · 최일섭 · 최성재 · 조홍식 · 김혜란 · 이봉주 · 구인회 · 강상경 · 안상훈(2009). **사회복지개론**. 파주: 나남출판.

김성천 · 강욱모 · 김혜성 · 박경숙 · 박능후 · 박수경 · 송미영 · 안치민 · 엄명용 · 윤혜미 · 이성기 · 최경구 · 최경구 · 최현숙 · 한동우(2009). **사회복지학의 원리와 실제**. 서울: 학지사.

김승권 · 김유경 · 김상철 · 조홍식 · 백종만 · 임성은(2007). 한국 사회복지정책의 평가와 발전방안(II)-지방자치단체를 중심으로-. 한국보건사회연구원.

김태성(2008). **사회복지정책입문**. 서울: 청목출판사.

박세경 · 김유경 · 이영민 · 정진경 · 이주연(2010). **민간복지자원 확충을 위한 자원봉사 활성화 방안의 모색**. 한국보건사회연구원.

송근원 · 김태성(2004). 사회복지정책론. 파주: 나남출판.

오세영(2009). **사회복지행정론**. 서울: 신정.

오세영(2011). **자원봉사론**. 서울: 창지사.

찰스 자스트로 지음. 강흥구 외 편역(2006). **사회복지개론**. 서울: 시그마프레스.

현외성(2004). **사회복지정책강론**. 파주: 양서원.

Gidron, B., Kramer, R., & Salamon, L. (1992). "Government and the third sector in comparative: allies or adversaries?" in *Government and the Third Sector: emerging relationships in welfare states* edited by Gidron, B., Kramer, R. & Salamon, L., Jossey-Bass: San Francisco.

Gilbert, N., & Terrell, P. (2002). *Dimensions of Social Welfare Policy*. 5th ed. Boston: Allyn & Bacon.

제5장

사회복지의 동기

학습개요

- 사회복지 발달에 영향을 미친 다양한 동기들에 대해 살펴본다.
- 다양한 사회복지제도가 발전하게 된 배경에 대해 살펴본다.

학습목표

- 사회복지 발전의 동기를 설명할 수 있다.
- 다양한 사회복지제도 및 프로그램 발전배경에 대해 설명할 수 있다.

학습과제

- 우리나라의 다양한 사회복지제도들이 어떠한 동기로 형성되었다고 생각하는지 토론해 보자.
- 사회복지 재화와 서비스의 특성에 비추어 국가 개입의 필요성을 설명해 보자.
- 각 국가별로 정치적 동기에 많은 영향을 받아 생성된 사회복지정책 및 제도는 무엇이라고 생각하는지 토의해 보자.

제5장 사회복지의 동기

인간의 욕구를 충족시키고, 사회문제를 완화하려는 사회복지는 인류 집단생활을 시작한 이후 생존의 수단으로 존재했다고 볼 수 있다. 그러나 사회복지가 반드시 이타적이거나 선한 동기에 의해서 수행되는 것만은 아니다. 때로는 사람들을 통제하기 위해, 때로는 경제적 이득을 얻기 위해 사회복지를 발전시켜 왔다. 이 징에서는 사회복지 발달 동기에 대해 살펴보고자 한다.

1. 상부상조

상부상조(mutual aid)는 종교적 동기와 함께 가장 오래되고 보편적인 사회복지 동기다. 상부상조는 주는 자와 받는 자가 서로 원조행위를 하는 것이다. 대개 유사한 정체성을 가진 집단 내에서 일어나는데 가족, 동일한 직업, 이웃, 동일한 문제를 가진 사람들 간에 서로 돕는 활동이다. 그 기원은 인류가 집단생활을 한 시기로 거슬러 올라갈 수 있고, 우리나라 전통사회에서 이루어진 품앗이, 두레, 향약, 공굴, 부근 등이 상부상조의 예라고 볼 수 있다. 로마시대의 협회나 중세의 길드도 서양 상부상조의 예라 볼 수 있다. 산업화 이후에는 우애조합(friendly societies)과 공제조합, 노동조합 등으로 상부상조 원리가 이어져 왔다.

상부상조는 자선과 박애와는 달리 상호 원조활동이기 때문에 주는 자와 받는 자가 따로 구분되지 않고 사회적 연대 확산이라는 장점이 있다. 반면 유사한 정체성, 즉 생활수준, 의식을 가진 사람들 간의 원조가 중심이 되기 때문에 강제성을 띠지 않으며 적용의 범위가 매우 한정적일 수밖에 없다는 한계가 있다. 상부상조의 특성을 이어서 살펴볼 자선 · 박애활동과 비교 정리하면 〈표 5-1〉과 같다.

〈표 5-1〉 상부상조와 자선 · 박애활동

형 태	내 용	장 점	단 점	예
상부상조	• 공식적 지역사회구조 밖에서 이루어지는 상호 간의 책임 표현 • 돕는 자와 도움을 받는 자가 상황에 따라 서로 바뀔 수도 있는 동료임	• 자율적임 • 낙인이 없음 • 운영 비용이 적음 • 문화적 거부감이 적음	비슷한 가치, 문화를 가진 사람들끼리의 활동으로 대상자가 제한적임	계, 길드, 품앗이, 두레
자선과 박애	• 자발적 기부로 정부 밖에서 이루어지는 부의 재분배 • 유형 · 무형의 급여 제공 • 보통 주는 자가 받는 자보다 높은 지위에 있음	융통성 있고 자율적임	• 계급구조를 강화 • 낙인이 부과됨 • 서비스조정이 안 되면 형평성 있는 제공이 어려움	COS, 인보관 운동

출처: 백종만 외(2004). p. 47을 재구성함

2. 종교적 동기

근대 이전 사회의 사회복지에서 자선과 박애(charity and philanthropy)는 중요한 동기였다. 이러한 자선과 박애에 기반한 활동이 대부분 종교의 교리를 기반으로 하였기 때문에 종교적 동기라고도 볼 수 있다. 기독교의 사랑, 불교의 자비(慈悲), 원불교의 무아봉공(無我捧供), 유교의 인(仁) 등은 이타주의적 교리를 포함하고 있다. 대승불교의 경우 인간의 구원, 평등과 무차별 사상을 강조하면서 민간 시혜와 구제활동을 전개하였다. 기독교의 경우 예수는 33년 동안의 삶에서 가난과 질병이라는 두 가지 사회문제를 가지고 '평등'과 '구원'이라는 교리를 중심으로 활동하였다.

종교적 동기는 전통사회에서뿐만 아니라 사회복지 확대의 측면에서 현대사회에도 중요한 의미를 갖는다. 전통사회에서 종교는 국가를 지배하고 많은 영향력을 행사하면서 이러한 자선과 박애활동에서 중심역할을 하였다. 그러나 근대 혁명으로 종교와 국가의 관계가 역전되면서 사회복지의 주된 역할이 국가에 위임되었고 종교의 기능은 국가를 보완하는 역할로 축소되었다. 하지만 1980년대 이후 복지국가 위기로 사회복지의 민영화가 이루어졌는데, 민간복지의 상당부분을 종교계가 차지하고 있다.

우리나라의 사회복지 발전에도 근대화 이후 종교계가 중요한 역할을 수행해 왔다. 광복 이후 1960년대까지 외국 선교단체들이 시설보호중심으로 사회복지를 확대해 나갔다. 1970년대에는 우리나라의 경제성장으로 외국의 원조들이 철수했지만 국가에 의한 복지제도 및 프로그램이 미미하여 이 시기를 복지 침체기로 부르기도 한다. 이러한 상황에서 종교단체들이 민간차원에서 복지프로그램을 개발하고 시행하여 제도화의 발판을 마련하였다(예, 사회복지관, 재가복지서비스 등). 현재까지 종교계가 설립한 복지재단들이 정부로부터 많은 사업을 위탁받아 운영하고 있다.

3. 정치적 동기

정치적 동기는 근대 국가가 형성되면서 더욱 강조되었다. 정권 획득과 유지를 위해서, 사회불안을 예방하기 위해서, 정치과정에서 이익집단의 활동결과로 사회복지가 확대, 발전한다는 것이다.

첫째, 정권 획득과 유지과정에서 사회복지가 확대된다. 근대 국가에서는 시민권이 확대되고 민주적 선거제도가 도입됨에 따라 정치권력을 획득하고 유지하기 위해서는 국민들의 지지가 필수적이다. 즉, 정권 획득을 위해서는 대다수의 국민의 지지(표)를 얻어내야 하고 그러기 위해서는 국민이 원하는 무언가를 약속하고 시행해야 한다. 선거과정에서 사회복지관련 공약을 내세우면서 국민들에게 정치적 지지를 호소하고 이 과정에서 사회복지가 확대되는 것이다. 또한 획득한 정권을 안정적으로 유지하기 위해서도 사회복지는 유용한 도구가 될 수 있다. 정권 유지를 위해 사회복지제도를 활용한 대표적인 예로 독일 비스마르크(Bismarck)의 사회보험 입법을 들 수 있다. 당시 독일의 상황은 1867년 세계 최초로 독일 사회주의 민주당이 창설되었는데, 생산수단의 즉각적 사회화를 요구하는 매우 급진적 강령을 따르면서 1877년 선거에서 높은 지지도를 얻었다. 그러나 독일은 당시 국가통일을 막 이루고 주변 국가를 추격해야 하는 후발 산업국가로서 사회주의 정당은 큰 정치적 위협이었다. 비스마르크는 사회주의 세력을 억압하기 위해 「사회주의 탄압법」을 제정하는 한편, 국민들의 동요를 막기 위해 노동자에게 건강이 허락하는 한 노동할 권리를 주고 노동자가 질병에 걸렸을 경우 치료해 주며 또 나이가 들었을 때 노후를 돌봐 주는 정책 조치를 취하였는데 이것이 바로 사회보험제도였다(김성천 외, 2009).

둘째, 사회불안 예방을 위해서 사회복지를 확대 발전시켜 나가기도 한다. 자본주의 발달은 빈익빈 부익부를 초래할 수밖에 없는데, 빈곤층에 의한 사회적 위협을 감소시키는 목적으로 사회복지를 활용하는 것이다. 이러한 예로는 영국의 「구빈법」, 1930년대 미국 대공황시기에 제정된 「사회보장법」, 1960년대 '빈곤과의 전쟁'을 들 수 있다. 이러한 조치들은 빈곤과 대공황으로 대규모의 폭동이 야기되고 사회가 불안해지는 것을 막기 위한 조치였다(김태성 외, 2010).

셋째, 사회복지정책은 이익집단의 영향력에 따라 만들어지기도 한다. 이익집단정치 모델은 국가정책이 이익집단들 간 경쟁의 산물이라고 설명한다. 일반적으로 국가정책은 국민들이 선출한 정치인들이 지지자의 요구를 반영해 만든 것이라고 본다. 그러나 수많은 개별 국민들의 광범위하고 분산된 요구를 직접적으로 반영하는 것은 어렵다. 그래서 국민의 요구를 정부정책에 연결시켜 주는 매개가 필요한데 이것이 이익집단이다. 이익집단은 매우 다양하고 정치적 영향력도 제각각인데, 정치적 영향력이 큰 이익집단의 요구가 정책화되기 쉽다(김태성 외, 2010). 스웨덴의 사민당이 장기간 집권하면서 스웨덴식 사회복지의 기틀을 마련할 수 있었던 것은 노동조합총연맹의 이해와 맞물려 있었고, 그들의 지지가 있었기 때문에 가능했다. 이에 반해 미국의 경우 의사회의 반대로 아직까지 사회보험방식의 의료보장제도가 만들어지지 못하고 있다. 그런데 사회복지정책에 대한 요구가 큰 빈곤계층이나 사회적 약자들은 재원, 조직력, 응집력 등 모든 면에서 정치적 영향력이 약할 수밖에 없다. 이는 사회적 약자를 위한 정치적 영향력이 큰 시민단체들의 대변과 옹호역할이 중요함을 확인할 수 있는 대목이다.

4. 이념적 동기

사회복지제도가 만들어지는데 영향을 미치는 동기 중 하나가 이념이다. 사회복지와 관련된 이념은 매우 다양하게 소개되고 있는데, 본질적으로

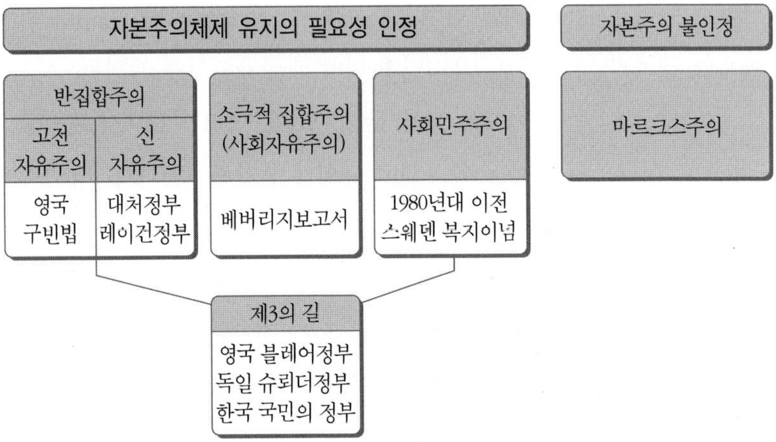

[그림 5-1] 사회복지의 동기로서 이념

이념을 명확하게 구분하는 것이 쉽지 않기 때문이다. 고전자유주의(이후 신자유주의로 발전)와 사회주의를 양 축에 놓은 스펙트럼 안에 다른 다양한 관점들이 논의될 수 있고, 반면 이런 연속선상에 배치할 수 없는 여권주의나 녹색주의(환경주의)와 같은 탈 이념적 관점까지 매우 다양한 것이다. 여기서는 조지(George)와 윌딩(Wilding)이 제시한 사회복지이념 모델에 기초해 반집합주의, 소극적 집합주의, 사회민주주의, 마르크스주의에 대해 살펴보고 1980년대 이후 새로운 대안으로 등장한 제3의 길에 대해 살펴본다.

다섯 가지 이념의 특성을 고려하여 그림으로 나타내면 [그림 5-1]과 같다. 좌측으로 갈수록 소극적 자유와 불평등을 강조하는 입장이고, 우측으로 갈수록 적극적 자유와 평등을 강조하는 입장이다. 각 이념이 지향하는 사회적 가치, 국가의 역할, 복지와 이상사회를 정리하면 〈표 5-2〉와 같다.

『제3의 길(*The Third Way*)』은 앤서니 기든스(Anthony Giddens)의 저서명이기도 하지만, 사회민주주의와 신자유주의를 대신할 새로운 정치이념이기도 하다. 기든스는 사회민주주의나 신자유주의 모두 21세기의 커다란

〈표 5-2〉 조지와 윌딩의 이념 모델

이 념	사회적 가치	정부의 역할	복지와 이상사회
반집합주의	소극적 자유, 개인주의, 불평등	개인의 사적 영역에 대한 정부의 개입에 대해 비판적임	국가의 역할이 축소하는 대신 시장이 더 많은 역할을 수행하는 형태
소극적 집합주의	(중도적) 자유, 개인주의, 기회의 평등, 경쟁적 사기업 강조	합리적 행동에 기반한 정부활동에 대해서는 호의적이나 근본적으로는 정부의 개입을 최소화 하는 것이 바람직하다는 입장임	• 질서와 안정이 유지되는 상황에서만 개인과 지역사회가 성장 발전할 수 있다고 봄 • 바람직하고 실행가능한 목적을 성취하기 위해서는 사회정책이 실용적이어야 한다고 봄
사회 민주주의	평등, 적극적 자유, 우애, 민주주의와 인도주의	• 시장체계의 정의롭지 못한 분배를 시정하는 것이 정부의 역할임 • 경제성장을 보장하기 위한 정부의 책임은 필수적임	점진주의와 민주주의를 통한 사회주의
마르크스 주의	평등, 적극적 자유, 우애	• 정부의 강력하고 적극적인 역할을 주장함 • 경제적 평등을 달성하기 위해 산업민주주의와 대기업 및 영리단체의 국유화를 요구함	보편적 평등이 달성되는 사회주의

출처: 김태성 외(2010). p. 79.

사회경제적 변화에 대응하기 어렵다고 하면서 새로운 대안으로 '제3의 길'을 제안하였다. 전통적 사회민주주의 방식의 경우 전 지구적 자본주의 시대에 한 국가 내 경제관리만으로는 복지국가의 유지가 어렵고, 복지수혜자의 의존성 증가, 경쟁력 있는 시장경제 운영의 실패를 초래했다는 것이다. 한편 신자유주의는 시장에 과도하게 의존하여 시장이 초래하는 불평등

문제를 간과하였고, 시장 실패를 보정해 나가야 하는 국가가 제 역할을 수행하지 못하고 있다는 것이다.

그가 제시한 정치이념에 기초한 사회복지는 권리와 책임을 묶는 '새로운 사회계약'이 형성되어야 하고 직접적 소득재분배가 아니라 고용의 재분배, 교육과 노동력의 재훈련 등을 통한 '기회의 재분배'가 되어야 한다고 보았다. 즉, 국가는 일할 능력이 있는 사람에게 노동시장에 참여할 수 있는 조건을 마련해 주는 '복지에서 노동으로(welfare to work)'의 전환이 필요하다고 하였다(김성천 외, 2009). 이러한 제3의 길의 이념을 기초로 국가 운영 및 복지의 재편을 시도한 정부로는 영국의 블레어정부, 독일의 슈뢰더정부, 한국 국민의 정부를 들 수 있다. 이와 같이 각 나라마다 시대별로 어떤 이념을 지향하느냐에 따라 사회복지의 성격과 확대 및 재편에 방향이 달라질 수 있다.

5. 경제적 동기

경제적 이득을 위해서도 시장이 아닌 국가에 의한 분배, 즉 사회복지정책이 필요하다. 자본주의 사회에서 재화를 분배하는 가장 효율적인 방법은 시장을 활용하는 것으로 알려져 있다. 그러나 시장을 통해 재화를 효율적으로 분배하기 위해서는 몇 가지 조건이 충족되어야 한다. 그렇지 않은 경우 효율적 재화분배가 이루어지지 못하는 상황이 발생하는데, 이를 '시장실패(market failure)'라고 한다. 이런 경우에는 시장을 대신해 정부가 재화 및 서비스를 분배하는 것이 더 효율적이다. 다음에서는 시장을 통한 재화의 효율적 분배조건과 사회복지 재화 및 서비스의 특성을 살펴봄으로써 국가에 의한 사회복지 재화 분배의 필요성을 알아보자.

〈표 5-3〉 사회복지 재화 및 서비스의 특성

시장을 통한 재화의 효율적 분배조건		사회복지 재화와 서비스의 특성
1. 공공재가 아니어야 한다.	⇨	1. 공공재적 성격을 가지고 있다.
2. 거래되는 재화가 동질적인 것으로 외부효과가 아니어야 한다.	⇨	2. 긍정적 외부효과를 많이 발생시킨다.
3. 모든 경제주체가 거래하고자 하는 재화에 대해 완전한 정보를 가져야 한다.	⇨	3. 수요자가 불완전한 정보를 기초로 거래를 해야 하는 경우가 있다. 4. 공급자의 불완전한 정보 때문에 역의 선택(adverse selection)문제가 발생할 수 있다.
4. 위험발생의 상호 의존성이 없어야 한다.	⇨	5. 사회복지와 관련된 위험발생은 상호 의존적이다.
5. 규모의 경제가 없어야 한다.	⇨	6. 규모의 경제가 존재한다.

1) 사회복지 재화는 공공재적 성격을 가지고 있다

사회복지 재화 및 서비스는 누군가에게 공급되었을 때 요금을 지불한 사람뿐만 아니라 요금을 지불하지 않은 사람에게도 그 혜택이 돌아가는 공공재적 성격(비배제성)을 띤다. 예를 들어, 사회복지에 따라 모든 아동의 건강과 교육수준을 높이면 이들이 건전한 시민으로 성장하여 국가발전에 기여하게 될 것이다. 그로 인한 혜택은 사회구성원 모두에게 동일하게 주어지고 비용을 안 냈다고 해서 이러한 혜택을 받지 못하게 할 수 없다. 이처럼 비용을 부담하지 않아도 그 혜택을 받기 때문에 시장에 맡겨두면 누군가 비용을 지불해 재화와 서비스를 제공하려고 하지 않을 것이다. 따라서 이런 경우 국가가 제공하는 것이 바람직하다.

2) 사회복지 재화 및 서비스는 긍정적 외부효과를 많이 발생시킨다

한 개인의 거래행위가 타인에게 영향을 미치지 않아야 시장을 통해 효율적 거래가 이루어질 수 있는데, 사회복지 재화는 긍정적 외부효과를 많이 발생시킨다. 예를 들어, 이웃이 자선을 해서 가난한 사람들을 줄인다면 자선을 안 한 사람도 범죄율 감소, 집값 상승과 같은 이득을 볼 수 있다. 이렇듯 긍정적 외부효과가 큰 행위를 자발적으로 하도록 내버려 두면 그런 행위는 적어진다. 그래서 국가는 자발적 자선이 아닌 강제적 자선인 세금을 부과해서 사회복지를 제공해야만 사회적으로 바람직한 수준의 공급이 이루어질 수 있다.

3) 수요자가 불완전한 정보를 기초로 거래를 해야 하는 경우가 있다

일반적으로 어떤 재화가 시장기제에서 효율적인 배분이 이루어지기 위해서는 그 재화의 공급자나 수요자 모두 그 재화의 질과 가격에 대한 충분한 정보를 근거로 각자의 효용을 극대화하려는 합리적인 선택을 할 수 있어야 한다. 그런데 어떤 재화의 경우 관련 정보를 수집하는 데 많은 비용이 들 수 있고 수집했다 하더라도 그 정보를 이해하기 어려울 수 있다. 또한 그 재화에 대한 잘못된 선택을 하였을 때 피해가 크다면 수요자가 합리적인 선택을 할 수 없다. 이러한 대표적인 예가 의료서비스다. 소비자는 공급자(의사)에 비해 정보가 적고 정보를 수집했다 하더라도 전문성 때문에 이해하기 어렵다. 이런 경우 시장에서 거래가 이루어진다면 서비스의 형태, 질, 가격들에서 공급자에게 유리하게 결정될 가능성이 크다. 이때는 일반 소비자들을 보호하기 위해 의료서비스에 대한 정보를 많이 갖고 있는 국가가 개입해서 의료공급자와 수요자 간의 비대칭적 정보의 문제를 해결하는 것이 효율적이다. 이러한 동기로 만들어진 제도가 바로 우리나라의 건강보험이다.

4) 공급자의 불완전한 정보 때문에 역의 선택문제가 발생할 수 있다

소비자에 대한 충분한 정보를 갖지 못한 상태에서 공급자가 가격을 정한다면 비용대비 서비스 수혜를 많이 받을 수 있는 소비자만이 그 서비스를 이용하게 될 것이다. 그런 대표적인 예가 실업보험이다. 일반적으로 사람들의 실업가능성을 정확히 아는 것은 쉽지 않다. 실업의 가능성은 상당부분 가입자들의 행위에 달려 있기 때문에 보험회사보다는 가입하려는 소비자가 실업가능성에 대해 더 많은 정보를 갖고 있다. 이런 상황에서 보험회사는 가입자들에 대한 적정한 보험료 책정이 어려워지고 결국 실업가능성이 높은 사람들만 실업보험을 집중적으로 구입하게 되는 '역의 선택' 문제가 발생하여 결국 보험회사는 파산할 수밖에 없을 것이다. 이런 역의 선택문제를 해결하는 방법이 보험을 집단적으로 가입하도록 하는 것이다. 그렇다면 비록 개인들의 위험발생에 대한 정확한 정보가 없더라도 집단적인 위험발생 확률은 어느 정도 알 수 있기 때문에 이를 바탕으로 적정한 보험료를 택하게 되면 역의 선택문제를 해결할 수 있을 것이다. 집단의 크기가 크면 클수록 역의 선택문제가 줄어들기 때문에 국가가 주도하여 국가구성원 전체를 강제로 보험에 가입시키면 가장 효율적이 된다. 또한 보험 가입 후 발생할 수 있는 도덕적 해이의 문제를 줄이기 위하여 사람들의 행위를 조정 · 통제할 수 있는 다양한 장치를 마련할 수 있다.

5) 사회복지와 관련된 위험발생은 상호 의존적이다

어떤 위험에 대비하기 위한 보험의 경우 보험회사가 운영가능하기 위해서는 재정안정이 이루어져야 한다. 보험자 입장에서는 보험가입자들이 동시에 위험(실업, 질병 등)이 발생하면 운영에 어려움이 따를 수밖에 없기 때문에 위험발생이 서로 독립적이어야 한다. 그러나 일부 위험은 상호 의존적인 성격이 강한데 대표적인 예가 실업이다. 실업의 경우 개인의 노력이나 행위와는 상관없이 그들이 일하는 기업, 산업, 경제 상황에 크게 영향을 받을 수 있기 때문에 어떤 사람의 실업가능성은 다른 사람의 실업가능성과 연계되어 있다. 이러한 경우 민간보험으로는 위험에 대처하는 것이 불가능해진다. 상호 의존성이 강한 위험발생 상황에 대비하기 위해서는 역시 집단의 크기를 키워야 하는데, 이는 국가 개입을 통한 강제보험 방식을 채택하는 것이 효율적이다.

6) 사회복지 재화 및 서비스의 경우 규모의 경제가 존재한다

어떤 개인이 독점력을 가지고 시장을 지배한다면 자원의 효율적 배분이 이루어지지 않는다. 또한 규모의 경제가 존재하는 재화의 경우 규모가 클수록 더 싼 가격으로 재화를 생산할 수 있기 때문에 시장에서의 생산자보다는 정부가 개입하여 직접 제공하는 것이 더 효율적이다. 그런데 사회복지 재화는 대체로(대중교육, 대량의 공공주택건설, 전 국민 사회보험 등) 규모의 경제라는 속성이 커 국가가 개입하여 공급할 때 더 효율적으로 배분될 수 있다(백종만 외, 2004).

사회복지 발전에 영향을 미친 동기는 시대와 공간에 따라 상대적 중요성이 달라진다. 과거에는 상부상조, 종교에 의해 사회복지가 발달해 왔다면 오늘날에는 정치적 동기, 경제적 동기, 이념에 따른 사회복지가 발달하고 있다. 한편 특정한 하나의 동기로 사회복지정책이 발달했다기보다는 다양한 동기들이 상호 영향을 미쳐 변화 발전해 왔다고 볼 수 있다.

용어해설

- **공굴**: 공동노동으로 큰일이나 어려운 일을 도와주는 사회협동의 한 방식이며, 전혀 보수를 바라지 않는 봉사의 형태로 이루어짐
- **부근**: 일손이 모자라는 집에 시기를 놓쳐서는 안 될 급한 농사 일이 있을 때 마을 사람들이 보수나 노동대가를 기대하지 않고 도와주는 봉사적 노동협동방식
- **길드**: 중세 후기 서유럽에서 생산과 판매를 통제하여 일정 지역 내의 산업과 거래를 독점한 동업조합을 말함. 11~12세기에는 왕권 또는 영주권에 대항하여 도시의 정치경제적 실권을 쥐기도 했으나 근대 산업 발달과 함께 쇠퇴함
- **소극적 자유**: 타인으로부터의 간섭 없이 그 영역 안에서 자기가 할 수 있는 것을 하는 것
- **적극적 자유**: 자기 자신의 인생과 결정을 외부적 힘에 의해서가 아니라 자신에 의해 이룰 수 있도록 스스로가 지배자가 되는 것, 자신이 원하는 모든 것을 행할 수 있는 상태
- **외부효과**: 어떤 경제활동과 관련하여 다른 사람에게 의도하지 않은 혜택이나 손해를 가져다주면서도 이에 대한 대가를 받지도 않고 비용을 지불하지도 않는 상태
- **이념**: 한 개인 또는 한 집단이나 계층의 성원들의 사회적 위치나 상황, 집단이 지향하는 목표나 미래상 또는 가져야 할 이미지에 관한 신념체계
- **공공재**: 모든 사람들이 공동으로 이용할 수 있는 재화 또는 서비스로, 그 재화와 서비스에 대하여 대가를 치르지 않더라도 소비 혜택에서 배제할 수 없는 성격을 가짐(예, 국방 · 경찰 · 소방 · 공원 · 도로 등)
- **규모의 경제**: 경제활동에서 생산량을 증대시키면 어느 한도까지는 평균비용이 저하하는 현상
- **민영화**: 국가가 운영해 온 분야를 민간조직이 운영하도록 맡기는 것

참고문헌

김성천 외(2009). 사회복지학의 원리와 실제. 서울: 학지사.

김태성 · 홍선미 · 조성은(2010). 사회복지개론. 서울: 청목출판사.

박병현(2009). 복지국가의 비교. 고양: 공동체.

백종만 외(2004). 사회와 복지. 서울: 나눔의 집.

제6장

사회복지의 역사

학습개요

- 스웨덴의 사회복지 발달과정에 대해 살펴본다.
- 영국의 사회복지 발달과정에 대해 살펴본다.
- 미국의 사회복지 발달과정에 대해 살펴본다.
- 우리나라 사회복지 발달과정에 대해 살펴본다.

학습목표

- 국가별 사회복지 발달과정의 특성을 비교, 설명할 수 있다.
- 복지 발달에 영향을 미친 주요 사건과 그로 인한 사회복지제도화 과정을 설명할 수 있다.

학습과제

- 스웨덴의 복지정책의 특징은 무엇인지 설명해 보자.
- 미국에서 연방정부중심의 복지제도가 형성된 계기와 미국 정부의 대응에 대해 설명해 보자.
- 영국 「빈민법」 변화 양상에 대해 설명해 보자.
- 한국 사회복지 발달과정을 제5장의 사회복지 발전동기와 연결해 설명해 보자.

제6장 사회복지의 역사

서로 다른 특징을 가진 각 국가의 사회복지 발전과정을 고찰해 봄으로써 우리나라 사회복지 발전을 위한 쟁점과 과제를 이해할 수 있을 것이다. 여기서는 스웨덴과 영국, 미국, 한국의 사회복지 발달과정을 소개하고자 한다. 스웨덴은 1800년대까지만 해도 유럽에서 가장 가난한 나라였으나 현재 세계에서 가장 모범적인 복지국가로 발전하였다. 영국은 1948년 '요람에서 무덤까지'의 사회보장제도를 실시함으로써 복지국가라는 용어를 일반적으로 사용하는 계기를 만든 원조 복지국가라 할 수 있다. 미국은 가족과 시장의 기능을 중요시한다는 점에서 한국과 유사성이 많은 국가다. 마지막으로 우리나라 근대화 이후 사회복지 전개과정을 정리하였다.

1. 스웨덴의 사회복지 발달과정

스웨덴은 선진 자본주의 국가 중에서도 국가복지의 비중이 가장 높고 영국의 '요람에서 무덤까지'를 능가하는 '태내에서 천국까지'라는 구호가 무색하지 않을 만큼 급여와 서비스의 질적 수준이 높은 나라다(Esping-Anderson & Korpi, 1984). 개인의 경제적 안전을 국가가 책임지고, 직업과 성별, 나이와 상관없이 평등하고 인간다운 삶을 보장해 주는 나라, 그러면서 세계에서 최고의 부국에 속하는 나라로 유명하다. 그러나 의외로 스웨덴의 복지제도나 복지국가 형성의 과정에 대해 소개된 자료는 많지 않다. 그리하여 이 장에서 간략하게나마 스웨덴의 사회복지 발달과정을 네 시기로 분류해 소개하고자 한다.

1) 사민당 집권과 '국민의 집' 실현기(사민당 집권~세계대전)

1870년대 산업화가 본격화될 당시 스웨덴은 유럽에서 상대적으로 후진국이었다. 그러나 풍부한 자연자원과 적절한 전략, 우수한 교육을 바탕으로 고도성장을 이루어 1929년에는 유럽 8위의 부국이 되었다. 산업화 과정에서 질병보험, 기본연금제도, 재해보험 등이 도입되었는데, 스웨덴의 사회복지제도가 본격적으로 마련된 계기는 1932년 사민당의 집권이었다.

스웨덴 사민당은 '국민의 집(Folkhenmmet, People's Home)'[1]이라는 슬로건아래 완전고용과 복지국가를 정책으로 내세워 노동자계층뿐만 아니라

1) '국민의 집'이란 사민당의 지도자가 된 한손(Hansson)이 1928년 의회연설에서 사용한 개념이다. 그는 연설에서 "어떤 사람이 다른 사람을 경시하거나 그 희생으로 이득을 얻는 자가 없으며, 강자가 약자를 억압하거나 약탈의 대상으로 하지 않는 좋은 집"이라고 하였다. 그리고 좋은 국가 역시 이러한 가정과 마찬가지임을 역설하였다.

다른 계층의 지지도 함께 받아 1932년 집권에 성공하였다. '국민의 집'은 빈곤층과 노동계급만을 위한 복지정책이 아니라 전 국민을 아우르는 포괄적이며 보편적인 복지제도 마련을 지향해 스웨덴 특유의 복지국가 모델을 이루는 데 기초가 되었다(신필균, 2011). 이 시기 스웨덴식 보편적 복지모델이 실현되는데 여기에 영향을 미친 주요 사건과 사회복지정책의 특성을 정리하면 다음과 같다.

(1) 노사대타협에 기초한 경제성장

노사대타협이란 1938년 살트셰바덴에서 노동조합총연맹(LO)과 고용주총연맹(SAF) 간의 타협을 의미한다. 노동조합총연맹은 자본가의 경영특권 인정, LO중앙본부가 파업권을 통제함으로써 '산업평화'를 보장하기로 하고, 고용주총연맹은 노조의 파업권 인정, 경영에 대한 공동협의권 부여, 노사 간 계약과정 명문화를 약속하였다. 이러한 대타협을 통해 스웨덴은 고도의 경제성장을 이룰 수 있었고, 나아가 스웨덴 복지국가 모델을 탄생시킬 수 있었다(마틴, 1984; 박병현, 2009에서 재인용).

(2) 연대임금정책

1941년 노동조합총연맹은 '연대임금정책(solidaristic wage policy)'을 개발하였는데, 이는 동일노동에 대해 동일임금을 지급하는 정책이다. 이를 통해 근로자들 간의 임금격차를 줄여 갈등을 예방할 수 있고, 연대성을 강화할 수 있었다. 연대임금정책으로 생산성이 높은 기업은 성장이 가능해졌고, 생산성이 낮은 비효율적 기업은 퇴출되었다. 연대임금을 감당할 수 없어 퇴출되는 기업의 근로자들은 생산성이 높은 산업으로 옮겨갈 수 있도록 조치를 마련하였다.

(3) 보편주의적 가족정책

1930년대 초반 스웨덴의 출산율은 유럽에서 가장 낮아 국가 존속의 위협을 걱정해야 할 상황이었다. 당시 도입된 출산장려정책은 주로 빈곤가정에 대한 원조가 대부분이었으나 이후 기혼, 미혼에 관계없이 제공되는 출신수당, 16세까지의 모든 아동에게 자산조사 없이 제공되는 아동수당 도입, 정부차원에서 제공되는 가족계획상담 등 보편적 서비스가 제공되었다. 이러한 가족정책에서 나온 보편주의 개념이 점차 노령연금, 건강보험에도 적용되어 스웨덴 복지국가 모델의 기초가 되었다.

이 기간에 실업보험제도 도입, 가정융자제도, 주택건설에 대한 보조금 지급, 학교건강프로그램과 같은 새로운 제도들이 도입되었다. 어머니들과 나이어린 아동들을 위한 급여와 의료서비스가 도입되었으며, 공공의료와 치과서비스도 확대되었다(박병현, 2009).

2) '렌-메이드네르' 모델 실현(세계대전 이후~1970년대 중반)

스웨덴이 1930년대 도입한 케인즈주의 경제정책은 고임금, 인플레이션, 실업 문제를 발생시켰고 이에 대한 대응이 필요했다. 그렇게 개발된 것이 스웨덴식 경제관리방식인 '렌-메이드네르 모델'이었다(박병현, 2009). 렌-메이드네르 모델은 수요와 공급을 엄격히 조절하여 완전고용과 평등의 달성을 목적으로 설정하고 있다.[2] 이 시기 주요 사건과 사회복지정책의 특성을 정리하면 다음과 같다.

---

2) 이 정책을 제안한 사람은 노동조합총연맹의 경제학자 고스타 렌(Gosta Rehn)과 루돌프 메이드네르(Rudolf Meidner)였고, 이들의 이름을 따 '렌-메이드네르 모델'로 불린다. 이 모델은 연대임금정책을 통한 임금상승과 인플레이션 억제 및 계급연대 강화, 임금 억제 대신 높은 수준의 복지 제공, 연대연금을 지불하지 못하는 기업 도태를 통한 기업의 혁신 유도를 주요 내용으로 하고 있다.

(1) 보편적 복지제도 확대

1959년 소득비례 연금제도가 도입되어 중산층을 복지정책 급여 대상자로 포함시키면서 특정 소수집단이 아니라 모든 국민에게 동등하게 제공되는 사회보장제도를 마련하였다. 1960년대 공공서비스 부문이 확대되었는데, 특히 교육과 건강보호 영역에서 두드러졌다. 1970년대에는 사회보험이 확대되어 1973년에 실업보험이 확대 실시되었고, 1974년 치과도 건강보험에 포함되었다. 남녀 간 기회의 평등을 추구하기 위한 정부의 정책 일환으로 출산 후 6개월 동안 아버지와 어머니 모두에게 해당되는 부모보험제도가 도입되었고, 탁아소도 급증하였다. 이러한 변화는 중산층을 사민당의 지지계층으로 흡수한 반면, 복지급여와 서비스가 중산층까지 확대되면서 사회복지프로그램 및 지출이 급격히 팽창되었다.

(2) 적극적 노동시장정책

스웨덴은 적극적인 노동시장정책을 통해 완전고용을 유지하고자 하였다. 연대임금제도에 의해 정해진 임금을 지불할 수 없어 시장에서 퇴출된 기업의 해고노동자들에 대한 재교육, 직장 알선, 이주비용 지불 등으로 새로운 직업과 직장을 쉽게 구할 수 있도록 하였다. 이처럼 실업급여 지급뿐만 아니라 직업창출, 훈련과 같은 적극적인 프로그램을 통해 유래 없이 낮은 실업률을 기록할 수 있었다.

'렌-메이드네르 모델'을 기초로 한 노동시장정책, 공공정책, 경제정책을 통해 스웨덴은 1950~1960년대의 고도성장, 완전고용, 물가안정, 보편주의적 사회복지를 실현할 수 있었고, 이는 스웨덴 복지모델의 핵심이다(신필균, 2011).

3) 스웨덴식 '제3의 길' 모색시기(1976~1990년대 중반)

1976년은 사민당이 1932년에 집권한 이후 44년 만에 처음으로 집권에 실패한 해다. 스웨덴 역시 1970년대에 경기침체로 재정위기에 직면하게 되었고 복지환경 역시 변화하였다. 이 시기에 우파연합과 사민당은 번갈아 가며 집권을 하였고 조금씩 다른 형태로 당시 상황에 대처하였다. 이러한 내용을 정리하면 〈표 6-1〉과 같다.

1976년에 비사회주의 정당들이 보수연립정부를 구성하여 6년 동안의 집권시기를 갖는다. 보수연립정부는 집권 후 기존의 복지프로그램을 그대로 유지하는 수준이었고 급격한 정책 변화는 없었다.

1982년 선거에서 복지친화적 정책을 내세운 사민당은 45.6%의 득표를 획득하면서 6년 만에 다시 집권하였다. 그리고 수출경쟁력의 제고와 임금인상 억제와 부분적 긴축을 결합한 스웨덴식 '제3의 길'을 도출하였다. 사민당이 선택한 제3의 길은 그동안 기업의 저이윤과 국가 개입을 중심으로 했던 렌-메이드네르 모델과는 달리 고이윤, 탈규제를 강조하였다.

1991년 우파연합정권이 집권하면서 친 자본적 정책은 더욱 강화되었고, 경제 상황은 더욱 악화되었다. 1994년 사민당이 다시 집권을 했지만 부실

〈표 6-1〉 '제3의 길' 모색시기의 스웨덴의 복지 변화

집권당	시 기	내 용
우파연합	1976~1981	「아동학대금지법」 시행, 가족수당 삭감, 질병급여 소득대체율 하락(3%), 실업보험기여금 인상, 주택보조금, 식품보조금 삭감
사민당	1982~1990	고이윤, 탈규제를 강조하는 정책 실시
우파연합	1991~1993	실업 병가수당 급여 90%→75~80%로 축소, 연금 보험료 인상, 경제성장률 마이너스 기록, 실업률 8%
사민당	1994~1999	경제성장률 3.3%로 회복, 유럽연합(EU) 가입, 신연금제도(연금개혁)

금융기관, 높은 실업률로 재정적자 지속이 예측되는 상황임에도 불구하고 EU 가입을 위해 재정건전화 기준을 충족해야 하는 과제를 안게 되었다. 사민당 정부는 지출 감소와 수입 증가를 위해 제도를 개혁해 나갔다.

그러나 이러한 재정건전화 작업이 사회복지의 근본적 후퇴로 이어지지는 않았다. 왜냐하면 스웨덴 사회복지제도는 대부분의 국민을 대상으로 하는 포괄적 성격이 강해 사회복지제도에 대한 국민의 지지가 매우 높았기 때문이다. 따라서 정부의 재정위기에 대한 해결책은 사회복지제도의 근간을 훼손하지 않으면서 위기를 극복할 것인가? 하는 것이었다. 그리하여 사회복지 지출의 감소를 최소화하는 대신 수입을 증가시키는 전략을 채택하였다(김영범, 1999; 안상훈, 2006).

1970년대의 경기침체에 따른 재정위기에 대한 스웨덴 정부의 대응은 영국이나 미국과는 매우 달랐다. 박병현(2009)은 오히려 1980년대 스웨덴의 복지국가는 더욱 공고해졌고, 특히 미취학 아동보호 등의 분야에서 더욱 공고해졌다고 평가하고 있다.

4) 세계화, 신자유주의화에 대한 대응(1990년대 중반 이후)

1990년대 후반 스웨덴은 이전의 완전고용정책을 포기하고 고도로 발달했던 사회복지프로그램을 축소하게 되었다. 그 배경에는 세계경제 환경의 변화, 산업 및 직업구조의 변화가 자리하고 있다. 세계적 불경기로 수출이 부진해졌고, 경기 부양을 목적으로 한 높은 공공지출은 정부재정 적자를 확대시키는 결과를 초래했다. 또한 국가 간 자본이동이 많아져 국가가 자본시장을 통제하기 어렵게 되었고, 기업은 단체협상 파기, 해외시장을 더 중요시하게 되었다. 또한 대량생산과 대량소비가 아닌 다양한 사업의 발달과 서비스업의 확대 등은 적극적 노동시장과 연대임금정책의 기반이 된 스웨덴 조합주의를 약화시켰다. 이러한 다양한 요인들은 스웨덴의 완전고용을 불가능하게 하였다(김태성 · 성경륭, 2006).

이러한 배경으로 1990년대 후반에는 복지수준이 축소되었다. 그러나 2000년대 경기호황으로 과거 복지수준으로 점차 회복되는 추세를 보였다(http://swe.mofat.go.kr). 또한 스웨덴은 다른 유럽국가들과 비교해 볼 때 실업률, 물가상승률, 경제성장률 등은 비슷했지만 GDP대비 사회복지 지출이 가장 높았고 사회복지프로그램의 내용도 포괄성 및 보편성을 갖추고 급여수준도 후하며 소득불평등과 빈곤율도 가장 낮은 나라에 속했다(김태성 · 성경륭, 2006).

2006년 정권 교체를 이룬 우파연합은 자유주의 원칙으로 사회 · 경제제도를 개선하여 왔다. 즉, 기업친화적 정책으로 경제의 성장잠재력을 최대화하며 기업의 투자를 자극함으로써 새로운 일자리 창출을 추구해 왔다(손혜경, 2010). 스웨덴 노동생활연구소 연구원인 버그(Annika Berg)는 '스웨덴에 부는 보수의 바람: 그러나 스웨덴 모델은 살아남았다.'라는 글에서 우파연합의 집권으로 소득세 감면, 실업보험료 증가, 실업급여 수급조건 강화 등의 변화가 나타나고 있지만 스웨덴 모델 자체가 도전을 받고 있지는 않는다고 하였다. 제도의 대부분은 여전히 시행되고 있으며 어떤 위협도 받지 않고 있다고 하였다(Annika Berg, 2007).

2010년 스웨덴 선거의 주요 화두는 '일자리 창출'과 '복지 향상'으로 좌-우세력 간 정책상 큰 차이를 보이지 않았다. 단지 지속가능한 복지제도 구축을 위한 세수 확보방법에 대한 이견만 있었다. 결국 보수연합이 집권하였으나 '사민당보다 나은 복지제도 구축'을 주요 공약으로 내세우고 있어(http://swe.mofat.go.kr) 집권연정의 성향과 무관하게 보편주의적 스웨덴 복지모델의 기본 틀은 유지될 것으로 전망된다.

2. 영국의 사회복지 발달과정

1) 「빈민법」 체계하의 빈민정책

(1) 통제의 수단인 빈민정책

「빈민법」 제정 당시 영국은 장원제도의 해체로 농노들의 자유이동이 가능했고, 흑사병, 홍수와 기근, 전쟁 등으로 건강한 노동자가 절대적으로 부족한 상황이었다. 건강한 노동자는 고임금지역으로 자유롭게 이동해 갔고 이는 지주 혹은 고용주의 이해에 반하는 것이었다. 그리하여 빈민, 부랑인이 노동에 참여하도록 하고 이주를 규제함으로써 안정적인 노동력 확보를 위한 장치가 필요한 상황이었다.

이러한 배경을 바탕으로 만들어진 구빈관련 제도들은 빈민에 대한 가혹한 처벌적 성격이 강했다. 걸인과 빈민을 통제하기 위해 마련된 다양한 법들이 1601년 「엘리자베스빈민법」을 통해 집대성되었다. 「빈민법」은 중세의 교회중심의 자선과는 달리 빈민을 국가의 책임으로 하여 공식화하고 체계화하였지만 실제 목적은 노동자와 빈민을 통제하는 데 있었다. 빈민구제가 주목적이기보다는 빈민을 사회불안의 요인으로 인식하고 사회질서를 유지하기 위해 그들을 억압하고 통제하려는 의도가 더 컸던 것이다. 14세기에 제정되어 18세기 후반 인도주의적 변화가 있기 전까지 「빈민법」의 내용을 연차별로 정리하면 〈표 6-2〉와 같다. 이러한 「빈민법」들이 지닌 가혹하고 억압적인 성격 때문에 마르크스는 이를 '피비린내 나는 입법'으로 지칭하였다(백종만 외, 2004).

〈표 6-2〉 18세기 이전 영국의 빈민법

연 도	빈민관련법	내 용
1349	「노동자칙령」	• 노동력이 있는 걸인에게 개인적 자선을 하지 못하도록 함 • 자신의 교구를 이탈하는 사람에게 F(fugitive) 낙인을 찍어 처벌함
1388	「케임브리지법」	• 모든 노동자와 걸인의 이동을 금지함, 노동능력이 없는 빈민 구제는 지방이 책임지도록 함
1531	「헨리VIII세법」	• 빈민을 등록시켜 구걸허가증 발급하여 관리함
1536	「건장한 부랑인과 걸인처벌법」	• 구빈사업을 위한 사적인 기부를 장려함 • 부랑 걸인이 잡히면 매질 → 귀를 자름 → 사형에 처함
1547	「걸인처벌과 빈민 · 무능력자의 구제에 관한 법」	• 노동능력이 있는 부랑인이 3일 이상 노동을 거부하면 가슴에 V(vagabond) 낙인을 찍어 노예로 삼고, 다시 도망치면 이마에 S(slave) 낙인을 찍어 평생 노예가 되도록 함
1564	「합법정주법」	• 교구의 관리에게 부랑 걸인의 거주지를 지정해 줄 수 있는 권한을 부여함 • 노동능력이 없는 빈민을 위한 시설을 설치, 작업장으로 발전함
1598	「빈민구제법」	• 모든 교구에 빈민감독관을 두고 이들에게 실업자를 위한 구직활동과 자활능력이 없는 이들을 위한 보호시설 설치의 책임을 부과함
1601	「엘리자베스 빈민법」 (구빈민법)	• 추밀원을 중심으로 중앙집권적 구빈체계를 마련(교구단위 자선행위에서 빈민관리를 국가책임으로 인정함)함 • 빈민구제의 재정과 행정을 담당하는 행정적 기관(빈민감독원)을 설치하고 빈민구호를 위해 세금을 걷을 수 있도록 법을 제정함 • 빈민을 노동력 유무에 따라 분류하여 차별적인 처우를 함[3]
1662	「정주법」	• 사회질서 유지를 위해 거주 이동을 보다 엄격히 제한함 • 보다 나은 구제를 찾아서 이동하는 것을 막아 노동력을 안정적으로 확보하기 위해 구빈 대상자를 출생교구로 추방할 수 있도록 함
1723	「작업장법」	• 노동이 가능한 빈민을 고용하여 국가의 부를 증진하기 위해 공동작업장을 설치해 일자리를 제공함 • 작업장 내 가혹한 처벌과 노동력 혹사가 무성하고, 사기업에 비해 경쟁력이 떨어짐

(2) 빈민제도의 인도주의화

18세기 중반 이후 작업장중심의 구빈행정이 실패하면서 구빈행정 개혁의 필요성이 대두하였고, 교구중심의 구빈행정이 초래하는 비효율의 문제도 인식하기 시작했다. 여기에 작업장의 비참한 생활과 착취 현상에 대한 인도주의적 관심으로 빈민제도가 조금씩 인도주의적 성격을 띠기 시작했다. 이러한 변화가 반영된 것이 「길버트법」과 스핀햄랜드제도다.

「길버트법」은 각 주(county) 단위로 빈민구제를 조직화하기 위해 1782년에 제정되었다. 교구연합은 공동으로 작업장을 설립할 수 있었는데 이 작업장은 노인, 질환자, 신체허약자 등만을 구제의 대상으로 삼았다. 노동능력이 있는 빈민들은 가정 근처의 지주, 농업경영자, 기타 고용주 등에게 임금보조수당을 지원하여 고용하게 함으로써 최저생계비수준의 급료를 지급하게 하였다. 시설 외 구제(거택구제, outdoor relief)의 방식을 적극 채용하였음을 알 수 있다. 이 제도가 갖는 긍정적인 의미는 구빈행정의 억압적 성격이 완화되고 시설 외 구제를 확대하는 계기가 되었다는 점이다(감정기 · 최원규 · 진재문, 2006).

스핀햄랜드제도는 1795년에 식품의 가격과 가족의 수에 따라 빈곤 노동자의 임금을 보충해 주도록 한 제도다. 물가에 연동하여 급여액수를 결정하는 일종의 보충급여제도가 탄생한 것이다. 박병현(2009)은 스핀햄랜드제도가 그동안의 「빈민법」 영역을 훌쩍 뛰어넘어 사회복지 급여수급의 권

3) 노동능력 유무에 따른 차별적 처우의 내용은 다음과 같다. 먼저 노동능력이 있는 빈민은 교정원, 작업장에 수용하여 강제노동을 시키고 이들을 대상으로 한 자선은 금지시켰으며 이주를 제한하였다. 또한 노동 거부 시 형벌에 처하도록 하였다. 노동능력이 없는 빈민(만성질환자, 정신질환자, 노인, 장애인, 어린 아동을 부양하는 어머니)은 구빈원에 수용하거나 거주할 만한 곳이 있고 그곳에서 보호비용이 적게 들 것으로 판단된 경우 음식과 의류, 난방을 위한 현물을 지급하는 원외 구제방식을 취하였다. 단, 보호할 가족이 있으면 구제 대상에서 제외하였다. 요보호아동의 경우 친족에게 부양책임을 지도록 하였고, 부양책임자가 없을 때는 위탁보호, 고아원 수용, 도제수습을 통해 구제하였다.

리를 의미하는 사회권 개념을 처음 도입했다고 평가했다. 이러한 제도하에서 농업지주들은 임금수준을 낮추게 되었고, 물가와 실제 임금 간 차이만큼의 부담은 고스란히 납세자에게 전가되었다. 그 결과는 후일 「빈민법」 개정의 빌미가 되었다(감정기 외, 2006).

(3) 개정 「빈민법」(신빈민법)

16세기부터 18세기까지 영국은 중상주의 시대로 국민의 복지에 대한 국가의 사회적 책임을 어느 정도 인정하였다. 그러나 18세기 말 자유주의의 출현으로 온정적 중상주의 국가가 공격을 받으면서 약화되었다. 자유주의 입장에 기초한 애덤 스미스(Adam Smith), 맬서스(Malthus), 리카르도(Ricardo), 시니어(Senior)와 같은 고전 경제학자들의 이론은 영국의 정치와 경제뿐만 아니라 빈민구호에도 영향을 미쳤다. 맬서스는 정부의 구호활동은 빈민들의 생활수준을 더 낮출 뿐만 아니라 빈민들의 수도 증가시킨다고 보아 「빈민법」의 폐지를 주장하였다. 이 시기 영국사회의 최고의 덕목은 자조(Self-help)였다. 사회사상가들은 구걸하는 사람을 비도덕적이고 타락한 사람으로 보았으며, 실직한 사람은 일에 관심이 없는 사람으로 보았다(박병현, 2009).

이 밖에 인도주의적 구빈제도에 따른 노동자의 자립심 약화, 중산층의 구빈세부담 가중, 사용자측의 저임금 정당화라는 문제점이 지적되었다. 또한 나폴레옹전쟁 패배로 실업자 증가, 기아 등 구제를 필요로 하는 사람이 급증하였고, 이는 중산층의 부담으로 여겨졌다. 결국 구빈비용을 최소화하기 위한 목적으로 「빈민법」이 개정되었는데, 이것이 1834년 개정 「빈민법」(The Poor Law Amendment Act)이다. 왕립위원회는 다음과 같은 여섯 가지 기본 원칙을 권고하였다(김상균 외, 2007).

- 스핀햄랜드제도의 임금보조제도를 철폐한다.

- 노동이 가능한 자는 작업장에 배치한다.
- 병자, 노인, 허약자, 아동을 거느린 과부에게만 원외구호를 준다.
- 교구단위의 구호행정을 빈민통제법연맹으로 통합한다.
- 구빈 수혜자의 생활조건은 자활하는 최하급 노동자의 생활조건보다 높지 않아야 한다(열등처우의 원칙).
- 왕명에 의하여 중앙통제위원회를 설립한다.

이상의 원칙에 나타난 바와 같이 빈민구제의 성격보다는 구빈비용의 감소가 주된 목적이었기 때문에 빈민에 대한 반인권적 성격이 강했다. 또한 열등처우의 원칙과 작업장제의 원칙을 골간으로 하는 개정 「빈민법」은 19세기 절정에 도달한 자본주의의 제반 폐해에 대응하기에는 한계가 많았다. 19세기 노동계급을 중심으로 한 대중들의 권리가 성장하고 비참한 빈민들의 실태에 대한 인도주의적 관심이 증대하면서 「빈민법」 체제의 한계는 더욱 명확해졌다(박병현, 2009).

2) 복지국가를 향한 개혁(1880~1930년대)

1880년대 불황 이전까지 자유방임적 이념과 자조에 기초한 사회사상이 영국사회의 주요 근간이었다. 그러나 1873년 시작된 장기 불황과 빈곤실태 조사[4]를 통해 드러난 영국사회 빈곤의 심각성이 이슈화되면서 적극적인 국가개입과 사회개혁이 요구되었다(박병현, 2009). 애스퀴스(Asquith), 로이드

4) 메이휴(Mayhew)는 1851년 발간한 『런던의 노동과 런던의 빈민(*London Labours and the London poor*)』을 통해 태만과 무절제는 빈곤의 원인이 아니라 오히려 그 결과임을 주장하였다. 찰스 부스(Charles Booth)는 1889년 『런던시민의 생활과 노동(*Life and Labour of the people in London*)』을 통해 동부런던 인구 전체의 약 35%가 빈곤층에 속하며 65세 이상 노인의 8/9이 노령 때문에 빈곤하다고 보고하였다. 본래 찰스 부스는 리버풀지역의 사업가로 보수주의자였다.

조지(Lloyd George), 처칠(Churchill) 등이 주축이 된 자유당은 1906년 총선에 승리하여 1914년까지 사회보험의 도입을 비롯한 사회보장 확충을 이루어냈다. 그리하여 이 시기는 자유당 사회개혁의 시대로 불리고 있다(신섭중 외, 2004). 당시 도입된 사회보장의 주요 내용은 비각출 노령연금과 실업보험, 의료보험으로 구성된 「국민보험법」 도입이다.

노령연금은 1908년 비각출 「연금법」이 8월에 제정되어 1909년 1월 「빈민법」으로 구호되지 못한 가난한 49만 명의 노인에게 연금이 지급되었다. 대상자나 연금의 수준 측면에서 한계가 있다는 지적이 있었지만, 영국의 빈민정책을 주도하였던 징벌적인 성격의 개정 「구빈법」의 원칙을 타파하고 연금이 사회적 권리로 제공되는 계기가 되었다. 1911년에는 「국민보험법」에 의해 실업보험과 보건보험이 도입되었다. 실업보험은 약 225만 명의 근로자가 가입하여 제1차 세계대전이 발발하기 전까지 순조롭게 운영되었다. 보건보험은 실업의 원인인 질병을 감소시켜 국가의 효율성을 향상

좌익인 사회민주연맹이 1883년에 발표한 빈곤실태조사 결과가 과장되었다고 반박하기 위해 대규모 사회조사로는 처음으로 조직적이고 통계적인 기법을 사용해 빈곤에 대한 수량적 조사를 실시하였다. 조사과정에서 빈곤이 단순히 개인의 책임이 아니라 사회조직의 실패라는 것을 확신하게 되었고, 자본주의에 대한 신념을 변경하여 소외된 사람들이 자본주의사회에서 생존할 수 있는 복지제도가 필요하다고 하였다. 라운트리(Rowntree)는 1902년 요크 시 빈곤상태를 조사한 후 노동인구 중 28%가 빈곤 상태에 있으며 빈곤의 원인 중 52%가 저임금이라고 주장하였다. 라운트리의 빈곤 기준은 너무 엄격하다고 할 수 있는데, 그가 묘사한 당시 빈곤 기준에 대한 설명의 일부를 소개하면 다음과 같다.

> "……이러한 기준액이 허용하는 정도의 삶을 사는 가족은 철도나 버스요금으로 한 푼도 사용해서는 안 된다. 그들은 걸어가지 않는다면 지방에 갈 수가 없다. 그들은 결코 50펜스짜리 신문을 구입해서는 안 된다.…… 그들은 멀리 있는 아이들에게 편지를 써서도 안 되는데 이는 우표를 살 돈이 없기 때문이다. 그들은 저축할 수도 없고 상병조합(sick club)이나 노동조합에 가입할 수도 없는데 회비를 납부할 수가 없기 때문이다. 아이들은 인형이나 구슬, 사탕을 살 수 있는 용돈도 없다. 아버지는 담배를 피울 수도 없고 맥주를 마실 수도 없다. 어머니는 자신을 위해 예쁜 옷을 사서도 안 되고 아이들이 질병에 걸리면 구빈구의 의사에게 가야 하며 사망하면 구빈구 묘지에 매장해야 한다. 임금소득자는 단 하루라도 직장에 결근해서는 안 된다."

〈표 6-3〉 복지국가를 향한 개혁시기의 주요 사건 및 제도

연 도	주요 사건 및 제도
1884	페이비안협회 창설하여 사회개혁에 관한 연구 실시
1885	최초의 인보관 '토인비 홀' 설립
1889	찰스 부스의 『런던 시민의 생활과 노동』 발간
1897	「노동자산업재해보상법」 제정
1902	라운트리 '요크 시의 빈곤상태에 대한 조사 연구' 발표, 「산파법」 제정
1905	구빈법왕립위원회 구성, 노동교환소(구직센터) 설치
1906	「교육법」(초급학교 아동급식 규정), 자유당승리로 1914년까지 집권
1907	「교육법」(학교아동건강진단), 「근로자보상법」(위험한 직종종사자 산업재해에 대한 보상 규정)
1908	「노령연금법」 제정(무기여연금, 자산조사, 도덕성 조사 후 70세 이상 노인에게 지급), 「아동법」(아동을 부모의 소유가 아닌 권리의 주체로 천명)
1911	「국민보험법」 제정(보건보험과 실업보험 규정)
1920	실업보험 적용대상 확대, 부양가족에 대한 수당 지급
1914~1918: 제1차 세계대전	
1925	미망인 · 고아 · 노인에 대한 각출제 급여 연금제도 시행
1929	국빈위원회 폐기
1930	「구빈법」을 공적 부조로 개칭
1934	「실업법」 제정(장기실업자는 실업지원부에서 지원하도록 함)
1939~1945: 제2차 세계대전	

시키기 위해 도입되었다. 적용 대상의 한계, 산발적 조치라는 한계에도 불구하고 복지국가를 향한 진일보한 조치로 평가할 수 있다.

제1차 세계대전이 끝난 후 제2차 세계대전까지 이 시기에 새롭게 시행된 제도는 모든 미망인, 고아, 노인에 대한 각출제 급여를 제공하는 연금제도(Widows' Orphans' and Old Age Contributory Pensions Act, 1925)가 유일하다 할 수 있다. 하지만 이 시기는 영국 복지국가 발전에서 매우 중요한 시기로 평가되고 있다. 정치적으로는 이 시기에 노동당이 두 차례 집권하였고, 1926년 대규모 총파업에서 엿볼 수 있듯 자본주의적 질서에 대한 심각한 도전이 있었다. 또한 한정적인 적용범위와 예방이 아닌 사후개입적

성격이 강한 기존의 「국민연금법」과 「빈민법」의 한계가 여실히 드러났다.

한편 제1차 세계대전 기간에 국가의 적극적 개입과 완전고용을 경험하였으나 전쟁이 끝나자 심각한 불황을 맞게 된다. 결국 기존 제도로는 이런 실업과 빈곤의 문제에 대응할 수 없음이 명백해지고 국가의 적극적 개입과 제도의 확대가 불가피해졌다. 결과적으로 사회보험의 적용인구가 확대되고 「빈민법」의 적용을 받던 인구 중 상당수가 사회보험으로 흡수되면서 「빈민법」도 변화를 겪지 않을 수 없었다. 1918년에 피구제 빈민에 대한 선거권박탈조치가 폐지되었고, 1929년에 구빈위원회가 폐지됨으로써 형식상 「빈민법」은 폐지되었다(신섭중 외, 2006).

이 시기에 주목할 만한 민간부문의 활동은 자선조직화협회(charity organization society: COS)의 활동과 인보관운동(settlement movement)이다. 이러한 활동은 자선과 박애정신을 기초로 민간차원에서 이루어졌다는 공

〈표 6-4〉 자선조직협회와 인보관 운동 비교

구 분	COS	인보관
빈곤 원인에 대한 시각	개인의 나태함과 도덕적 해이	사회구조 및 환경적 요소
이데올로기	자유방임주의(개인주의)	집합주의
사회문제에 대한 접근	빈자를 개조하거나 역기능적인 면 개선	기존 사회질서 개혁
참여주도층	상류층	중류층과 대학생
문제해결방법	박애정신에 기반, 자선기관들 간의 서비스 조정으로 구빈의 중복과 누락 방지	거주를 통한 빈민과의 접촉, 직접적 서비스 제공과 사회개혁을 위한 법규 마련
활동내용	• 가치 있는 빈민과 가치 없는 빈민 구분하여 원조함 • 우애방문원(friendly visitor)의 가정방문을 통해 빈민의 역기능을 수정하고자 함	• 사회개혁활동과 각종 서비스(교육, 여가 등) 제공 • 아동노동을 반대하고 잠재능력을 발휘하도록 하는 교육에 역점

통점이 있지만, 기본 가치 및 활동내용에는 차이가 있었다(박병현 2009). 이를 표로 정리하면 〈표 6-4〉와 같다.

특히 1900년대 초 영국의 사회개혁에 많은 영향을 미친 것은 인보관운동이었다. 영국에서의 인보관운동은 바넷(Barnett) 목사가 설립한 토인비홀(Toynbee Hall)이 1885년 문을 열면서 시작되었다. 인보관은 산업화로 생성된 빈부 간의 거리를 좁히고, 상호 불신을 해소하며, 한 계층이 다른 계층을 무시하는 것을 줄이고, 자선을 행하는 것 이상의 무엇을 하려는 목적으로 설립되었다. 바넷목사의 주도하에 옥스퍼드와 케임브리지 대학의 젊은 학생들이 런던의 가난한 이웃과 함께 살면서 인보관을 세우기 시작하여 19세기 말에는 도시빈민가에 약 30여 개가 세워졌으며, 1911년에는 46개에 이르렀다. 인보관운동은 젊은 인도주의자들에게 빈곤과의 접촉의 중요성을 일깨워 주었으며 개인주의 사상의 오류를 폭로하였다. 당대 최고의 엘리트들이 위주가 되었던 영국의 인보관운동은 박애보다는 법규를 더 중요시 여겨 1900년대 초반 진행되었던 사회개혁에 지대한 영향을 미쳤다.

3) 베버리지보고서와 사회보장제도의 발전

제2차 세계대전은 그 규모나 참혹함이 이전의 전쟁과는 달랐다. 신무기는 전 국토를 전쟁터로 만들었고 전 국민이 전쟁에 참여해야 했다. 이처럼 전면전이 되자 국민의 생활은 국가가 통제하는 배급체제로 들어갔고, 응급시설은 응급의료체제로 바뀌었다. 당시 수상이었던 처칠은 전 국민에게 희생을 요구하면서, 국민들의 희생으로 전쟁에서 승리하면 전후에 복지국가를 건설할 것을 약속하였다. 국민들도 전쟁을 겪으면서 국가의 개입을 스스로 받아들이고 사회보장에 대한 요구가 강해졌다.

전쟁 중이던 1941년 6월 연립내각은 노동자의 보상을 포함하여 사회보험과 관련 서비스의 기존 제도를 조사하여 권고하도록 위원회(사회보험과 관련 서비스에 관한 범정부위원회, Inter-Departmental Committee on Social Insurance and Allied Service)를 구성하고 베버리지(William Beveridge)를 위원장으로 임명하였다. 1년 후 위원회는 보고서를 제출하였는데, 이것이 바로 '베버리지보고서(Report on Social Insurance and Allied Service: Beveridge Report)'로 영국 복지국가체제 성립의 기초가 되었다.

베버리지보고서는 사회발전을 저해하는 5대 사회악(5 giants)으로 결핍(want, 빈곤), 질병(disease, 건강), 무지(ignorance, 교육), 불결(squalor, 주거), 나태(idleness, 실업)를 지적하였다. 이러한 기본적 욕구에 대한 사회적 대응으로 강제적 사회보험(Compulsory social insurance)을 주축으로 하고 사회보험을 통해 해결되지 않을 경우 국가부조(National assistance)와 임의보험(voluntary insurance)을 통해 보충해야 한다고 하였다. 사회보험제도 확립을 위해서는 아동수당, 건강과 재활을 위한 포괄적 서비스, 완전 고용이 전제되어야 한다고 하였다.

보고서 제출 후 정부 측은 현실성이 없다고 간주하였고, 보고서의 제안들이 즉각적으로 집행되지 않았다. 이후 베버리지보고서를 즉시 실천하겠다고 공약한 노동당이 1945년 집권하면서 계획이 본격적으로 실행되었다. 1945년 「가족수당법」(Family Allowance Act), 1946년 「국민보험법」(National Insurance Act)과 「산업재해법」(Industrial Injuries Act), 「국민건강서비스법」(National Health Service Act), 1948년 「국민부조법」(National Assistance Act)을 입법하였다.

이후 노동당과 보수당이 번갈아가면서 집권하게 되었는데, 국가의 적극적 개입을 통한 사회보장 확대의 국민적 합의를 기초로 사회보장제도들이 지속적으로 확대되어 갔다. 제2차 세계대전 이후 1970년대 초반까지 자본주의 경제의 성장과 함께 복지국가의 확대 발전이 동시에 이루어지는 복지국가의 황금기를 경험하였다. 그러나 1970년대에 들어서면서 경제불황이 장기화되고, 전후의 합의의 붕괴로 침체기를 맞이하였다. 특히 1973년 석유파동(oil shock)이 영국의 경제를 위기 상태로 내몰면서 영국의 사회복지는 새로운 국면을 맞이하였다.

4) 복지국가의 재편

경제적인 번영을 바탕으로 한없이 확대되던 영국의 사회복지는 1970년대에 이르러 석유파동과 경제침체로 위기에 직면하였다. 저성장과 물가상승을 동반한 스태그플레이션은 일자리를 감소시키고 빈곤을 증가시켰다. 이러한 시기에 1979년 보수당의 대처(Margaret Thatcher)가 집권하였다(박병현, 2009). '자유경제와 강한 국가'로 대변되는 대처리즘은 한편으로는 공공지출을 삭감하고 민영화와 규제완화정책을 시행하면서, 다른 한편으로는 베버리지적 복지원칙을 자유주의적 복지원칙으로 대체하였다(김영순, 1996).

첫째, 전 국민의 복지에 대한 국가의 책임을 자조와 개인책임의 원칙으로 대체한다.

둘째, 보편주의 원칙을 선별주의 원칙으로 대체한다.

셋째, 국민 최저수준의 원칙을 열등처우의 원칙으로 대체한다.

이러한 대처 행정부의 복지삭감정책에도 불구하고 사회복지비는 완만하게 증가하였다. 그 이유는 인구고령화로 노령연금과 의료비 지출이 증가하였고, 실업률 증가로 실업수당 지출과 공공부조 지출이 늘어났기 때문이다. 또한 이 기간에 친복지 세력이 증가하여 복지 수혜자와 복지 종사자의 증가를 찬성하였는데, 이도 사회복지비 증가에 기여했다고 볼 수 있다.

5) 영국의 '제3의 길'-노동연계복지와 뉴딜

1997년에 노동당이 총선에서 승리하여 집권을 하게 되고 토니 블레어

(Tony Blair) 수상이 취임하였다. 당시 영국의 상황은 쉽지만은 않았는데, 적체된 실업인구 증가로 1979년도와 비교하여 실업급여 신청자가 2배를 넘었고 경제적 지원을 받는 편부모(lone parents)의 수도 70만 명 이상 증가하였다. 1년 이상 장기 실업급여 신청자가 50만 명을 상회했고, 특히 장기 청년실업자가 급증하였다. 심각한 실업난은 국민들의 경제수준에도 고스란히 반영되어 저소득계층이 큰 타격을 입었고 빈곤아동도 1979년과 비교할 때 2배 이상 늘어났다(하세정, 2008).

블레어정부는 1998년 복지개혁의 청사진을 담은 녹서(Green Paper), 「우리나라를 위한 새로운 대망: 복지를 위한 새로운 계약(*New Ambitious for Our Country: A New Contract for Welfare*)」을 내놓았다. 녹서에 담긴 복지 개혁의 핵심 내용은 '일할 능력이 있는 사람들에게는 일자리를 그리고 일할 능력이 없는 사람들에게는 사회보장을'이라고 요약할 수 있다. 노동당은 '근로복지연계(welfare-to-work)'라는 슬로건을 내걸고 장기 실업자들을 노동시장에 복귀시켜 복지에 대한 정부부담 경감과 노동력 확보라는 두 마리 토끼를 동시에 잡는 근로복지정책을 도입했는데, 대표적인 근로연계 복지정책이 뉴딜(New Deal)이다.

뉴딜은 수급자의 프로그램 참가를 조건으로 급여를 지급하는 것으로 대상에 따라 청년 뉴딜(New Deal for Young People), 성인 뉴딜(New Deal 25 Plus), 고령자 뉴딜(New Deal 50 Plus), 한부모 뉴딜(New Deal for Lone Parents), 장애인 뉴딜(New Deal Disabled People)이 운영되고 있다(www.jobcentreplus.gov.uk).

영국의 근로복지연계와 뉴딜프로그램에 대해서는 상반된 평가가 이루어지고 있다. 영국에 만연한 불평등과 복지 의존문제를 해결할 수 있는 방법이라는 평가와 개인과 가족의 책임을 강조하고 계약적 관계를 강조함으로써 사회정의 실현과는 거리가 멀다는 평가다. 그렇지만 고령화에 대한 대응, 부양부담의 감소, 사회보장지출의 억제를 위해 노동의무를 강조한 영국의 근로복지연계는 한동안 지속될 것으로 보인다.

3. 미국의 사회복지 발달과정

1) 뉴딜 이전: 초기 빈민정책과 민간 복지활동

19세기 미국에서 빈곤은 개인의 문제라는 의식이 팽배하였다. 이는 미국의 독특한 역사에서 비롯된다고 할 수 있는데, 영국이나 유럽국가들과는 달리 미국에서는 봉건제도가 없었다. 봉건제도는 봉건 영주와 농노들 사이의 상호 의무감을 강조하여 보장(security)이나 공유(sharing) 정신이 작은 마을에서부터 국가에 이르기까지 존재했다. 그러나 미국은 서부로 가면 광활한 토지가 있었고 토지는 일종의 소득보장의 형태였다. 누구에게 도움을 받지 않아도 노력하면 자신의 생활을 영위할 수 있다는 것이다. 따라서 빈곤은 개인의 책임이고 빈곤문제해결에서 정부의 역할보다는 개인과 자선단체의 역할이 더 강조되어 왔다. 따라서 1930년대 이전까지 미국의 대부분의 사회복지사업은 민간차원에서 수행되었다. 일부 프로그램에 지방정부차원에서의 참여가 이루어졌고, 몇몇 예외적인 경우를 제외하고는 연방정부가 개입하는 일이 거의 없었다.

1800년대 자선조직협회가 미국사회에서 성황을 이룰 수 있었던 것도 이러한 개인주의 사상과 자선조직협회의 기본 철학이 일치했기 때문이다. 막강한 영향력을 행사하던 자선조직협회는 미국 사회복지의 기본 방향은 국가에 의한 공적인 원외 구호(outdoor relief)를 폐지하고 민간 자선단체들이 빈민을 원조해야 한다는 것이었다. 이로 인해 중앙정부가 주체가 되는 사회보험이나 공공부조제도가 도입될 수 없었다. 자선조직협회가 쇠퇴할 즈음에 인보관운동이 활발해졌는데, 영국의 인보관활동이 사회개혁적 성격이 강했다면 미국의 인보관활동은 자선적 성격을 띠었다(박병현, 2009).

이러한 미국의 정치문화적 특성 때문에 '산업재해보상보험제도'를 제외한 어떠한 사회보장제도도 마련되지 못했고 민간단체중심의 자선과 구호를 핵심으로 하였다. 그러나 1920년대 말 미국 사회복지의 극적 전환을 일으킨 사건이 발생하는데, 바로 1929년 10월 24일 증권의 폭락으로 시작되어 10년 이상 계속된 대공황이다.

2) 「사회보장법」과 연방정부의 책임강화

(1) 대공황과 뉴딜

1929년 대공황(Great Depression)으로 실업이 증가하고 소득이 격감하였다. 가장 경기가 침체되었던 1933년에는 25%의 실업률과 인구의 10%가 실업구호에 의존해 살아야만 하였다. 대공황은 개인의 결함이 아니라 사회구조의 결함에 따라 가난해질 수 있고, 기존의 시스템으로 빈곤의 문제를 해결하기 어렵다는 미국인들의 의식전환의 계기가 되었다. 그러나 당시 집권하고 있던 후버대통령은 매우 소극적으로 대처했고 실업자 구호에 매우 인색했다. 1933년에 취임한 루스벨트대통령은 뉴딜정책을 펴나갔는데, 뉴딜정책의 철학은 민간 분야에만 의존하는 데서 탈피하여 연방정부가 공공복지에 더 많이 투자해야 한다는 것이었다.

(2) 「사회보장법」

미국 사회복지정책에서 획기적인 변화와 발전의 계기가 된 것은 바로 1935년에 제정된 「사회보장법」(Social Security Act)이다. 「사회보장법」 제정으로 연방정부가 미국 사회정책의 광범위한 부분을 떠맡게 되었고 연방정부의 이러한 역할은 이후 1960년대까지 확대되어 가는 추세를 보인다. 「사회보장법」의 주요 내용은 〈표 6-5〉와 같다. 공공부조 급여수준이 낮

〈표 6-5〉 미국 「사회보장법」의 주요 내용

유 형	제도명	내 용
사회보험	노령연금 (Old Age Insurance: OAI)	노령이나 퇴직으로 인한 소득상실 시 연금 지급
	실업보험	실업자에게 급여 지급
공공부조	ADC (Aid to Dependent Children)	요부양 아동이 있는 가정에 아동의 수에 따라 급여 지급

고, 의료보험이 포함되지 않았다는 한계에도 불구하고 「사회보장법」은 연방정부가 빈곤문제해결의 주체가 되고 미국 사회복지 발전의 초석이 되었다는 데 의의를 둘 수 있다.

미국의 1940년대와 1950년대는 안정과 번영의 시기로 불린다. 경기가 회복되면서 보수적 정치권의 영향력이 점차 커졌지만, 사회보험의 유용성에 대한 인식이 높아지면서 사회복지정책들이 지속적으로 성장하였다. 공공부조제도와 노령연금제도의 대상자와 급여액이 확대되어 갔고, 새로운 프로그램들이 추가되었는데 가장 대표적인 것이 노령 · 유족 · 장애연금제도(Old-Age, Survivors, and Disability Insurance: OASDI)다.

(3) 빈곤과의 전쟁과 위대한 사회

1960년대까지 미국은 경제적 안정과 번영으로 빈곤문제가 잊혔던 시기다. 그러나 1960년대 많은 학자들이 미국사회의 또 다른 이면에 대해 지적하기 시작했는데 대표적인 학자가 마이클 해링턴(Michael Harrington)이다. 그는 1960년 『또 다른 미국(*The Other America*)』이라는 책을 통해 풍요 속에 가려진 미국의 빈곤의 실상을 보고하였고, 빈곤이 미국사회에서 주목받는 사회문제로 등장하는 계기를 만들었다.[5)]

5) 해링턴의 책은 출판당시 주목을 받지 못했다. 그러나 드와이드 멕다날이 『또 다른 미국』에 대한

1962년 존슨대통령은 '빈곤과의 전쟁(War on poverty)'을 선포하고 다양한 프로그램을 시행하였다. 당시 미국은 대공황시기와는 달리 경제적으로 호황을 누리고 있었기 때문에 다양한 프로그램을 시행하는 데 큰 무리가 없었다. 구체적 사업으로는 소수민족 자녀의 조기교육프로그램인 'Head Start'를 비롯하여 VISTA, Neighborhood Youth Corps, Job Corps, 직업훈련, 성인교육, 농촌주민에 대한 부조, 지역사회개혁사업(Community Action Program: CAP) 등이 있었다. 또한 이 시기에 빈곤한 노인이나 장애인에게 지급되는 현금급여(SSI), Food stamp, 노인을 대상으로 한 의료급여인 Medicare, 저소득층을 대상으로 한 의료급여 Medicaid가 도입되었다. 요보호 아동에게만 지급된 ADC(Aid to Dependent Children)가 엄마에게도 지급가능하도록 AFDC(Aid to Families with Dependent Children)로 변경되었고, 이 시기에 대상자가 급증하였다.

3) 신자유주의 영향과 사회복지

(1) 레이거노믹스와 미국의 사회복지 변화

1970년대 에너지위기와 인플레이션으로 인한 경제위기는 미국의 사회복지 축소라는 새로운 국면을 맞이하는 계기가 된다. 특히 1980년대 신자유주의 이념을 표방하는 레이건정부가 들어서면서 사회복지 축소 정책이 추진된다. 대중의 복지는 개인이나 가족, 지역사회의 책임이라는 원칙을 갖고 있던 레이건 행정부가 시도한 사회복지정책 변화내용을 정리하면 다음과 같다.

서평을 당시 매우 영향력 있었던 「New Yorker」에 실었고, 이후 빈곤에 대한 많은 책과 논문이 나오기 시작했다. 한편 당시 케네디대통령이 유세기간 중 웨스트 버지니아 주의 빈곤 실상을 목격할 기회가 있었는데 멕다날의 서평을 읽고 자문위원에게 빈곤문제를 연구하라고 지시하였다. 그러나 그는 정책을 펼쳐보기도 전에 암살당하고 실제 빈곤정책은 차기 대통령인 존슨대통령 재임시기에 이루어졌다.

- AFDC, Food Stamp와 같은 공공부조프로그램들을 사회적 안정망에서 제외하여 예산을 삭감하였다.
- 보건과 복지를 분리시켜 보건은 책임지고 빈민을 위한 사회복지는 더 이상 책임지지 않겠다는 의지를 담은 신연방주의를 추진하였다.
- 연방정부가 담당하던 여러 가지 사회복지프로그램을 주정부 책임으로 되돌려 보냈다(사회서비스, 정신건강, 직업재활 등).
- 포괄적 보조금으로 변경하면서 이전의 개별 사회복지프로그램에 제공하던 보조금보다 더 적게 제공하여 사회복지 지출을 대폭 삭감하였다.

(2) 미국 공공복지의 종말로 일컬어지는 PRWORA

미국사회의 전반적인 보수주의적 분위기를 바탕으로 1996년에 개인책임 및 근로기회조정법(Personal Responsibility and Work Opportunity Reconciliation Act: PRWORA)이 제정되었다. 이로 인해 AFDC제도가 폐지되고 '빈곤가구에 대한 일시적 지원제도인 TANF(Temporary Assistance to Needy Families)가 도입되었다. TANF의 핵심 내용은 수급기간의 제한과 근로규칙이다. 즉, TANF 급여는 한 번에 최장 2년까지만 받을 수 있고, 일생 5년을 초과할 수 없다. 그리고 TANF 수혜자는 급여기간이 24개월을 초과하기 전에 소득 있는 일자리를 구하여 근로를 시작해야 한다. 일자리를 구하지 못한 수급자의 경우에는 지역사회차원에서 제공하는 여러 서비스 분야에서 근로해야 하는 의무가 주어졌다. TANF 도입 이후 공공부조 사례수는 27% 감소하였다.

개인주의, 보수주의적 성향이 강한 미국은 다른 유럽국가와는 매우 다른 복지 발달의 양상을 보여 왔다. 1929년 대공황과 1960년대 초반 빈곤의 재발견, 이에 대한 개혁의지를 보인 대통령의 재임으로 획기적인 복지 확대의 시기가 있었다. 하지만 여전히 개인과 지역사회의 책임을 강조하고 있으며, 아직까지도 사회보험방식의 의료보장제도가 도입되지 못하고 있다.

이러한 미국의 사회복지 전개과정을 두고 박병현(2009)은 "예외적인 미완성 복지국가, 미국"이라고 하였다.

4. 한국의 사회복지 발달과정

1) 근대 이전의 사회복지

전근대사회 사회복지의 형태는 국가의 재해대비정책과 빈민을 위한 보호정책, 비공식 지원망을 중심으로 한 상부상조로 분류할 수 있다. 먼저 재해대비정책은 재해발생 시 이재민을 보호하는 각종 정책들인데, 창(倉)제도가 중요한 기능을 하였다. 고구려의 진대법, 고려왕조 때의 흑창, 의창, 상평창, 조선시대의 상평창과 의창, 환곡제도가 그 예다. 이재민 외 빈민보호를 위한 구호사업은 주로 사궁(환과고독)에 대한 구제가 중심이 되었다. 삼국시대에는 사궁구혈(四窮救血), 고려시대에는 환과고독에 대한 진대법, 조선시대에는 진궁(賑窮)제도를 통해 홀아비, 과부, 고아, 무자식 노인에 대한 구호사업이 이루어졌다. 또한 계, 두레와 같은 민간의 상부상조, 애경사에서의 공제가 이루어졌다.

전근대사회 사회복지의 특성을 정리하면 다음과 같다. 첫째, 사회복지 형태에서 자선과 박애, 비공식 지원망을 중심으로 한 상부상조, 이재민 및 빈민구제를 위한 공공복지로 한정되어 있어 많은 한계점을 가졌다는 점이다. 자선과 박애의 경우 주는 자의 자의에 의존하기 때문에 지속적이지 못할 뿐만 아니라 권리보다는 시혜적 성격이 강했다. 상부상조의 경우는 소수 성원들에 대한 한정된 보호만이 가능하다는 한계가 있다. 또한 당시 공공복지는 사회불안 예방과 농업생산력 보존을 위한 최소한의 보호만 가능했다. 둘째, 보호의 수준 측면에서 생존과 직결된 1차적 욕구충족에 초점을 두었기 때문에 삶 속에서 경험할 수 있는 다양한 문제를 포괄하기 어려울 뿐만 아니라 낮은 수준의 보호만이 가능했다. 셋째, 주체와 관련해 국가보다는 비공식 부문 특히 1차적 혈연망의 역할을 강조했다는 점이다(백종만 외, 2004).

2) 일제강점기 및 미군정시대의 사회복지

일제강점기의 구호사업은 식민정책의 일환으로 정치적 목적을 가진 시혜정책이 시행되었다. 1910년 일본의 강제 점령이 이루어지면서 조선시대의 구호사업은 소멸되었으며, 1921년 조선총독부 내무부에 사회과가 신설되어 구호사업을 전담하였다. 일본에서 실시하던 「구호법」을 기초로 1944년 조선구호령을 실시하였다. 그러나 이런 제도들은 구빈이 목적이라기보다는 식민지 통치의 효율성 제고를 위한 것이라고 볼 수 있다(남기민, 2005). 조선구호령은 광복 후 1961년 「생활보호법」이 제정되기까지 우리나라 공공부조의 근간이 되었다.

1945년 8월 15일 광복 이후부터 1948년 8월 15일 임시정부 수립까지 미군정 3년간의 구호사업은 주로 피난민과 빈민들에 대한 식량, 의료 및 주택 등 응급구호에 치중하였다. 또한 미군정기간 복지에 대한 공적인 대책이 크게 부족하였기 때문에 무계획적인 민간구호단체와 시설이 증가하였고 외국 자선단체와 기관의 구호가 구빈의 중심이었다.

3) 약탈국가시기

광복 이후 무정부 상태로 다양한 세력 간 투쟁이 많은 상황에서 이승만을 중심으로 한 우파세력이 미국의 힘을 업고 1948년 8월 15일에 국가를 형성하게 되었다. 1950년에 한국전쟁 발발로 요구호자들이 급증했지만 정부는 최소한의 응급구호에 치중할 수밖에 없었다. 이러한 상황에서 외국의 원조단체들의 도움을 받지 않을 수 없었다. 휴전협정 이후에는 시설보호가 필요한 난민이 증가해 고아원, 양로원, 모자원이 급증하였고, 1959년에는 총 686개의 각종시설이 설립되었다(하상락, 1989). 지금도 많은 사람이 사회복지를 시설중심 수용보호로 인식하고 있는 것은 이러한 한국의 독특한 역사적 특성 때문일 것이다.

이승만정부의 사회복지는 임시 응급구호와 전후복구에 급급하였고 근대적인 사회복지제도가 제대로 자리 잡지 못하였다. 자선적, 구호적, 사후대책적, 응급적, 임시적 특성이 강했고, 공적이며 전문적 차원보다는 민간차원의 자발적 · 비전문적 수준에서 사회복지가 행해졌다. 그럼에도 불구하고 「군사원호법」(1950), 「경찰원호법」(1951), 「공무원연금법」(1960)이 제정되어 시행되었는데, 이는 사회에 대한 지배력 극대화에 초점을 둔 정부가 국민의 복지보다는 특수계층의 충성심 확보를 위한 도구로 복지를 이용했기 때문으로 볼 수 있다(김태성 · 성경륭, 2006).

4) 발전국가시기

(1) 박정희정부[6]와 사회복지

군대를 동원해 무력으로 정권을 잡은 박정희정부는 경제적 성과를 이룸으로써 집권의 정당성을 얻고자 하였다. 1962년부터 시작한 경제개발계획 추진과 노동집약적 수출주도형 산업육성을 통해 일명 '한강의 기적'이라 불리는 연 평균 10% 성장을 달성하였다. 당시 정부는 반대세력과 노동세력

6) 1948년 대통령으로 취임한 이승만은 1960년 4대 총선 때 부정선거를 감행하였고, 이를 계기로 4 · 19혁명이 발발하였다. 결국 4월 26일 이승만대통령은 하야발표를 하고 12년간의 1공화국이 막을 내렸다. 1960년 5대 총선 때 윤보선 4대 대통령이 당선되었으나 2공화국이 민주국가의 성격을 띤 반면 질서유지 기능은 실패하였다. 이러한 무질서 상황을 틈타 1961년 5월 16일 군부가 쿠데타를 일으켰다. 그리고 1963년에 박정희정부의 제3공화국이 출범하였다.

〈표 6-6〉 한국 정부별 사회복지 발달과정

정부 성립과 성격		한국의 복지 역사
1공화국 이승만(1~3대) (1948~1960)	• 이승만을 중심으로 한 우파세력이 국가 형성(1948) • 1960년 4 · 19혁명 발발 • 4월 26일 하야발표	「군사원호법」(1950), 「경찰원호법」(1951), 「공무원연금법」(1960)
2공화국 윤보선(4대) (1960~1961)	• 1960년 5대 총선 때 윤보선 4대 대통령으로 당선 • 1961년 5 · 16 군사쿠데타	
	• 군사정부시기(1961.5.~1963)	「생활보호법」(1961), 「군사원호보상법」(1961), 「아동복리법」(1961), 「군인연금법」(1963), 「산업재해보상보험법」(1963), 「의료보험법」(1963), 「사회복지사업법 제정」(1970), 「사립학교교원연금법」(1973), 「개정의료보험법」(1976), 「공무원 및 사립학교교직원 의료보험법」(1977)
3, 4공화국 박정희(5~9대) (1963~1979)	• 1963년 박정희정부 출범 • 1979년 10 · 26사태	
최규하(10대) (1979~1980)	• 1979년 12 · 12사태로 군부세력 집권 • 1979년 12월 최규하 10대 대통령 취임 • 1980년 5월 광주민주화운동	
5공화국 전두환 (11~12대) (1981~1988)	• 1980년 5 · 17군사쿠데타, 제5공화국 출범 • 1981년 3월 전두환대통령 취임 • 1987년 박종철 고문치사사건, 4 · 13 호헌조치로 민주헌법쟁취 국민운동본부 결성, 6월 항쟁 • 6 · 29선언(대통령 직선제, 김대중 전대통령의 정치권 회복)	「노인복지법」 제정(1981), 「심신장애자복지법」 제정(1981), 「아동복지법」으로 개정(1981), 「사회복지사업법」 전면 개정(1983), 「최저임금법」 제정(1986), 「국민연금법」 제정(1986)
6공화국 노태우(13대) (1988~1992)	• 1988년 6공화국 출범, 노태우대통령 취임 • 1980년대 민주화운동 여파로 민주화 진전	국민연금제도 시행(1988), 최저임금제도 시행(1988), 사회복지전문요원 배치(1988), 전국민의료보험제도 시행(1989), 「모부자복지법」 제정(1989), 「심신장애자복지법」이 「장애인복지법」으로 개정(1989), 「장애인고용촉진 등에 관한 법률」 제정(1990), 「영유아보육법 및 청소년보호법」 제정(1991), 「고령자고용촉진법」 제정(1992), 「사회복지사업법」 개정(1992)

문민정부 김영삼(14대) (1993~1997)	• 1993년 김영삼대통령 취임 • 연립정부 수립(민정당+민주당+공화당) • 세계화로 국가경쟁력의 문제가 사회적 화두로 등장	「고용보험법」 시행(1995), 「국민연금법」 개정으로 농어민연금 실시(1995), 「정신보건법」 제정(1995), 「사회보장기본법」 제정(1995), 「국민의료보험법」 제정(1997)
국민정부 김대중(15대) (1998~2002)	• 1998년 김대중대통령 취임 • 연립정부 수립(국민회의+자민련) • IMF와 체결한 기본 협정이행으로 인한 외부적 · 국제적 제약 조건 따른 상황	노사정위원회 출범, 고용보험 1인 사업장까지 확대(1998), 실직자 복지대책 수립 및 시행(1998), 총리실 산하 4대 사회보험통합기획단 구성(1998), 「가정폭력방지법」 제정 및 가정폭력상담소 16개 운영(1998), 「사회복지공동모금회법」 제정(1999), 국민연금 도시자영업자까지 확대 적용(1999), 「국민건강보험법」 제정(공무원 및 사립학교 교직원 의료보험과 지역의료보험 통합)(1999), 「산업재해보상보험법」 개정(1999), 「국민기초생활보장법」 제정(1999), 산재보험 1인 사업장까지 확대(2000), 국민기초생활보장제도 시행(2000), 「의료보호법」을 「의료급여법」으로 개정(2001)
참여정부 노무현(16대) (2003~2007)	• 2003년 2월 25일 노무현대통령 취임, 참여정부 출범	「긴급복지지원법」 제정(2005), 「건강가정기본법」 제정(2005), 「저출산 · 고령사회기본법」 제정(2005), 「기초노령연금법」 제정(2007), 「노인장기요양보험법」 제정(2007)

통제를 위한 억압적 정책을 마련했고, 산업화 미진으로 국가를 견제할 만한 자본가나 노동세력이 형성되지 못했다. 그렇게 국가는 강력한 힘을 가지고 저임금에 바탕을 둔 수출주도 산업 육성을 통해 경제성장을 이룰 수 있었다.

한편 급속한 도시화 및 산업화로 도시빈곤층, 주택부족 문제 등 다양한 사회문제가 발생하였다. 그러나 정부 당국은 경제개발에 집중하고 노동자 및 빈민을 위한 복지제도 마련에는 매우 소극적이었다. 1960년대 이후 다양한 사회복지 관련법이 제정되었으나(〈표 6-6〉 참고) 형식적인 사회복지도입에 그쳤을 뿐 실제 시행되어 복지증진 기능을 하지는 못하였다. 예를 들어, 「산업재해보상보험법」은 500인 이상 사업장에만 적용되었고 보상수준이 매우 낮았다. 1963년도에 제정되었다가 시행되지 못한 「의료보험법」은 1976년 개정되어 1977년부터 시행되었는데 500인 이상 사업장 근로자를 대상으로 실시되었다. 또한 공무원, 군인, 교직원, 대규모 사업장 근로자 등 사회적 지배계층을 위한 사회보장제도가 우선적으로 실시되었는데, 이는 후진적 사회복지 발달의 한 형태로 사회보장제도의 확충이 복지적인 측면보다는 정치적인 측면에서 이루어졌다는 것을 말해 준다(김성천 외, 2009).

(2) 전두환정부[7]와 사회복지

전두환정부는 집권 후 부족한 체제의 정통성 확보와 국민의 저항을 무마하기 위해 포섭적 복지전략을 채택하였다. 「사회복지사업법」 전면개정, 「최저임금법」「국민연금법」 제정 등이 그 예라 할 수 있다(〈표 6-6〉 참고). 전두환정권이 강경 억압보다 민주화 타협을 선택하게 된 배경에는 저항세력의 형성(노동자, 학생, 야권정치인 등), 군대 동원 불가능, 올림픽 개최, 미국의 민주화 수용압력이 있었기 때문이다(김태성 · 성경륭, 2006).

그러나 전두환정부가 사회복지 확대에 대한 적극적인 의지를 가지고 추진했다고는 평가하기 어렵다. 당시 사회복지 전개에 영향을 미친 것이 제6차 경제사회발전 5개년 계획(1987~1991)이었는데, 이 계획은 서구 복지국가가 '복지국가 위기론'을 언급하면서 자립과 민간의 역할을 강조한 것이다. 당시 우리나라는 복지제도가 제대로 갖추어지지 않은 상황이어서 복지 의존이나 복지병을 우려할 단계는 아니었음에도 불구하고 서구의 복지국가 위기론을 언급하면서 자립과 민간의 역할을 강조한 것은 전두환정부가 사회복지 확대에 대한 적극적 의지가 없었음을 보여 준다고 할 수 있다.

7) 10 · 26사태로 박정희대통령이 암살당하자 군부는 다시 정권을 장악했다. 최규하대통령이 취임하기는 했으나 광주민주화운동 진압을 빌미삼아 전두환이 정권을 잡으면서 제5공화국이 출범하였고 군사정권이 지속되었다.

(3) 노태우정부와 사회복지

1988년 출범한 노태우정부는 〈표 6-6〉에 제시된 바와 같이 제5공화국의 제도를 확대 시행하는 방향으로 전개되었다. 노태우정부의 사회복지제도 발전의 특징을 정리하면 다음과 같다.

첫째, 소득 및 의료보장의 확대가 이루어지기 시작하였다. 둘째, 1988년 서울 장애인올림픽 이후 장애인 종합대책 수립, 「장애인 고용촉진 등에 관한 법률」 제정 등 장애인복지에 대한 변화가 시도되었다. 셋째, 사회복지관이 전국적으로 확대되었다. 넷째, 「아동복지법」과는 별도로 「영유아보육법」이 제정되면서 영유아 보육사업이 크게 부각되었다. 다섯째, 재가복지를 중시하여 재가복지센터가 급격하게 증가되었으며 사회복지전문요원을 빈곤 밀집지역의 동사무소에 배치하기 시작하였다.

5) 민주국가시기

김영삼정부가 등장한 1990년대는 세계화라는 흐름이 국제질서로 자리잡아가면서 국가경쟁력이 중요한 과제로 떠올랐다. 문민정부는 개혁(부정부패와 정경유착 척결, 공직자 재산공개, 금융실명제 등)과 국가경쟁력 강화를 주요 정책기조로 삼았다. 그러나 개혁시도는 보수세력과 보수언론의 강력한 반발로 난항을 겪었다(박상훈, 1996). 그러자 문민정부는 지배연합[8] 내부의 균열을 봉합하고 국가경쟁력 강화에 국정의 중점을 두게 된다. 이러한 변화의 양상 속에서 복지개혁은 의제로 설정되지도 못하였다.

그러다가 1995년에 문민정부가 복지개혁에 대한 관심을 갖게 되었는데, 그 배경에는 1994년에 이룬 경제적 성과(8.3%의 경제성장률), 15대 총선 대비를 위한 서민층 대상 복지제공의 필요성, OECD 가입 추진을 위한 복지

8) 문민정부는 당시 민정당, 민주당, 공화당이라는 이질적인 세 정당 합당을 통해 탄생한 정부다.

수준 향상이 필요했다. 이렇게 야심차고 방대하게 계획된 '삶의 질 세계화를 위한 국민복지 구상'은 결국 실패하고 말았다. 너무나 이질적으로 구성된 내부연합세력의 성격상 복지 확대가 쉽지 않았고, 그렇다고 시민사회에서 개혁의 동반자를 찾는 노력도 하지 않았다. 또한 대통령 측근의 부정부패 연루로 결국 문민정부 5년 내내 보건복지부 예산은 노태우정부 시절의 수준을 한 번도 넘어본 적이 없는 소박한 성과를 내는 데 그쳤다.

한편 문민정부의 환율관리 실패, 준비없는 외환 · 자본 자유화, 대기업 도산 및 격렬한 노사갈등에 대한 무기력한 대응은 극심한 경제위기를 초래하였다. 결국 국제통화기금(IMF)에 구제금융을 요청할 수밖에 없었고, 이로 인해 IMF로의 경제주권 이전, 고금리, 대량부도와 실업, 사회해체 등 총체적 위기를 차기 정부에 남겼다(김태성 · 성경륭, 2006).

6) 복지국가시기

(1) 김대중정부와 사회복지

국민의 정부가 출범한 1998년의 시대적 상황은 매우 암울하였다. 먼저 사회경제적으로 외환금융위기, 기업의 도산, 실업의 급상승, 소득불평등과 범죄율 급증, 부적응행동 확산(알코올중독, 자살, 가출), 가족해체, 폭력과 유기 등 여러 가지 사회해체 현상이 확산됨으로써 사회전체의 연대성과 통합력이 약화되고 분열이 심화되고 있었다. 한편 정치적으로는 온건개혁 노선을 추구하던 국민회의가 보수적 노선을 추구하는 자민련과 연립정부를 형성했기 때문에 정치적 자율성을 갖는 데 한계가 있었다. 또한 구조조정 압력, 재정긴축 압력, 무역자유화 압력과 같은 외부적 · 국제적 제약조건으로 많은 위기를 해결해야 하는 어려운 상황에 처해 있었다.

그러나 국민의 정부는 IMF에서 구제금융을 받은 지 불과 2년 이내에 경제위기를 극복하였다. 또한 사회적 불평등과 사회해체 현상이 심화되고 있는 상황 속에서 불평등을 개선하기 위한 복지개혁이 상당히 큰 성과를 보였다.

그렇다면 최악의 경제사회적 위기에서도 상당한 복지개혁 성과를 낼 수 있었던 이유는 무엇일까? 먼저, 외환금융위기가 초래한 절박한 상황 때문에 국가가 자율성을 가질 수 있었다. 둘째, 노동조직과 시민사회와의 파트너십을 통한 개혁을 이루어 내려는 조직적인 노력이 있었다. 예를 들어, 민주노총과 건강연대, 참여연대 등과 협력하여 「국민건강보험법」 법제화를 주도하였고, 참여연대와 경실련 등 30여 개 시민단체들이 발의를 하고 민주노총과 한국노총, 친복지 성향의 정치인과 사회복지학계, 종교계가 가세하여 국민기초생활보장제도를 마련하였다. 셋째, 국민의 정부가 친복지적 · 개혁적 성향이 있었고 2000년 국회의원 선거에서 제1당이 되고자 하는 열망이 대대적인 복지개혁을 촉발시켰다고 볼 수 있다(김태성 · 성경륭, 2006).

(2) 노무현정부와 사회복지

노무현정부는 외환위기 이후 심화된 경제양극화와 빈부격차를 해소하기 위하여 3대 국정목표 중 하나로 '더불어 사는 균형발전사회'를 제시하고, 이에 따른 사회안정망을 구축하기 위하여 '기초생활보장의 내실화 등 취약계층 보호지원'을 100대 국정과제 중 하나로 추진하였다. 그리고 취약계층의 보호지원을 위하여 사각지대 해소를 위한 제도 개선과 차상위계층 보호, 일을 통한 탈빈곤 지원, 사회적 취약계층의 보호 강화, 사회복지 전달체계의 확대 개편을 추진하였다.

이와 함께 급속히 진행되고 있는 고령화에 대비하여 2005년 6월 「저출산 고령사회 기본법」을 제정하고 이에 기초한 제1차 고령사회 기본 계획을 마련하여 범정부적 대응체계를 구축하였다(김성천 외, 2009).

(3) 이명박정부와 사회복지

이명박정부 출범과 함께 '능동적 복지'라는 새로운 이념이 제시되었다. 보건복지부(2008)에 의하면 능동적 복지는 빈곤과 질병 등 사회적 위험을 사전에 예방하고, 위험에 처한 사람들이 일을 통해 재기할 수 있도록 돕고, 경제성장과 함께하는 복지를 말한다(원석조, 2010). 그러나 실상은 '친 기업 보수우익' 성향을 매우 강하게 보였고 이명박정부의 복지정책은 '능동적'이 아닌 '소극적' '명목적' 복지라고 평가되고 있다(최재성, 2010). 집권기간 부자 감세액이 약 90조에 달하는 데 반해 2010년 예산을 통해 본 사회보장 예산은 대부분 삭감되었으며, 이로 인해 불평등과 취약계층의 증가는 심각한 상황이다. 따라서 빈곤에 대응하고 전체 구성원의 삶의 질 향상을 위한 실질적인 복지가 이루어질 수 있도록 사회보장 전반에 대한 재검토가 이루어질 필요가 있다.

용어해설

- **근로복지연계**: 단순 급여 지급이 아니라 노동을 전제로 복지를 제공하는 방식
- **석유파동**: 1973년 중동전쟁으로 석유 생산량이 줄고 가격이 폭등한 사건. 이로 인해 자본주의의 호황과 정치적 안정하에 팽창하던 서구 복지국가들이 위기를 맞이함
- **열등처우의 원칙(the principle of less eligibility)**: 1834년 개정 「구빈법」에서 제시된 원칙 중의 하나로 구빈 수혜자의 보호수준이 근로노동자의 최저생활수준보다 열등해야 한다는 원칙

참고문헌

감정기 · 최원규 · 진재문(2006). 사회복지의 역사. 파주: 나남출판.

김상균 · 최일섭 · 최성재 · 조홍식 · 김혜란 · 이봉주 · 구인회 · 강상경 · 안상훈(2007). 사회복지개론. 파주: 나남출판.

김영범(1999). '세계화와 복지국가의 구조변동 –스웨덴, 일본, 한국의 사례–'. 연세대학교 박사학위논문.

김영순(1996). **복지국가의 위기와 재편–영국과 스웨덴의 경험**. 서울: 서울대학교 출판부.

김태성 · 성경륭(2006). **복지국가론**. 파주: 나남출판.

남기민(2005). **현대사회복지학의 이해**. 파주: 양서원.

박병현(2009). **복지국가의 비교–영국, 미국, 스웨덴, 독일의 사회복지 역사와 변천–**. 고양: 공동체.

박상훈(1996). '문민정치, 그 지배의 정치경제학'. **정치비평, 창간호**, 186-210.

백종만 · 최원규 · 최옥채 · 윤명숙 · 홍경준 · 이상록 · 박현선(2004). **사회와 복지**. 서울: 나눔의 집.

손혜경(2010). '2010년 9월 총선을 앞둔 스웨덴 여당연합과 야당연합의 경제 및 노동정책'. **국제노동브리프 2010년 8월호**, 67-75.

신섭중 외(2006). **세계의 사회보장**. 서울: 유풍출판사.

신필균(2011). **복지국가 스웨덴**. 서울: 후마니타스.

안상훈(2006). '스웨덴 정권교체와 한국의 복지국가–좀 더 건설적인 논쟁을 위한 스웨덴 이야기'. **복지동향 97**, 26-29.

최재성(2010). 이명박 정부의 사회복지정책 특성과 과제: '친기업 보수우익'에서 '친서민 중도실용'. **한국사회복지조사연구 25**, 1-29.

하상락(1989). '한국 사회복지사의 흐름'. 하상락 편. **한국사회복지사론**. 서울: 박영사.

하세정(2008). '영국 뉴딜정책 시행 10년: 평가와 전망'. **국제노동브리프 6**(3), 68-73.

Annika Berg (2007). '스웨덴에 부는 보수의 바람: 그러나 스웨덴 모델은 살아남았다'. 국제노동브리프, 24-29.

Esping-Anderson, G., & W. Korpi. (1984). '*Social Policy as Class Politics in Post-War Capitalism: Scandinavia, Austria, and Germany.*', In J. H. Goldthorpe (ed), *Order and Conflict in Comtemporary Capitalism*, Oxford University Press.

www.jobcentreplus.gov.uk

http://swe.mofat.go.kr

제7장

사회복지의 미시적 접근

☑ 학습개요

- 사회복지의 미시적 접근방법으로서 개인중심 사회복지실천, 가족중심 사회복지실천, 집단중심 사회복지실천을 이해하고, 접근방법에 따른 구체적인 모델과 과정에 대해 학습한다.

☑ 학습목표

- 개인중심, 가족중심, 집단중심 사회복지실천의 개념과 실천과정을 설명할 수 있다.
- 개인중심, 가족중심, 집단중심 사회복지실천의 차이를 구분할 수 있다.
- 개인중심, 가족중심, 집단중심 사회복지실천을 실제 사례에 적용할 수 있다.

☑ 학습과제

- 개인중심, 가족중심, 집단중심 사회복지실천의 차이를 설명해 보자.
- 영화('I am Sam')를 보거나 사례를 읽고 세 가지 미시적 방법 중 하나를 선택하여, 문제해결을 위한 구체적인 실천과정을 설명해 보자.

제7장 사회복지의 미시적 접근

> 방글라데시에서 온 소녀 나니아(7세, 가명)는 하루 종일 가구공장의 컨테이너에서 지낸다. 나니아 가족에게는 공장이 일터이자 살림집이고 공부방이다. 아빠가 불법체류자여서 마음대로 돌아다닐 수도 없고, 돈이 없어 학원에 갈 수도 없기 때문이다. 나니아는 아빠가 너무 보고 싶어서 3년 전 한국에 왔다. 아빠가 한국의 법을 어겼기 때문에 불안하지만 아빠와 떨어지는 것이 더 싫었기 때문에 방글라데시가 아닌 한국을 택했다. 코리안 드림을 위해 불법체류를 선택한 나니아 아빠의 가장 큰 걱정은 딸의 공부다. 다른 이주노동자들이 자녀교육문제로 고민하다가 결국 자녀들을 고국으로 보내 놓고 생이별의 아픔을 겪고 있는데, 나니아의 아빠 역시 어떤 선택을 해야 할지 고민이다.
>
> (기사 출처: 2009년 12월 2일자 오마이뉴스 '나니아, 소원을 말해봐!')

사회복지실천은 대상체계에 따라 미시적, 중범위 그리고 거시적 접근방법으로 구분할 수 있다. 이 중 사회복지의 미시적 접근방법은 개인, 가족,

집단을 대상으로 한 사회복지실천인데, 일반적으로 이러한 접근은 사회복지 대상자와의 직접적 만남을 통해 이루어지기 때문에 직접적 실천(direct practice)이라고 한다(엄명용 · 김성천 · 오혜경 · 윤혜미, 2002: 25). 이 장에서는 사회복지의 미시적 접근방법에 대해 살펴보고자 한다.

1. 미시적 접근방법의 관점과 이론

1) 생태체계적 관점

생태체계적 관점(eco-system perspective)은 사회복지실천의 중요한 관점 중 하나로서, 생태학(ecological approach)과 일반체계이론(general system theory), 사회체계이론(social system theory)의 영향을 받아 형성되었다. 이러한 생태체계적 관점은 체계 간의 공유 영역과 적응, 상호 교류의 개념을 강조하고, 체계의 변화와 기능 유지에 관심을 갖는다. 따라서 사회복지실천에서 생태체계적 관점은 클라이언트의 문제를 클라이언트가 포함된 환경과의 상호작용 속에서 살펴볼 수 있도록 하는 통합적 시각의 틀을 제공한다.

이러한 관점은 기존의 사회복지실천이 문제를 가진 개인에게만 초점을 두었던 것과 달리 개입의 초기단계부터 문제에 대한 사정을 실시하는 데 다양한 체계를 고려할 수 있도록 하는 통합적인 관점을 제공한다. 따라서 사회복지사들은 문제를 다룰 때 개인과 환경, 개인과 환경 간의 상호작용 모두에 초점을 둔다. 또한 생태체계적 관점은 생태체계이론, 생활모델 등으로 발전하면서 초기단계뿐 아니라 실천과정에서도 이론적 기반을 제공하고 있다. 이에 생태체계적 관점과 관련된 이론들의 개념을 살펴보고자 한다(윤철수 외, 2008: 111).

〈표 7-1〉 생태학적 관점과 관련된 이론

체계(system)	일정한 경계선을 가지고 있으며, 물리적 · 정신적 에너지가 그 경계선 밖에서보다 안에서 더 많이 교환되고 상호작용하고 있는 상호 의존적인 부분들로 구성된 전체
개방체계(open system)	성장과 발전에 필요한 정보나 에너지를 외부에서 자유롭게 받아들이는 체계
폐쇄체계(closed system)	다른 체계와 상호작용이 일어나지 않는 체계
경계(boundary)	다른 체계와 구분할 수 있는 체계의 테두리로 물리적 공간에 그려질 수도 있고, 개념적으로 그려질 수도 있음
투입(input)	체계가 환경으로부터 받아들이는 에너지, 사물, 정보 등
전환(conversion)	투입물을 처리하여 체계의 기능 유지에 필요한 형태로 전환하는 작용
산출(output)	전환활동을 통해 나타난 결과물이 체계 밖으로 나가 환경에 영향을 미치는 것
환류(feedback)	체계가 정보와 에너지를 산출해 내고 그 정보와 에너지가 환경에 영향을 미치며 다시 체계로 들어와 산출의 결과에 영향을 주는 것
엔트로피(entropy)	체계의 무질서를 의미하며, 체계가 기능 수행에 필요한 능력을 상실하게 되고 그 결과 체계가 정체되어 사멸하게 되는 것
네겐트로피(negentropy)	외부로부터 에너지를 받아들임으로써 체계가 성장 · 발전하는 것
적응(adaptation)	개인의 적응욕구와 환경의 속성이 서로 조화하는 정도
스트레스(stress)	개인과 환경이 상호 교류하는 데 불균형을 야기하는 현상
항성성(homeostasis)	투입과 산출이 균형을 이루어 체계의 본질이 유지되는 상태

2) 통합적 실천방법

통합적 실천방법은 상황 속의 인간을 이해하는 관점에 기반을 둔 실천방법으로 전통적 접근방법의 한계로부터 출발하였다. 구체적으로 통합적 실천방법은 실천방법의 통합적 사용으로, 밀레이(Milley, 1995)는 통합적 방법에 대해 사회복지실천의 목적을 달성하기 위한 다양한 체계의 접근방법이며, 사회복지실천 영역의 확장이라고 설명하고 있다(윤철수 외, 2008: 113). 여기에서는 생태체계적 관점에 기반 한 통합적 실천방법의 하나인 4체계 모델을 소개하고자 한다.

이러한 통합적 실천방법[1]으로 핀커스와 미나한(Pincus & Minahan)의 4체계 모델을 설명하면, 4체계 모델은 개인과 환경과의 상호작용을 강조하는 모델로 클라이언트체계(client system), 표적체계(target system), 행동체계(action system), 변화매개체계(change agent system)로 구분된다. 각각에 대해 설명하면(윤철수 외, 2008: 115-117), 먼저 클라이언트체계는 서비스나 도움이 필요한 사람들을 말하며, 전통적으로 사회복지사와 계약을 하는 체계를 의미한다. 표적체계는 변화가 필요한 사람들로서 클라이언트체계와 동일할 수도 있고 다를 수도 있다. 클라이언트체계와 동일한 경우는 대인관계에 문제가 있는 개인이 도움을 요청하고, 문제해결을 위해 사회복지사와 계약을 맺어 변화를 위해 노력하는 경우 표적체계가 클라이언트체계가 된다. 클라이언트체계와 다른 경우는 도벽이 있는 자녀를 부모가 데려와서 상담을 요청할 경우 부모는 클라이언트체계이고, 자녀는 표적체계가 된다. 행동체계는 사회복지사가 목표달성을 위해 다른 체계와 일하는 경우를 가리킨다. 예를 들어, 학교부적응을 경험한 학생이 있을 경우 사회복지사는 학생의 문제를 해결하기 위해 학생의 담임교사 등과 함께 협력할 수 있는데, 이때 담임교사가 행동체계가 된다. 마지막으로 변화매개체계는 사회복지사와 사회복지사를 고용한 기관 및 조직을 의미한다. 따라서 변화매개체계는 변화를 목적으로 특수하게 고용된 사람으로 사회복지사일 수도 있고, 사회복지사를 고용하고 있는 기관이 될 수도 있다. 즉, 변화매개체계는 좁은 의미로 사회복지사가 다른 체계로부터 재가를 얻어 문제를 가

1) 통합적 실천방법으로 콤프턴과 갤러웨이(Compton & Galaway)의 6체계 모델, 생태체계이론에 기반한 생활모델 등이 있다.

진 개인의 변화를 위해 일하는 것이며, 넓은 의미로 이러한 사회복지사를 고용하고 있는 기관이다.

2. 개인중심 사회복지실천

1) 개념 및 특징

개인중심 사회복지실천은 사회복지사가 개인적 혹은 사회적 문제를 경험하는 개인을 원조하는 활동으로, 개인이 환경에 적응하도록 도움을 주거나 개인에게 영향을 미치는 환경을 변화시켜 개인을 돕는 형태로 이루어진다. 따라서 개인중심 사회복지실천을 위해서는 클라이언트로서 개인이 가지고 있는 욕구, 문제를 명확히 확인함과 동시에 클라이언트를 둘러싼 주변환경을 이해하는 것이 중요하다. 이와 관련하여 사회복지사는 문제해결을 위해 개인을 일대일로 접촉하거나 개인을 둘러싼 환경을 조정하게 되는데, 전자를 '직접실천(direct practice)'이라고 하며, 후자를 '간접실천(indirect practice)'이라고 한다(김혜란 외, 2006: 131).

여기에서는 클라이언트를 일대일로 만나 원조하는 직접실천에 초점을 두고자 한다. 그러나 주의할 점은 개인중심 사회복지실천이 클라이언트가 개인일 뿐, 문제해결을 위해 개인만을 원조한다는 의미가 아니라는 것이다.

이러한 개인중심 사회복지실천은 다음과 같은 특징이 있다(김혜란 외, 2006: 132). 첫째, 일인의 클라이언트체계를 중심으로 개별화된 원조과정을 진행한다. 개인의 존엄성과 자기결정권을 강조하는 사회복지실천의 가치를 기반으로 클라이언트의 선택을 존중하고, 개별화된 욕구사정 및 접근, 전략 등이 이루어진다. 둘째, 클라이언트와 사회복지사와의 전문적 관계를 강조한다. 개인중심 사회복지실천에서 사회복지사는 의사소통기술

등을 통해 클라이언트와 관계를 형성하고, 클라이언트의 문제해결과정에 개입한다. 셋째, 개인의 문제해결을 위해 다양한 개입모델을 활용한다. 개인중심 사회복지실천에서는 심리사회모델, 인지모델, 행동주의모델 등 다양한 실천모델을 통해 개인의 변화 또는 개인과 환경과의 상호작용 변화를 도모한다.

2) 실천원칙

개인중심 사회복지실천은 개별 클라이언트와의 직접적 만남을 통해 문제를 해결하기 때문에 사회복지사와 클라이언트와의 관계 형성이 매우 중요하다. 즉, 개인중심 사회복지실천을 효과적으로 진행하기 위해서는 사회복지사와 클라이언트 간에 긍정적인 관계 형성이 필수적이며, 이러한 관계를 유지하고 발전시키기 위한 실천원칙이 요구된다.

이는 바이스텍(Biestek)의 관계 형성을 위한 일곱 가지 기본 원칙을 통해 설명할 수 있는데, 개별화, 의도적 감정표현, 통제된 정서적 관여, 수용, 비심판적 태도, 자기결정, 비밀보장 등이 해당된다.

개별화(individualization)는 모든 사람은 고유한 특성을 지닌 존재로서 개인마다 개별적 특성을 고려한 사회복지실천이 이루어져야 함을 의미한다. 따라서 사회복지사는 클라이언트에 대한 기본적 이해를 위해 일반적 지식을 활용함과 동시에 각 클라이언트의 특수한 개인적·환경적 특성을 이해하려는 노력이 필요하다. 즉, 개별화는 클라이언트가 가지고 있는 문제를 범주화하여 동일하게 다루는 대신, 각 클라이언트가 처한 맥락을 고려하여 접근해야 한다. 예를 들어, 도박문제가 있는 여러 명의 클라이언트를 만날 때, 이들에 대해 동일하게 접근하는 것이 아니라, 각 개인의 특성과 처한 환경을 고려한 개별적인 접근이 이루어져야 한다.

둘째, 의도적 감정표현(purposeful expression of feelings)은 클라이언트

가 자신의 감정을 자유롭게 표현하도록 하는 것으로, 사회복지실천과정에서 사회복지사는 클라이언트가 자신의 긍정적 혹은 부정적 감정을 자유롭게 표현할 수 있도록 의도적인 노력을 해야 한다는 의미다. 클라이언트는 자신의 감정을 자유롭게 표현함으로써 부정적 감정을 해소하고, 사회복지사는 클라이언트를 깊이 있게 이해할 수 있게 된다. 따라서 사회복지사는 클라이언트가 자신의 감정을 자유롭게 표현할 수 있도록 의도적으로 적극적인 태도와 감정을 표현한다.

셋째, 통제된 정서적 관여(controlled emotional involvement)는 사회복지사가 클라이언트의 감정에 민감하게 반응하고 대처하는 것을 의미한다. 사회복지실천과정의 대부분은 정서적 측면에서 이루어지기 때문에, 사회복지사는 클라이언트에 대한 공감을 표현하는 동시에 문제파악 및 해결을 위한 중립적인 태도를 유지해야 한다. 이를 위해 사회복지사는 클라이언트의 언어적·비언어적 표현에 민감해야 하며, 그에 따른 적절한 반응, 즉 통제된 정서적 관여를 통해 클라이언트의 반응에 대처한다.

넷째, 수용(acceptance)은 클라이언트를 있는 그대로 이해하고, 받아들이는 것을 의미한다. 이러한 수용적 태도는 사회복지사와 클라이언트가 긍정적 관계를 형성하고 유지하는 데 도움이 되는 중요한 원칙 중 하나다. 이는 사회복지사가 자신의 가치나 관점에 따라 클라이언트를 판단하는 것이 아니라, 긍정적 측면과 부정적 측면을 모두 지닌 개인으로서, 클라이언트를 이해하고 존중하는 것이다. 그러나 이러한 태도가 클라이언트의 가치나 관점에 동의한다는 의미는 아니며, 편견 없이 클라이언트를 진심으로 이해하기 위한 태도라고 할 수 있다. 따라서 사회복지사는 수용적인 자세와 함께 클라이언트의 문제에 대해 객관적이고 분석적인 태도를 취한다.

다섯째, 비심판적 태도(non-judgement attitude)는 클라이언트를 평가하지 않는다는 것으로, 사회복지사는 클라이언트의 행동에 대해 책임 여부, 옳고, 그름 등을 평가하지 않아야 하는 것을 의미한다. 누군가에게 평가받고 있다는 느낌은 자기방어적인 태도를 취하도록 하기 때문에 사회복지사는 클라이언트에 대한 판단을 유보하고, 클라이언트가 비판이나 비난받는다는 느낌을 갖지 않도록 한다.

여섯째, 자기결정(self-determination)은 클라이언트가 사회복지실천과정에 참여하여 선택하고 결정할 수 있는 자유와 권리를 가지고 있다는 것을 의미한다. 따라서 사회복지사는 사회복지실천과정에서 클라이언트의 자기결정원칙이 실현될 수 있도록 폭넓은 선택기회를 제공하고, 스스로의 결정을 촉진하기 위한 클라이언트의 역량 강화와 잠재력 계발을 위해 노력한다.

일곱째, 비밀보장(confidentiality)은 사회복지사와 기관은 사회복지실천과정에서 알게 된 클라이언트에 대한 정보를 누설하지 않아야 한다는 것으로, 클라이언트는 실천과정 중에 노출된, 알리고 싶지 않은 자신에 대한 정보에 대해 존중받을 권리가 있음을 의미한다. 비밀보장은 전문가의 윤리적 의무로서 사회복지사와 클라이언트 사이의 신뢰관계 형성에 중요한 역할을 하며, 효과적인 사회복지실천을 위해 반드시 지켜야 할 원칙이다. 그러나 비밀보장이 모든 상황에서 절대적인 것만은 아닌데, 클라이언트의 생명이나 다른 사람의 생명에 위협이 되는 내용이나 클라이언트의 불법적인 행위에 대해서는 비밀보장원칙이 예외적일 수 있다. 예를 들어, 클라이언트가 비밀보장을 요구하며 자살을 예고한 경우, 사회복지사는 클라이언트를 돕기 위해 주변에 이를 알려야 한다.

3) 실천과정

사회복지실천과정은 클라이언트의 문제해결을 위한 절차(process)로 학자에 따라 단계의 구분이 다양하지만, 일반적으로 초기단계, 중간단계, 종결단계로 나눈다. 또한 개인중심의 사회복지실천과정은 적용하는 이론에 따라 각 단계마다 서로 다른 개입활동이 이루어지는데, 여기에서는 적용하는 이론에 상관없이 효과적인 실천을 위해 각 단계에서 이루어져야 할 목표와 과업에 초점을 두었다(엄명용 외, 2002: 259-312; 임춘식 외, 2007: 120-123).

(1) 초기단계

초기단계에서는 접수, 자료수집 및 사정, 계획수립 등이 이루어진다. 접수(intake)는 기관을 찾아온 사람이 그 기관의 서비스를 받을 수 있는 조건인지, 기관이 그 사람에게 필요한 자원을 제공할 수 있는지 등을 파악하기 위한 기초 조사다. 접수는 클라이언트와 사회복지사와의 첫 대면으로 사회복지사는 따뜻하고 진솔한 태도로 클라이언트와 긍정적 관계, 즉 라포(rapport) 형성을 위해 노력해야 한다. 이러한 긍정적 관계 형성은 문제에 대한 기초 정보를 수집하는 데 도움을 줄 뿐만 아니라 이후 실천과정에 긍정적인 영향을 미치게 된다.

접수단계에서 클라이언트가 기관에서 제공하는 서비스를 받을 수 없는 조건이거나 클라이언트가 필요로 하는 서비스를 기관이 제공할 수 없을 때, 서비스를 받을 수 있는 다른 기관에 클라이언트를 의뢰해야 한다.

접수단계 이후에는 클라이언트의 욕구를 명확히 하기 위한 자료수집 및 사정이 이루어진다. 자료수집은 접수단계보다 깊이 있는 정보를 수집하는 과정으로 클라이언트와 클라이언트 주변체계에 대해 그리고 클라이언트의 문제와 자원 및 강점 등에 대해 폭넓고 깊이 있는 탐색이 이루어진다. 이를 위해 다양한 심리검사, 가계도(genogram), 생태도(ecomap) 등을 이용할 수 있다. 또한 사회복지사는 이러한 자료를 바탕으로 클라이언트의 문제를 분석하는데, 이를 사정(assessment)이라고 한다. 사정은 자료수집과 거의 동시에 이루어지며, 이를 통해 클라이언트의 문제를 분명히 하고 문제해결을 위한 개입방향을 구체화한다.

계획(planning)수립에서는 사정에 근거한 목표설정과 전략, 계약이 이루어진다. 문제에 대해 사회복지사와 클라이언트 간에 합의가 이루어지면, 클라이언트와 함께 문제해결을 위한 개입목표를 설정한다. 목표는 개입방향을 명확히 하고, 종결 이후 평가의 기준이 되기 때문에 구체적이고, 측정 가능하게 표현되어야 한다. 특히, 클라이언트를 고려한 현실적이고, 성취 가능한 목표를 설정하는 것이 중요하다. 목표설정 이후에는 이를 실현하기 위한 구체적인 전략을 세운다. 이때 전략은 누가, 무엇을, 언제, 어디서 등으로 표현하는데, 이는 개입활동을 구체화하기 위함이다. 목표설정과 전략은 문제해결을 위한 핵심적인 부분으로 이후 단계를 실천하는 근거가 된다. 그러나 이러한 목표와 전략은 고정적인 것이 아니며, 클라이언트의 문제나 상황의 변화에 따라 언제든지 수정이 가능하다.

목표와 전략을 설정하고 나면 사회복지사와 클라이언트는 계약을 하는데, 이는 성실히 실천활동에 참여하겠다는 서로 간의 약속이다. 계약은 클라이언트가 실천과정에 주체적이고 적극적으로 참여해야 함을 확인하는 과정이다. 계약단계에서 사회복지사와 클라이언트는 서로가 이해한 문제, 최종목표, 계획 등의 내용을 간략하게 재검토한다.

(2) 중간단계

중간단계는 초기단계에서 설정한 목표를 달성하기 위해 실제적인 개입활동이 이루어지는 단계다. 일반적으로 이 과정의 대부분은 클라이언트가 수행하기 때문에 사회복지사는 클라이언트가 과업을 완수할 수 있도록 격려하고, 과업성취를 통해 개인적 성장을 도모할 수 있도록 지원해야 한다. 또한 사회복지사는 개입(intervention)활동이 원활히 이루어질 수 있도록 다양한 체계와 긴밀한 협조체계를 유지하고, 이를 클라이언트 문제해결에 활용할 수 있어야 한다. 즉, 사회복지사는 중간단계에서 클라이언트에 대한 개입활동과 환경에 대한 개입활동을 하게 되며, 이를 통해 클라이언트가 목표를 달성할 수 있도록 지원한다.

한편, 중간단계에서는 개입활동을 전개하는 과정에서 개입활동이 설정된 목표에 적절한지, 장애물은 없는지 등에 대해 점검(monitoring)을 해야 한다. 점검을 하는 목적을 크게 네 가지로 정리할 수 있는데, 첫째는 개입전략의 효과성을 평가하기 위한 것으로 개입결과가 효과적이지 않을 경우, 그 원인을 찾아내어 대안을 강구해야 한다. 둘째는 개입전략의 효율성을 평가하기 위한 것으로, 목표를 달성하려는 클라이언트의 노력을 평가하여 개입활동을 촉진해야 한다. 셋째는 개입과정의 장애요인을 발견하여 대처하는 것으로, 클라이언트의 반응을 점검하여 부정적인 반응에 즉각적으로 대처해야 한다. 넷째는 지속적인 점검으로 클라이언트의 동기와 자신감을 고양시키는 것이다. 이렇듯 점검은 수립된 개입계획이 원활하게 진행되도록 하는 동시에 변화나 문제가 생길 경우, 계획을 수정할 수 있도록 한다.

(3) 종결단계

종결단계는 사회복지실천의 마지막 단계로, 개입활동을 마무리하고 결과를 평가하는 단계다. 이러한 종결단계는 단순히 개입을 끝마치는 것이 아니라, 클라이언트의 성과를 평가하고 강화하며, 종결과정에서 나타날 수 있는 클라이언트의 다양한 정서적 반응에 대응하는 과정이다. 또한 필요할 경우, 클라이언트를 다른 기관에 의뢰하기도 한다.

종결단계에서는 개입활동 전반에 대해 평가한다. 평가를 통해 사회복지실천의 목적과 목표달성 정도를 측정하고, 목적과 목표달성을 위한 실천과정의 적절성을 심사한다. 이러한 평가는 사회복지사와 사회복지사가 소속된 기관이 클라이언트와 지지자원 그리고 사회성원들에게 책무성을 증명하기 위해 실시해야 하는 과업이다. 따라서 사회복지사는 목적달성을 평가하는 효과성 평가와 비용결과를 고려하는 효율성 평가 그리고 결과를 중심으로 하는 총괄평가와 과정의 적절성을 중심으로 하는 형성평가를 실시한다.

종결단계에서는 성취결과에 대한 객관적 평가와 더불어 클라이언트가 성취한 결과를 유지·강화할 수 있는 계획도 이루어져야 한다. 이는 사후관리(follow-up)를 통해 가능한데, 종결 이후 일정기간 클라이언트의 상태를 점검하는 과정으로 대개 종결 이후 1~6개월 동안 진행하며, 전화나 면접 등을 통해 이루어진다.

한편, 종결은 계획에 따라 이루어지기도 하고, 계획되지 않은 상태에서 이루어지기도 한다. 일반적으로 계획에 따라 이루어질 경우, 사회복지사는 종결이 이루어지기 전에 클라이언트에게 종결시점을 알려 줌으로써 종결을 미리 준비할 수 있도록 한다. 그러나 계획되지 않은 상태에서 종결이 이루어지기도 하는데, 클라이언트가 중간에 종결을 요구하거나 실천과정에 나오지 않음으로써 종결이 이루어지기도 하고, 사회복지사의 이직, 전근 등으로 사례가 종결되기도 한다. 어떠한 경우든, 클라이언트는 종결에 따른 다양한 정서적 반응을 동반하는데, 클라이언트가 보이는 불안, 서운함 등의 정서적 반응을 다루는 것도 종결단계에서 해야 할 사회복지사의 과업이다. 또한 종결단계에서 클라이언트의 문제나 욕구가 충분히 해결되지 못했거나, 다른 기관의 서비스가 필요한 경우 클라이언트를 다른 자원에 연결시켜 주는 의뢰(referral)서비스가 이루어지기도 한다.

3. 가족중심 사회복지실천

1) 개념 및 특징

가족중심 사회복지실천은 가족구성원들 간의 관계나 가족구성원 중 한 사람의 문제를 해결하기 위해 가족을 단위로 서비스를 제공하는 사회복지실천이다. 즉, 가족단위의 문제를 해결하거나, 가족의 구성원으로서 한 개인의 문제를 해결하기 위해 가족을 단위로 사회복지실천이 이루어지는 경우다. 따라서 사회복지사는 개인중심의 사회복지실천과 마찬가지로 모든 가족을 존중하고, 가족의 다양성을 인정하며, 가족의 강점과 변화능력을 인식하고 격려하는 자세가 필요하다(김혜란 외, 2006: 155).

가족중심의 사회복지실천은 개인을 단위로 하는 것보다 가족을 단위로 개입하는 것이 더 효과적이라고 판단하거나 개인의 문제해결을 위해 가족 모두의 노력이 필요하다고 판단될 때 선택한다. 이와 관련하여 전략적 가족치료, 구조적 가족치료, 경험적 가족치료 등 가족실천 모델의 대부분은 가족구성원 개인의 문제 원인을 개인적 차원이 아닌 가족차원에서 살펴보고 있으며, 문제해결 또한 개인의 변화에 초점을 두기보다 가족의 변화에 초점을 둔다. 따라서 가족을 대상으로 사회복지를 실천하는 사회복지사는 가족에 대한 이해가 필요한데, 특히 공간과 시간의 관점에서 가족을 이해해야 한다(김혜란 외, 2006: 155; 임춘식 외, 2007: 123). 구체적으로 공간의 관점에서 가족은 하나의 사회체계로서 개별 성원으로 구성된 상위체계임과 동시에 지역사회, 문화 등 상위체계와 상호작용하는 하위체계로 이해하는 것이다. 또한 시간의 관점에서 가족은 생애주기에 따라 변화하고, 가족의 문화, 가치, 관계 유형 등이 세대 간에 전승된다는 것이다.

한편, 가족중심의 사회복지실천은 다음과 같은 특징을 가지고 있다(임춘식 외, 2007: 124-125). 먼저, 가족이 사회복지실천의 단위다. 제시된 문제가 가족구성원 전체의 문제가 아닌 한 구성원의 문제라 하더라도 가족 전체와 관련이 있다고 보고 가족을 단위로 서비스를 제공한다. 둘째, 가족과 사회복지사와의 협력관계를 중요시한다. 효과적인 실천이 이루어지기 위해서는 사회복지사와 가족 간의 협력적 관계가 이루어져야 한다는 것이다. 셋째, 가족의 선택을 중요시한다. 사회복지실천과정에서 가족의 의사를 존중하고, 의사결정과정에 가족의 의견이 최대한 반영될 수 있도록 한다는 것이다. 넷째, 가족의 강점을 중요하게 고려한다. 가족이 가지고 있는 문제나 장애보다는 가족이 가지고 있는 강점 및 장점에 초점을 두고 접근한다는 것이다. 다섯째, 가족성원 모두를 대상으로 서비스가 이루어진다. 이는 가족중심 사회복지실천이 가족에 대한 총체적인 관점을 기반으로 이루어진다는 것이다. 여섯째, 가족단위의 개별화된 서비스를 제공한다. 실천의 대상이 되는 각 가족의 문화와 가치, 다른 가족과 구별되는 독특성을 존중하고, 그 가족에게 적합한 서비스를 제공한다는 것이다. 일곱째, 민주적 과정과 성 평등을 촉진한다. 가족 내 약자인 가족구성원의 의견을 표현하도록 함으로써, 문제해결 과정이 민주적이고 평등한 관계 속에서 이루어질 수 있도록 한다.

2) 실천과정

가족중심의 사회복지실천과정을 초기단계, 중간단계, 종결단계로 구분하고, 단계별로 수행해야 할 목표와 과업을 중심으로 살펴보고자 한다(김정진 외, 2007: 283-293; 임춘식 외, 2007: 125-128).

(1) 초기단계

가족중심 사회복지실천의 초기단계에서도 개인중심 사회복지실천과 마찬가지로 접수, 자료수집 및 사정, 계획수립 등이 이루어진다. 따라서 여기에서는 가족중심 사회복지실천에서 추가되는 부분을 중심으로 설명하고자 한다. 가족중심의 사회복지실천에서 중요한 점은 가족구성원의 동의가 필요하다는 점이다. 예컨대, 부모의 보살핌을 받고 있는 아동이 클라이언트인 경우, 가족에 대한 개입이 필수적이며, 이를 위해서는 부모 및 가족구성원의 동의가 먼저 이루어져야 한다. 따라서 가족중심 사회복지실천을 수행하는 사회복지사는 가족과의 신뢰관계 형성을 위해 노력해야 한다. 사회복지사와 가족 간에 신뢰관계가 형성되어야만 가족의 동의를 이끌어 낼 수 있고, 가족역동 및 가족구성원에 대한 정보수집이 가능하기 때문이다. 또한 정보수집과 관련하여 가계도는 가족중심 사회복지실천을 하는 데 유용한 도구 중 하나인데, 이를 통해 가족 내 역동을 이해하고, 여러 세대를 걸치면서 전수되어 온 가족역할, 유형, 관계 등 가족의 특성을 살펴볼 수 있다. 가계도 작성은 가족과 함께 이루어지며, 가족의 구성과 구조, 가족의 생애주기, 세대 간 유형의 반복, 가족구성원들의 역할과 기능에서 균형이 이루어지는지 분석할 수 있다. 생태도 또한 가족과 환경체계들과의 관계를 이해하기 위한 도구로서, 가족이 어떤 체계들과 어떤 관계를 맺고 있는지 등을 파악할 수 있다. 생태도 작성 역시 가족과 함께 이루어지며, 이를 통해 변화가 필요한 환경체계와 가족에게 필요한 환경체계 등을 확인할 수 있다.

한편, 가족중심 사회복지실천에서 사정과 목표설정, 계약 등이 이루어지기 위해서는 문제를 구체화해야 하며, 이 과정에서 가족구성원 모두의 인식이 고려되어야 한다. 이를 위해 사회복지사는 가족구성원 각자가 다른 가족구성원의 간섭 없이 제시한 문제에 대해 자유롭게 표현할 수 있도록 하며, 이를 기반으로 문제에 대한 가족구성원의 합의를 이끌어 내야 한다. 합의가 이루어지면, 문제해결을 위한 공통의 목표와 전략을 세운다. 목표는 문제해결을 위해 가족모두가 참여하도록 설정하며, 전략에는 가족구성원의 역할과 책임 등이 구체적으로 제시되도록 한다. 목표 및 전략이 설정된 이후에는 모든 절차에 대해 검토하고 계약을 통해 가족 모두가 실천과정에 적극적으로 참여할 수 있도록 한다.

(2) 중간단계

중간단계에서는 모든 가족구성원들이 가족 유형이나 동맹관계에 대해 개방적으로 대화할 수 있도록 유도한다. 이를 위해 사회복지사는 여러 가족치료 모델에서 소개하는 가족조각(family sculpture), 코칭(coaching), 가장(pretending) 등 다양한 기법을 활용할 수 있다. 또한 사회복지사는 가족구성원의 상호작용을 주의 깊게 관찰하고, 온화한 분위기 속에서 가족구성원들이 다른 가족구성원들에 대한 자신의 반응을 인식할 수 있도록 돕는다.

이러한 과정을 통해 가족들 간의 상호작용이 명확해지면, 사회복지사는 보다 지시적인 방법으로 가족구성원들이 지금까지 파악한 상황에 대해 통찰력을 가질 수 있도록 지원한다. 그리고 서로의 상호작용에 대한 통찰력을 갖게 되면, 사회복지사는 역기능적인 상호작용을 변화시키는 개입을 한다. 이때 사회복지사는 역기능적인 상호작용이 기능적으로 변화하도록 다양한 기법을 사용한다.

(3) 종결단계

종결단계에서는 지금까지의 원조과정을 마무리하고, 긍정적인 변화를 평가하고 지지한다.

개인중심 사회복지실천과 마찬가지로 가족중심 사회복지실천의 종결은 다양한 상황에서 발생할 수 있다. 크게는 계획된 종결과 계획되지 않은 종결로 나뉘며, 세부적으로는 치료 초기에 설정한 목표가 달성되었거나, 목표가 충분히 달성되지는 않았으나 사회복지실천이 더 이상 필요하지 않을 만큼 가족기능에 변화가 있을 경우, 더 이상 외부자원이 필요하지 않다고 판단될 경우, 사회복지사의 노력에도 불구하고 개입의 효과가 없을 경우 등 다양한 상황에서 종결이 이루어질 수 있다.

한편, 개입효과를 입증하기 위해서는 가족중심 실천에 대한 객관적인 평가가 요구되며, 이와 관련하여 브록과 바너드(Brock & Barnard, 1998)가 제시한 기능적인 가족에서 나타나는 의사소통, 역할, 하위체계를 평가하는 지표들을 사용할 수 있다(김정진 외, 2007: 293). 그러나 가장 확실한 평가는 변화에 대한 가족구성원들의 평가로서, 가족구성원들 간에 지금까지 이루어 낸 다양한 변화를 논의하고, 자신과 다른 가족구성원들의 변화에 대해 말하도록 함으로써 변화를 명확히 하고, 유지 · 강화할 수 있도록 한다. 또한 변화를 유지하는 데 장애가 되는 다양한 요인이 존재하며, 때로 이전의 행동이 다시 나타날 수 있음을 미리 알려 줌으로써 이런 상황에서 가족들이 당황하거나 좌절하지 않도록 하는 것이 중요하다. 또한 가족의 상호작용을 변화시키는 일은 그러한 상호작용이 지속되고 유지된 시간만큼 힘든 과정이다. 따라서 사회복지사는 가족이 목표로 한 과업을 완전히 성취하지 못한 경우에도, 변화를 위한 가족의 노력을 충분히 지지하고 격려해야 한다.

4. 집단중심 사회복지실천

1) 개념 및 특징

집단중심의 사회복지실천은 사회복지사가 집단을 대상으로 집단구성원 개인의 목표와 집단의 목표 모두를 성취할 수 있도록 원조하는 것을 의미한다. 여기서 집단이란 2~3명 이상의 사람들로 구성되고, 이들 간에 공통의 관심사나 목적이 있으며, 고유한 의식과 규범을 따르면서 상호작용이 지속적으로 이루어지는 모임을 말한다(윤철수 외, 2008: 130).

일반적으로 집단중심의 사회복지실천은 목적지향적인 활동으로 집단리더인 사회복지사의 지도와 원조하에 이루어진다. 특히 이러한 집단 대상 실천은 집단구성원들 간의 상호 원조를 통해 성장하고 발전하는데, 이것이 다른 실천방법과 구분되는 점이다.

이러한 집단중심 사회복지실천의 특징을 정리하면 다음과 같다(임춘식 외, 2007: 129; 김혜란 외, 2006: 201-203). 첫째, 목적지향적인 활동이다. 집단중심 사회복지실천에서 추구하는 목적은 집단구성원의 지지와 교육, 사회화와 개인적 성장, 문제해결, 지도력 개발, 사회환경의 변화 등 다양한 내용이 포함되며, 이를 성취하기 위한 활동으로 이루어진다. 둘째, 집단구성원, 전체 집단, 집단이 속한 환경이라는 세 가지 초점을 가지고 있다. 이는 집단중심 사회복지실천이 개별 성원의 목적뿐 아니라 전체 집단의 목적에 초점을 두며, 이러한 활동들이 집단이 속한 환경의 영향을 받는다는 것을 의미한다. 셋째, 일반적으로 소집단활동으로 이루어진다. 소집단일 경우 집단구성원 간의 상호작용이 활발하며, 이는 구성원으로서 정체감을 형성할 수 있도록 한다. 넷째, 집단은 문제가 있는 개인뿐 아니라 건강한 개인으로 구성될 수 있다. 이는 집단활동이 예방에서부터 문제해결을 위한 활동까지 광범위하게 이루어질 수 있다는 뜻이다. 다섯째, 전문가인 사회복지사의 지도와 원조를 통해 이루어진다. 사회복지사는 개인과 집단에 대한 사회복지실천 기술과 지식을 바탕으로 사회복지실천을 원조한다.

2) 집단의 유형

집단은 공동의 목표를 달성하고, 개인의 성장과 변화를 도모하는 데 목적이 있다. 이러한 집단은 추구하는 목표에 따라 구성, 역동성, 원조과정이 달라지며, 크게 치료집단(treatment group), 과업집단(task group)으로 구분할 수 있다(김정진 외, 2007: 131-137; 김혜란 외, 2006: 203-209).

먼저, 치료집단은 집단구성원의 교육, 성장, 행동변화, 사회화에 대한 욕구 충족을 위해 구성된 집단으로 다시 성장집단, 치료집단, 교육집단, 지지집단, 사회화집단으로 나뉜다. 성장집단(growth group)은 집단 참가자의 자기인식을 증가시켜 행동과 태도를 발달시키며, 개인의 잠재력을 최대화하는 자기성장에 목적이 있다. 재스트로(Zastrow, 1987)는 성장집단의 발달단계를 세 가지 단계로 설명하는데, 첫 번째 단계는 자신이 자동적으로 반응하는 방식이 평소 익숙하지 않은 방식에 의해 도전받는 얼음깨기 단계이고, 두 번째 단계는 타인에게서 느끼는 감정에 대한 피드백과 자신의 행동이 타인에게 어떻게 영향을 주는지 인식하면서 행동과 태도의 변화를 가져오는 변화단계다. 마지막 단계는 새로운 행동패턴을 경험하며 효과적인 방식으로 타인과 상호작용하는 것을 받아들이는 성장단계다.

성장집단에서 집단구성원들의 자기표출의 정도는 높은 편이며, 구체적인 예로 참만남집단, 가치명료화집단, 인간관계훈련집단, 은퇴준비노인집단 등이 있다. 치료집단(therapy group)은 집단구성원들의 개인적인 문제의 개선, 또는 상실된 기능의 회복을 원조하는 데 목적이 있다. 일반적으로 집단구성원은 전문가에 의해 치료집단이 적합한지 사정된 후 공통의 문제를 겪고 있는 사람들로 구성된다.

치료집단에서 사회복지사는 변화매개인의 역할을 수행하며, 집단의 공동목적 안에서 개별 성원들의 목적을 달성할 수 있도록 원조한다. 자기표출 정도는 비교적 높은 편인데 구성원들이 겪는 문제에 따라 차이가 날 수 있다. 치료집단의 예로 불안장애를 경험하는 사람들을 위한 분석적 치료집단, 지역정신건강센터에서 심리치료를 받는 외래환자집단 등이 있다.

교육집단(educational group)은 집단구성원들의 지식, 정보, 기술의 향상에 목적이 있다. 대부분 전문가의 강의형태로 이루어지며, 구성원 간의 토의를 통해 학습이 강화된다. 집단구성원은 공통의 관심사를 가진 사람으로 구성되며, 자기표출은 비교적 낮은 편이다. 교육집단의 예로 부모교육집단, 예비부부집단, 성교육집단 등이 있다.

지지집단(support group)은 집단구성원들이 스트레스를 주는 생활상의 사건에 잘 대처하고 효과적으로 적응할 수 있도록 원조하는 데 목적이 있다. 사회복지사는 집단구성원들의 대처기술을 향상시키고, 미래에 대한 희망을 촉진하는 역할을 한다. 일반적으로 집단구성원은 유사한 문제를 가지고 있는 사람으로 구성되며, 자기표출의 정도가 높은 편이다. 지지집단의 예로는 이혼한 부부의 자녀집단, 배우자 사별을 경험한 노인집단 등이다. 한편, 당사자들로 구성된 자조집단(self help group)이 있는데, 이는 전문가에 의해 지원된 후 지지집단을 거쳐 자조적으로 발전한다. 대표적인 예로 알코올중독회복자 자조모임(AA), 정신장애인가족회(AMI) 등이 있다.

사회화집단(socialization group)은 사회적 관계에 어려움을 가지고 있는 사람들을 대상으로 사회생활에 필요한 사회기술이나 사회적으로 받아들여지는 행동을 배우게 하는 데 목적이 있다. 이러한 사회화집단은 사회기술훈련집단, 자치집단, 여가집단으로 구분된다. 사회기술훈련집단은 의사소통에 문제가 있을 경우 또는 대인관계에 어려움을 느끼는 사람들이 대상이며, 자기주장훈련집단이 예가 될 수 있다. 자치집단은 정신병동이나 시설에서 생활하는 사람들을 대상으로 집단생활을 원만히 할 수 있도록 역할과 책임 등을 분명히 하는 집단이다. 여가집단은 여가 자체가 목적이 되기도

〈표 7-2〉 치료집단의 종류[2)]

구 분	성장집단	치료집단	교육집단	지지집단	사회화집단
목적	구성원의 잠재력, 인식, 통찰력을 발전시킬 수 있도록 지원함	행동변화 개입을 통한 교정, 재활, 대처, 문제해결 등을 지원함	강의, 토론, 경험을 통한 교육	집단구성원이 스트레스적 사건에 대처하고 기존의 대처능력을 회복하도록 원조함	의사소통 및 사회기술 향상 프로그램 등을 통해 대인관계를 향상시키고자 함
의사소통	집단구성원의 높은 자기표출	집단구성원의 높은 자기표출	집단구성원의 낮은 자기표출	감정적으로 강렬하고 빈번한 자기표출	집단구성원의 낮은 자기표출
종류	참만남집단, 가치명료화집단, 인간관계훈련집단 등	분석적 치료집단, 정신분석적집단, 의사거래분석집단 등	부모교육집단, 예비부부집단, 성교육집단 등	알코올중독회복자 자조모임, 정신장애인가족회 등	사회기술훈련집단, 일상생활훈련집단, 재활시설에서의 치료 및 재활집단 등

2) Toseland & Rivas(1995: 22-23) 자료를 인용한 김혜란 외(2006)의 자료를 재구성하였다.

하며, 치료적 효과를 얻으려는 목적에서 수행되기도 하는데, 캠핑, 스포츠 활동 등이 여기에 해당된다.

다음, 과업집단은 과업달성을 목적으로 하는 집단으로 위원회, 행정집단, 대표회의, 협의회 등이 있다. 대표적으로 한국사회복지사협회는 사회복지사의 자질향상을 위한 교육훈련과 복지증진을 위한 과업달성을 목적으로 한다. 개별 사회복지기관에서도 특정 프로젝트가 있을 때 팀을 구성하여 프로젝트에 몰입하도록 하는데, 이것 또한 과업집단이라고 할 수 있다. 〈표 7-2〉는 치료집단의 종류를 요약 정리한 것이다.

3) 실천과정

집단중심의 사회복지실천을 준비단계, 초기단계, 개입 및 문제해결단계, 종결 및 평가단계로 살펴보고자 한다(윤철수 외, 2008: 133-136).

(1) 준비단계

준비단계는 집단을 기획하는 단계인데, 집단프로그램 작성, 집단구성원 선정 및 개별 면접, 장소확인 등이 이루어진다. 특히 집단구성원이 모집된 이후에는 사전모임이나 면담을 통해 개별 욕구를 파악하고, 집단의 목적과 운영방식을 소개하는 오리엔테이션을 실시한다. 또한 집단운영계약서를 작성하게 함으로써 집단에 적극적으로 참여하도록 한다. 이 밖에도 집단을 운영하는 데 필요한 준비물 등을 확인하고, 집단 장소 및 환경에 대해서도 점검하도록 한다.

(2) 초기단계

집단의 초기단계는 집단구성원과 집단지도자, 집단구성원들 간에 만남이 이루어지는 첫 단계다. 초기단계에서 집단지도자는 집단의 목적을 간단하게 다시 한 번 소개하고, 비밀보장, 상대방 의견존중 등 집단의 규칙을 설명한다. 그리고 이러한 규칙에 집단구성원이 합의할 경우, 구성원들이 요구하는 규칙이 추가될 수 있음을 전달한다. 또한 집단지도자는 자기소개와 더불어 집단구성원들이 서로를 알 수 있도록 상호 소개하는 시간을 갖도록 한다. 집단구성원 소개 시 집단지도자는 집단의 역동성과 친밀함을 촉진하기 위해 다양한 게임을 활용할 수 있다. 이러한 과정을 통해 서로가 서로를 탐색하고, 집단지도자는 집단구성원에 대한 개별적인 사정을 할 수 있다. 특히 초기단계에서 집단지도자는 집단구성원이 집단에 소속감을 느낄 수 있도록 하며, 상호 신뢰감을 형성할 수 있도록 하고, 긍정적인 분위기를 형성하기 위해 노력해야 한다.

(3) 개입 및 문제해결단계

개입 및 문제해결단계는 개인의 인지적, 정서적, 행동적 변화에 초점을 두고, 집단구성원들 간의 상호작용이 활발하게 이루어지는 단계다. 변화가 이루어지는 시기에 집단구성원들 간의 갈등이 발생하기도 하지만, 이는 문제해결 중에 일어나는 필수적인 과정이며, 이러한 과정을 거치고 나면 집단의 참여가 활발해지고, 집단응집력이 최고조에 달하면서 집단의 목표를 달성하게 된다. 따라서 이 시기 집단지도자는 목표달성의 장애요인을 확인하고 집단활동을 촉진하기 위한 다양한 기법을 사용하며, 집단구성원의 참여를 촉진해야 한다. 또한 집단지도자는 집단구성원에게 종결을 암시하고, 자기노출이나 참여를 점차 줄여 가도록 하여 종결을 준비할 수 있도록 한다.

(4) 종결 및 평가단계

집단은 집단의 목적이 달성되었거나 운영계획 일정에 따라 종결되기도 하며, 집단구성원들 간의 역기능적인 문제와 같은 내적인 문제 또는 집단운영기관과 관련된 외적인 문제로 종결되기도 한다. 이러한 집단의 종결에서 평가과정이 이루어지는데, 일반적으로 평가의 내용은 집단구성원들의 목표달성에 대한 내용, 프로그램 실시과정에 대한 과정평가, 집단 종결사유 등에 대한 점검 등이다. 평가는 개별적 · 집단적으로 이루어질 수 있으며, 구조화된 척도, 5점 리커트척도로 구성된 만족도척도 또는 구성원들과의 피드백 등으로 실시될 수 있다. 한편, 종결단계에서 종결 이후 사후모임 등에 대해 논의함으로써 집단을 통해 성취된 목표를 집단이 종결된 후에도 유지하도록 계획할 수 있다.

용어해설

- **생태체계적 관점(eco-system perspective)**: 체계의 변화와 기능유지에 관심을 갖기 때문에 클라이언트 문제를 환경과의 상호작용 속에서 살펴볼 수 있도록 함
- **클라이언트 체계(client system)**: 서비스나 도움이 필요한 사람들로 사회복지사와의 계약이 이루어진 사람들을 의미함
- **표적체계(target system)**: 목표달성을 위해 변화가 필요한 사람들로 클라이언트 체계 와 동일할 수도 있고 다를 수도 있음
- **행동체계(action system)**: 변화목표 달성을 위해 사회복지사가 협력하는 사람들을 의미함
- **변화매개체계(change agent system)**: 사회복지사와 사회복지사를 고용하고 있는 기관 및 조직을 의미함
- **가족조각(family sculpture)**: 사람들이나 물체를 배치시키는 방법으로 어느 특정한 시점의 가족 간의 정서적 관계를 신체적으로 상징화하는 기법. 가족조각 기법을 통해 과도한 말, 방어, 비난 등을 통한 투사 차단할 수 있음
- **코칭(coaching)**: 사회복지사가 가족문제를 가지고 오는 클라이언트에게 개방적이고 직접적으로 접근하도록 하는 기법
- **가장(pretending)**: 연기와 환상에 입각한 역설적 개입기법으로 사회복지사는 클라이 언트에게 증상을 가지고 있는 것처럼 행동하게 하고 가족들에게 클라이언트를 보호하고 원조하는 것처럼 행동하게 하는 기법. 긴장상황을 조성하고 반발심을 유발하는 대신 놀이를 하는 기분으로 저항을 우회시키는 기능이 있음

- **직접실천(direct practice)**: 사회복지사가 문제해결을 위해 클라이언트에게 직접적으로 서비스를 제공함
- **간접실천(indirect practice)**: 사회복지사가 문제해결을 위해 개인을 둘러싼 환경에 개입함
- **사정(assessment)단계**: 정보 및 자료를 바탕으로 클라이언트 문제를 분석하는 단계
- **계획(planning)단계**: 사정을 근거로 적절한 목표설정과 전략, 계약이 이루어지는 단계
- **개입(intervention)단계**: 목표달성을 위해 실제적인 개입활동이 이루어지는 단계
- **점검(monitoring)단계**: 개입활동이 목표를 달성하는 데 적절한지, 장애물은 없는지 등을 검토하는 단계
- **사후관리(follow-up)**: 성취결과에 대해 종결이후 일정기간 동안 클라이언트의 상태를 점검하는 단계
- **치료집단(treatment group)**: 집단성원의 교육, 성장, 행동변화, 사회화에 대한 욕구충족을 위해 구성된 집단
- **과업집단(task group)**: 위원회, 행정집단과 같이 과업달성을 목적으로 구성된 집단

참고문헌

김정진 · 임은희 · 권진숙(2007). **사회복지실천기술론**. 고양: 서현사.

김혜란 · 홍선미 · 공계순(2006). **사회복지실천기술론**. 파주: 나남출판.

엄명용 · 김성천 · 오혜경 · 윤혜미(2002). **사회복지실천의 이해**. 서울: 학지사.

윤철수 · 노혁 · 도종수 · 김정진 · 김미숙 · 석말숙 · 김혜경 · 박창남 · 장은숙(2008). **사회복지개론**. 서울: 학지사.

임춘식 · 강원돈 · 강호성 · 고수현 · 김기덕 · 김봉순 · 김윤정 · 김형수 · 박근수 · 박순우 · 변보기 · 성명옥 · 신창식 · 이민표 · 이병록 · 이양훈 · 이영희 · 이용환 · 이창수 · 이채식 · 정연택 · 조학래 · 최명민 · 표갑수 · 홍숙자(2007). **사회복지학개론**. 고양: 공동체.

제8장

사회복지의 중범위적 접근

학습개요

- 지역사회복지의 개념을 살펴본다.
- 사회복지행정의 개념을 살펴본다.

학습목표

- 지역사회의 개념과 기능에 대해 알 수 있다.
- 지역사회복지의 개념과 특성을 이해하고, 지역사회복지 추진체계를 살펴볼 수 있다.
- 사회복지행정의 개념과 필요성에 대해 알 수 있다.
- 사회복지행정의 이념과 특징에 대해 알 수 있다.

학습과제

- 지역사회복지 추진체계의 문제점과 개선방안에 대해 모색해 보자.
- 사회복지행정과 일반행정의 차이점을 설명하고, 사회복지행정가의 자질에 대해 생각해 보자.

제8장 사회복지의 중범위적 접근

1. 지역사회복지[1]

1) 지역사회의 개념

(1) 지역과 커뮤니티

지역사회의 개념을 살펴보려면 지역의 개념을 정의할 필요가 있다. 지역이란 일상생활을 보내고 있는 부락, 마을, 학교구라는 비교적 좁은 공간을 의미하는 것부터 시·도 등 지방자치제의 범위를 의미하기도 하고, 한국 전체를 가리키기도 한다. 또한 아시아 등의 근접한 여러 나라를 가리키는 국제적 지역으로서 사용되는 경우도 있다.

지역에 관한 용어를 영어로 표현하면, area, district region, zone, part,

1) 이 내용은 오세영(2011)의 제3장의 내용을 참조하여 기술하였다.

community, locality 등이 있으며, 지역, 지방, 지대, 구역 등으로 해석되고 있다. 우리가 한국말로 '커뮤니티'라고 하는 community를 제외하면 그 차이는 명확하지가 않다.

보통 커뮤니티(community)라는 말은 지역사회 또는 공동체로 번역된다. 영어 community는 라틴어 cum과 munus(또는 munere)라는 두 말을 뿌리로 해서 나왔다고 한다. cum은 '함께' 또는 '서로' 라는 말이고, munus는 '선물', munere는 '주다'라는 의미가 있다. 이와 같은 어원에 따르면 community는 '서로 (선물을) 주는 것'이다. 이렇게 선물을 주고받는 밀접한 관계가 전제된 community를 어원에 충실하게 번역한다면, 지역사회보다는 공동체라는 말이 더 잘 어울린다. 그러나 공동체라는 말에는 공동의 목표를 지닌 사람들의 집합체를 가리키는 개념이 강하고, 지리적 개념은 뚜렷하게 담겨 있지 않다. 또한 공동체라는 용어를 선호하는 사람들은 공동체를 이상화하려는 경향을 보인다. 사실 사람들이 그리는 공동체는 하나의 실체라기보다는 역사적 상상과 이념이 적당히 결합되어 만들어진 정신적 구성물(mental construct)의 성격이 강하다. 이와 같은 의미에서 공동체보다는 지역사회라는 용어가 사용된다(김종일, 2005: 18-19).

우리들이 살고, 배우고, 활동하고, 놀고, 모이는 공간 · 장(場)과 이와 관련되는 다양한 사회관계를 의미하는 커뮤니티는 영어권에서는 일반적으로 두 가지로 쓰인다. 하나는 지역성(locality)을 토대로 한 개념이고, 다른 하나는 공통의 이해관계나 특성 같은 것으로 뭉친 사람들의 집합체를 가리킨다. 전자의 개념은 일정한 지리적 공간에서 함께 살고 있는 사람들의 집단을 뜻하고, 후자의 경우는 지역성을 초월하는 개념으로 사회복지학계, 미국 내의 소수민족집단, 동성애자집단 같은 것이 여기에 해당된다(김종일, 2005: 16).

커뮤니티론의 시조로 불리는 맥키버(Maclver)는 '공동생활의 영역(area of common life)'을 언급하면서 지역성과 지역사회의 의식 등이 포함되어야 한다고 주장하였다. 즉, 지역사회의 공통적 전통 · 관습 · 소속감 등과 지역사회의 주민의식, 역할의식, 의존의식 등을 강조하였다. 따라서 커뮤니티는 지역주민들의 협력적인 집합체이며, '지역사회의 연대의식(sense of community)'이라는 의미가 함축되어 있다(박용순, 2006: 15에서 재인용).

정리하면, 커뮤니티란 일정의 지역성을 띠고 그것을 구성하는 구성원들의 사회적 상호작용을 매개로 공동적 생활이 충족되며, 이러한 경험을 통해서 귀속의식이나 동료의식 등의 정신적 유대를 맺고 있는 집단이라고 정의할 수 있다.

(2) 지역사회

그렇다면 지역사회란 무엇인가? 지역사회를 정의하는 것은 쉬운 일이 아니지만, 일반적으로 많은 문헌들에서는 지역사회를 지리적 지역사회와 기능적 지역사회로 구분하여 설명하고 있다.

지리적 지역사회(geographic community)는 한 지역을 구성하는 사람들과 조직들의 지리적 분포라는 관점을 강조한다. 예를 들면, 행정단위인 특별시, 광역시, 도, 시, 군 · 읍 · 면 등이 이에 해당된다. 기능적 지역사회(functional community)는 이념, 취미, 학연, 지연, 종교 등 공통적인 관심과 이해관계로 형성된 집단을 말한다. 달리 표현하면, 복지, 농업, 경제, 교육, 예술, 종교 등에서 공통의 관심과 기능을 함께하는 사람들의 집단이라는 것이다.

이런 점에서 지역사회복지에서 말하는 지역사회의 개념은 지리적 의미와 기능적 의미를 함축하고 있으며, "일정한 지리적 범위 내의 사람들의 집단 또는 공동의 이해관계, 소속감, 문화에 기초하여 활동하는 사람들이 집단으로 구성된 사회적 단위"(황성철, 1997: 5-6)로 정의하는 것이 일반적이다.

그런데 이러한 일반적이고도 기능중심의 지역사회 개념은 문제점을 지니고 있다. 김종일(2005: 16-17)은 기능적 지역사회라는 표현은 논리적으로 성립할 수 없다고 지적한다. 그에 따르면 앞서 커뮤니티가 지니고 있는 두 가지 개념에 비추어 보았을 때, 지역사회는 '지역'이라는 단어 자체가 일정한 지리적 공간을 나타내고 있기 때문에 커뮤니티의 첫째 개념, 즉 지역성을 토대로 한 개념과 부합된다. 따라서 '기능적 지역사회'는 '기능적 공동체'라고 표현해야 정확하다는 것이다.

최일섭(1993: 3-4)은 기능중심의 지역사회에 관한 개념은 지역적인 경계(boundary)를 나타내지 못하기 때문에 다른 기능집단인 위원회, 연합회, 협회의 경우 그 적용이 애매하며, 구성원이 반드시 지역사회에 거주하는 주민이 아닐 수도 있기 때문에 그들의 활동과 역할이 특정 지역사회의 복지증진의 목표와 부합하느냐 하는 데도 문제가 있다고 지적하였다.

이와 같은 문제점을 극복하기 위해 이 책에서는 지역사회의 개념을 지리적 지역사회의 의미로 사용할 것이다.

2) 지역사회의 기능

모든 지역사회가 공통으로 수행하는 주요 기능에 대해서 길버트와 스펙트(Gilbert & Specht, 1974: 4-5)는 다음의 다섯 가지 기능을 제시하고 있다.

(1) 생산 · 분배 · 소비의 기능

지역주민들은 일상생활을 영위하는 데 필요한 상품과 서비스를 생산(production), 분배(distribution), 소비(consumption)하는 일련의 과정적 기능을 수행한다. 생산으로 필요한 자원을 얻고 재화를 만들어 내는 과정으로 사람들이 이를 위해 일을 하도록 동기를 만들어 주고, 그 일을 분업할 수 있도록 하는 것이다. 분배는 누가 무엇을 얼마나 어떻게 가져야 하는지를 규정해 주는 사회보장적 기능이다. 소비는 인간이 욕구 충족을 위해 생산, 분배한 재화와 용역을 소모하는 과정이다. 특히 현대사회에서는 광고,

신용카드 등이 소비를 자극한다.

(2) 사회화의 기능

사회화의 기능은 지역사회가 향유하고 있는 일반적 지식, 사회적 가치 그리고 행동양식 등을 지역주민들에게 전달하는 과정을 의미한다. 사회화 과정을 통해서 지역주민들은 다른 사회구성원과 구별되는 생활양식을 터득한다. 사회화 과정은 개인의 유년시절부터 가정을 중심을 이루어지며, 사회구성원으로서 일생 지속된다.

(3) 사회통제의 기능

사회통제의 기능은 지역사회가 지역주민들에게 사회규범에 순응하도록 행동을 규제하는 것이다. 모든 지역사회는 지역주민들이 지켜야 할 법, 도덕, 규칙 등의 규범을 만들어 놓는다. 지역사회의 사회규범 위반을 예방하고 사회통합을 유지하기 위하여 사회규범을 집행하려는 노력이 사회통제다.

(4) 사회통합의 기능

사회통합은 사회체계를 구성하는 사회조직 간의 관계와 관련된 기능을 의미한다. 지역사회의 주민들은 상호 협력해야 하며, 사회체계가 정상적인 기능을 수행하기 위해서는 어느 정도의 결속력(solidarity)과 사기(morale)가 전제되어야 한다. 사회통제의 기능이 이러한 행동을 지배하고 강조하는 수단이라면, 사회통합의 기능은 지역주민들 스스로 규범을 준수하여 바람직한 행동을 하도록 하는 것이다. 사회통합은 사회참여의 의미로 지역사회가 제공하는 제반활동에 그 주민들이 자발적으로 참여하는 것을 말한다. 이러한 사회통합의 기능을 수행하는 가장 대표적인 제도는 종교제도다. 한편, 사회적 기능과 마찬가지로 사회통합에 필요한 사회의 가치규범을 만드는 사회조직으로는 가정, 학교, 사회단체 등이 있다.

(5) 상부상조의 기능

상호 부조는 지역주민들이 기존 사회제도에 의해 기본 욕구를 충족할 수 없을 때 강조되는 사회적 기능이다. 지역주민들은 언제든지 개인적인 사정으로 사회적 위험에 직면할 수 있고, 경제제도의 부적절한 운용으로 자립할 수 없을 경우 외부의 도움을 받게 된다. 전통사회에서는 상부상조의 기능이 가족, 친척, 이웃, 자선단체와 같은 1차적인 집단에 의해 이루어졌으나 현대사회에서는 이러한 기능이 정부, 민간사회단체, 종교단체 등에 의해 이루어지고 있다.

이상에서 살펴본 모든 사회적 기능들이 전통적인 사회에서는 가족이라는 하나의 사회제도에서 수행되어 왔지만, 현대사회에서는 사회문제가 복잡해짐에 따라 전 문화에 따른 사회제도(가족, 종교, 경제, 정치, 사회복지 등의 제도)가 만들어지게 되었다.

3) 지역사회복지의 개념

일반적으로 지역사회복지는 협의의 개념과 광의의 개념으로 나누어 설명한다(황성철, 1997: 6-7; 오정수 · 류진석, 2006: 27).

협의의 개념으로서의 지역사회복지는 재가복지를 포함한 영국의 커뮤니티케어와 동일시되는 견해로, 비시설 환경(생활시설이 아닌 곳)에서 서비스 대상자에게 각종 사회복지서비스를 제공하는 것이며, 이는 시설보호와 대치되는 개념이다. 반면, 광의의 개념은 지역사회복지를 포괄적으로 파악하는데, 지역사회의 복지향상을 위해 전문 혹은 비전문 인력이 지역사회수준에 개입하여 지역사회에 존재하는 각종 제도에 영향을 주고, 지역사회의 문제를 예방하고 해결하고자 하는 일체의 사회적 노력을 말한다.

이러한 지역사회복지 개념의 속성은 다음과 같은 내용을 포함한다(오정

수 · 류진석, 2006: 28).

- 지역사회복지는 지역성과 기능성을 포함하는 일정한 지역사회 내에서 이루어진다.
- 지역사회복지는 지역주민의 삶의 질 향상이라는 목표를 가지고 있다.
- 지역사회복지는 지역사회의 문제를 해결하고 주민의 복지 욕구를 충족시키는 기능이 있다.
- 지역사회복지는 정부와 민간이 공동주체가 되어 공공과 민간의 협력을 강화하는 추세로 발전하고 있다.
- 지역사회복지는 조직적인 활동을 강조하는 전문적인 서비스와 방법을 사용한다.

우리가 주목해야 할 점은 지역사회복지라는 것은 개인, 가정, 집단 등 낮은 수준의 사회체계의 복지와 대립적인 위치에 있는 것이 아니고, 사회복지라는 연속선상(continuum)의 다른 극에 위치하여 상호 보완적인 관계를 유지한다는 것이다. 즉, 개인이나 가정의 복지가 온전치 못할 때는 지역사회복지 역시 온전치 못하게 되며, 반대로 지역사회복지 환경이 열악한 경우에는 개인과 가정의 복지조건도 악화될 수 있다(김범수 · 신원우, 2006: 37).

4) 지역사회복지의 특성

지역사회복지의 특성은 예방성, 종합성 · 전체성, 연대성 · 공동성, 지역성으로 나누어 설명할 수 있다(박태영, 2005: 37-39).

첫째, 예방성은 지역사회 내의 사회복지 욕구나 해결되지 못한 생활문제를 주민참가라는 구조를 통하여 이를 조기에 발견하여 대응할 수 있으므로 예방적 효과를 거둘 수 있다는 의미다.

둘째, 종합성 · 전체성은 주민의 생활은 분리할 수 없다는 것이다. 공급자중심에서 공급의 용이성과 효율성을 내세워 서비스를 분리하여 제공하고 있지만, 이용자 측면에서 보면 부적절한 조치다. 지역사회복지에서는 이러한 분절된 서비스를 통합하여 제공하고 이를 이용하는 구조를 지닌다. 공급자 측면에서는 종합성의 특성이 있는데, 이것은 서비스제공기관 간의 연락 · 조정 · 협의 등의 네트워크 구축과 이의 실질적인 운용으로 확보된다. 이용자 측면에서는 전체성의 특성이 있는데, 주민생활에 밀접하게 관련을 맺고 있는 다양한 분야를 포괄적으로 다루어야 함을 의미한다.

셋째, 연대성 · 공동성(共同性)은 인간은 공동의 관심사에 따라 연대를 형성하고 공동으로 이를 확대시켜 나가는 특성을 갖고 있는데, 지역사회복지에서는 주민 개인의 사적 활동으로는 해결이 곤란한 생활상의 과제를 주민들이 연대를 형성하고 공동의 행동을 통하여 해결하는 특성이 있다는 것이다.

넷째, 지역성은 지역사회복지는 주민의 생활권역을 기초로 하여 전개되고, 주민의 생활권역은 주민 생활의 장임과 동시에 사회참가의 장이기 때문에 지역적 특성을 고려해야 한다는 것이다. 이때 주민의 기초적인 생활권역을 구분하는 기준은 다양한데, 물리적인 거리뿐만 아니라 심리적인 거리까지 포함하여 지역성을 파악해야 한다.

5) 지역사회복지의 추진체계

(1) 지역사회복지관

지역사회복지관은 지역사회 내에서 일정한 시설과 전문인력을 갖추고 지역사회의 인적 및 물적 자원을 동원하여 지역사회복지를 중심으로 종합적인 사회복지사업을 수행하는 사회복지시설이다. 지역사회복지관은 사회복지서비스 욕구를 가지고 있는 모든 지역사회 주민을 대상으로 보호서비스, 재가복지서비스, 자립능력 배양을 위한 교육훈련 등 그들이 필요로 하는 복지서비스를 제공한다. 그리고 각종 기능 강화 및 주민 상호 간 연대감 조성을 통하여 여러 가지 지역사회문제를 예방 · 치료하는 종합적인 복지서비스 전달기구로서 지역사회 주민의 복지증진을 위한 중심적인 역할을 수행하는 것이 목표다.

지역사회복지는 다음의 두 가지 기능을 담당한다. 첫째, 직접적으로 종합적인 서비스를 제공하는 기능을 수행한다. 즉, 일반 욕구 충족을 위한 서비스 제공과 문제가 있는 개인과 가족에 대한 서비스 제공, 기타 의뢰 및 다양한 정보 제공 등의 기능을 수행한다. 둘째, 간접적인 서비스 제공으로 지역사회 문제해결을 위한 조직화의 기능을 수행한다. 예컨대, 지역사회 주민의 연대감 조성, 지역사회 자원 동원, 타 기관과의 연대와 협력, 특정 소외집단의 이익대변, 사회행동 등이 포함된다.

한편, 지역사회복지관은 ① 지역사회문제 파악의 역할, ② 서비스센터의 역할, ③ 대변자의 역할, ④ 사회행동센터의 역할, ⑤ 사회교육센터의 역할, ⑥ 공동이용센터의 역할, ⑦ 직업안정센터의 역할, ⑧ 자원동원의 역할 등을 수행한다.

(2) 사회복지협의회

사회복지협의회는 지역사회복지의 대표적인 협의조정기관이다. 즉, 지역주민에 대한 복지서비스 제공뿐만 아니라, 지역사회 내의 다양한 사회복지기관들의 욕구를 달성하고 기능을 강화하기 위하여 정보를 제공하고 서비스를 조정하는 역할을 수행하는 자주적인 조직이다.

사회복지협의회는 다음과 같은 기능을 수행한다.

- 지역사회의 복지증진과 관련된 사실 발견
- 사회복지기관들의 협력과 조정

- 지역사회복지의 센터 역할
- 사회복지기관 간의 서비스 조정활동
- 사회복지기관 업무의 질적 수준 제고
- 지역사회복지를 위한 공동의 계획 수립 및 실천
- 정보제공, 교육 및 홍보
- 자원 동원 및 재정안정 도모
- 사회행동

(3) 지역사회복지협의체

지역사회복지협의체는 지역사회의 사회복지서비스를 체계화하고 연계하여 기반을 마련하는 것이 목적이며, 민간 · 공공복지 관계자와 학계전문가,

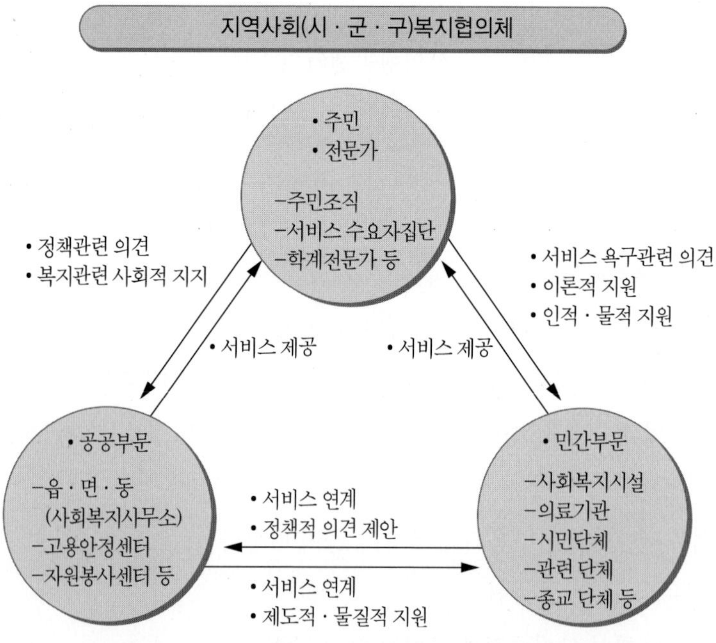

[그림 8-1] 지역사회(시 · 군 · 구)복지협의체의 구성과 역할

출처: 이현주(2004). p. 87.

보건 분야 핵심 관련자로 구성된 지역사회복지의 추진체계로서 지역복지계획의 심의, 사회복지서비스의 연계·조정, 지역사회 자원 개발 등을 핵심

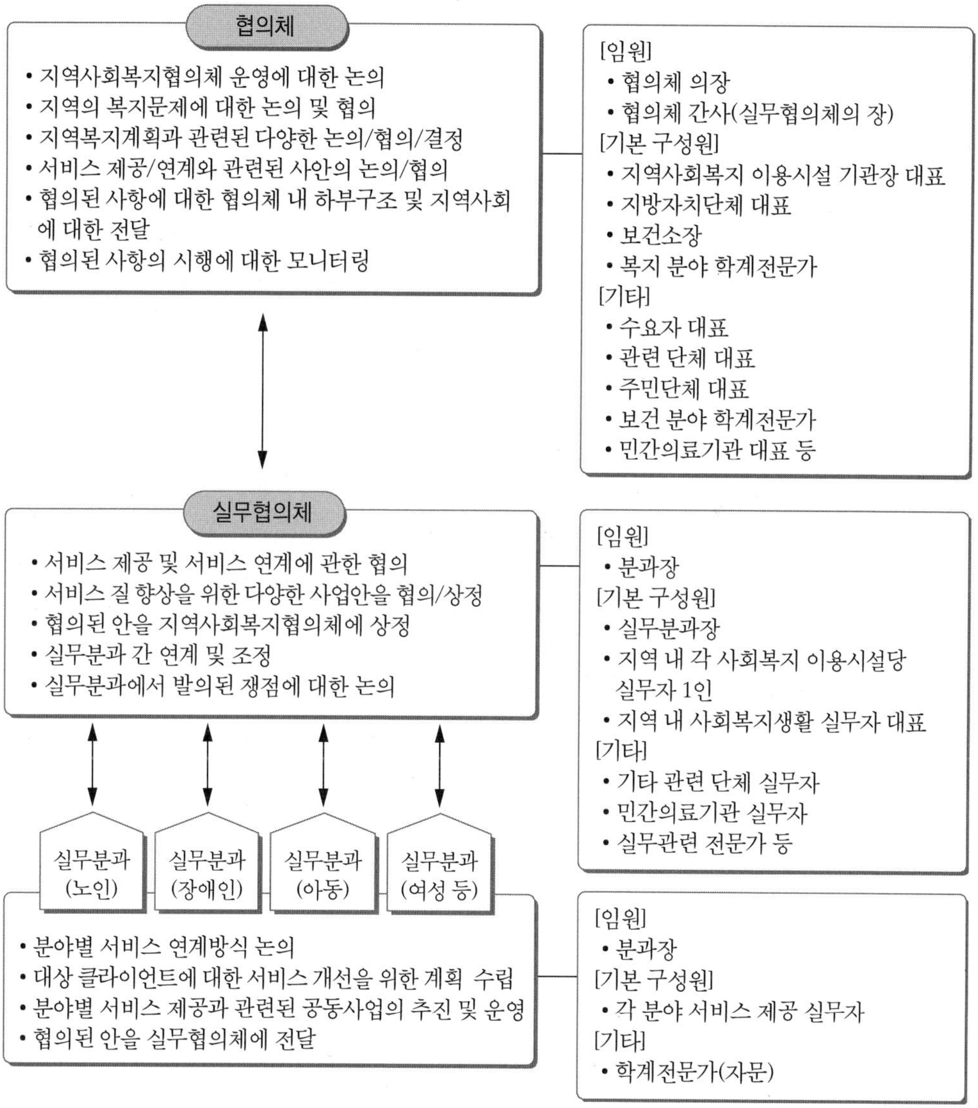

[그림 8-2] 지역사회복지협의체의 모형

출처: 이현주 외(2002).

기능으로 하고 있다. 이러한 기능을 수행하는 지역사회복지협의체의 전체적인 구성과 참여주체들 간의 관계는 [그림 8-1]과 같다.

지역사회복지협의체는 심의를 중심으로 하는 대표협의체와 서비스 연계를 주된 목적으로 하는 실무협의체로 나누어 구성된다. 지역사회복지협의체의 구조와 각 역할은 [그림 8-2]와 같다.

지역사회복지협의체는 지역사회복지를 강화하기 위한 방안으로서 사회복지서비스 제공에서 지방정부와 민간 간의 상호 협력체계 구축을 위한 로컬 거버넌스(local governance) 기제로 파악될 수 있다.

(4) 사회복지공동모금회

사회복지공동모금회는 사회복지사업과 기타 사회복지활동의 지원에 필요한 재원을 조성하고 민간사회복지 재정운용의 안정성 부여를 통한 사회복지서비스 프로그램의 전문화 및 질적 수준을 제고하려는 목적으로 1998년 11월에 설립된 사회복지법인이다.

사회복지공동모금회에서는 사회복지공동모금사업, 공동모금재원의 배분, 공동모금재원의 운용 및 관리, 사회복지공동모금에 관한 조사 · 연구 · 홍보 및 교육훈련, 지회의 운영, 사회복지공동모금과 관련된 국제교류 및 협력증진사업, 다른 기부금품모집자와의 협력사업, 기타 모금회의 목적달성에 필요한 사업 등을 수행하고 있다.

(5) 자활지원센터

자활지원센터란 근로능력이 있는 저소득층에게 집중적 · 체계적인 자활지원서비스를 제공함으로써 자활의욕 고취 및 자립능력 향상을 지원하고, 국민기초생활수급자 및 차상위계층의 자활촉진에 필요한 사업을 수행하는 민간자활사업 실시기관을 말한다. 자활후견기관은 1996년에 설립된 자활지원센터로 출발하였는데, 이것은 빈곤지역의 주민운동차원에서 전개된 생산자공동체의 성격을 지니고 있다. 2000년 10월 「국민기초생활보장법」이 제정되면서 자활후견기관으로 명칭이 변경되었다.

자활후견기관은 다음과 같은 기본 원칙에 따라 운영된다(오정수 · 류진석, 2006: 270).

첫째, 참여주민의 고유성과 존엄성의 원칙이다. 인도주의 원칙하에 주민들의 개별적 고유성과 존엄성이 최대한 보장되도록 수행해야 한다.

둘째, 주민자발성의 원칙이다. 저소득층 주민의 자발적 참여와 자조 · 자립을 지원하여 주민의 역할과 책임을 장려한다.

셋째, 독립성의 원칙이다. 독립된 행정체계와 운영체계를 가져야 하며, 기존 복지관이나 시설의 프로그램 일부로 편입되어 운영되어서는 안 된다.

넷째, 기준시설 확보의 원칙이다. 주민들과의 상담, 교육, 훈련 및 경영지도 등의 자활자립을 도모하는 종합적인 서비스를 제공하기 위하여 일정한 규모의 기준시설을 확보해야 한다.

다섯째, 전문가 사업수행의 원칙이다. 지역사회복지, 지역사회조직 및 개발관련 분야의 전문지식과 함께 지역조직활동에 전념하여 지역현장경험을 갖춘 전문적이고 헌신적인 인력이 수행한다.

여섯째, 지역사회 제반자원 활용의 원칙이다. 주민의 자활자립을 위하여 지역 내 다양한 물적 · 인적 자원을 필요로 하며, 이를 위해 지역의 제반자원을 조직 · 동원하여 가용자원으로 활용한다.

일곱째, 사업실행평가의 원칙이다. 주민들의 생활 향상과 변화의 효과, 재정투자의 효과, 사업내용 및 방법의 적합성 등을 지속적으로 평가하여 그 평가결과가 새로운 사업수행에 다시 활용되도록 한다.

2. 사회복지행정[2)]

1) 사회복지행정의 정의와 필요성

사회복지행정의 개념은 학자의 관점에 따라 다양하게 접근되고 있기 때문에 그 정의를 내리기는 그다지 쉬운 일은 아니다. 여기에서는 사회복지행정의 개념에 대한 입장을 크게 세 가지로 나누어 설명한 후 이를 종합적으로 정리해 보고자 한다.

먼저, 거시적인 관점에서 정책전환과정을 중시하는 입장이다. 즉, 사회복지조직 구조와 기능을 결정하는 것은 결국 정책이므로 정책을 서비스로 전환시키는 과정을 사회복지행정의 주요 기능으로 보는 시각이다. 이 관점은 사회복지조직의 생존과 성패가 환경에 크게 의존하기 때문에 환경적 요소에서 가장 중요한 사회복지정책을 고려하고 있다. 그리고 사회복지조직을 개방적 체계로 보아 정책적 투입과 서비스를 받는 클라이언트로부터의 피드백을 중요시한다(황성철 외, 2005: 21). 대표적인 학자인 키드네이(Kidneigh, 1950: 58)는 "사회복지행정은 사회복지정책을 서비스로 전환시키는 과정으로, 정책을 구체적인 사회복지서비스로 전환시키고 그 경험을 다시 정책수행에 반영하도록 제의하는 양 방향의 과정(two-way process) 속에 있는 것" 이라고 정의하였다(황성철 외, 2005: 21 재인용).

이와 같이 사회복지행정을 정책전환과정으로 보는 입장은 광의의 사회복지행정의 개념이라고도 말할 수 있다.

둘째, 사회복지행정을 협의의 개념으로 파악하여 사회복지실천의 한 방법, 즉 원조기술로 파악하는 입장이다. 패티(Patti, 1983: 24-25)는 사회복지

2) 이 내용은 오세영(2009)의 내용을 참조하여 기술하였다.

행정을 "조직의 목적과 목표를 달성하기 위해 관리 담당자가 수행하는 상호 의존적인 과업과 기능 및 관련 활동들로 구성된 하나의 체계적인 개입활동"이라고 정의하였다. 이는 사회복지조직의 관리자가 수행하는 특정한 과업과 기능을 강조하면서 사회복지행정을 사회복지실천의 하나로 보는 관점이다(황성철 외, 2005: 21-22).

셋째, 조직 내부의 조정과 협력을 강조하는 입장이다. 스타인(Stein, 1970: 7)은 사회복지행정을 "사회복지조직이 체계화된 조정과 협력활동을 통해 조직의 목표를 설정하고 이를 달성하는 과정"이라고 정의하였다. 이는 사회복지행정조직의 내부적 특성을 강조한 것으로 보인다. 특히 여타의 전문직을 포함하는 사회복지조직의 다양하면서도 때로는 상호 갈등을 야기할 수 있는 목표설정과 목표달성을 위한 내부적 조정과 협력활동을 강조하고 있다(황성철 외, 2005: 21).

이와 같은 관점을 종합해 볼 때 사회복지행정이란 '관리자를 포함한 모든 조직구성원들의 체계화된 조정과 협력활동으로 설정된 조직의 사회복지정책을 인적·물적 자원의 관리를 포함한 사회복지실천 개입방법을 통해 사회복지서비스로 전환시키는 과정'이라고 정의할 수 있다.

한편, 사회복지조직의 목표는 클라이언트의 욕구에 맞게 필요한 서비스를 가장 적절하게 제공하는 것이라 할 수 있다. 사회복지조직의 목표를 달성하는 데 중요한 수단의 하나가 자원을 동원하고 활용하는 것이다. 그런데 사회복지조직은 그 가용자원이 매우 한정되어 있다. 그렇기 때문에 얼마나 지역사회 내의 인적 및 물적 자원을 개발하고 그것을 어떻게 가장 효과적이고 효율적으로 활용하느냐가 매우 중요하다.

자원은 한정되어 있는 반면 사회복지조직의 수는 점차 증가하고 있는 상황에서 조직 자체를 유지 발전시키는 것은 물론 사회복지서비스를 효과적이고 효율적으로 관리하고 전달하기 위한 체계적인 노력이 필요하다. 그런데 사회복지조직의 목표가 구체화되어 클라이언트에게 사회복지서비스가 전달되기까지는 복잡한 과정을 거친다. 그러므로 사회복지행정에 대한 이해 없이는 사회복지서비스를 효과적이고 효율적으로 전달할 수 없다. 즉, "사회복지서비스의 질은 사회복지행정의 질에 크게 좌우된다."(Trecker, 1977: 25)라고 해도 과언이 아니다. 따라서 클라이언트들에게 최상의 서비스를 제공하고자 하는 사회복지조직의 목표를 달성하기 위해서는 사회복지행정에 대한 기초적인 이론과 지식 및 기술이 필요하다.

2) 사회복지행정과 일반행정

사회복지행정과 일반행정은 어떻게 다른가? 사회복지행정과 일반행정과의 관계에 대해서는 상당한 입장의 차이가 있다(Drucker, 1980; Stein, 1981; Patti, 1983). 그 쟁점은 크게 두 가지다. 하나는 사회복지행정은 일반행정이 추구하는 가치와 원리의 틀을 크게 벗어나지 않는다는 입장이다. 다른 하나는 사회복지조직은 다른 조직들과 구분되는 특성이 있기 때문에 일반행정과는 분리되어야 한다는 입장이다. 그러면 사회복지행정이 일반행정과 어떤 점에서 같고 또 어떤 점에서 다른가? 먼저 일반적으로 설명되고 있는 공통점을 정리해 보기로 한다.

첫째, 일반행정이나 사회복지행정은 기본적으로 문제해결과정(problem solving process)을 내포한다. 일반행정은 문제를 확인하고, 그 문제에 대한 원인을 분석하여 해결가능한 계획을 개발한다. 그리고 그 계획을 수행한 후 효과성을 평가한다. 사회복지행정도 사회복지조직이 당면한 제반문제를 규명하고 대안을 모색하여 실행에 옮긴 후 평가하는 일반적인 문제해결과정을 거친다.

둘째, 일반행정은 기획(planning), 조직(organizing), 인사(staffing), 지시(directing), 조정(coordinating), 보고(reporting), 재정(budgeting), 평가(evaluating)의 기본적인 과정 또는 요소를 포함하고 있다. 마찬가지로 사

회복지행정도 이 같은 과정을 포함한다.

셋째, 일반행정과 사회복지행정은 조력하는 과정(enabling process)으로 간주된다. 일반행정은 조직 내 개인과 집단이 조직의 목표를 달성할 수 있도록 조력하는 과정이다. 사회복지조직의 경우도 사회복지사들이 최상의 서비스를 클라이언트집단에 제공할 수 있도록 조력하는 과정을 요구한다.

넷째, 일반행정과 사회복지행정은 인적 및 물적 자원의 조직화 기능을 수행한다. 즉, 조직의 목표를 효과적이고 효율적으로 달성하기 위해 사람과 기타 자원을 조직하고 관리하는 과정을 거친다.

다섯째, 행정은 공공의지(public will)를 실행하는 체계다. 정부가 사회복지조직에 공공자원을 지원하는 것도 어떤 의미에서 공공의 의지를 간접적으로 실현하고 있는 것이다. 한국의 사회복지조직은 주로 비영리민간법인이 운영하고 있지만 정부의 사업을 대행하는 성격이 있고, 정부지원금에 크게 의존하기 때문에 준공공적(semi-public) 성격을 띤다.

한편, 사회복지행정과 일반행정의 차이점은 대개 다음과 같이 설명되고 있다.

첫째, 일반행정은 전체 국민의 공공복리를 위해 존재하지만, 사회복지행정은 지역사회 내의 인지된 욕구, 특히 클라이언트의 욕구 충족을 위해 존재한다.

둘째, 사회복지행정은 일반행정에 비해 투입과 산출이 명확하지 않다. 사회복지조직이 산출하는 서비스는 본래 무형의 즉시성과 소멸성, 비축불가능성 등의 독특한 성격이 있다(특히, 상담의 경우가 그렇다). 따라서 일반행정과 관리의 원칙을 적용하기 어려운 부분이 있다.

셋째, 사회복지행정은 일반행정과 관리에 관한 지식의 범위를 초월한다. 사회복지조직은 관리의 범위가 확대되어 조직 내부의 관리 이외에도 환경관리의 문제가 매우 중요하다. 따라서 지역사회의 정치, 경제, 사회적 변화에 관한 다양한 지식과 관리기술이 요구된다.

넷째, 사회복지행정이 이루어지는 사회복지조직은 일반적으로 이사회가 그 활동을 집행한다. 그러나 일반행정은 업무에 따라서 중앙부서, 지자체의 해당부서가 집행한다.

다섯째, 사회복지조직의 크기, 범위, 구조 및 프로그램 형태는 다양하고 광범위하며, 법령에 위반되지 않는 범위 내에서는 그 활동이 원칙적으로 자유롭다. 반면에 일반행정은 법령에 따라 조직되고 업무도 정해지며 법적인 제약이 많다.

여섯째, 사회복지행정가는 사회복지조직을 운영하는 데 지역사회에 대한 책임을 갖고 지역사회와 밀접하게 관련되어야 한다. 일반행정에서의 행정가는 전체 국민 혹은 지역주민에 대한 책임이 요구되는데 주로 선거를 통해 신임을 얻는다.

일곱째, 사회복지행정의 성패는 전문사회복지사의 직무수행에 크게 의존하고 있다. 따라서 전통적으로 사회복지행정은 사회복지사의 전문성을 인정하는 방향으로 이루어져야 한다.

여덟째, 사회복지행정은 최고관리자인 행정가에 의해서 과업과 기능이 수행되는 일반행정과는 달리 모든 구성원들이 행정과정에 참여하며, 이 과정이 조직의 목표달성에 크게 영향을 미친다.

3) 사회복지행정의 과정

사회복지행정의 기본적인 과정은 기획, 조직, 인사, 지시, 조정, 보고, 재정, 평가의 과정을 따른다. 이는 일반적으로 영어 알파벳 첫 자를 따서 'POSDCoRBE'로 표현된다.

- 기획(planning): 목표의 설정과 목표를 달성하기 위한 과업 및 활동, 과업을 수행하기 위해 사용되는 방법을 결정하는 단계다.

- 조직(organizing): 조직구조를 설정하는 과정으로서 과업이 할당 및 조정된다.
- 인사(staffing): 직원의 채용과 해고, 직원의 훈련, 우호적인 활동조건의 유지 등이 포함되는 활동이다.
- 지시(directing): 행정책임자는 합리적인 결정, 능동적인 관심, 헌신적인 태도, 직원의 공헌을 칭찬하고 책임과 권한을 효과적으로 위임하며 개인과 집단의 창의성을 고려하고 지시하는 지도자가 되어야 한다.
- 조정(coordinating): 조직활동에서 구성원들을 상호 연관짓는 중요한 과정으로 사회복지행정가는 부서 간, 직원 간 효과적인 의사소통 망을 만들어 유지 · 조정해야 한다. 이를 위한 방법으로 위원회조직이 있다.
- 보고(reporting): 기록, 정기적 검사, 조사연구 등을 통해서 직원, 이사회, 지역사회, 행정기관, 후원자 등에 조직에서 일어나는 상황을 알려주는 과정이다.
- 재정(budgeting): 예산, 회계 및 재정통제의 형식에 의한 예산편성과 관련된 모든 일을 수행하는 과정이다. 조직의 재정행정가는 현재를 포함하여 중 · 장기적인 재정 계획을 수립해야 하고 회계규정에 따라 재정운영을 책임진다.
- 평가(evaluating): 평가는 효과성 평가와 효율성 평가의 두 가지 척도를 적용할 수 있다.

4) 사회복지행정의 이념

사회복지행정의 이념은 사회복지행정이 추구하는 기본적인 방향과 궁극적 가치 및 사회복지사에게 요구되는 표준적 행동규범이다. 말하자면, 사회복지행정이 나아가야 할 방향과 가치를 결정해 주는 나침반과 같다.

일반행정의 이념은 매우 다양하다. 흔히 제시되는 행정이념으로는 공익성, 합법성, 효율성, 효과성, 형평성, 접근편의성, 책임성 등이 있다. 이는 사회복지행정에서도 적용된다.

첫째, 공익성은 사회복지조직의 존립근거를 제공하는 이념이다. 공익성은 클라이언트에게 최상의 서비스를 제공하는 사회복지사들이 갖추어야 할 가장 기초적인 규범이다. 따라서 모든 사회복지조직의 활동은 클라이언트의 이익인 공공선을 최대 과제로 삼아야 한다.

둘째, 합법성은 법률에 따라서 사회복지행정이 진행되어야 한다는 것이다. 사회복지행정은 법에 위배되어서는 안 되며, 모든 사회복지행정 절차와 과정은 반드시 법에 근거해야 한다. 합법성은 사회복지행정 절차의 정당성을 확보하고 클라이언트의 권리를 보장하려는 이념이다.

셋째, 효율성은 경제적인 개념이다. 즉, 최소의 비용으로 최대의 산출을 얻는 것을 의미한다. 기업경영에서는 효율성이 지상과제다. 적은 자본을 가지고 최대한의 이윤을 남기는 것이 바로 효율성이 높다는 것인데, 사회복지조직도 마찬가지다. 사회복지조직에서의 효율성이란 사회복지서비스 공급에서 최소의 자원을 투입하여 최대의 산출효과를 거두는 것을 말한다.

넷째, 효과성은 사회복지조직의 목표달성 정도(degree of goal achievement)를 의미한다. 사회복지조직에서 클라이언트의 욕구 충족을 위해 제공된 서비스나 프로그램이 의도한 대로 클라이언트의 변화를 가져왔는가를 판단하는 것이다.

다섯째, 형평성(공평성)은 누구나 동등한 서비스를 제공받아야 한다는 이념이다. 사회적 가치배분의 공정성을 추구하여 성별 · 직업 · 계층 · 지역 간에 불평등을 초래해서는 안 된다는 원칙이다. 사회적 자원들이 사회구성원들의 지불능력 여하에 따라 배분되는 것이 아니라 필요한 정도에 따라서 배분되는 것이 바람직하다고 본다.

여섯째, 접근편의성은 서비스를 받고자 하는 사람이 항상 쉽게 이용할 수 있도록 접근이 용이한 곳에 사회복지조직이 자리 잡아야 한다는 것이다. 클라이언트가 불편함이 없이 서비스를 이용할 수 있도록 해야 한다.

일곱째, 책임성은 목표를 달성하고자 하는 사회복지조직의 노력을 말한다. 책임성은 활동의 결과에 대한 책임감과 함께 과정에서도 정당성을 갖추어야 함을 의미한다.

5) 사회복지행정의 특징

사회복지조직관리를 중심으로 사회복지행정의 주된 범위로 확정한 것에 근거해서 사회복지행정의 특성을 살펴보면 다음과 같다(Patti, 1983; 황성철 외, 2005: 32-35).

첫째, 일반적으로 사회복지조직은 민간서비스와 공공서비스를 혼합하여 제공하기 때문에 목표가 모호하다. 또한 정부, 민간후원자, 서비스 이용자와 가족, 전문가, 다른 서비스기관의 직원 등 이해관계자 사이의 타협에 의해 형성되는 경우가 많다. 비교적 분명한 조직목표가 설정되어 있어도 위정자나 일반사회의 지지가 결여되는 경우가 흔히 있다. 특히, 사회복지조직이 클라이언트에게 어떤 서비스를 주고 어떻게 변화시킬 것인가에 대해서 사회적인 지지가 결여되고 합의된 요구가 없기 때문에 조직의 목표추구활동이 매우 어렵다. 이러한 이유로 사회복지조직은 환경관리의 역할이 크게 요구된다.

둘째, 사회복지조직은 효과성 및 효율성 측정의 척도가 부족하다. 사회복지조직은 인간을 원료로 한다. 클라이언트는 도덕적 가치를 지닌 인간이다. 인간을 다루는 지식과 기술은 완전할 수 없다. 따라서 사회복지서비스를 표준화하기가 어렵고, 서비스 제공과 기법의 사용에 대한 효과성 및 효율성을 평가하는 것이 어렵고 부정확하다. 사회복지프로그램을 실시하는데 어느 정도의 자원과 어떤 인력을 투입해야 최선의 결과가 산출되는지를 측정하기란 쉬운 일이 아니다. 또한 클라이언트에 대한 활동이 도덕적으로 정당화되어야 하기 때문에 기술과 활동에 제한이 있다. 따라서 사회복지조직의 서비스나 프로그램을 질적으로 관리하고 통제하는 데에는 상당한 한계가 있다.

셋째, 사회복지조직은 과업환경(task environment) 속에서 운영된다. 과업환경은 누가 클라이언트가 되어야 하고, 어떤 과정을 거쳐 어떤 목적으로 서비스가 제공되어야 하는지에 관해서 다양하고 때로는 상호 모순적인 기대를 갖는 조직과 집단으로 구성된다. 사회복지행정가는 과업환경에서 다양한 이해관계집단과 부단한 접촉을 유지하고 그들의 변화되는 요구와 기대를 이해해야 한다. 또한 그들에게 사회복지기관의 요구와 사정도 알려주고 필요한 서비스와 자원을 상호 교환하는 협상능력을 배양해야 한다.

넷째, 사회복지조직은 과업환경적 요구의 다양성만큼 조직 내부구성원의 관점과 요구도 다양하다. 클라이언트들의 요구와 기관의 방침에 마찰이 생기는 경우가 있다. 이때 갈등해소와 조정이 필요하다. 또한 사회복지조직은 다양한 전문직종의 사람들이 혼재되어 있는 경우가 일반적이다. 직원들의 전문 분야에 따른 강조점이 서로 다르기 때문에 역시 조정이 필요하다. 따라서 사회복지행정가는 다양한 클라이언트 개인과 집단의 요구와 상호모순되는 견해를 조정해야 한다. 그리고 내부적으로도 다양한 직원의 관점과 요구를 적절히 조정하는 관리전략과 기술이 요구된다.

6) 사회복지행정의 관리 영역

일반행정이 조직을 전제로 성립되듯이 사회복지행정도 사회복지조직을 전제로 하지 않고서는 성립될 수 없기 때문에 사회복지행정은 사회복지조직의 행정활동이 그 중심이 된다. 다시 말해서 사회복지행정활동이 이루어지는 주 무대가 바로 사회복지조직이 되는 것이다. 사회복지조직은 크게 정부조직(공공사회복지조직)과 비영리조직(민간사회복지조직)으로 구분된다. 그런데 사회복지행정에 정부조직의 행정과정을 포함시키면 사회복지정책과 중첩되고, 반면에 사회복지행정을 비영리조직인 민간사회복지기관 및 시설의 서비스와 프로그램관리에 초점을 맞추면 사회복지실천과 중첩되기도 한다.

이와 같이 사회복지행정의 영역을 규정하기란 좀처럼 쉽지 않지만, 최근 들어 사회복지행정의 주요 영역은 민간 영역의 사회복지조직의 관리에 초점이 맞추어져 있다. 앞서 사회복지행정을 '관리자를 포함한 모든 조직구성원들의 체계화된 조정과 협력활동으로 설정된 조직의 사회복지정책을 인적 · 물적 자원의 관리를 포함한 사회복지실천 개입방법을 통해 사회복지서비스로 전환시키는 과정'이라고 정의하였다. 이 과정에서 사회복지정책을 서비스로 전환하는 데는 조직적인 장치인 사회복지서비스 전달체계가 필요하기 때문에 사회복지서비스 전달체계 역시 사회복지행정에서 중요할 수밖에 없다.

이러한 사회복지서비스 전달체계 내에서 세 가지 관리차원, 즉 사회복지조직관리, 사회복지 자원관리, 사회복지 프로그램관리가 이루어진다.

(1) 사회복지 조직관리

사회복지 조직관리는 조직의 구조와 조직화, 기획과 의사결정, 커뮤니케이션, 리더십 등의 작용과 활동을 포함한다.

① 사회복지조직의 구조와 조직화

사회복지조직은 '클라이언트의 욕구에 맞는 최상의 서비스를 제공하려는 공통의 목표를 지닌 사람들이 분업과 각자의 위치에 따라 맡은 책임과 권한을 통하여 조직목표를 달성하고자 노력하는 조직'을 말한다. 이러한 조직의 구조와 성원들을 관리하는 활동을 조직관리라고 한다. 조직관리를 원활히 하기 위해서는 몇 가지 조직의 원리를 파악해야 하는데 그 내용은 다음과 같다.

첫째, 계층제의 원리다. 이 원리는 조직구성원 간의 권한과 책임을 배분하고 명령 · 지휘 · 복종의 관계를 명시화하는 것이다.

둘째, 명령통일의 원리다. 이 원리는 한 조직원은 한 사람의 직속상관으로부터만 명령을 받아야 한다는 것이다.

셋째, 통솔범위의 원리다. 이 원리는 상관, 감독자의 통솔 대상자의 수, 조직단위의 수가 한정되어야 한다는 것이다.

넷째, 분업 · 전문화의 원리다. 이 원리는 전문 분야별로 조직구성원에게 주된 업무를 분담시켜 일을 처리하게 하는 것이다.

다섯째, 조정의 원리다. 이 원리는 목표달성에 필요한 조직원들의 행동을 통일하도록 하는 것이다.

여섯째, 부문화 · 부서화의 원리다. 이 원리는 조직의 효율성을 위해 목적이나 기능에 따라 조직을 개편하는 것이다.

한편, 조직은 조직을 구성할 수 있는 기본 골격이 있는데, 이를 조직구조라고 한다. 조직이 구조를 만드는 것은 조직의 목표를 보다 효과적이고 효율적으로 달성하기 위한 것이다. 여기서 조직구조의 유형은 매우 다양하다. 예컨대, 기관을 확인할 수 있는 구조인 공식조직과 조직 내 빈번하게 접촉하는 구성원들 사이에서 자연적으로 발생하는 소규모집단인 비공식조직이 있다. 그리고 명령과 복종관계를 가진 수직적 구조를 형성하여 조직의 목표를 달성하고자 하는 구조인 수직조직과 수직조직의 원활한 기능수행을 위해 지원하고 촉진하여 조직의 목표달성에 간접적으로 공헌하는 구조인 수평조직이 있다.

이러한 조직의 조직화에서 가장 핵심적인 것으로 간주되는 것이 부문화(departmentation)다. 사회복지조직에서의 부문화 방법은 다음의 일곱 가지로 설명된다(최성재 · 남기민, 2000: 135-138 재인용).

첫째, 수 기준 부문화다. 이는 같은 역할을 하는 사람들을 한 슈퍼바이저

아래에 소속시키는 방법이다.

둘째, 시간 기준 부문화다. 업무시간을 2교대 또는 3교대로 하여 업무를 부문화하는 방법이다.

셋째, 기능 기준 부문화다. 사업, 재무, 총무, 인사 등 주요한 기능에 따라 동질적 업무를 묶어서 조직하는 것이다.

넷째, 지리적 영역 기준 부문화다. 클라이언트의 거주지역을 중심으로 조직을 구성하고 자율적으로 운영하고 책임질 수 있도록 조직하는 것이다.

다섯째, 서비스 기준 부문화다. 개별 사회사업, 집단 사회사업, 지역사회조직사업 등 사회복지실천방법에 따라 부문화하는 방법이다.

여섯째, 고객 기준 부문화다. 클라이언트의 종류와 문제에 따라 부문화하는 방법이다.

일곱째, 서비스 접근통로 기준 부문화다. 클라이언트가 어떤 서비스에 접근할 수 있는 통로별로 업무를 부문화하는 것이다.

② 기획과 의사결정

기획은 어떠한 행동이 취해지기 전에 일의 구체적인 내용과 방법 및 시기 등을 결정하는 것으로서 여러 가지 대안들 중에서 최적의 대안선택을 준비하는 과정이다. 어떤 일을 수행할 때 그것을 왜 해야 하는지 그리고 구체적으로 무슨 일을 어떤 방법으로 해야 하며, 그에 대한 책임을 누가 져야 하는지 등에 대해서 아무런 결정없이 일을 수행한다면 처음에 의도했던 목표를 달성할 수 없게 된다. 특히, 사회복지조직은 재정적인 측면뿐만 아니라 클라이언트의 행동변화에 이르기까지 지나치게 외부 환경에 의존하고 있기 때문에 사회복지조직의 목표를 달성하기 위해서는 세밀한 기획이 필요하다.

기획의 핵심적인 과정이 바로 의사결정이라 할 수 있다. 조직은 지속적인 의사결정을 통해 운영된다. 의사결정이 어떻게 이루어지느냐에 따라 조직의 목표달성 여부가 좌우된다고 해도 과언이 아니다. 따라서 의사결정은 조직운영에 핵심적인 요인이라 할 수 있다.

여기서 의사결정(decision making)이란 "계획수립과정을 통해서 일정한 목표를 설정하고 그 목표를 효과적으로 달성하기 위한 몇 가지 대안 중에서 가장 유리하고 실행가능한 대안을 선택하는 합리적인 인간행동"(유기현, 1998: 111)이라고 정의할 수 있다. 즉, 의사결정의 핵심은 여러 가지 대안들 가운데 최적의 대안을 선택하는 것이다.

③ 커뮤니케이션

사회복지조직의 내부적인 측면에서는 바람직한 조직을 운영하고, 외부적인 측면에서는 대인관계 또는 클라이언트와의 관계를 합리적인 방향으로 유도하기 위해서는 의사결정과정에 효과적인 커뮤니케이션이 필요하다.

조직이란 두 사람 이상이 모여 공동의 목적을 달성하기 위해 상호작용하는 유기체라고 정의한다. 이처럼 조직을 정의하면서 반드시 사용하는 말은 상호작용과 유기적 관계라는 용어일 것이다. 이것이 없으면 조직이라고 볼 수 없고, 이것이 잘 안 되면 조직의 원래 목적을 달성하지 못하는 비효율적 조직이 된다는 뜻이다. 그런데 조직구성원의 상호작용과 유기적 관계는 모두 커뮤니케이션이라는 수단을 통해 가능하다.

케뮤니케이션은 한 사람으로부터 다른 사람(들)에게 또는 개인이나 집단, 조직이 다른 개인이나 집단, 조직에게 정보나 의사 또는 감정이 전달되도록 하는 과정이라고 표현할 수 있다. 따라서 커뮤니케이션이 되기 위해서는 두 사람 이상이 참여해야 되고, 서로 간에 전달될 정보가 있어야 하며, 어떠한 경로나 방법을 통해 실제로 전달하려는 시도가 있어야 한다.

④ 리더십

리더십은 선천적인 능력이라고 하는 의견에 집착하는 것은 큰 오류다.

우수한 리더는 학습한 기술과 개발된 태도 및 가치에 기초한다. 어떤 성격과 재능을 가진 사람이라도, 우수한 리더가 되려면 방향을 설정하고, 그 방향을 향하도록 사람들을 협력시키고, 기본적 가치에 기초해서 일관되게 행동하고 관리자의 직무 요구와 스트레스에 적절히 대처하고, 자기 자신을 이해하는 것을 학습하고, 경험으로부터 학습하는 것을 배우지 않으면 안 된다.

사회복지행정에서도 예외는 아니다. 구성원들에게 조직의 목표를 달성하는 데 공헌할 수 있도록 직무만족을 높여 주고 잠재능력을 개발해 줄 수 있는 수단으로서 리더십이 절대적으로 필요하다. 따라서 사회복지행정 책임자는 리더십의 본질에 대해 이해해야 하며 필요한 자질을 갖추어야 한다.

저명한 리더십 학자인 스토그딜(stogdill, 1974: 7-16)은 리더십이란 "집단의 구성원들로 하여금 특정목표를 지향하게 하고 그 목표달성을 위해 실제행동을 하도록 영향력을 행사하는 것" 이라고 정의하였다. 즉, 리더십이란 일정한 상황에서 목표달성을 위하여 개인이나 집단의 행위에 영향력을 행사하는 과정이라고 할 수 있다.

(2) 사회복지 자원관리

사회복지 자원관리는 인적 자원과 물적 자원의 관리로 구분된다.

① 인적 자원관리

인적 자원관리는 사회복지조직을 중심으로 직원의 채용에서 이직에 이르는 일련의 관리과정을 의미한다. 조직의 목표를 달성하기 위해서는 소요인력을 관리하는 활동이 필요하다. 조직은 어떤 원칙에 따라 조직구성원을 채용하여 어느 직위에 얼마 동안 얼마 만큼의 봉급으로 배치하고, 어떤 교육훈련을 누구에게 시켜서 누구를 먼저 승진시킬 것이며 퇴직은 어떻게 할 것인가 등 다양한 사람관리에 대한 문제를 해결하는 업무가 따르는 것이다. 인적 자원관리는 인사관리 또는 인사행정으로도 표현된다.

② 물적 자원관리

물적 자원관리는 재정관리와 마케팅을 포함한다. 즉, 물적 자원관리는 사회복지조직의 예산을 편성하고 집행하는 것뿐만 아니라 프로그램과 서비스 제공에 필요한 재원을 동원하고 관리하는 활동까지 포함한다.

재정관리는 재정자원을 합리적 · 계획적으로 동원 · 배분하여 효율적으로 사용하고 관리하는 과정이다. 이는 사회복지조직의 생존과 직결되는 사항이기 때문에 매우 중요하다. 일반적으로 재정관리는 예산편성, 심의 · 의결, 예산집행, 결산 및 회계감사, 결산보고서 심의 및 승인의 절차로 이루어진다.

한편, 마케팅이란 교환과정을 통해 고객의 욕구를 충족시키는 모든 인간 활동으로 정의된다. 즉, 구매자와 판매자의 교환과정에 수반되는 활동이며, 그 목적이 고객의 욕구 충족을 통해 가치를 창출하는 활동이라는 의미다.

이처럼 마케팅의 개념은 포괄적으로 사용되고 있어 단순히 영리를 목적으로 하는 기업뿐만 아니라 사회복지조직과 같은 비영리조직의 활동에도 마케팅의 중요성이 부각되고 있다. 사회복지 마케팅이란 사회복지조직의 목적을 달성하기 위해 클라이언트관리, 서비스의 개발 및 전달, 비용, 홍보, 자금확보 등에 있어 영리조직의 마케팅기법을 도입하여 다변화하는 사회적 환경에 부응하는 경쟁력을 확보하는 활동을 말한다. 사회복지조직에서는 자금확보와 관련된 마케팅이 주된 내용을 이루고 있다.

마케팅활동은 기관환경 분석, 시장욕구 분석/마케팅 조사, 프로그램 목적 및 목표 설정, 기부시장 분석, 마케팅도구 설정, 마케팅계획 작성 및 실행, 마케팅 평가의 과정을 거쳐서 이루어진다.

(3) 사회복지 프로그램관리

사회복지 프로그램관리는 사회복지프로그램을 개발하여 실행에 옮긴 후 프로그램의 목표달성 정도를 평가하는 전 과정을 체계적으로 관리하는 활동이다. 사회복지 정책을 구체적인 서비스로 전환시키는 데 중요한 매개체가 바로 프로그램이다. 따라서 사회복지 조직관리 및 자원관리와 더불어 프로그램관리활동은 사회복지행정에서 매우 중요할 수밖에 없다.

용어해설

- **기능적 지역사회(functional community)**: 이념, 취미, 학연, 지연, 종교 등 공통적인 관심과 이해관계로 형성된 집단을 말함
- **접근편의성**: 서비스를 받고자 하는 사람이 항상 쉽게 이용할 수 있도록 접근이 용이한 곳에 사회복지조직이 위치하여야 한다는 것
- **지리적인 지역사회(geographic community)**: 한 지역을 구성하는 사람들과 조직들의 지리적 분포라는 관점을 강조. 예를 들면, 행정단위인 특별시, 광역시, 도, 시, 군 · 읍 · 면 등이 이에 해당
- **커뮤니티(community)**: 일정의 지역성에 있어서 그것을 구성하는 구성원들의 사회적 상호작용을 매개로 해서 공동적 생활이 충족되며, 이러한 경험을 통해서 귀속의식이나 동료의식 등의 정신적 유대를 맺고 있는 집단
- **형평성**: 누구나 동등한 서비스를 제공받아야 한다는 이념
- **효과성**: 사회복지조직의 목표달성 정도(degree of goal achievement)를 의미
- **효율성**: 사회복지조직에서의 효율성이란 사회복지서비스 공급에 있어서 최소의 자원을 투입하여 최대의 산출효과를 거두는 것을 말함

참고문헌

김범수 · 신원우(2006). **지역사회복지론**. 고양: 공동체.

김종일(2005). **지역사회복지론**. 서울: 현학사.

박용순(2006). **지역사회복지론**. 서울: 학지사.

박태영(2005). **지역사회복지론**. 파주: 학현사.

오세영(2009). **사회복지행정론**. 서울: 신정.

오세영(2011). **자원봉사론**. 서울: 창지사.

오정수 · 류진석(2006). **지역사회복지론**. 서울: 학지사.

이현주 외(2002). 지역사회복지협의체 시범사업 평가와 모형 개발. 한국보건사회연구원.

황성철 · 정무성 · 강철희 · 최재성(2005). **사회복지행정론**. 파주: 학현사.

Gilbert, N., & Specht, H. (1974). *Dimensions of Social Welfare Policy*, Englewood Cliffs, N. J.: Prentice Hall.

Patti, R. J. (1983). *Social Welfare Administration: Managing Social Programs in a Developmental Context*. Englewood Cliffs, NJ: Prentice-Hall.

Stein, H(Ed.). (1981). *Organization and the Human Services: Cross-Disciplinary Reflections*. Philadelphia: Temple University Press.

Stogdill, R. M. (1974). *Handbook of Leadership: A survey of Theory and Resarch*, The Free Press.

Trecker, H. B. (1977). *Social Work Administration: Principles and Practices*. New York: Association Press.

사회복지의 거시적 접근

학습개요

- 사회문제에 대한 거시적 접근의 의의에 대해 살펴본다.
- 거시적 접근방법인 사회보험, 공공부조, 사회적 수당제도의 특성에 대해 살펴본다.
- 우리나라의 사회복지정책의 현황에 대해 살펴본다.

학습목표

- 사회복지의 거시적 접근방법의 의의를 이해하고 필요성을 설명할 수 있다.
- 사회복지정책 및 제도의 유형 특성을 비교 · 설명할 수 있다.
- 우리나라 사회복지정책 및 제도의 현황과 문제점을 설명할 수 있다.

학습과제

- 사회복지의 거시적 접근방법의 장점과 기능을 설명해 보자.
- 국민연금제도의 문제점과 개선방안에 대해 설명해 보자.
- 국민기초생활보장제도의 문제점과 개선방안에 대해 설명해 보자.

제9장 사회복지의 거시적 접근

1. 거시적 접근방법의 의의

사회복지의 거시적 접근은 국가차원에서 마련한 제도적 장치를 통해 사회구성원의 삶의 안정을 보장하려는 접근으로 제도 및 정책차원의 사회복지다. 거시적 접근방법의 장점과 기능을 살펴보면 다음과 같다.

1) 거시적 접근방법의 장점

거시적 접근방법의 장점은, 먼저 포괄적이라는 점이다. 가족, 이웃, 민간기관과 같은 미시적 주체들에 의한 접근은 소수의 특정 사회구성원에게만 지원이 국한되는 반면 국가차원에서 마련된 제도적 장치는 대다수 사회구성원의 삶의 위기 해소에 도움을 줄 수 있다.

둘째, 안정적이라는 점이다. 미시적 주체들에 의한 접근은 재원마련의 범위가 제한적이고 재정 원조자의 경제적 사정에 따라 지원 여부나 수준이 크게 영향을 받기 때문에 안정성이 결여된다. 하지만 국가차원의 거시적 접근은 재원마련의 범위가 전 국민적 차원으로 광범위할 뿐만 아니라 지원이 법률에 의거하여 규정되기 때문에 안정성이 높다.

셋째, 좀 더 근본적 대응이 가능하다. 사회구성원이 직면하는 삶의 위기는 각종 위험 자체라기보다는 그러한 위험에 대응할 자원이 결여되었기 때문이다. 따라서 근본적 대책이 되기 위해서는 경제적 자원의 불평등이 개선되어야 한다. 국가에 의한 사회복지정책은 다양한 형태의 재분배기능을 갖고 있기 때문에 좀 더 근본적 대응이라 할 수 있다(백종만 외, 2004).

2) 거시적 접근방법의 기능

국가에 의한 제도 및 정책은 다음과 같은 기능을 수행한다. 먼저 소득재분배의 기능이 있다. 빈곤층의 기초 생계를 보장하기 위한 공공부조제도의 경우 일반조세 재원을 가지고 빈곤층의 기초 생계를 보장해 주는 제도다. 따라서 고소득계층에서 저소득계층으로의 직접적 재분배가 일어난다. 사회보험의 경우 소득계층에 따라 소득대체율을 달리하거나 기여금에 관계없이 정액연금을 지급함으로써 재분배효과를 꾀한다. 건강보험이나 산재보험도 건강한 사람에게서 아프거나 재해를 당한 사람으로의 소득재분배가 일어나도록 한다.

둘째, 사회연대감 증진의 기능이 있다. 사회복지제도 및 정책은 사회에 내재된 불평등을 완화해 주며 사회적 연대감을 증진시킨다. 즉, 건강한 사람으로부터 아픈 사람에게로 지원을 가능케 하는 세대 내 연대, 경제활동인구로부터 노인세대로의 지원을 가능케 하는 세대 간 연대가 가능하도록 한다.

셋째, 경제안정 및 활성화 기능이 있다. 사회복지제도 및 정책은 급여 대상자의 생활안정뿐만 아니라 국가의 경제적 안정과 활성화에 도움을 준다. 예를 들어, 경기가 호황일 때 실업급여나 공공부조 지원액을 감소하여 유효수요를 축소시켜 경제안정을 도모할 수 있다. 반면 경기가 불황일 때는 지원 증가로 유효수요를 증가시켜 경제활성화를 꾀할 수 있다.

넷째, 정치적 안정의 기능이 있다. 사회계층 간의 갈등과 사회문제를 완화하여 정치적 안정을 가져올 수 있다(김융일 외, 2003).

2. 사회복지정책 및 제도의 유형과 특성

거시적 접근방법을 수급자의 기여 여부와 자산조사 수행 여부에 따라 분류하면 〈표 9-1〉과 같다. 표에 나타난 바와 같이 거시적 접근방법은 네 가지 형태가 가능하다. 그러나 수급자가 기여를 해도 자산조사를 수행하는 프로그램은 존재하지 않기 때문에 실질적으로는 세 가지 유형이 존재한다. 즉, 기여-비자산조사 형태인 사회보험방식, 비기여-자산조사 형태인 공공부조방식, 비기여-비자산조사 형태인 사회수당방식이 있다. 그 밖에 국가가 직접 일괄관리하지는 않지만 민간보험에 가입하도록 하는 방식이 있다. 각 유형의 특성을 살펴보면 다음과 같다.

〈표 9-1〉 거시적 접근방법의 유형

기여 여부 / 자산조사 여부	기 여	비기여
자산조사	–	공공부조(재원: 일반조세)
비자산조사	사회보험(재원: 기여금)	사회수당(재원: 일반조세)

1) 사회보험

사회보험(Social insurance)은 가입된 피보험자들에게 받은 기여금(보험료)을 기금으로 적립하고 해당 위험(노령, 질병, 실직, 산재, 요양 등)에 처한 피보험자들에게 보험금을 지급하여 보험가입자들의 생활안정을 도모하는 제도다. 보험원리를 도입하기는 하였으나 사보험과는 특성이 매우 다르다. 이를 정리하면 〈표 9-2〉와 같다.

사보험은 영리추구를 목적으로 다수의 기업들이 경쟁적으로 운영하는 반면 사회보험은 국민들의 생활보장을 목적으로 국가가 독점적으로 운영한다. 사보험은 가입희망자에 한해 가입을 하는 자유계약방식이지만 사회보험은 정보의 불확실성, 역선택의 문제 방지를 위해 강제적용한다.[1] 기여금의 경우 사보험은 이후 보상을 얼마나 보장할 것인지 계약 시 정한 기준에 따라 산정되는 반면 사회보험은 소득에 따라 기여하도록 되어 있어 고소득층일수록 상대적으로 많은 보험료를 부담한다. 해당되는 위험에 처해 급여를 받을 경우 사회보험은 대부분 사회적 최저수준을 보장하고 사보험은 기여 정도에 따라 급여가 결정된다. 재원 부담의 경우 사회보험은 사회구성원의 생활보장 책임이 해당 개인뿐만 아니라 국가 및 기업에도 있음을

〈표 9-2〉 사회보험과 사보험의 특성 비교

기 준	사회보험	사보험
목적	국민들의 생활보장	영리추구
운영주체	국가(독점적 운영)	기업(경쟁적 운영)
적용	강제적용(법률적 권리)	자유계약(계약적 권리)
기여	소득비례적 기여	보상비례적 기여
급여	사회적 최저수준 보상	기여비례적 급여
재원 부담	3자 부담(국가, 기업, 근로자)	수익자 부담

1) 이에 대한 자세한 내용은 제5장 사회복지 동기 중 '경제적 동기' 부분을 참고한다.

감안하여 본인뿐만 아니라 국가, 기업 세 주체가 소요 재원을 분담하는 반면 사보험은 전적으로 수익자가 부담한다(Rejda, 1994; 이인재, 1999; 백종만 외 2004에서 재인용).

이상에서 살펴본 바와 같이 사회보험은 사회구성원이 평상시 자신의 소득수준에 상응하는 보험료를 부담하고 추후 발생한 사회적 위험에 대응할 수 있도록 고안된 제도다. 또한 사회보험은 소득에 따른 기여와 위험에 따른 급여가 발생하게 함으로써 소득불평등 해소를 도모하기도 한다. 그럼에도 불구하고 사회보험 급여는 정례적으로 보험료를 납부한 사람만을 대상으로 하기 때문에 사회구성원 모두에게 온전히 적용될 수 없다는 한계가 있다. 특히 사회적 위험이 발생할 때 이에 대응할 만한 자원이 부족한 불안정한 고용 상태에 있는 사회구성원이 배제될 가능성이 높다.

2) 공공부조제도

공공부조제도(Public assistance 혹은 Social assistance)는 최소한의 생활수준조차 영위하지 못하는 사회구성원을 자산 및 소득조사를 통해 선별하여 정부 일반재정을 사용해 최소한의 생활이 가능하도록 국가가 지원해 주는 제도적 장치다. 공공부조제도의 특성을 사회보험과 비교하면 〈표 9-3〉과 같다.

공공부조제도는 국가의 일반조세를 이용해 빈곤 상황에 처한 구성원의 생계를 보장하는 것으로 사회복지 취지에 가장 충실한 제도적 장치라는 의의가 있다. 한편, 아무런 기여 없이 지원이 이루어지기 때문에 오히려 근로의욕을 감소시키고, 의존심을 조장한다는 비판이 제기되기도 한다. 또한 자산조사를 통해 대상자에게 부정적 낙인을 부여하고 인권을 침해한다는 한계도 지적되고 있다. 그럼에도 불구하고 공공부조제도는 사회보험으로

〈표 9-3〉 사회보험과 공공부조의 특성 비교

구 분	사회보험	공공부조
목적	미래 위험에 대한 예방	현재의 빈곤 완화
재원(재정 부담)	기여금(보험료)	일반조세
제도 적용 대상	일정 요건을 갖춘 모든 국민	빈곤층
급여지급 자격	보험료 기여 경력	자산 및 소득조사를 통한 자격심사
급여수준	이전 소득수준 고려	대상 가구의 경제적 상황과 욕구 고려
재분배기능	약한 재분배기능	강한 재분배기능
행정	법률적 규정에 입각한 행정 사무처리	전문인력들의 판단과 재량권 부여

출처: 백종만 외(2004), 김성천 외(2009) 재구성

포괄할 수 없는 빈곤계층의 최소한의 생활수준을 보장해 준다는 주요한 의의를 지니고 있다. 그리고 근로의욕 저하와 의존심 조장이라는 한계를 보완하기 위해 지원 형태를 노동연계지원(Workfare) 방식으로 전환하고 있다.

3) 사회수당

사회수당(social allowance)은 별도의 기여 없이 일정한 인구학적 조건(노인, 아동, 장애인 등)을 충족할 경우 자산조사를 수반하지 않고 급여하는 제도다. 국가별로 차이는 있지만 대부분의 유럽국가에서는 가족수당 또는 아동수당의 형태로 부양가족의 크기에 따라 일정액을 지급하고 있다. 또 선진 복지국가에서 실시하는 보편적 연금(universal pension)과 장애수당도 사회수당의 한 형태다(최일섭 · 정은, 2006).

사회수당은 모든 구성원이 경제적 수준과는 무관하게 규정된 범주에 해당되면 경제적 지원을 받을 수 있다는 점에서 공공부조와 다르며, 보험료 납입과 같은 별도의 기여를 요구하지 않는다는 점에서 사회보험과 다르다. 또 급여수준이 소득수준과 연계되어 결정되지 않고 사회적 적절성을 기준

으로 정해지는 정액을 모든 대상에게 동일하게 제공한다는 점에서 다른 유형과 구별된다.

사회복지정책 유형 중 사회수당은 가장 넓은 대상층에게 차별 없이 제공하는 보편적인 프로그램이다. 모든 구성원에게 인간다운 생활의 권리를 보장한다는 측면에서 가장 적극적인 복지제도라 할 수 있다. 하지만 엄청난 규모의 재원이 필요하고, 이를 높은 조세부담을 통해 모든 국민이 감당해야 하는 문제가 있다. 또한 지원이 절실하지 않은 계층에게도 급여가 제공되어 자원의 낭비를 초래한다는 점, 급여수준을 높게 정하기 어렵다는 한계가 있다. 그렇지만 사회적 권리를 가장 적극적으로 보장하고 그 실현과정에서 대상자에게 낙인감을 전혀 주지 않으며 동일한 급여로 사회구성원의 연대의식을 높일 수 있다는 의의가 있다.

3. 우리나라의 사회복지정책 및 제도

우리나라는 사회적 위험에 대해 주로 사회보험방식으로 대응하고 있다. 노령과 퇴직에 대비한 공적연금보험(국민연금, 특수직역연금), 산재 및 직업병에 대비한 산재보상보험, 실직에 대비한 고용보험, 질병에 대비한 건강보험, 노인성질환으로 인한 요수발 상황에 대비한 노인장기요양보험이 이에 해당된다. 한편 빈곤계층의 최소한의 생활유지 보장을 위한 국민기초생활보장제도는 공공부조방식으로 운영되고 있다. 가장 적극적인 복지제도라 할 수 있는 사회적 수당의 형태는 우리나라에서 실시되지 않고 있다. 기초노령연금, 장애인수당, 아동 및 보육수당의 형태가 존재하지만 자산조사를 통해 자격기준을 정하고 있어 오히려 공공부조 성격이 강하다고 볼 수 있다. 각 제도의 특성을 도입배경 및 발전과정, 적용 대상, 재정 부담, 급여 유형 및 관리운영체계, 문제점 및 개선방안을 중심으로 정리하면 다음과 같다.

1) 국민연금

(1) 도입배경 및 발전과정

길어진 수명, 낮아지는 퇴직연령, 핵가족화로 자녀에 대한 부양 의존의 한계 등으로 퇴직 이후 소득보장이 매우 중요해지고 있다. 연금제도는 근로시기에 정기적인 보험료를 각출하여 고령이나 장애 등으로 소득이 중단되거나 감소하는 경우 일정액을 지급하여 생활을 보장해 주는 제도다.

국민연금제도의 역사적 발전과정을 정리하면 〈표 9-4〉와 같다. 특수직역연금이 이미 1960년대부터 실시되기 시작한 데 반해 국민연금제도는 상대적으로 뒤늦게 출발했다는 특징이 있다. 한편, 국민연금제도 시행 13년 만에 적용 대상을 전 국민으로 확대하였는데 서구 복지국가와 비교해 볼 때 매우 빠른 편이다.

〈표 9-4〉 국민연금제도 발전과정

연 도	주요 내용
1973. 12. 24.	「국민복지연금법」 제정, 시행령 미비로 시행 연기
1986. 12. 31.	「국민연금법」 제정(기존의 「국민복지연금법」 폐지)
1986. 9. 18.	국민연금관리공단 설치
1988. 1. 1.	국민연금제도 실시(10인 이상 사업장 근로자 대상)
1992. 1. 1.	5인 이상 사업장 근로자로 확대
1993. 1. 1.	특례노령연금 지급 개시
1995. 7. 1.	농어촌 지역가입자 확대
1999. 4. 1.	도시 지역가입자 확대
2001. 7. 1.	5인 미만 사업장 적용 확대
2003. 7. 1.	1개월 이상 고용되는 임시·일용직 근로자 및 월 80시간 이상 근무하는 시간제근로자 적용

출처: 김태성·김진수(2006). p. 222.

(2) 적용 대상

국민연금제도는 국내에 거주하는 18세 이상 60세 미만의 국민들을 당연적용 대상으로 하고 있다. 단, 공무원연금, 군인연금, 사립학교교직원연금에 가입하고 있는 경우는 제외된다. 가입 대상은 반드시 가입해야 하는 당연적용 가입대상과 가입을 본인의 선택에 맡기는 임의적용 가입대상으로 구분된다.

당연적용 대상은 다시 사업장가입자와 지역가입자로 구분된다. 사업장가입자는 상시근로자 1인 이상 사업장에 종사하는 자로 보험료를 고용주와 근로자가 1/2씩 나누어 낸다. 그리고 사업장가입자가 아니면서 18세 이상 60세 미만인 자 중에 의무가입 대상에서 제외되지 않은 경우 지역가입자가 되면 보험료를 전액 본인이 부담한다. 지역가입적용 제외자는 별도의 소득이 없는 자[2)]인데 이들은 의무가입 대상에서 제외된다. 단, 이들 중 본인이 신청하여 가입할 수 있는데 이들을 임의가입자라고 한다.

(3) 재정 부담

국민연금의 재원은 근로자와 고용주가 내는 보험료다. 국가의 재정보조는 원칙적으로 없으며 관리운영비를 부담하도록 하고 있다. 따라서 국민연금의 주요 재원은 가입자의 보험료와 국민연금기금의 운용수익이다. 2009년 9월 현재 국민연금에 조성된 총 기금은 약 304조 원이다.

가입자가 내는 보험료율은 가입 종별로 다르다. 먼저 사업장가입자는 고용주와 근로자가 각각 반씩 부담하는데, 최초 도입 시에는 3%이던 것이 이후 계속 올라 현재는 9%다(고용주 4.5%, 근로자 4.5%). 지역가입자는 본인

2) 구체적으로 살펴보면, 타 공적연금가입자의 배우자로서 별도의 소득이 없는 자, 사업장가입자·지역가입자의 배우자로서 소득이 없는 자, 별정우체국직원의 배우자로서 별도의 소득이 없는 자, 퇴직연금 등 수급권자 및 그 배우자로서 별도의 소득이 없는 자, 18세 이상 23세 미만인 자로서 학생이거나 군복무 등으로 별도의 소득이 없는 자다.

이 전액 부담하는데, 1995년 최초 도입시에는 3%이던 것이 이후 계속 올라 2005년 7월부터는 9%다. 다만 농어민의 경우 국가가 일부 지원한다.

재정 운영방식은 부과방식(pay-as-you system)과 적립방식(fund system)이 있는데, 우리나라 국민연금은 수정적립방식을 택하고 있다. 따라서 적립된 기금을 어떻게 운용하느냐가 매우 중요하다.

(4) 급여 유형 및 관리운영체계

국민연금은 가입기간이 길고 납부한 보험료가 많을수록 급여 절대액이 많아진다. 한편 저소득계층일수록 소득대체율이 높아지도록 설계되어 고소득층으로부터 저소득층으로 계층 간 소득재분배기능이 발생한다. 기본 연금액 산정식은 〈표 9-5〉와 같다. 여기서 A는 기본 연금액의 균등부분을 결정하는 요인으로 가입자의 소득수준이나 연금보험료 부담액과 관계없이 균등하게 정액으로 결정되므로 가입자의 소득을 재분배하는 기능을 한다.

〈표 9-5〉 기본 연금액 산정식

기본 연금액 = 1.485(A + B) + 출산크레딧 + 군복무크레딧 × (1 + 0.05n/12)
A: 연금 수급 전 3년 동안의 전체 가입자 평균 소득월액
B: 가입자 개인의 전 가입기간의 평균 기준 소득월액
n: 국민연금 20년 이상 가입 개월 수
* 출산크레딧과 군복무크레딧은 해당자에 한해 지급

국민연금의 급여 유형에는 노령연금(완전 노령연금, 감액 노령연금, 조기 노령연금, 재직자 노령연금, 특례 노령연금, 분할연금), 장애연금, 유족연금, 반환일시금, 사망일시금이 있다. 각 연금 유형의 수급요건 및 급여수준을 정리하면 〈표 9-6〉과 같다.

〈표 9-6〉 국민연금 급여 유형

연금의 종류	수급요건
완전 노령연금	가입기간 20년 이상, 60세에 도달한 자(65세 미만이면 소득이 없는 경우에 한함)
감액 노령연금	가입기간 10년 이상 20년 미만으로 60세에 도달한 자(65세 미만이면 소득이 없는 경우에 한함)
재직자 노령연금	완전 노령연금 수급권자 또는 감액 노령연금 수급권자가 65세 이전에 소득이 있는 업무에 종사하는 경우(소득이 있는 업무에 종사하지 않으면 완전 노령이나 감액 노령연금으로 전환)
조기 노령연금	가입기간 10년 이상, 55세 이상인 자가 소득이 있는 업무에 종사하지 아니하고, 60세 도달 전에 청구한 경우(60세 전에 소득이 있고, 60세 이후 65세 이전에는 재직자 노령연금으로 전환)
특례 노령연금	1999년 4월 1일 현재 50세 이상 60세 미만인 자로서 ① 60세가 되기 전에 5년 이상 10년 미만 가입한 자는 60세가 되는 날 ② 60세가 된 후에 가입기간이 5년 이상이 되는 자는 가입자 자격을 상실한 날(65세)부터 지급
분할연금	가입기간 중 혼인기간이 5년 이상인 노령연금 수급권자의 이혼한 배우자가 60세 이상이 된 경우
장애연금	가입 중에 발생한 질병 또는 부상으로 완치 후에도 장애가 있는 자, 초진일로부터 1년 6개월 경과 후에도 완치되지 아니한 경우는 그 1년 6개월이 경과한 날을 기준으로 장애 정도 결정. 다만, 1년 6개월 경과일에 장애등급에 해당되지 아니한 자가 60세 전에 악화된 경우 청구일을 기준으로 장애 정도 결정
유족연금	다음의 자가 사망한 때: 노령연금 수급권자, 가입자, 가입기간 10년 이상인 가입자였던 자, 장애등급 2급 이상의 장애연금 수급권자, 가입기간 10년 미만인 가입자였던 자로서 가입 중에 발생한 질병이나 부상 또는 그 부상으로 인한 질병으로 가입 중 초진일 또는 가입자 자격상실 후 1년 이내의 초진일로부터 2년 이내에 사망한 때
반환일시금	① 가입기간 10년 미만인 자가 60세가 된 경우 ② 가입자 또는 가입자였던 자가 사망하였으나 유족연금에 해당되지 않는 경우 ③ 국적을 상실하거나 국외로 이주한 경우
사망일시금	가입자 또는 가입자였던 사람이 사망하였으나 유족연금 또는 반환일시금을 지급받을 수 있는 유족범위에 해당하는 자가 없는 경우

출처: 국민연금관리공단 홈페이지.

국민연금 운영과 관련하여 정책결정 책임을 지고 있는 곳은 보건복지부다. 보건복지부는 국민연금제도의 적용 및 적용시기, 보험료 부과기준 및 보험료율, 급여 수급요건 및 지급수준 등 정책을 계획하고 수립할 책임이 있다. 국민연금의 직접적인 관리운영기관은 국민연금관리공단이다. 국민연금관리공단은 국민연금 가입자에 대한 기록유지, 연금보험료 징수, 급여의 결정 및 지급 등 보건복지부장관이 위탁한 사업을 수행한다.

(5) 문제점 및 개선과제

우리나라 국민연금제도가 갖고 있는 문제점은 크게 세 가지다. 첫째, 광범위한 사각지대 문제로 국민연금에 의해 미래 노후소득이 보장되지 않는 사람이 너무 많다. 납부예외자나 보험료 미납자들이 많아 연금 미수급자가 2030년에는 28.8%, 2050년에는 18.2%가 될 것으로 전망되고 있다. 따라서 국민연금 사각지대를 최소화하기 위한 노력이 필요하다. 출산크레딧, 군복무크레딧제도 확대, 비정규직의 가입 적극유도 등의 방안이 가능할 것이다.

둘째, 국민연금 급여수준이 낮다. 2007년 「국민연금법」 개정으로 40년 동안 보험료를 납부하더라도 소득대체율이 40%에 그친다. 그러나 60세 이전에 40년 동안 보험료를 납부하는 것은 실질적으로 매우 어렵고 실제 연금 가입기간이 평균 23년이다. 이럴 경우 소득대체율은 23% 정도에 머물러 국민연금만을 통해 노후생활을 유지하기에는 턱없이 부족한 현실이다. 따라서 고부담 고급여체계로의 변환 혹은 중층적 연금제도 설계 등을 고려해 보아야 할 것이다.

셋째, 국민연금 재정과 관련된다. 2007년 「국민연금법」 개정 이전 제도하에서는 2047년 연금 적립기금 소진이 예상되었다. 그러나 이를 지나치게 과장함으로써 불안정한 국민정서를 부추기고 제도에 대한 신뢰를 떨어뜨리는 경향이 있었다. 적립기금이 소진되면 제도가 사라진다는 생각, 즉

가입자가 보험료를 내고도 받을 수 없다는 의혹과 불안이 제기되곤 하였다. 그러나 2007년 제도 개선으로 2060년 후반으로 기금 소진시점이 늦춰졌다. 또한 한 국가가 지구상에서 완전히 사라지지 않는 한 노인부양을 어떤 식으로든 해야 하기 때문에 우려하는 상황이 발생하지는 않는다. 단, 내는 것보다는 더 받도록 설계된 체계 때문에 발생하는 차액을 어떻게 충당할 것인가에 대한 합의의 문제인 것이다. 서구의 경우 부족한 기금을 현 경제활동인구가 낸 보험료에 모자란 부분을 국가의 세금으로 충당하고 있다. 이 세금을 어떠한 방식으로 충당할 것인지에 대한 합의가 필요한 것이다(이태수, 2011). 한편, 국민연금 재정안정화를 위해 그동안 보험료 상향조정, 수급연령 연장 등과 같은 대안이 제시되어 왔다. 다양한 대안에 대한 논의와 국민적 합의를 이루어 가는 노력이 필요하다고 본다.

2) 건강보험

(1) 도입배경 및 발전과정

건강보험제도는 질병, 부상, 분만, 사망 등으로 일시에 고액의 의료비를 지출해야 하는 부담을 덜어 주기 위해 국가가 법으로 정하여 실시하는 사회보장제도다. 보험가입자 전원에게 소득과 재산에 따라 보험료를 각출하여 보험급여를 줌으로써 국민의 경제적 부담을 덜어 주고 보건을 유지·향상시켜 주는 제도다.

우리나라 건강보험의 발전과정을 정리하면 〈표 9-7〉과 같은데, 1977년 7월 1일 처음으로 의료보험이라는 이름으로 실시되었다. 처음에는 500인 이상 사업장근로자들만을 대상으로 실시하였으나 전 국민 대상으로 확대되는 데 약 10년이 소요되었다. 초기에는 직종에 따라 지역의료보험조합, 직장의료보험조합, 공무원·교직원의료보험조합으로 분리되어 각 조합별로 운영되었다. 그러나 이러한 조합주의 방식의 운영은 위험분산기능의 제

〈표 9-7〉 건강보험 발전과정

연 도	내 용
1963. 12. 16.	「의료보험법」 제정. 강제적용이 아니어서 재원부족으로 무산됨
1976.	「의료보험법」 개정.
1977. 7. 1.	「의료보험법」 실시(직장의료보험, 500인 이상 사업장근로자와 공업단지 근로자 강제적용)
1979. 1. 1.	공무원 및 사립학교교직원의료보험 실시(공교의료보험) 300인 이상 사업장근로자까지 적용범위 확대
1981. 1. 1.	100인 이상 사업장근로자까지 적용범위 확대
1989. 7. 1.	도시 자영업자까지 확대적용하여 전 국민 의료보험 실시(지역의료보험)
1997. 12. 31.	「국민의료보험법」 제정
1998. 10. 1.	조합주의 방식에서 통합주의 방식으로 변경(공무원사립교직원공단과 지역의료보험조합 통합)
1999. 2. 8.	「국민건강보험법」 제정
2001. 7. 1.	5인 미만 사업장근로자 직장가입자 편입
2002. 1. 19.	국민건강보험 재정건전화 「특별법」 제정
2003. 7. 1.	지역 · 직장 재정 통합운영

한으로 조합 간 재정불균형, 조합별 보험료 부과에 따른 보험료 부담의 비형평성, 관리운영의 비효율성, 소득계층 간 재분배실현 제한 등의 한계를 나타냈다. 그리하여 1998년부터 조합 간의 통합을 추진하여 2003년에 재정통합을 이루게 되었고 이름도 의료보험에서 건강보험으로 바뀌었다.

(2) 적용 대상

우리나라 건강보험의 적용 대상은 모든 국민이고, 다만 의료급여 대상자는 제외된다. 건강보험의 적용 대상은 직장가입자와 지역가입자로 구분된다. 직장가입자는 상시 1인 이상의 근로자를 사용하는 사업장에 고용된 근로자와 그 사용자 그리고 공무원 및 교직원, 직장가입자의 피부양자다. 지역가입자는 직장가입자와 피부양자 및 의료급여 대상자를 제외한 모든 사람이다.

(3) 재정 부담

국민건강보험의 재원은 크게 가입자, 사용자, 국가에 의하여 마련된다. 먼저 직장가입자, 공무원, 군인 등은 기준 소득월액에 일정한 보험료를 곱하여 산정한다. 2011년 현재 직장가입자는 5.64%의 보험료를 가입자와 고용주가 각각 50%씩 부담하고, 공무원은 가입자와 국가가 각각 50%씩, 사립학교교직원의 경우는 가입자가 50%, 고용주가 30%, 국가가 20%를 부담한다. 반면에 지역가입자는 소득파악의 어려움을 고려하여 소득과 재산 그리고 경제활동능력을 추정하여 산정한 평가소득에 근거하여 보험료 부과점수를 산정한다. 2011년의 경우 보험료 부과점수당 165.4원을 곱하여 월 건강보험료를 산정하였다(국민건강보험공단 홈페이지).

(4) 급여 유형 및 관리운영체계

국민건강보험의 급여 유형은 현물급여와 현금급여로 크게 두 가지다. 현물급여로는 가입자 및 피부양자의 질병에 대한 의료서비스를 제공하는 요양급여와 2년마다 1회 이상의 건강검진서비스를 제공하는 것이 있다. 의료서비스 이용 시에 이용자는 본인 부담금을 지불하여야 한다. 건강보험에서 진료비용은 보험급여 부분과 비급여 부분으로 나뉘어 있는데, 비급여 부분은 서비스 이용자가 부담해야 하고 급여항목이라 하더라도 해당하는 본인 부담금[3)]을 지불해야 한다.

다른 하나는 현금급여인데 만성신부전증환자의 복막관류액 구입비, 요양기관 이외의 장소에서 출산한 경우 출산비, 장제비, 장애인보장구 구입비, 본인 부담액 보상금 등의 제한적인 범위에서 현금급여를 제공한다.

국민건강보험의 관리운영 주체는 국민건강보험공단으로 산하에 6개 지역본부와 227개 지사를 두고 전국을 단일체제로 관리하고 있다. 가입자 및

3) 입원의 경우 20%, 외래의 경우 종합병원은 55%, 병원은 40%, 의원은 30%다.

피부양자의 자격관리, 보험료 및 「국민건강보험법」에 의한 징수금의 부과 · 징수, 보험급여의 관리, 보험급여비용의 지급, 가입자 및 피부양자의 건강 유지 · 증진을 위한 가입자 보호사업, 건강검진 · 증진사업, 의료시설의 운영, 자산관리 · 운영업무 등의 업무를 수행하고 있다.

(5) 문제점 및 개선과제

우리나라 건강보험의 가장 큰 문제는 의료서비스 이용 시 본인 부담률이 지나치게 높다는 점이다. 이로 인해 소득이 낮은 계층은 의료서비스 이용이 어려운 경우가 발생한다. 특히 중한 질병의 경우 전체 의료비용이 비싸고 그만큼 본인이 부담하는 비용도 커져 중병환자가 비용 때문에 치료를 포기하는 경우가 발생한다. 본인 부담금을 낮추는 것은 결국 건강보험 재정의 문제와 연결이 된다. 건강보험 재정확보를 위해서는 보험료율을 높이는 방법,[4] 국가가 재정적 지원을 확대하는 방법, 보험료 미납자 특히 고액체납자에 대한 징수율을 높이는 방법이 가능하다. 한편 보험급여 부분과 비급여 부분을 재조정하여 본인 부담률을 낮출 수 있는데, 중증질환에 대한 본인 부담률을 줄여 생명에 위협을 느끼면서도 치료를 포기하는 상황을 방지할 수 있을 것이다.

둘째, 행위별 수가제에서 포괄수가제로 의료비 지불제도 개선이 필요하다. 현재 우리의 건강보험에서는 의료비 지불제도가 행위별 수가제도(fee for service)에 기초해 의료비를 산정한다. 의료행위에 따라 의료비를 지급하기 때문에 과잉진료에 따른 과도한 의료비용이 지불될 수 있다는 단점이 있다. 이에 대한 대안으로는 진료행위마다가 아닌 질병군별로 의료비가 포괄적으로 계산되는 포괄수가제(diagnosis-related group) 도입이 필요하다. 현재는 국공립병원에 한정되어 시범적으로 도입되었는데 전면적인 도입이

4) 우리나라의 보험료율은 서구 복지국가들의 10%대에 비해 낮은 편이다.

필요하다.

셋째, 지역가입자 소득파악 미흡으로 의료비 부담의 비형평성 문제가 대두될 수 있다. 건강보험은 소득과 재산에 비례해 보험료를 납부하고 질병 위험에 처할 경우 서비스 수급을 받는다. 그러나 지역가입자들이 과소보고로 형평성 있는 보험료 부과가 이루어지지 않고, 이로 인해 역진적 재분배를 초래하는 문제점이 있다. 따라서 지역가입자의 소득파악능력 제고를 위한 노력이 필요하다(김태성 외, 2010).

3) 산재보험

(1) 도입배경 및 발전과정

산업재해는 근로자의 건강 상실, 장애, 사망, 노동력 손실, 근로자의 생산의욕 저하, 해당가구의 생계불안정의 원인이 된다. 또한 산재 발생은 기업의 재정적 손실을 초래하기도 한다. 그리하여 사업장에서 일하는 근로자가 업무상 재해를 당하여 장애를 입거나 사망했을 때 본인의 치료나 부양가족의 생계를 보장하기 위하여 마련된 것이 산재보험이다. 산업재해에 대해서는 고용주가 책임을 져야 한다는 전제가 깔려 있어 근로자의 업무상 재해에 대해서는 고의 및 과실 유무를 불문하고 고용주가 책임지도록 하고 있다.

산재보험은 1963년에 관련법이 제정되고 1964년부터 시행되었다. 처음에는 상시 근로자 500인 이상의 광업과 제조업 사업장에 근무하는 근로자에게만 적용하였다가 이후 계속 확대하여 2000년부터는 1인 이상 사업장까지 적용 대상이 되었다.

(2) 적용 대상

산재보험의 수혜자는 근로자이지만 보험의 가입자는 고용주다. 산재보험의 적용 대상은 사업자의 가입의사 여부와 관계없이 강제로 적용되는 당연적용사업과 사업자의 가입의사에 따라 가입할 수 있는 임의적용사업으로 나뉜다.

임의적용사업은 공무원, 교직원, 선원과 같이 다른 제도에 의하여 재해보상이 이루어지는 경우, 사업의 규모가 영세하여 산재보험관리에 어려움이 있는 사업(공사금액 2천만 원 미만 건설업, 5인 미만 근로자를 고용하는 어업 등) 그리고 가사서비스업 등이다. 이상의 사업을 제외한 모든 사업장은 당연적용 대상으로 강제적으로 보험에 가입해야 되고, 보험료 신고 · 납부 의무가 주어진다.

(3) 재정 부담

산업재해에 대한 사용자의 책임을 강제화한다는 목적에 따라 산재보험의 보험료는 원칙적으로 사업주가 전액 부담하도록 되어 있다. 산재보험의 보험료는 임금총액에 산재보험료율을 곱하여 산정하는데, 산재보험료율은 업종별 차등요율제와 개별 실적요율제를 동시에 적용해 산출된다.

먼저 업종별 차등요율제는 업종별로 과거의 사고율을 반영하여 결정하는데 업종별로 산재발생률이 다르기 때문이다. 또한 고용주의 산업재해 예방행위를 높이기 위해 개별 실적요율제도를 운영하고 있는데 과거 3년 동안 낸 보험료 대비 얼마나 많은 급여를 받았는지를 고려해 보험료율을 인상 또는 인하해 주고 있다.

(4) 급여 유형 및 관리운영체계

산재보험의 급여를 받기 위해서는 재해가 업무상 재해로 인정을 받아야 한다. 업무상 재해란 '업무상의 사유에 의한 노동자의 부상, 질병, 신체장애 또는 사망'을 의미하는데, 좀 더 구체적으로는 업무수행성과 업무기인성 모두를 충족해야 급여를 받을 수 있다.

〈표 9-8〉 산재보험의 급여 유형별 급여자격 및 수준

급여 유형		특성 및 급여자격	급여수준
현물급여	요양급여	업무상의 사유로 부상을 당하거나 질병이 걸린 경우	본인 부담금 없이 요양비 전액을 지급함
현금급여	휴업급여	업무상의 사유로 부상을 당하거나 질병이 걸린 근로자가 취업을 하지 못한 기간에 대하여 소득을 보장함	1일당 지급액: 평균 임금의 70%
	장애급여	산재로 신체 등에 장애가 있는 근로자에게 지급	장애보상연금(장애등급 1급~3급): 장애등급에 따라 다른데 1급의 경우 평균 임금의 약 90% 지급
	간병급여	요양급여를 받는 사람이 간병이 필요하여 실제로 간병을 받는 사람에게 지급	상시간병: 1일 38,240원 수시간병: 1일 25,490원
	유족급여	산재로 사망한 경우 유족의 수에 따라 지급	유족 보상연금: 유족 1인인 경우 평균 임금의 52%, 4인 이상인 경우 67% 지급
	장의비	산재로 사망한 경우 장제를 행하는 자에게 지급	평균 임금의 120일분

출처: 근로복지공단 홈페이지.

산재보험의 급여는 현물급여와 현금급여로 나뉜다. 현물급여는 요양급여가 있고, 현금급여는 휴업급여 · 장애급여 · 간병급여 · 유족급여가 있다. 그 내용을 정리하면 〈표 9-8〉과 같다. 산재보험의 보험관계는 관리주체인 노동부장관의 위탁을 받아 근로복지공단에서 수행하고 있다.

(5) 문제점 및 개선과제

첫째, 산업재해의 인정범위가 모호하고 특히 직업병 인정이 매우 까다롭다. 각종 재해나 직업병이 산재로 인정되어 이로 야기된 피해는 온전히 보상될 수 있도록 해야 할 것이다.

둘째, 급여범위와 급여수준이 선진 복지국가수준에 비추어 보면 절대적으로 미흡하다. 요양급여의 급여항목이 제한되는 경우가 많고 휴업급여의 경우 수준이 낮아 산재로 노동 단절 시 경제적 어려움을 피할 수 없는 상황

이다. 따라서 급여범위 확대 및 급여수준의 향상이 이루어져야 할 것이다.

마지막으로, 산재근로자에게 중요한 산재발생 예방사업과 직업재활을 포함한 사회재활이 등한시되고 있다. 먼저 산재 예방을 위해서는 산재 예방에 대한 감독을 강화하고 각 사업장별 특성에 맞는 산재 예방을 위한 지도 및 자문, 교육을 실시해 산업안정에 대한 경각심을 높여야 한다. 또한 산재로 노동력이 손상되거나 상실한 근로자들의 의료재활 및 사회재활을 위한 방안이 필요하다(백종만 외, 2004).

4) 고용보험

(1) 도입배경 및 발전과정

고용보험은 근로자가 실직한 경우에 생활에 필요한 급여를 제공하여 근로자의 생활안정과 구직활동을 촉진함으로써 경제 · 사회 발전에 이바지하는 것을 목적으로 한 사회보험제도다. 고용보험제도는 1993년 12월 27일 「고용보험법」 제정, 1995년 시행령과 시행규칙 제정으로 1995년 7월 1일부터 시행되었다. 시행 초기에는 30인 이상 사업장에 한해 적용되었으나 IMF의 영향으로 많은 사람들이 실업을 사회적 위험으로 인식하게 되었고 점차 적용범위가 확대되었다. 적용 대상 확대과정을 정리하면 〈표 9-9〉와 같다.

〈표 9-9〉 사업별 · 규모별 고용보험 적용 확대추이

사업별 / 시 기	실업급여	고용안정사업 · 직업능력개발사업	건설업: 총공사금액
1995. 7.	30인 이상	70인 이상	40억 원
1998. 1.	10인 이상	50인 이상	34억 원
1998. 3.	5인 이상	50인 이상	34억 원
1998. 7.	5인 이상	5인 이상	3억 4천만 원
1998. 10. 이후	1인 이상	1인 이상	3억 4천만 원

(2) 적용 대상

고용보험의 적용대상은 당연적용사업과 임의적용사업으로 구분된다. 당연적용사업은 사업이 개시되어 적용요건을 충족하게 되었을 때 고용주의 의사와 상관없이 자동적으로 보험관계가 성립되며, 근로자를 1인 이상 고용하는 사업장이 해당된다. 다만 사업의 규모 및 사업별 특성을 고려하여 사업장 및 피보험자 관리가 어렵다고 판단되는 일부 사업에 대하여는 적용을 제외한다.[5] 임의적용사업은 「고용보험법」이 강제로 적용되지 아니하는 사업으로 사용자가 자유의사로 고용보험에 가입하는 사업을 말한다.

(3) 재정 부담

고용보험은 사업별로 책정된 보험료로 운영된다. 실업급여사업은 근로자와 고용주가 각각 0.45%씩 부담하고, 고용안정사업은 고용주가 0.15%를 부담한다. 한편, 직업능력개발사업은 사업규모별로 보험료율에 차등을 두어 1,000인 이상 기업은 0.7%, 150~1,000명 미만 기업은 0.5%, 150인 이상 기업은 0.3%, 150인 미만 기업은 0.1%를 부담한다.

(4) 급여 유형 및 관리운영체계

고용보험 급여는 크게 네 가지 사업 영역에서 지급되는데, 각 사업별 다양한 급여와 지원방법을 정리하면 〈표 9-10〉과 같다.

고용보험제도 및 운영에 관한 주요 사항의 결정이나 기획에 관한 업무는 노동부의 본부에서 이루어지고, 구체적인 집행업무는 노동고용부산하의 지방노동청 및 지방노동사무소에서 행하며, 근로복지공단과 한국산업인력공단이 일부 업무를 위탁받아 운영하고 있다.

---

5) 농업, 임업, 어업 및 수렵업 중 법인이 아니면서 상시 4인 이하의 근로자를 고용하는 사업, 총 공사금액이 일정액 미만인 건설사업, 가사서비스업은 당연적용사업에서 제외된다.

〈표 9-10〉 고용보험의 사업 및 급여 유형

사업 유형	목적 및 내용
실업급여사업	근로자가 실직한 경우에 일정기간 급여를 지급하여 근로자 및 가족의 생활안정을 도모하고 자신의 능력과 적성에 맞는 직장을 찾을 수 있도록 지원함
고용안정사업	국내외 경기의 변동, 산업구조의 변화, 기타 경제상의 이유 등으로 노동력이 부족하거나 고용기회가 감소하여 고용상태가 불안하게 되는 경우 근로자의 고용안정을 보장하면서 기업의 고용조정을 합리적으로 지원하기 위한 것임
직업능력개발사업	근로자의 인적 자원의 질을 높여 직무능력 향상을 위한 사업
모성보호급여사업	여성들의 노동시장 참여를 촉진하기 위한 제도임(육아휴직급여, 산전후 휴가급여)

(5) 문제점 및 개선과제

고용보험에서 지적되는 문제점 및 개선과제를 살펴보면 다음과 같다. 첫째, 고용보험이 실업자에 대한 사회안전망 기능을 수행하는 데 한계가 있다는 것이다. 실업급여을 받기 위해서는 18개월 동안의 근로기간에서 6개월 이상 보험료를 납부해야 한다. 하지만 이런 조건은 안정적인 직장을 다니는 정규직 근로자들에게는 유리하지만 영세사업장에서 일하는 비정규직 근로자들이 충족하기는 어려워 실업급여를 받기 힘들다.

둘째, 고용보험이 단순히 실직자에게 현금급여를 통한 사후개입적 한계에서 벗어나기 위해서는 적극적 노동시장정책이 병행되어야 한다는 것이다. 그리고 이를 위해서는 직업안정기관 구축, 전문인력 양성, 노동시장정보체계 구축, 구직활동지원프로그램 개발 등이 전제되어야 하는데 아직은 매우 미흡한 상황이다(김태성 외, 2010).

5) 노인장기요양보험

(1) 도입배경 및 발전과정

노인장기요양보험제도는 고령이나 노인성 질병 등으로 목욕이나 집안일 등 일상생활을 혼자서 수행하기 어려운 이들에게 신체활동 · 가사지원 등의 서비스를 제공하여 노후생활의 안정과 그 가족의 부담을 덜어 주기 위한 사회보험제도다. 2001년 대통령 경축사에서 노인요양보장제도 도입을 발표하면서 제도 시행 준비체계가 구축되었다. 2003년 공적노인요양보장추진기획단이 설치 운영되기 시작했고, 2005년에서 2008년까지 3차에 걸친 시범사업이 실시되었다. 2007년에 「노인장기요양법」이 제정되어 2008년 7월부터 시행되기 시작했다(보건복지부 홈페이지).

(2) 적용 대상

소득수준과 상관없이 65세 이상 노인과 64세 이하 노인성 질병이 있는 자는 국민건강보험공단 각 지사별 장기요양센터에서 신청할 수 있다. 신청이 접수되면 공단직원이 방문조사를 통해 1차 신체기능 점수를 산출하고 이후 등급판정위원회의를 통해 장기요양 인정 및 등급판정이 확정된다. 급여 대상은 65세 이상 노인 또는 치매, 중풍, 파킨슨병 등 노인성 질병으로 6개월 이상 혼자서 일상생활을 수행하기 어려운 자로 1~3등급으로 분류된다. 판정된 등급에 따라 장기요양센터는 장기요양인정서 및 표준장기이용계획서로 통보하고 그에 기초해 신청자는 서비스를 이용할 수 있다.

(3) 재정 부담

노인장기요양보험의 재정은 크게 보험료, 국가 부담금, 본인 부담금으로 구성된다. 먼저 노인장기요양보험료[6]는 건강보험료액의 6.55%(2012년 기준 월 평균 5,211원)다. 노인장기요양보험 가입자는 국민건강보험 가입자와 동일하고 건강보험료와 통합징수한다.

국가 부담금은 장기요양보험료 예상수입액의 20% 수준이다. 국가 부담은 의료급여 수급권자의 장기요양급여 비용 중 공단이 부담해야 할 비용 및 관리운영비에 사용된다.

마지막으로 본인 부담금은 서비스 이용 시 이용자가 부담해야 하는 금액이다. 시설급여의 경우 전체 서비스 비용의 20%를, 재가급여의 경우 15%를 부담해야 한다. 의료급여 수급권자 등 저소득층은 각각 1/2로 경감되기 때문에 시설급여의 10%, 재가급여의 7.5%를 부담한다. 국민기초생활 수급권자는 본인 부담금 없이 무료로 서비스 이용이 가능하다.

(4) 급여 유형 및 관리운영체계

노인장기요양보험의 급여는 크게 시설급여, 재가급여, 특별현금급여로 구분되는데, 시설급여는 요양시설에 장기간 입소하여 신체활동 지원 등을 제공받는 것이다. 재가급여는 요양인력이 가정을 방문하여 신체활동, 가사활동, 목욕, 간호 등을 제공하는 것이고, 주간보호센터 이용과 복지용구 구입이 포함된다. 특별현금급여는 장기요양기관이 현저히 부족한 지역에 거주하는 자에게 지급한다. 노인장기요양보험제도는 중앙 및 지방정부, 국민건강보험공단, 장기요양기관의 역할분담을 통해 운영되고 있다. 각 주체의 역할과 서비스 흐름도를 그림으로 나타내면 [그림 9-1]과 같다.

6) 장기요양보험료율: 보건복지부장관 소속 장기요양위원회의 심의를 거쳐 대통령령으로 명시하는데, 2010년 장기요양보험료율은 6.55%다.

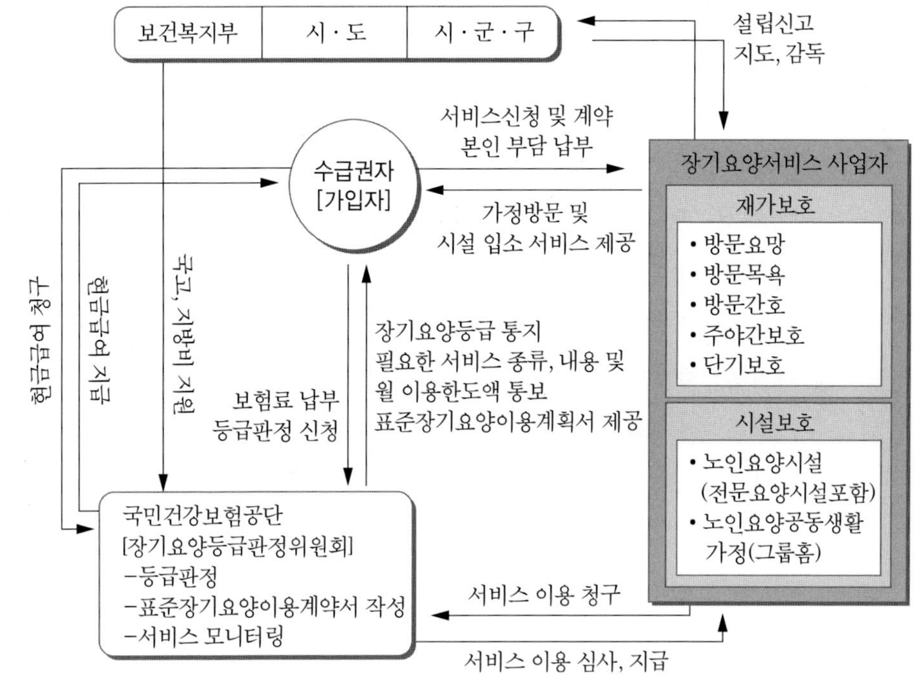

[그림 9-1] 노인장기보양보험 사업주체별 역할

출처: 보건복지부(2011). p. 212.

(5) 문제점 및 개선과제

현재 노인장기요양보험제도의 경우 노인의 기능 상태와 욕구에 기초한 종합적 사례관리에 대한 고려가 미흡하고, 제도의 재정과 하드웨어의 구축에 치중함으로써 노인에 대한 서비스 질 저하가 우려되고 있다. 또한 장기요양보험급여를 직접 제공하는 요양보호사가 단기교육과정을 통해 양성되어 충분한 전문성을 갖추지 못하고 있으며, 이로 인해 서비스의 질 하락 문제가 야기되고 있다. 또한 일부 재가급여의 부당청구문제, 요양보호사 교육기관의 부실운영, 장기요양 요원의 노동조건 악화 등의 문제도 있다. 그리고 노인돌봄서비스와 주거복지시설 등과의 연계방안이 마련되어야 한다(권중돈, 2010).

6) 국민기초생활보장제도

(1) 도입배경 및 발전과정

국민기초생활보장제도는 우리나라의 공공부조제도다. 1961년 생활보호법 제정으로 실행된 생활보호제도는 2000년까지 운영되었다. 그러나 IMF 경제위기와 대량실업사태 전개과정에서 사회적 안전망으로서 그 역할을 담당하기에 역부족인 근본적인 한계들이 표출되면서 2000년 10월 이후 국민기초생활보장제도로 대체되었다(백종만 외, 2004).

국민기초생활보장제도는 인구학적 조건(연령 기준)을 없애고 일정한 소득과 자산 이하면 누구에게나 급여가 주어지도록 하였다. 객관적으로 계측된 최저생계비를 산출하여 이를 기준으로 대상자를 선정하고, 저소득층의 수급권을 인정하는 권리적 성격을 반영하였다.

(2) 적용 대상

소득인정액이 최저생계비 이하이면서 부양의무자가 없거나 부양능력이 미약한 사람이면 누구나 국민기초생활보장제도의 대상이 될 수 있다. 부양의무자는 1촌 이내 직계혈족과 그 배우자를 의미한다. 부양의무자의 부양능력의 판단기준을 보면, '부양의무자 재산의 소득환산액이 수급권자가구 및 부양의무자가구의 최저생계비 합의 42% 미만'이고, 부양의무자의 소득이 부양의무자가구의 최저생계비 130% 미만이어야 부양능력이 없는 것으로 판단한다. 한편 근로능력이 있는 사람들은 자활사업에 참여하는 조건으로 급여를 받을 수 있는데, 자활능력과 사업 유형에 따라 근로유지형, 사회서비스일자리형, 인턴형, 시장진입형으로 구분된다.

(3) 급여 유형

국민기초생활보장제도의 급여 유형은 생계급여, 주거급여, 의료급여,

교육급여, 해산급여, 장제급여, 자활급여가 있다. 급여는 생계급여를 기본으로 하고 필요에 따라 다른 급여를 제공한다. 생계급여는 가구별 소득인정액과 최저생계비의 차액을 지급하는 보충급여제를 원칙으로 한다.[7] 국민기초생활보장제도의 급여 유형과 내용을 정리하면 〈표 9-11〉과 같다.

〈표 9-11〉 국민기초생활보장제도의 급여 유형

급여 유형	급여 내용
생계급여	• 생계급여는 수급자에게 의복 · 음식물 및 연료비와 기타 일상생활에 기본적으로 필요한 금품을 지급하여 그 생계를 유지하게 하는 것으로, 매월 정기적으로 현금으로 지급함 • 생계급여에는 일반생계급여, 시설수급자에 대한 생계급여, 긴급 생계급여, 조건부 생계급여 등이 있음
주거급여	• 자가 가구자를 대상으로 3년에 1회 기준으로 수급자가 참여하는 '집수리사업단' 을 활용한 현물 주거급여를 실시 • 가구별 현물 급여액에 해당하는 금액을 차감한 나머지를 주거 현금급여로 지급함
의료급여	• 1종 수급권자: 근로능력이 없는 사람으로 구성된 가구이거나 미취학아동 또는 거동이 불편한 가구원이 있는 가구(진료비 전액 무료) • 2종 수급권자: 1종 대상자가 아닌 모든 경우(본인부담금 일부 부담)
교육급여	• 수급 가구원 중 중 · 고등학생 자녀가 있는 경우 입학금 및 수업료, 교과서비, 학용품비를 지급
해산급여	• 수급 가구원 중 출산여성이 있을 경우 분만 전후의 필요한 조치와 보호를 위해 급여를 지급
장제급여	• 수급 가구원 중 사망자가 있을 때 급여를 지급함
자활급여	• 자활사업 참여를 조건으로 지급 받는 생계비

7) 실수령 생계급여액=현금급여 기준(최저생계비−의료 · 교육급여, 타법령 지원액)−주거급여액−가구소득인정액

(4) 문제점 및 개선과제

국민기초생활보장제도는 이전 생활보호제도에 비해 진일보한 제도임이 분명함에도 불구하고 앞으로 개선해야 할 문제들이 남아 있다. 먼저, 실질적인 빈곤층이 부양의무자 규정 때문에 수급 대상에서 제외되고 있다는 점이다. 특히 부양의무자 부양능력 판단기준이 너무 엄격하다. 국가의 기초생계비 지원이 필요한 사람들의 부양의무자들 대부분은 실질적인 부양능력이 없는 경우가 많다. 그런데 부양능력 산정기준이 너무 낮아 빈곤가구가 다른 빈곤가구를 부양해야 하는 상황이 되는 것이다. 또한 우리나라에서 실시되고 있는 부양의무 불이행자에 대한 보장비용을 징수하도록 한 조치는 가족책임을 강조하는 이념이 반영된 것으로 가족관계 악화를 초래하기도 한다. 따라서 부양의무자 기준을 없애든지 부양능력을 판단하는 기준을 실질적인 부양능력자를 선별할 수 있는 수준으로 높일 필요가 있다.

둘째, 국민기초생활보장제도의 성패는 정확한 조사를 통한 수급자 선정과 효율적 관리에 달려 있다. 즉, 사회복지전담공무원의 전문성을 제대로 발휘할 수 있는 환경이 마련되어야 한다. 하지만 개인별 담당사례수가 너무 많아 수급 대상자의 원활한 관리와 탈수급을 위한 사례관리 등의 업무를 제대로 수행하지 못하고 있는 상황이다. 따라서 사회복지전담공무원의 확충과 전문성을 발휘할 수 있는 행정여건이 조성되어야 한다.

용어해설

- **소득대체율**: 국민연금 가입기간의 평균소득을 현재 가치로 환산한 금액대비 연금으로 지급하는 비율
- **정액연금**: 소득에 따라 기여금을 내지만 급여는 같은 액수를 받는 연금체계
- **유효수요**: 실제로 물건을 살 수 있는 돈을 갖고 물건을 구매하려는 욕구, 확실한 구매력의 뒷받침이 있는 수요

- **부과방식**: 적립기금 없이 그해 가입자들에게 보험료를 거두어 그해의 은퇴자들에게 급여를 하는 방식
- **적립방식**: 보험료를 계속 적립하여 기금을 쌓아두었다가 가입자들의 급여연령이 도달하면 지급하는 방식
- **출산크레딧제도**: 2008. 1. 1. 이후에 둘째 자녀 이상을 출산하는 경우에 국민연금 가입기간을 추가로 인정하여 주는 제도로서, 국민연금 사각지대를 축소하는 한편, 고령화 사회에 대비하여 출산을 장려하는 것에도 그 목적이 있다. 자녀가 2명인 경우에는 12개월, 자녀가 3명 이상인 경우에는 둘째 자녀에 인정되는 12월에 셋째 자녀 이상 1명마다 18개월을 추가하여 최장 50개월까지 가입기간을 추가 인정하는데, 이에 소요되는 비용은 국가에서 전부 또는 일부를 부담함
- **군복무크레딧제도**: 2008. 1. 1. 이후에 입대하여 병역의무를 이행한 현역병 및 공익근무요원에게 6개월의 국민연금 가입기간을 인정하여 주는 제도
- **직계존속**: 조상으로부터 직계로 내려와 자기에 이르는 사이의 혈족. 부모, 조부모 등을 이름
- **직계비속**: 자기로부터 직계로 이어져 내려가는 혈족. 아들, 딸, 손자, 증손 등을 이름
- **기준 소득월액**: 연금보험료 및 연금급여를 산정하기 위하여 사용자 또는 가입자가 신고한 소득월액에서 천 원 미만을 버린 금액을 말함
- **업무수행성**: 근로자가 사용자의 지휘 · 명령에 따라서 업무를 행하는 것이며, 직접적인 것뿐 아니라 부수되는 행위 또는 사고로 발생한 재해를 포함함
- **업무기인성**: 업무상의 행위나 작업조건 또는 작업환경과 재해 사이에 상당한 인과관계가 있는 것을 말함. 업무상의 사유에 해당되는가는 업무의 실태와 기업의 운영 상황 등을 종합적으로 고려하여 개별적 · 구체적으로 해석되어야 함
- **소득인정액**: 소득평가액에 재산을 소득으로 환산한 액수를 합한 액수
- **소득평가액**: 실제소득에서 가구특성별 지출비용과 근로소득공제를 뺀 액수
- **최저생계비**: 최저생계비는 국민의 건강하고 문화적인 생활을 유지하기 위하여 소요되는 최소한의 비용을 의미함. 보건복지부장관은 매년 9월 1일까지 중앙생활보장위원회의 심의 · 의결을 거쳐 다음 연도의 최저생계비를 공표하는데, 3년마다 계측조사함
- **국민연금 납부예외자**: 실직이나 휴직으로 가입은 되어 있으나 보험료를 납부하고 있지 않은 자
- **직장가입자의 피부양자**: 건강보험 직장가입자에 의하여 주로 생계를 유지하는 사람으로 직장가입자의 배우자, 직계존속(배우자의 직계존속 포함), 직계비속(배우자의 직계비속 포함) 및 그 배우자 · 형제 · 자매 등

참고문헌

권중돈(2010). 노인복지론. 서울: 학지사.

김성천 · 강욱모 · 김혜성 · 박경숙 · 박능후(2009). 사회복지학의 원리와 실제. 서울: 학지사.

김융일 · 김기환 · 김미혜 · 김형식 · 박능후 · 신준섭 · 오창순 · 이영분 · 정무성 · 황성철(2003). 사회복지학개론. 서울: 동인.

김태성 · 김진수(2006). 사회보장론. 서울: 청목출판사.

김태성 · 홍선미 · 조성은(2010). 사회복지개론. 서울: 청목출판사.

백종만 · 최원규 · 최옥채 · 윤명숙 · 홍경준 · 이상록 · 박현선(2004). 사회와 복지. 서울: 나눔의 집.

보건복지부(2011). 노인보건복지서비스사업안내.

이인재 · 류진석 · 권문일 · 김진구(2005). 사회보장론. 파주: 나남출판

이준영(2008). 사회보장론 원리와 실제. 서울: 학지사.

이태수(2011). 왜 복지국가인가. 서울: 이학사.

최일섭 · 정은(2006) 현대사회복지의 이해. 고양: 공동체.

국민건강보험공단 홈페이지(http://www.nhic.or.kr)

국민연금관리공단 홈페이지(http://www.nps.or.kr)

근로복지공단 홈페이지(http://www.kcomwel.or.kr)

보건복지부 홈페이지(http://www.mw.go.kr)

제10장

사회복지의 실천 분야 I

학습개요

- 사회복지실천 분야로서 아동 · 청소년복지, 여성복지, 가족복지의 개념과 실천내용 및 대상에 대해 살펴본다.

학습목표

- 아동 · 청소년복지, 여성복지, 가족복지의 개념과 실천을 설명할 수 있다.
- 아동 · 청소년복지, 여성복지, 가족복지실천의 목표를 적절하게 설정할 수 있다.
- 아동 · 청소년복지, 여성복지, 가족복지 대상과 실천방안을 다양하게 제시할 수 있다.

학습과제

- 최근 심각하게 고려해야 할 아동 · 청소년복지의 대상은 누구이고, 그 이유는 무엇인지 논의해 보자.
- 여성복지의 필요성에 대해 설명해 보자.
- 여성복지관련 제도와 사업의 현황 및 개선점을 설명해 보자.

제10장 사회복지의 실천 분야 I

1. 아동 및 청소년복지

1) 아동 및 청소년복지의 개념

아동복지(child welfare)란 아동의 복지를 증진하는 것으로 이념적 의미와 실천적 의미를 포함하는 개념이다. 미국의 전국사회사업가협회에서 간행한 사전에 따르면 아동복지란 아동을 보호하고 아동을 보살피며, 아동이 건전하게 발달하는 것을 지향하는 프로그램과 정책을 의미한다고 기술하고 있다(오정수 · 정익중, 2009: 20-31 재인용). 레어드와 하트먼(Laird & Hartman)은 모든 아동의 복지를 의미하는 아동복지(child welfare)와 아동, 가족, 관련 기관에 제공되는 서비스를 의미하는 아동복지(child welfare)로 구분하여 정의내리고 있다(노병일, 2010: 22 재인용). 또한 웹(Webb, 2003)은 아동복지란 아동에게만 초점을 맞추는 것도 아동의 가족과 환경에만 개입하는 것도 아닌 포괄적으로 접근하는 것이라고 설명하였다. 또한 우리나라 「아동복지법」(2011)에서는 "아동복지란 아동이 행복한 삶을 누릴 수 있는 기본적인 여건을 조성하고 조화롭게 성장 · 발달할 수 있도록 하기 위한 경제적 · 사회적 · 정서적 지원을 말한다."라고 정의내리고 있다. 이를 통해 아동복지란 아동의 복지증진을 위한 이념적 목표와 실천적 활동을 포함하며, 모든 아동을 대상으로 아동개인과 아동을 둘러싼 다양한 체계를 함께 고려하는 포괄적 개념임을 알 수 있다.

한편, 청소년복지(youth welfare)는 아동복지의 범주 안에서 논의되어 왔다. 1991년 「청소년기본법」이 제정되면서 취약계층의 청소년복지 지원과 관련 법체계가 구성되었으며, 2005년 「청소년복지지원법」이 독립적인 법체계로 제시되면서 9세에서 24세까지의 연령계층을 청소년으로 규정하고 이들에 대한 복지적 지원근거를 공식적으로 마련하게 되었다(김선애, 2010: 283).

이러한 청소년복지와 관련하여 김성이(1993)는 가정이나 사회로부터 버려지거나 적응하지 못하는 청소년뿐만 아니라 모든 청소년의 안녕에 관심을 가져야 한다고 보았으며, 청소년복지활동을 청소년의 기본적 욕구를 충족하게 하고, 정신적 · 정서적 · 신체적으로 최상의 발달을 지원하기 위해 청소년에게 직접적 또는 청소년이 속한 가정이나 사회를 통해 간접적으로 제공되는 모든 사회제도적 · 전문적 활동이라고 정의하였다(홍봉선 · 남미애, 2010: 48). 또한 「청소년기본법」(2011)에서는 "청소년복지란 청소년이 정상적인 삶을 영위할 수 있는 기본적인 여건을 조성하고 조화롭게 성장 · 발달할 수 있도록 제공되는 사회적 · 경제적 지원을 말한다."라고 정의내리고 있다. 정리하면, 청소년복지는 요보호청소년뿐만 아니라 일반 청소년을 대상으로 하며, 청소년은 물론 청소년에게 영향을 미치는 가족과 환경까지 포괄하고 있음을 알 수 있다. 또한 실천적 측면에서 청소년과 가정, 사회에 제공되는 사회정책과 제도, 다양한 전문적 활동을 포함하고 있음을 알 수 있다.

이상을 통해 청소년의 복지 대상이 모든 청소년에 해당됨을 알 수 있는데, 몇 가지 기준에 따라 복지 대상 청소년은 이질적인 하위집단으로 구분할 수 있다(김영란, 1999: 17). 먼저, 소속집단을 기준으로 중 · 고등학교, 대학에 취학하고 있는 학생집단, 각종 직업에 종사하고 있는 근로청소년집단, 취학도 취업도 하지 않은 무소속 청소년집단으로 구분할 수 있다. 또한 청소년이 처한 문제를 기준으로 정서 · 행동장애청소년, 학대 · 유기청소년, 가출 · 비행청소년, 약물남용청소년, 장애청소년, 빈곤가정청소년 및 소년소녀가장청소년집단으로 구분할 수 있다. 이러한 구분은 청소년들에 대한 복지정책을 논의하는데 시행의 우선순위 및 개별화된 서비스를 제공하는 데 의미가 있다.

2) 아동 · 청소년복지실천

아동 · 청소년복지실천을 살펴보기 전에 아동복지실천에서 자주 언급되는 카두신(Kadusihin)의 기능적 분류에 의한 서비스 유형을 살펴보고자 한다. 그는 서비스 유형을 지지적 서비스, 보충적 서비스, 대리적 서비스로 구분하였는데, 먼저 지지적 서비스(supportive service)는 아동이 속한 가정을 지지하고 지원함으로써 가정의 기능을 강화하고 아동과 관련된 문제를 예방하는 서비스를 의미한다. 지지적 서비스는 부모와 아동 사이에 발생하는 문제를 가정이 스스로 책임질 수 있도록 가족의 능력을 지원하고 강화시켜주며, 다른 서비스와 달리 아동이 자신의 가정 안에 머물면서 서비스를 받는다는 특징이 있다. 대표적인 지지적 서비스로 상담, 가족치료 등이 있다.

둘째, 보완적 서비스(supplementary service)는 아동이 속한 가정의 어려움을 부분적으로 보조하거나 보완하는 서비스를 의미한다. 보충적 서비스는 부모의 맞벌이, 실업, 질병 등으로 부모의 적절한 역할수행이 어려울 때, 아동의 건전한 성장발달을 위해 사회가 부모의 역할을 일부 대행하는 것이다. 보완적 서비스의 예로 빈곤가정을 지원하는 아동수당, 보육서비스, 가정봉사원 서비스 등이 있다.

마지막으로 대리적 서비스(substitute service)는 가족해체 등으로 부모 역할을 수행할 수 없을 때, 제3자가 부모 역할의 전부를 대신하는 것을 의미한다. 즉, 부모가 최소한의 양육활동과 보호를 제공할 수 없게 될 때, 아동을 다른 가정이나 장소에서 보호하는 서비스를 말한다. 대리적 서비스의 대표적인 예는 입양, 가정위탁, 시설보호 등이 있다.

또한 아동복지실천은 대부분 취약계층의 아동을 대상으로 하지만, 지역아동센터 등과 같이 일반아동을 위한 실천과 가정입양, 가정위탁보호, 소년소녀가정지원, 공동생활가정(그룹홈), 아동급식 등과 같은 요보호아동을 위한 실천으로 구분할 수 있다(보건복지가족부, 2010). 또한 요보호아동을 위한 실천으로 학대받는 아동을 지원하는 아동보호전문기관, 쉼터 등이 있다. 여기에서는 요보호아동을 위한 실천을 중심으로 살펴보고자 한다.

먼저, 가정입양은 보호자가 없거나 보호자로부터 이탈된 아동 등에게 건강한 가정을 영구적으로 제공하여 신체적 · 정서적 · 사회적으로 건강하게 성장할 수 있도록 국내입양 및 국외입양을 제공한다. 또한 부모나 직계존속을 알 수 없는 경우, 후견인의 동의를 얻어야 한다. 한편 15세 이상인 자를 양자로 할 경우에는 양자될 자의 동의도 필요하다.

둘째, 가정위탁보호는 요보호아동을 보호 · 양육하기 희망하는 가정에 위탁 양육함으로써 가정적인 분위기에서 건전한 사회인으로 자랄 수 있도록 제공되는 서비스다. 즉, 가정위탁보호는 보호를 필요로 하는 아동을 보호하기 적합한 가정에 일정기간 위탁하는 것으로 대상은 만 18세 미만의 아동이지만, 만 18세 이상인 경우에도 고등학교에 재학 중인 경우 대상이 될 수 있다.

셋째, 소년소녀가정지원은 실질적으로 가정을 이끌어 가는 소년소녀가정의 아동에 대해 생활보호를 지원해 줌으로써 자립능력 배양 및 건전한 사회인으로 육성도모하기 위한 서비스다. 대상은 만 18세 미만의 아동으로만 구성된 세대이거나 만 18세 미만의 아동이 부양능력이 없는 부모와 동거하는 세대다. 그러나 이러한 소년소녀가정보호 제도는 아동에게 위험을 초래할 수 있어 UN 등에서도 폐지를 권고하고 있다. 이에 최근 가정위탁보호로의 전환을 추진하고 있으며 특히, 15세 미만의 아동으로만 세대를 구성할 경우 소년소녀가정 지정을 제한하고 가정위탁이나 그룹홈 입소를 권하고 있다.

넷째, 공동생활가정(그룹홈)은 보호를 필요로 하는 아동 · 청소년에게 가정과 같은 주거여건과 보호를 제공하여 건전한 사회인으로 성장하도록 지원하는 서비스다. 보호유형에 따라 단기보호, 장기보호, 치료보호로 구분되며, 장기보호의 경우 18세 미만까지 보호가능하며, 「아동복지법시행령」 제11조(시설보호기간의 연장)에 해당하는 경우 연장이 가능하다. 인원은 보호아동 5인을 기준으로 하며, 7인 이내로 제한하고 있다. 마지막으로 아동급식은 저소득 가정의 아동 · 청소년들이 건강하고 행복하게 자랄 수 있도록 민 · 관이 협조체계를 구축하여 지역실정과 아동 · 청소년의 가정환경 및 욕구에 맞는 급식을 효율적으로 제공하는 서비스다. 지원대상은 18세 미만의 취학 및 미취학 아동이며, 18세 이상인 경우에도 고등학교에 재학 중인 아동을 포함하고, 18세 미만인 학교 탈락아동의 경우에도 지원하는 서비스다.

한편, 청소년복지실천은 초기에 아동의 연령을 18세로 규정한 「아동복지법」에 근거하여 아동복지실천 차원에서 논의되었다. 그러나 이후 「청소년기본법」 「청소년복지지원법」이 제정된 이후 청소년을 따로 구분하여 복지대상자로 관심을 두기 시작하였다. 이러한 청소년을 위한 실천으로 청소년전화 1388, 지역사회 청소년통합지원체계(CYS-Net), 위기청소년자립지원아카데미 '두드림존' 등이 있다(보건복지가족부, 2010).

3) 아동 · 청소년복지 대상

(1) 빈곤의 문제

빈곤은 아동 · 청소년 발달에 경제적 어려움 이상의 심각한 영향을 미치는 위험요인들의 집합체로서 부정적 발달산물을 가져오는 요인으로 지적되고 있다. 실제 많은 연구들에서 빈곤한 가정의 아동 · 청소년은 빈곤이 출생 시 저체중과 같은 신체적 발달 측면, 학업성취, IQ와 같은 인지적 발달 측면, 우울, 공격성 등의 심리 · 정서적 발달 측면 그리고 폭력, 일탈행동과 같은 행동적 발달 측면에 부정적 영향을 미치는 것으로 지적되고 있다(Eamon, 2001; Crosnoe, 2002; 구인회 · 박현선 · 정익중 · 김광혁, 2009: 58-59). 이처럼 빈곤은 아동 · 청소년의 발달에 부정적 영향을 미치게 되는데, 이는 다양한 직 · 간접적 경로를 통해 이루어진다. 즉, 빈곤은 직접적으로 아동 · 청소년 발달에 부정적 영향을 미칠 뿐 아니라 부모의 과중한 스트레스에 영향을 미치고, 이러한 스트레스가 부부간 불화를 야기하며, 결국 자녀와 부적절한 상호작용이 이루어져 자녀의 부적응 및 심리 · 정서적 문제의 위험을 높인다는 것이다(김순규, 2009: 107-108 재인용). 또한 빈곤가정의 아동 · 청소년은 유해 환경 등 불건전한 지역사회 환경에 빈번하게 노출됨으로써 적응에 부정적 영향을 받는다고 설명한다(정익중 외, 2005).

정리하면, 빈곤은 직 · 간접적 경로를 통해 아동 · 청소년의 신체, 인지, 정서발달에 부정적 영향을 미치고, 학교에서의 부적응과 심리 · 정서적 문제 등에 심각한 영향을 미치고 있음을 알 수 있다. 따라서 아동 · 청소년의 건전한 발달을 도모하고, 문제를 예방하기 위해서는 빈곤가정을 대상으로 한 체계적이고 포괄적인 지원이 이루어져야 함을 알 수 있다.

(2) 심리사회적 적응문제

적응은 개인과 환경 간의 상호 의존적 과정으로 개인의 정서나 감정과 관련된 심리적 적응, 환경과 관련된 행동이나 주변 사람들과의 관계를 포함한 사회적 적응으로 구분할 수 있다. 그리고 이러한 심리적 측면과 행동적 측면에서 환경과 균형을 이루거나 균형을 이루기 위해 노력하는 것을 심리사회적 적응이라고 한다. 따라서 심리사회적 적응은 개인의 특성과 환경요소에 따라 다양한 형태로 나타날 수 있다(김순규, 2011: 255 재인용).

이와 관련하여 아동 · 청소년의 심리사회적 적응문제는 불안, 우울과 같은 내면적 문제와 무단결석, 가출, 비행과 같은 외현적 문제로 구분할 수 있다. 이러한 부적응 문제는 빈곤 등 다양한 위험요인에 의해 발생되기도 하며, 자살, 학업중퇴, 인터넷중독, 성문제 등 또 다른 아동 · 청소년문제를 유발하는 것이기도 하다. 또한 이러한 적응문제는 특수한 욕구를 지닌 장애아동에게 있어 환경이 적절하게 대응하지 못함으로써 파생되기도 한다. 따라서 아동 · 청소년의 심리사회적 적응문제에 대한 미시적 · 거시적 차원에서의 적절한 사회복지서비스가 필요하다 하겠다.

2. 여성복지

1) 여성복지의 개념

'여성복지'란 용어를 접하면 왜 유독 여성만을 대상으로 하는 복지가 필요한가에 의문이 들 것이다. 사회복지가 충족되지 못한 욕구 및 문제를 해결하는 활동임을 고려했을 때 여성복지가 제도화된 것은 여성이 남성에 비해 불이익과 불공평을 경험하고 있다는 방증이 된다고 볼 수 있을 것이다. 오랜 역사 속에서, 삶의 모든 영역에서 발생하고 있는 '성차별'로 인해 여성들은 가정, 노동시장, 사회에서 여러 가지 불이익을 당해 왔다. 인권의식이 신장되면서 여성의 인권에 대한 인식도 제고되고 있고 따라서 과거에 비해 성차별이 완화되고는 있으나 여전히 산재해 있는 성차별이나 여성의 불이익을 시정하기 위해서는 의도적 개입이 필요한 상황이다.

그렇다면 여성복지는 어떻게 정의내릴 수 있을까? 백종만 등(2004)은 여성복지를 "현존하는 여성 억압 및 성차별문제를 해결하고, 양성평등적 사회를 구현하려는 사회적 노력으로 여성에게 필요한 사회보장제도를 만들고 나아가 사회복지서비스를 제공하는 사회복지의 전문 분야"라고 정의하였다. 김인숙 등(2000)은 "여성이 국가나 사회로부터 남성과 동등하게 권리를 보장받을 수 있도록 가부장적 가치관과 이에 근거한 각종 법과 사회제도를 개선하고 여성 개인의 능력을 고양시킴으로써 여성의 인간다운 삶을 보장하기 위한 정책적, 실천적 차원의 모든 조직적 활동"이라고 정의하였다. 이러한 정의를 정리해 보면 여성복지란 성차별을 시정하고 여성의 인간다운 삶을 보장하기 위한 정책과 서비스를 제공하는 활동이라고 할 수 있다.

2) 여성관련 사회문제

(1) 불평등한 성역할 분담

그동안의 성역할 분담구조를 보면 자녀양육과 수발, 가사노동 등은 여성의 몫으로 인식되어 왔다. 여성정책개발원의 조사결과에 의하면 가사노동과 양육 부담이 여전히 여성에게 전가되고 있음을 알 수 있다(〈표 10-1〉, 〈표 10-2〉 참고). 그러나 여성이 주로 전담하는 돌봄노동과 가사노동은 경제적 자원으로 인정하지 않기 때문에 여성은 남성보다 경제적 자원에서 열세에 처하게 된다. 이런 돌봄노동과 가사노동에 대한 책임은 적극적인 경제활동 참여를 제한하고 이는 다시 여성의 노동시장 내 차별과 경제적 열세를

〈표 10-1〉 자녀양육활동(2008년)

(단위: 분)

구 분	어머니	아버지	부모 함께	친조부모	외조부모	다른 친척
밥 먹고 옷 입는 것 도와주기	87.2	0.5	4.4	2.4	2.6	0.1
함께 놀아주기	74.0	4.2	14.5	2.2	2.4	0.2
아플 때 돌봐주기	83.8	0.8	9.7	2.4	2.0	0.1
숙제나 공부 돌봐주기	85.4	1.9	7.0	1.1	1.0	0.2
유치원, 학교행사 참여하기	86.1	0.9	6.7	1.1	1.0	0.0
학원, 병원 등에 데려다 주기	83.0	2.3	9.0	1.7	2.3	0.2

출처: 여성가족패널 분석자료(2010).

〈표 10-2〉 부부의 가사노동시간(2008년)

(단위: 분)

구 분	평 일		주 말			
	여성	남성	여성	남성	여성	남성
노동시간	239	19	227	36	225	50

출처: 여성가족패널 분석자료(2010).

가중시킨다. 자녀양육과 노인수발, 가사노동 등의 돌봄노동 부담을 여성에게 부과함으로써 여성들의 노동시장 참여가 단절되고,[1] 저임금 시간제 직종에 머무르게 하며, 일과 가정의 양립을 위한 부담을 고스란히 감당해야 한다.

(2) 빈곤의 여성화 현상

빈곤의 여성화(feminization of poverty) 현상은 여성의 돌봄노동에 대한 부담, 일과 가정 양립을 위한 사회정책 미비, 노동시장 내 성차별 등 다양한 요인들에 의해 발생하는 데 많은 실증적 연구를 통해 우리사회에서도 빈곤의 여성화 현상이 확대되고 있음이 확인되었다(석재은, 2004; 여지영, 2003;

1) 남성들은 30대에 경제활동 참가율이 최고점에 달하는 반면, 여성은 30대에 출산과 육아문제로 말미암아 경제활동 참가율이 감소했다가 40대가 되면서 다시 늘어나는 전형적인 M자형의 경제활동 참가율 그래프를 보이고 있다.

〈표 10-3〉 교육 정도별 임금격차

(단위: 분)

학력	중졸 이하		고 졸		전문대졸		대졸 이상		전 체	
	여성	남성	여성	남성	여성	남성	여성	남성	여성	남성
임금	83.9	128.7	100	147.8	113.5	159.0	153.6	223.1	100	146

출처: 주재선(2010).

* 여성 고졸 임금, 여성을 기준으로 함.

송다영 · 김유나, 2008). 피어스(Pierce)는 서구사회에서 빈곤이 빠른 속도로 여성의 문제로 자리매김하고 있는데, 성인 빈민의 약 70% 이상이 여성이고 편모나 여성 노인이 빈곤에 취약하다고 하였다(조흥식 · 김혜련 · 신혜섭 · 김혜란, 2006). 한국도 모자가정 여성, 여성 노인이 부자가구나 남성 노인보다 빈곤에 더 취약한 것으로 나타났다(통계청, 2003).

특히 노동시장에서의 성차별은 여성의 빈곤에 중요한 요인이다. 여성은 남성에 비해 고용기회, 승진, 정년 등에서 차별을 받고 있다. 여성은 상용직 비율과 임금도 남성보다 매우 낮고(여성가족부, 2006), 임금에서도 많은 차이를 보이고 있다. 〈표 10-3〉은 학력별 남녀 임금격차를 분석한 것인데 모든 학력수준에서 여성보다 남성이 더 많은 임금을 받고 있는 것으로 나타났다. 대졸 여성보다도 전문대졸 남성의 임금이 더 높다. 전체적으로 보면 여성들이 100만큼의 임금을 받을 때 남성들은 평균적으로 146 정도의 임금을 받는 것으로 나타났다.

(3) 여성의 자기계발과 사회참여 욕구 증가

여성이 가족의 보호자로서가 아니라 한 독립된 인간으로서 자신의 능력을 개발하고 사회참여를 통해 자아실현하고자 하는 욕구가 증가하고 있다. 이런 욕구는 학교급별 진학률에서 잘 나타난다. 여성의 대학진학률은 80.5%로 남성의 대학진학률 77.6%보다 앞서고 있다. 대학원진학률의 경우는 남성 7.1%, 여성 5.5%다(주재선, 2010). 그러나 여성이 사회에 진출하

〈표 10-4〉 남녀 권한척도, GEM(2009)

국 가	GEM 순위	의회 여성점유율(%)	행정관리직 여성 비율(%)	전문기술직 여성 비율(%)	소득격차
한국	61위	14	9	40	.52
스웨덴	1위	47	32	51	.67

출처: 주재선(2010). p. 484.

* 자료원: UNDP, Human Development Report, 2009.

* GEM 산출은 109개국을 대상으로 함.

여 역량을 충분히 발휘하고 있지 못하는 경우가 많다.

우리나라 여성의 경제활동 참가율은 54.5%로 남성의 75.6%에 비해 낮다. UNDP(2010)의 여성 경제활동 참가율 조사결과에 의하면 조사 대상 20개국 중 우리나라는 17위로 터키, 멕시코에 이어 낮은 참가율을 보이고 있다. 또 남녀 권한척도(Gender Empowerment Measure: GEM)를 스웨덴과 비교하면 〈표 10-4〉와 같다.

여성의 의회점유율은 14%, 행정관리직 중 여성 비율은 9%에 그치고 있다. 전문기술직 여성의 경우 40%를 차지하고 있고 소득격차는 .52로 나타났는데, 이는 남성 소득 100을 기준으로 보았을 때 여성 소득은 52임을 의미한다. 이러한 지수들은 여성의 사회참여 및 자아실현의 욕구 증가에도 불구하고 정치 · 행정 · 경제 등 각 분야의 의사결정에서 여성의 영향력은 그에 미치지 못하고 있음을 보여 준다.

(4) 미혼모 및 한부모가정 증가

2009년 한해 요보호아동 9,028명 중 미혼모가 출산한 아동이 3,070명으로(국가통계포털, 2010), 2007년 2,417명에 비해 증가하였다. 미혼모시설에 입소한 미혼모를 대상으로 한 조사결과에 의하면 임신 이유가 교제 중 원치 않게 임신한 경우가 66%로 가장 높은데, 임신 후 미혼부와의 관계를 보면 관계가 유지되는 경우는 25.4% 정도에 불과해 결국 임신에 대한 책임은 미혼모 혼자 감당하는 상황이다. 31% 정도의 미혼모가 자신이 직접 양육하겠다고 했는데, 이러한 경우 경제적 지원, 가족의 이해, 아동 무료보육을 희망하였다. 입양을 선택한 미혼모 중 37.7%는 경제적 지원이 이루어진다면 아이를 양육할 의사가 있다고 하였다(여성가족부, 2005).

한편, 사별 및 이혼으로 인해 저소득 한부모가정이 지속적으로 증가하고 있다. 2009년의 경우 저소득 한부모가족은 총 170,767세대(454,742명)인데, 모자가구는 129,935세대, 부자가구는 36,847세대다. 이 중 「한부모가족지원법」의 대상으로 선정되어 서비스를 이용하고 있는 가구는 모자가구의 경우 70,572세대(54.31%)다. 모자가구의 경우 양육 부담으로 인한 적극적 경제활동이 어려워 경제적 어려움을 겪고 있고, 정서적 어려움, 자녀양육과 교육의 어려움을 경험하고 있다.

(5) 여성에 대한 폭력

폭력은 어떠한 이유로도 정당화될 수 없고 명백한 인권침해행위다. 그러나 오늘날에도 많은 여성들이 가정폭력 및 성폭력 피해를 입고 있다. 가정폭력은 여성의 인권을 심각하게 침해하고 가족의 안정성과 건강성을 저해하는 위기 상황으로서 부부간의 갈등과 이혼뿐 아니라 가족구성원 모두에게 피해를 주는 심각한 문제다. 2010년 가정폭력상담소에 신고된 가정폭력 사례는 총 135,069건이다. 가해자 유형을 보면 배우자에 의한 폭력이 81.7%로 가장 많다. 가정폭력의 원인은 가부장적 사회구조를 반영하는 가족문화와 성차별의식, 가정폭력에 관한 인식의 부족과 사회의 무관심 등 다양한 사회구조적, 문화적 요인이 있다(김태성 외, 2010).

성폭력은 성을 매개로 상대방의 의사에 반해 이루어지는 모든 가해행위로 성희롱이나 성추행, 성폭행 등을 모두 포괄하는 개념이다. 2010년의 경우 성폭력상담소에 신고된 성폭력 사례는 68,530건이다. 피해자의 연령대가 7세 미만 및 60세 이상의 여성도 있는 것으로 보아 전 연령대의 여성들

〈표 10-5〉 가정폭력상담소에 신고된 가정폭력 피해자수와 가해자 유형

(단위: 건, %)

연 도	계	배우자	과거 배우자	직계 존속	직계 비속	계부모	동거하는 친족	기 타
2009	102,452	84,840	2,554	6,607	2,275	941	1,407	3,828
	100(%)	82.8	2.5	6.4	2.2	0.9	1.4	3.7
2010	102,069	83,405	2,704	6,835	2,329	647	1,315	4,834
	100(%)	81.7	2.6	6.7	2.3	0.6	1.3	4.7

출처: 여성가족부(2010).

* 피해자 1인에 대한 다수 가해자 모두 표기(피해자 총계와 불일치)

이 성폭력 위험에 노출되어 있다고 할 수 있다. 가해자 유형은 모르는 사람은 16.4%에 불과하고, 기타 22.1%를 제외한 61.5%는 평소 안면이 있는 사람에게 피해를 입고 있다. 성폭력 유형을 보면 강간이 41.9%, 성추행이 40.1%를 차지하였다.

그러나 이러한 수치는 가정폭력상담소와 성폭력상담소에 신고된 사례에 한정해 집계된 것이다. 가정폭력 및 성폭력 피해자들이 적극적으로 신고 및 지원을 요청하지 않는 점을 고려해 볼 때 우리나라 여성의 폭력에 의한 피해는 훨씬 더 심각할 것으로 예측된다. 여성에 대한 폭력은 자존감 훼손으로 인한 열등감, 우울 등 심리적인 피해와 더불어 신체적 피해, 직장과 대인관계에서의 어려움 등 여성의 총체적 삶을 피폐화시키고 큰 상처를 남긴다. 존엄성을 갖는 인간에 대한 폭력은 범죄이고 인권침해다. 따라서 법적, 제도적, 서비스적 접근을 통해 다양한 폭력을 예방하고 피해자를 보호해야 할 것이다.

〈표 10-6〉 2010년 성폭력 실태

(단위: 건, %)

<table>
<tr><td rowspan="5">피해자 연령</td><td colspan="2">계(명)</td><td>7세 미만</td><td>7~13세 미만</td><td>13~19세 미만</td><td>19~60세 미만</td><td>60세 이상</td><td>미상</td></tr>
<tr><td rowspan="2">전체</td><td>39,299</td><td>1,042</td><td>5,581</td><td>11,761</td><td>18,225</td><td>381</td><td>2,309</td></tr>
<tr><td>100(%)</td><td>2.7</td><td>14.2</td><td>29.9</td><td>46.4</td><td>1.0</td><td>5.9</td></tr>
<tr><td rowspan="2">장애인</td><td>1,722</td><td>36</td><td>189</td><td>574</td><td>879</td><td>9</td><td>35</td></tr>
<tr><td>100(%)</td><td>2.1</td><td>11.0</td><td>33.3</td><td>51.0</td><td>0.5</td><td>2.0</td></tr>
<tr><td rowspan="3">가해자 유형</td><td>계</td><td>친인척 배우자</td><td>애인 선후배</td><td>이웃</td><td>교사 강사</td><td>직장동료 상사</td><td>모르는 사람</td><td>기타</td></tr>
<tr><td>36,177</td><td>6,011</td><td>7,319</td><td>3,842</td><td>1,354</td><td>3,756</td><td>5,915</td><td>7,980</td></tr>
<tr><td>100(%)</td><td>16.6</td><td>20.2</td><td>10.6</td><td>3.7</td><td>10.4</td><td>16.4</td><td>22.1</td></tr>
<tr><td rowspan="3">성폭력 유형</td><td colspan="2">계</td><td colspan="2">강간</td><td colspan="2">성추행</td><td colspan="2">기타</td></tr>
<tr><td colspan="2">39,299</td><td colspan="2">16,449</td><td colspan="2">16,109</td><td colspan="2">6,741</td></tr>
<tr><td colspan="2">100(%)</td><td colspan="2">41.9</td><td colspan="2">40.9</td><td colspan="2">17.2</td></tr>
</table>

출처: 여성가족부(2010).

(6) 결혼이주여성의 증가

최근 우리사회에 다양한 국적과 민족의 사람들이 유입되고 있다. 그중 높은 비율을 차지하고 있는 집단이 바로 결혼이주여성이다. 2010년 현재 국제결혼 건수는 34,235건으로 총 혼인 건수(326,104건) 대비 국제결혼 비율이 10.5%로 한국에서 결혼한 10쌍 중 1쌍은 국제결혼을 하고 있다(2010년 혼인통계, 통계청). 2011년 1월 현재 결혼이민자는 211,458명이고, 이 중 국적취득자는 33%다.

국제결혼 부부의 대부분이 알선업체를 통해 단기간에 결혼이 성사되는 경우가 많다. 이로 인해 서로에 대해 충분한 정보를 갖지 못한 상태에서 결혼이 이루어지고 따라서 많은 문제들이 발생하고 있다. 빈곤, 자녀교육문제, 사회적 편견, 문화적 갈등, 언어적 문제로 어려움을 겪고 있는 것이다. 또한 가정폭력 위험에도 노출되어 있는데 심각한 경우 사망, 살해사건까지 발생하는 등 이주여성에 대한 폭력문제가 사회문제로 대두되고 있다. 여성

가족부 2010년 가정폭력 실태조사에 의하면 결혼이주여성이 가정에서 겪는 부부폭력 발생률은 69.1%로 일반가정의 부부폭력률 53.8%에 비해 15.3% 높게 나타나고 있다. 최근 1년간 국제결혼 이주여성의 부부폭력 피해율은 40.9%이고, 신체적 폭력 피해율은 13.4%에 달하는 것으로 나타났다(여성가족부 홈페이지, 2011). 결혼이주여성은 타민족에 대한 배타적 태도, 언어적 문제, 문화적 갈등, 가부장적 사회에서 여성이 겪는 어려움까지 겪고 있다. 결혼이주여성을 우리사회의 구성원으로 인정하고 진정한 다문화사회로 발전하기 위해서는 전반적 인식 개선과 이들의 적응을 돕기 위한 장치들이 마련되어야 할 것이다.

3) 여성복지정책 및 서비스

여성관련 문제를 해결하고 여성의 권익을 신장하기 위한 다양한 정책 및 사업 시행을 담당하고 있는 중앙정부기구는 여성가족부다. 앞서 살펴본 여성관련 사회문제 및 욕구 해결을 위한 정책 및 서비스를 살펴보면 다음과 같다.

(1) 돌봄노동 부담 경감을 위한 정책 및 서비스

아동과 노인에 대한 돌봄 책임은 적극적인 경제활동 참여를 어렵게 하고 저출산의 원인이 되기도 한다. 출산 장려와 여성의 일과 가정의 양립을 위하여 여성의 가사 및 돌봄노동 부담을 경감시켜야만 한다.

① 보육정책

돌봄노동 부담 완화를 위한 정책으로 보육정책이 있다. 정부는 보육료 지원을 확대하기 위해 민간보육시설을 이용하는 영아에 대한 기본 보조금을 도입하고 차등보육료와 만 5세아 무상보육, 장애아 무상교육, 두 자녀 이상 보육료 감면 등을 매년 확대해 나가고 있다. 그러나 우리나라 부모 보육료 부담률은 69%로 스웨덴의 17%, 일본의 47%, 미국의 59%에 비해 높은 편이다. 한편, 취업부모들이 이용할 수 있는 직장보육서비스 활성화를 위해 직장보육서비스 제공 사업장에 대한 인센티브를 강화하고 있다. 보육시설 이용시간을 다양화하고 있고 장애아전담 보육시설은 매년 10개소씩 확충하며, 장애아 통합보육시설을 매년 100개소씩 확대 지정하고 있다.

② 산전후 휴가와 육아휴직제도

산전후 휴가제도는 출산전 태아의 순조로운 발육과 출산후 모체의 회복을 위하여 90일간의 휴가를 이용할 수 있는 제도다. 휴가기간 중 근로자의 소득보전을 위하여 60일분은 사업주가 30일분은 고용보험에서 급여를 지급한다(고용노동부 홈페이지). 또한 배우자가 출산한 남성 근로자가 3일간 휴가를 청구할 수 있는 배우자 출산휴가제가 운영되고 있다. 육아휴직제도는 만 1세 미만의 자녀를 양육하기 위해 신청 시 1년간 휴직할 수 있는 제도로, 1995년 「남녀고용평등법」 개정으로 남성 육아휴직제도도 도입되었다. 그러나 이런 제도들은 대기업, 정규직 근로자를 중심으로 매우 제한적으로 활용되고 있고, 남성의 육아휴직 이용률은 매우 저조한 상황이다. 돌봄의 사회화와 양성 참여적 보육환경을 만들기 위한 제도와 인식 개선이 필요한 상황이다(김태성 외, 2010).

③ 노인장기요양보험

노인장기요양보험은 고령이나 노인성 질병 등으로 목욕이나 집안일 등 일상생활을 혼자서 수행하기 어려운 이들에게 신체활동 · 가사지원 등의 서비스를 제공하여 노후생활의 안정과 그 가족의 부담을 덜어 주기 위한 제도다. 이 제도를 통해 노인에게 질적 요양서비스를 제공하는 의의와 함께 그동안 노인수발을 감당해 온 여성들의 부담을 경감시키는 의의가 있다.

(2) 빈곤 해소를 위한 정책 및 서비스

빈곤에 처한 여성가구가 먼저 이용할 수 있는 제도는 국민기초생활보장제도[2]다. 그러나 국민기초생활보장제도는 절대빈곤층을 대상으로 하는 제도여서 많은 빈곤 여성이 사각지대에 놓여 있다. 빈곤 여성가구주의 경우 직업훈련, 취업알선과 같은 소득지원활동과 더불어 심리상담, 육아지원, 의료지원 등의 다각적이고 종합적인 서비스가 제공되어야 한다. 경제적 욕구가 큰 저소득 모부자가정에 대한 지원으로는 자녀학비지원과 만 6세 미만 아동에 대해 월 5만 원의 아동양육비를 지원하고 있다. 또한 생업기반을 조성하여 조기 자립 및 생활안정을 이루도록 복지자금을 2천만 원까지 대여하며 무주택인 경우 영구임대주택을 우선 공급하도록 하고 있다(김태성 외, 2010).

(3) 여성의 인력개발과 사회참여를 위한 정책 및 서비스

① 청년여성 대상 능력개발 취업지원사업

청년여성 대상 능력개발 취업지원을 위해서 여대생 커리어 개발센터를 설치해 여대생뿐 아니라 지역 중고생 및 고학력 여성 모두가 커리어 개발을 위한 전문 프로그램과 멘토링에 참여할 수 있도록 하고 있다. 2011년 현재 29개 센터가 설치되어 있고 32개 대학에 예산을 지원하고 있다.

② 경력단절여성 대상 능력개발 및 취업지원사업

경력단절여성 대상 능력개발 및 취업지원사업은 2008년 제정된 경력단절여성 등의 「경제활동촉진법」에 기초하고 있다. 이에 따라 경제활동 촉진 기본계획을 수립하고 실태조사, 유망직종 선정 · 지원, 취업지원센터를 운

2) 국민기초생활보장제도에 대한 내용은 제9장 거시적 접근방법을 참고한다.

영하고 있다. 또 '여성새로일하기센터'를 설치해 출산 · 육아 부담 등으로 경력이 단절된 여성의 취업지원을 전담하는 one-stop창구의 기능을 담당하고 있다. 2011년 현재 전국 90개소를 운영 지원하고 있다.

③ 여성의 사회참여 활성화와 양성평등 구현을 위한 조치들

정부위원회 여성참여 확대(예, 여성교원의 지위 향상, 여교수 채용목표제 추진, 양성평등 채용목표제), 성별 영향평가, 성인지 예산제도, 성인지 통계를 구축 · 관리하고 있다. 양성평등 기업문화 조성을 위해 여성친화지수(Women Friendliness Index: WFI)를 개발 및 적용하여 여성이 일하기 좋은 기업 환경으로 개선하도록 유도하고 있다(여성가족부 홈페이지).

(4) 모자가정보호를 위한 서비스

빈곤, 미혼임신, 학대 등으로 여성이 겪는 문제가 다양함에도 불구하고 이들이 차별받지 않고 통합될 수 있도록 하는 제도적 지원은 미흡한 편이다. 주로 선별적인 경제적 지원(한부모가족 아동양육비, 교육비 지원, 한부모가족 복지자금 대여)과 시설보호중심의 서비스가 제공되고 있다. 모자보호를 위한 시설을 정리하면 〈표 10-7〉과 같다.

〈표 10-7〉 한부모가족 복지시설

(2011년 9월 30일 현재)

시설별	시설수	대 상	보호기간 (연장가능기간)
모자보호시설	41	만 18세 미만의 자녀를 양육하는 무주택 저소득 모자가족	3년(2년)
모자자립시설	3	만 18세 미만의 자녀를 양육하는 무주택 저소득 모자가족, 모자보호시설에서 퇴소한 모자세대로서 자립준비가 미흡한 모자가족	3년(2년)
모자일시보호시설	15	배우자의 학대로 아동의 건전 양육과 모의 건강에 지장을 초래할 우려가 있는 모와 아동	6월(6월)

미혼모자시설	34	미혼의 임신여성 및 출산 후(6월 미만) 보호를 요하는 여성	1년(6월)
미혼모자공동생활가정	24	2세 미만의 영유아를 양육하는 미혼모로서 보호를 요하는 여성	2년(1년)
미혼모공동생활가정	1	출산 후 해당아동을 양육하지 아니하는 미혼모로서 보호를 요하는 여성	2년(6월)
모자공동생활가정	2	독립적인 가정생활이 어렵고 일정기간 공동으로 가정을 이루어 생활하면서 자립을 준비하고자 하는 모자가족	2년(1년)

출처: 여성가족부 홈페이지(2011).

* 부자보호시설 1개소와 부자공동생활가정 2개소가 운영되고 있음

(5) 폭력 피해여성을 위한 서비스

가정폭력 및 성폭력 피해여성을 위한 사업의 내용과 현황을 간략히 정리하면 〈표 10-8〉과 같다. 표에 정리된 내용 외에 해바라기아동센터(9개소)는 13세 미만 성폭력 피해아동과 정신지체장애인 성폭력 피해자를 대상으로 상담, 사건조사, 법률지원, 의료지원 서비스를 one-stop으로 제공하고 있다. 또한 성폭력 증거채취 등을 위한 의료용품을 배포하는 성폭력 응급키트 사업이 진행되고 있다.

한편, 성매매 피해여성의 보호 및 자립 · 자활을 지원하여 성매매 재유입을 방지하고 사회에 복귀할 수 있도록 상담소, 지원시설, 자활지원센터, 그룹홈, 상담소를 운영하고 있고(〈표 10-9〉 참고), 집결지를 중심으로 현장기능 강화사업 수행을 위하여 열린터 9개소를 운영하고 있다.

〈표 10-8〉 가정폭력 및 성폭력 피해여성을 위한 사업

사 업 / 대 상	가정폭력 피해여성	성폭력 피해여성
폭력 피해회복 및 재발방지사업	가정폭력행위자 교정 · 치료프로그램 실시(가정폭력상담소), 피해자 치료회복프로그램(보호시설)	성폭력행위자 교정 · 치료프로그램 실시(성폭력상담소, one-stop지원센터, 해바라기아동센터) 피해자 치료회복프로그램(성폭력상담소)
무료법률구조사업	가정폭력, 성폭력 피해와 관련된 민 · 가사, 형사사건에 대해 소송대리, 형사 무료변호, 법률상담 실시(대한법률구조공단, 한국가정법률상담소)	
상담소 운영	가정폭력상담소: 가정폭력 예방 및 피해자 지원을 위한 사업 진행(277개소)	성폭력상담소: 성폭력 예방과 피해자 지원을 위한 사업 진행(152개소)
보호시설 운영	가정폭력 보호시설: 일시보호 및 심리상담. 치료지원 등 피해자 보호를 위한 사업 진행(64개소)	성폭력 보호시설: 일시보호 및 심리상담. 치료지원 등 피해자 보호를 위한 사업 진행(19개소)
피해자 치료보호사업	가정폭력 피해로 정신적 · 신체적 치료가 필요한 경우 치료비 지원(지자체 비용지급 후 가해자에 대해 구상권 행사)	성폭력 피해자 치료를 위한 전담의료기관을 지정하고 치료비를 지원하여 후유증 최소화
one-stop센터 운영	병원에 24시간 one-stop시스템을 갖추고 성폭력, 가정폭력, 성매매 등 폭력 피해자에 대하여 상담, 의료, 수사, 법률 지원(13개소)	
여성 긴급전화 1366 운영	특수전화 '1366'을 통해 긴급한 구조 · 보호가 필요한 여성에 대한 1차 긴급상담 후 서비스 연계하는 위기개입 서비스(17개소)	

출처: 여성가족부 홈페이지(2011).

〈표 10-9〉 성매매 피해 여성을 위한 사업

구 분	일 반	청소년	외국인	그룹홈	자활지원센터	상담소
89개소	27	14	1	11	9	27

출처: 여성가족부 홈페이지(2011).

(6) 결혼이주여성을 위한 서비스

결혼이주여성을 위한 사업으로는 긴급전화 '1577-1366' 운영과 다문화가족지원센터 운영이 있다. 긴급전화 '1577-1366'은 외국어가 가능한 전문상담원을 통해 자국어로 상담을 할 수 있도록 지원하고 있다. 상담 후에는 가정폭력 · 성폭력 · 성매매 · 학대, 체류 · 국적취득 · 가정문제 등을 해결할 수 있도록 전문상담소, 쉼터, 변호사, 병원, 여성단체, 복지단체 등과 연결해 도움을 받을 수 있도록 지원하고 있다.

다문화가족지원센터는 결혼이주여성뿐만 아니라 다문화가족의 안정적 정착을 지원하기 위해 한국어 · 문화교육, 가족교육 · 상담, 자녀지원, 직업교육 및 다문화 인식개선사업을 실시하고 있다.

사회적 약자에 대한 인권의식 신장과 함께 여성인권과 양성평등에 대한 인식이 높아져 여성을 위한 사업들이 확대되어 가고 있는 추세다. 그럼에도 불구하고 우리사회에는 여전히 성차별적 요소가 산재해 있고 많은 여성들이 인권의 사각지대에 놓여 있다. 앞으로 양성평등을 실현하고 여성의 인권 보호를 위해 다양한 삶의 영역과 생애 주기에 맞는 정책 및 서비스가 확대 · 강화되어야 할 것이다.

3. 가족복지

1) 가족복지의 개념

가족(family)은 혼인, 혈연 및 입양으로 이루어진 집단으로서 사회의 기본 단위이며, 인간의 성장과 발달, 문화전달에 필요한 모든 것을 전수하고 양육하는 일차적 집단으로 정의할 수 있다(박용순, 2008: 320). 그러나 오늘날 가족의 개념은 혼인, 혈연, 입양 외에도 다양한 필요성에 의해 지속적인 연대의식을 가지고 가족처럼 살아가는 공동체가 많다는 점에서 가족의 의미가 확대될 필요가 있다.

이러한 가족은 가정, 세대 또는 가구 등과 유사하게 사용되는데, 각각은 조금씩 의미가 다르다(조추용 외, 2006: 15-16). 먼저, 가족은 인간들의 집단(group)을 의미하는 데 반해 가정(home family)은 인간이 생활을 영위하는 장소(place)를 의미한다. 사전적으로 가정은 가족이 함께 생활하는 사회의 가장 작은 집단 또는 장소로 정의되어 있으나 공동생활의 장소일 뿐 아니라 긴장완화, 휴식과 안정 등 심신의 안식처를 의미하기도 한다. 세대 또는 가구(household)는 사전적으로 혈연관계와 상관없이 주거와 생계를 같이 하는 단위 또는 세대를 의미한다. 즉, 가구는 주거하는 공간과 가계라는 경제적 협력만을 기준으로 하는 집단이다. 따라서 개인적으로 가정에 고용된 비가족구성원은 가구원에 속하지만, 타 지역에서 단독으로 거주하면서 공부하는 미혼의 자녀는 가족구성원일지라도 가구원은 아니다.

한편, 가족복지(family welfare)는 이러한 가족을 대상으로 한 사회복지로서 학자마다 다양한 정의를 내리고 있다(조홍식 외, 2006: 77-78). 펠드먼과 슈어츠(Feldman & Scherz, 1968)는 가족복지란 전체로서의 가족은 물론 그 구성원들의 사회적 기능수행을 효과적으로 증진시킴으로써 가족구성원들 모두에게 행복을 도모하도록 하기 위한 사회복지의 한 분야라고 하였고, 김상규 외(1983)는 가족복지란 가족의 행복을 유지시키는 것으로, 국민의 생활권의 기본 이념에 입각하여 가족생활을 보장하는 사회적 제반 노력(제도적, 정책적, 기술적 서비스)을 총칭하는 것이라 하였다.

정리하면, 가족복지란 가족생활을 보호, 보장, 강화하고 가족구성원 개개인의 사회적 기능수행을 높이기 위해 시행되는 제반 서비스활동으로서, 가족구성원 개인이나 가족에 대한 서비스뿐만 아니라 가족제도의 강화 및 변화에 대한 노력까지 포괄하는 것이라고 할 수 있다.

2) 가족복지 대상

가족복지 대상과 관련하여 현대사회의 가족변화에 초점을 두고자 한다. 크게 가족의 형태와 가족구성원의 문제를 중심으로 가족복지 대상을 설명하고자 한다.

(1) 가족형태와 관련된 문제

가족의 형태를 구분하는 가장 일반적 방법은 가족구성원의 범위를 기준으로 핵가족과 확대가족, 소가족과 대가족으로 분류하는 것이다. 그러나 이러한 분류방법은 현대사회의 다양한 가족형태를 설명하기 어렵다는 한계가 있다. 특히, 가족복지서비스를 제공하기 위해서는 좀 더 구체적인 가족형태의 구분이 요구되며, 가족형태에 따른 특성을 이해할 필요가 있다. 이에 기능적 측면에서 가족복지서비스가 많이 요구되는 한부모 가족, 조손가족, 다문화가족에 대해 살펴보고자 한다.

먼저 한부모 가족은 부모 중 한 명의 사망, 이혼, 유기, 별거로 인해 편부 또는 편모와 그의 자녀로 이루어진 가족을 의미하며, 최근 한부모 가족은 배우자의 이혼과 별거로 인해 점차 증가하는 추세에 있다. 한부모 가족은 단순히 구조적 결손을 의미하기 때문에 그 자체로 문제가 되지는 않는다. 그러나 가족관계와 가족기능의 상실 측면에서 다양한 문제가 야기될 수 있는 위험에 처해있다고 볼 수 있다. 즉, 한 쪽 배우자의 상실은 다른 배우자의 역할규정을 변화시킴으로써 새로운 사회적 상황과 자녀양육 등의 가족 내 환경에 새롭게 적응하도록 요구받는다. 특히, 핵가족일 경우 주변의 지원이 제대로 이루어지지 않는다면, 이들은 기대되는 역할을 수행하는 데 많은 어려움을 경험하게 되며, 함께 살고 있는 그들 자녀에게도 부정적 영향을 미칠 수 있다.

조손가족 역시, 부모 또는 부모 중 한 명의 사망, 이혼, 유기, 별거 등으로 가족이 해체되어 더 이상 부모가 그들의 가녀를 보호할 수 없어 조부모가 손자녀를 양육하는 행태다. 이러한 조손가족의 형태는 최근 경기불황으로 더욱 증가하는 추세이며, 빈곤, 질병 등 고령화 문제와 아동양육의 문제가 중첩되어 있어 적극적인 지원이 필요한 실정이다.

다문화가족은 결혼이주여성, 이주노동자, 북한 탈북자 등의 증가로 새롭게 등장하고 있는 가족의 형태다. 이러한 가족형태는 기존 가족과 다른 특성으로 가족복지의 관심 대상이 될 수 있는데, 이들 가족의 구성원들은 서로 다른 문화적 배경을 가지고 있으며, 인종, 언어 등의 차이에서 파생되는 여러 문제들이 제기될 수 있기 때문이다. 따라서 다문화가족에 대해 기존의 가족문제와 더불어 차이로 인해 발생하는 또 다른 문제에 대한 가족복지서비스가 필요하다고 하겠다. 이 밖에 가족복지서비스가 요구되는 가족형태로 미혼모가족, 재혼가족 등이 있다.

(2) 가족구성원과 관련된 문제

가족구성원의 특성과 관련하여 가족복지가 요구되는 가족으로 장애인가족, 알코올중독자 가족, 치매노인 가족을 살펴보고자 한다.

장애인 가족은 장애를 가진 가족구성원이 있는 가족을 말하며, 장애유형과 장애특성에 따라 세분화할 수 있고, 이에 따라 장애인 가족이 겪는 어려움 또한 다양할 수 있다. 또한 장애인 가족의 경우, 장애를 가진 구성원이 시설에서 생활하고 있는 경우와 가족들이 돌보고 있는 경우로 구분할 수 있는데, 가족들이 돌보고 있는 경우 보다 많은 가족복지서비스가 필요하다고 할 수 있다. 일반적으로 장애인 가족이 겪는 어려움은 비장애인 가족과 비교할 때 과도한 스트레스 치료와 관련된 경제적 어려움, 여가 및 사회생활의 제한 등 다양한 측면에서 어려움을 경험하는 것으로 설명된다(조충용, 2006: 175).

알코올중독자 가족은 가족 중 한 사람이 알코올중독자인 경우를 의미하며, 대게 아버지나 어머니 중 한 사람이 알코올 중독자인 경우다. 아버지와 어머니 중 알코올중독자가 누구냐에 따라 가족들이 경험하는 문제가 약간은 다를 수 있지만, 일반적으로 알코올중독자인 가족구성원은 가족 내에서 자신의 역할을 제대로 수행하지 못하고, 배우자와 정서적으로 소원하며, 사회적으로 고립되고, 경제적인 어려움을 겪는 경우가 많다(조홍식 외, 2006: 308-309).

치매노인 가족은 치매노인을 부양하는 가족을 의미한다. 인구의 고령화로 노인의 치매가능성이 높아지고 있으며, 이와 관련하여 다양한 사회적 서비스가 제공하고 있으며, 대표적으로 2009년부터 노인장기요양보험제도가 시행되어 가족의 부담을 덜어주고 있다. 그러나 노인을 부양하는 것을 전통적 규범으로 받아들이는 한국가족의 경우 아직도 가족 내에서 스스로의 힘으로 해결하려는 경향이 있는데, 이러한 가족을 대상으로 치매노인 부양에 따른 경제적, 신체적, 사회적, 심리적 측면에서 적극적인 가족복지 서비스가 제공되어야 할 것이다.

이처럼 가족구성원과 관련하여 다양한 어려움을 경험한 가족들은 가족 전체의 안녕에 직·간접적 영향을 받음으로써 가족기능에 부정적 영향을 받게 된다. 따라서 이들 가족들을 대상으로 적절한 가족복지서비스가 제공되어야 한다.

3) 가족복지 실천

가족복지는 크게 가족의 기능 향상 및 문제해결을 위해 직접적으로 개입하는 직접적 방법과 환경이나 제도 개입을 통해 가족을 지원하는 간접적 방법으로 구분할 수 있다(조홍식 외, 2006: 82-89).

먼저, 직접적 방법에는 가족사회복지(family social work), 가족보호(family caregiving), 가정생활교육(family life education), 가족계획사업, 가족보존과 가정기반 서비스(family preservation and home-based services), 가족치

료(family therapy), 가족옹호(family advocacy) 등이 있다.

가족사회복지는 주로 부부불화, 부모-자녀관계 문제에 대해 상담 등을 통해 전문가가 개입하는 방법으로 개인상담의 과정과 동일하게 진행된다. 가족보호는 가정 내에서 발생하는 다양한 문제, 예컨대, 발달장애가 있는 가족, 치매노인이 있는 가족 등에 대해 보호를 제공해 줌으로써 가족의 역할수행과 기능을 향상시키는 방법이다. 가정생활교육은 가족 안에 존재하는 문제해결을 목적으로 하기보다 가족 및 개개인의 사회적 기능을 향상하기 위한 서비스로 집단과정을 통해 이루어진다. 대표적을 부모역할훈련 프로그램 등이 있다. 가족계획사업은 재생산적 건강보호 서비스의 일종으로 임심 전 위험사정, 임신중절, 영향, 자녀 수에 대한 계획 등 임신을 위한 서비스 등을 제공함으로써 건강한 가족생활을 하도록 지원하는 서비스다. 가족보존과 가정기반 서비스는 다양한 가족의 욕구를 충족하고 가족을 보존하기 위한 서비스로 가정돌보미, 가정법률상담, 직업안내, 빈곤가정을 위한 치과진료 및 보건유지 프로그램 등이 해당된다. 가족치료는 미누친(Minuchin)의 구조적 가족치료모델(structural family therapy), 사티어(Satir)의 경험적 가족치료모델(experiential family therapy), 보웬의 가족치료모델(Bowen's family therapy) 등 특정 가족치료모델을 이용하여 가족의 문제를 해결하는 방법을 말한다. 가족옹호는 지역사회에 필요한 변화를 일으키기 위해 가족욕구에 직접적이고 전문적인 지식을 이용하게 함으로써 가족의 생활조건을 향상시키도록 계획된 전문적 서비스다. 예컨대, 지역사회 내의 많은 가족들을 위해 협동적 사회행동을 하도록 하는 것을 말한다. 이 밖에 인종차별, 빈곤, 기회 불평 등의 위험에 있는 가족들을 돕는 서비스가 여기에 해당된다.

다음, 간접적 가족복지 방법은 가족을 위한 다양한 가족정책으로 제도적, 환경적, 거시적으로 접근하는 것이다. 일반적으로 가족정책은 명시적 가족정책, 묵시적 가족정책으로 분류되는데(NASW, 1995), 명시적 가족정책은 정부가 특정한 기획과 정책을 행할 때 그것이 가족에게 분명하게 관여되는 것이며, 탁아서비스, 아동복지서비스, 가족상담, 생활부조, 가족계획, 주택정책 등이 있다. 반면, 묵시적 가족정책은 가족에게 특정적이고 1차적으로 관여하는 것이 아니라 정부나 행정기관이 행하는 활동이 간접적으로 가족을 위해 사회적 중요성을 가지는 것으로 공장을 어디에 설치할 것인지, 도로와 건물의 배치를 어떻게 해야 하는지, 이민 정책 등이 해당된다.

한편, 이러한 가족복지실천을 제공하는 대표적인 기관으로 다문화가족지원센터, 건강가정지원센터, 종합사회복지관 등이 있다.

용어해설

- **지지적 서비스(supportive service)**: 아동이 속한 가정을 지원함으로써 가정의 기능을 강화하고 아동과 관련된 문제들을 예방하는 것
- **보완적 서비스(supplementary service)**: 아동이 속한 가정의 어려움을 부분적으로 보조하거나 보완하는 것
- **대리적 서비스(substitute service)**: 가족해체 등으로 부모가 역할을 수행할 수 없을 때 제3자가 부모역할을 전부 대신하는 것
- **구조적 가족치료모델(structural family therapy)**: 가족구조의 변화에 초점을 두는 가족치료모델로 하위체계에 해당되는 가족구성원들 간의 경계를 중요시함. 가족구조의 경계를 사정하고 제휴, 세력, 결탁 등 상호 교류 유형에 초점을 둠. 주요 개념으로 가족규칙, 역할, 연합, 하위체계, 경계 등이 있음
- **전략적 가족치료모델(experiential family therapy)**: 경험적 성장모델이라고도 하며, 인간에 대한 긍정적 사고와 성장에 대한 믿음을 기초로 한 가족치료모델임. 가족의 의사소통 유형으로 다섯 가지를 제시하고 있으며, 대표적 기법으로 가족조각, 재정의 등이 있음
- **보웬의 가족치료모델(Bowen's family therapy)**: 체계적 관점의 가족치료모델로 원가족 관계에서 부모와 자녀의 분화 정도가 핵가족에서도 전수되며, 부모와 자녀 사이의 삼각관계에 개입하여 탈삼각화를 이루고자 함. 또한 세대 간에 전수되는 문제들을 사정하기 위해 가계도를 사용함. 주요 개념으로 자아분화, 삼각관계, 핵가족 정서과정, 가족투사과정, 다세대 전수과정, 출생순위, 정서적 단절 등이 있음

- **빈곤의 여성화(feminization of poverty)**: 1970년대 말 피어스(Pierce)가 처음 사용한 말로 빈곤층에서 차지하는 여성의 비율이 점차 증가해 가는 현상
- **성별영향평가**: 국가 및 지방자치단체가 정책을 수립 시행하는 과정에서 그 정책이 여성의 권익과 사회참여 등에 미칠 영향을 분석 · 평가하여 정책의 성차별적 요소를 제거하여 실질적인 양성평등을 달성하도록 하기 위한 것
- **성인지(性認知)**: 정책, 예산제도 등의 영역에서 남성과 여성의 차이와 특성을 인식하여 실질적이고 합리적인 성평등이 이루어지도록 하는 것
- **성인지 예산제도**: 예산이 여성과 남성에게 미치는 영향을 분석하여 양성평등을 제고할 수 있도록 예산을 편성 · 집행하는 제도
- **성인지 통계**: 기존의 통계자료는 여성과 남성의 차이를 반영하지 못해 어느 한 성에 차별적 효과가 나타날 수 있음. 따라서 성별에 따른 차이를 분석 비교함으로써 남녀의 불평등 상황을 점검할 수 있도록 성별, 연령별 차이를 분석한 자료를 구축하도록 함
- **여성친화지수(WFI)**: 여성이 일하기 좋은 근무환경을 조성하기 위해 개발한 지수임. 여성친화적 조직문화(종업원 존중, 가정친화적 근무환경, 남성중심적 차별관 제거), 일과 가정의 양립지원, 여성인재 육성, 고용평등의 네 가지 차원으로 분류되어 측정됨

참고문헌

구인회 · 박현선 · 정익중 · 김광혁(2009). 빈곤과 아동발달의 관계에 대한 종단분석. **한국사회복지학, 61**(1), 57-79.

김선애(2010). 청소년복지의 실천적 정립을 위한 고찰–아동복지실천과의 비교를 통한 청소년의 개발적 복지접근을 중심으로. **청소년복지연구, 12**(4), 279-299.

김순규(2009). 빈곤청소년의 학교적응유연성에 대한 보호요인의 조절효과. **청소년학연구, 16**(10), 103-123.

김순규(2011). 다문화가정 자녀의 심리사회적 적응. **청소년학연구, 18**(3), 247-272.

김영란(1999). 저소득층 청소년복지에 관한 연구. **청소년복지연구, 1**(1), 15-27.

김인숙 · 김혜선 · 성정현 · 신은주 · 윤영숙 · 이혜경 · 최선화(2000). **여성복지론**. 파주: 나남출판.

김태성 · 홍선미 · 조성은(2010). **사회복지개론**. 서울: 청목출판사.

박용순(2008). **사회복지개론**. 서울: 창지사.

백종만 · 최원규 · 최옥채 · 윤명숙 · 홍경준 · 이상록 · 박현선(2004). **사회와 복지**. 서울: 나눔의 집.

보건복지가족부(2010). 아동청소년사업안내. 보건복지가족부.

석재은(2004). '한국의 빈곤의 여성화에 대한 실증 분석'. **한국사회복지학**, 56(2), 167-194.

송다영 · 김유나(2008). '여성가장 가족의 빈곤문제와 성인지적 탈빈곤 정책'. **한국가족복지학**, 22, 131-159.

여성가족부(2005). '2005년 미혼모 보호시설 입소자 현황 및 욕구조사'.

여성가족부(2006). 여성가족통계연보.

여성가족부(2010). 2010년도 가정폭력 보호시설 및 상담소 등 운영실적 보고서.

여성가족부(2010). 2010년도 성폭력상담소 및 보호시설 운영실적 보고서.

여성가족부(2011). 2011년도 한부모가족 지원사업 안내.

여지영(2003). '여성 가구주와 남성 가구주의 빈곤차이에 관한 연구-도시지역을 중심으로-'. 서울대학교 박사학위논문.

오정수 · 정익중(2009). **아동복지론**. 서울: 학지사.

이배근(1998). 아동의 권리에 관한 국제협약. **한국아동복지학**, 7(1), 357-379.

이택면 · 주재선 · 김승연 · 강석훈 · 민현주(2010). **2010년 여성가족패널조사 사업보고서 및 심층분석보고서**. 한국여성정책연구원.

정익중 · 김혜란 · 홍순혜 · 박은미 · 허남순 · 오정수(2005). 사회복지서비스 이용이 빈곤아동의 심리사회적 적응에 미치는 영향. **한국사회복지학**, 57(3), 105-131.

조추용 · 오정옥 · 한성심 · 이채식(2006). **가족복지론**. 서울: 창지사.

조흥식 · 김인숙 · 김혜란 · 김혜련 · 신은주(2006). **가족복지학**. 서울: 학지사.

조흥식 · 김혜련 · 신혜섭 · 김혜란(2006). **여성복지학**. 서울: 학지사.

주재선(2010). '**2010 한국의 성인지통계**'. 한국여성정책연구원.

통계청(2003). 도시가계연보.

통계청(2010). 혼인통계.

홍봉선 · 남미애(2010). **청소년복지론**. 고양: 공동체.

Crosnoe, R. (2002). Economic Disadvantage, family dynamics, and adolescent enrollmentin higher education. *Journal of Marriage and the Family*, *64*(3), 690-702.

Eamon, M. K. (2001). The effects of Poverty on Children's Socioemotional Development: An Ecological Systems Approach, *Social Work, 46*(3), 256-266.

Webb, N. B. (2003). *Social Work Practice with Children*. Guilford Publication.

고용노동부 홈페이지(http://moel.go.kr)

국가통계포털(http://kosis.kr)

보건복지부 홈페이지(http://www.mw.go.kr)

여성가족부 홈페이지(http://www.mogef.go.kr)

제11장

사회복지의 실천 분야 Ⅱ

학습개요

- 노인과 장애인에 관련된 사회문제에 대해 살펴본다.
- 노인과 장애인의 복지 정책 및 서비스에 대해 살펴본다.

학습목표

- 노인과 장애인에 관련된 사회문제를 이해하고 설명할 수 있다.
- 노인의 빈곤, 무위, 질병, 고독 해소를 위한 노인복지 정책 및 서비스에 대해 설명할 수 있다.

학습과제

- 노인과 장애인의 빈곤문제를 해소할 수 있는 정책 및 서비스에 대해 설명해 보자.
- 노인의 질병 및 무위, 고독 문제를 해소할 수 있는 노인복지 정책 및 서비스에 대해 설명해 보자.

제11장 사회복지의 실천 분야 II

1. 노인복지

1) 노인복지의 개념

현 우리사회를 가장 잘 집약할 수 있는 용어 중 하나가 '고령화 · 저출산'일 것이다. 우리나라가 고령화 사회에서 고령사회[1]로 진입하는 데 걸린 기간이 세계에서 유래 없이 가장 짧은 18년이다. 장래 인구추이에 의하면 2026년에는 노인인구만 1,000만 명이 되고, 2050년에는 55세 이상자가 48.3%에 이를 것으로 보고되고 있다. 노인인구 비율이 높아지면 노인 개개인의 삶뿐만 아니라 전체 사회의 모습도 달라진다. 장수는 개인적 차원에서 축복일 수 있으나 준비되지 않은 긴 노년기는 오히려 고통이 될 수 있

1) UN은 전체 인구 중 65세 이상 노인의 수가 차지하는 비율에 따라 사회를 구분했다.

다. 가족, 지역사회의 보호기능이 약화된 데 반해 사회적 부양체계가 마련되지 않아 한국의 많은 노인들은 다양한 어려움에 직면하고 있는 상황이다. 이러한 사회적 현상으로 인해 노인복지에 대한 관심이 점차 높아지고 있다.

노인복지를 어떻게 정의내릴 수 있을까? 김종일과 최혜지(2006)는 노인복지는 현대사회의 노인문제를 예방하고 해결하여 노인들의 삶의 질을 유지·개선하기 위한 사회의 제도적·집합적 노력이라고 정의하였다. 박차상 등(2002)은 노인복지란 신체적·정신적·사회적·영혼적으로 편안하고 안락한 상태가 되도록 노인문제를 예방하고 해결하는 공·사의 조직적 체계를 통해 노인생활 전체를 제도적으로 보장하기 위한 종합적 대책이라고 하였다. 정리하면, 사회복지가 인간의 기본적 욕구를 충족시키고 사회문제를 예방하고 해결하는 것이라고 한다면 노인복지는 노인의 기본적 욕구를 충족시키고 노인문제를 예방, 해결하기 위한 공공과 민간부문의 활동이라고 할 수 있다.

2) 노인복지의 대상

노인 개개인이 다양한 욕구 미충족 상태에 직면하는 경우가 많아 노인을 집단으로 나누어 대상자를 분류하기보다는 노년기에 겪을 수 있는 다양한 문제중심으로 노인복지의 대상을 정리하였다. 현대사회에서 노년기를 맞이한 인구집단이 공통적으로 경험하게 되는 어려움을 현대 노인의 '4고(四苦: 빈곤, 질병, 무위, 고독)'라 한다. 노년기에 직면하게 되는 다양한 어려움과 욕구 불충족 현상을, 즉 4고를 현대화 요인과 연결시켜 설명하고 있는 이론이 코길과 홈스(Cowgill & Holmes, 1972)의 현대화 이론이다. 이들은 현대화 과정에서 나타나는 특징적 현상 때문에 노인의 지위가 하락하게 되고 그 결과적 현상으로서 빈곤문제, 질병문제, 고독과 소외의 문제, 무위의

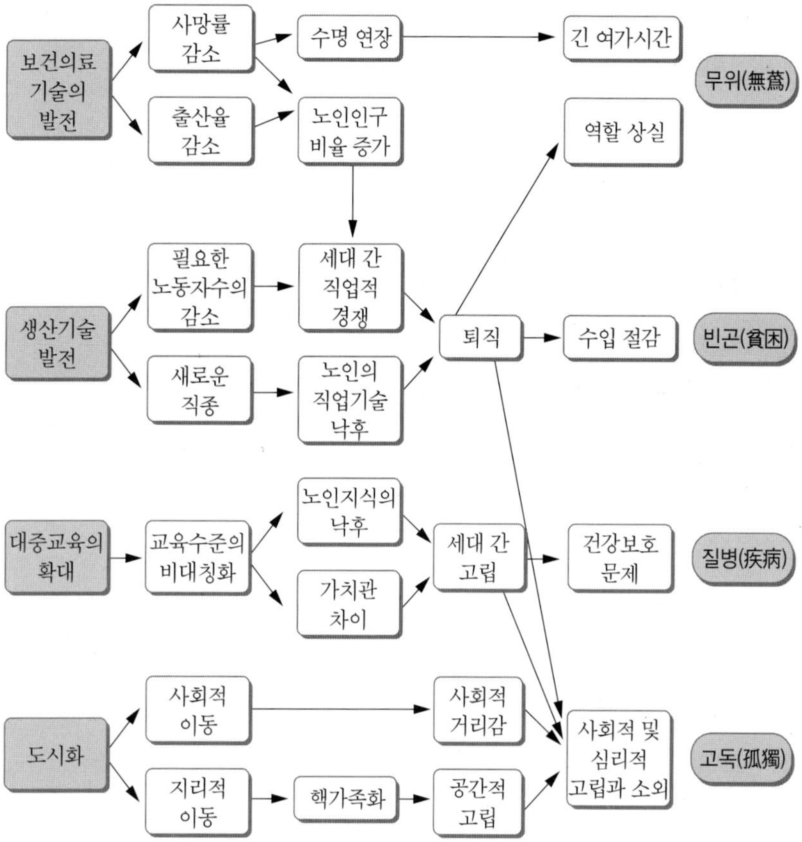

[그림 11-1] 현대화 이론

문제, 즉 노년기의 4고를 유발하게 된다고 설명하였다. 이러한 현대화의 특징적 현상들이 어떤 경로를 거쳐 노인문제를 일으키는지 인과관계를 좀 더 자세히 나타내면 [그림 11-1]과 같다. 다음에서는 노인복지의 대상이 되는 노인관련 문제를 살펴보고자 한다.

(1) 빈곤

노후생활에서 가장 문제가 되는 것은 '소득의 상실'에 따른 경제적 궁핍이다. 퇴직제도나 노동능력 감퇴 등으로 소득활동의 일선에서 물러나게 되고, 이로 인해 소득상실이 발생한다. 노인의 소득상실문제는 노인 연령층에서 가장 광범위하게 나타나는 사회문제로 지적되고 있다.

통계청 발표 '2008년 고령자통계'에 의하면 노인들이 겪는 가장 어려운 문제 중 경제적 어려움이 38.4%였으며 소득이 있는 경우라 할지라도 자신의 소득에 만족하는 노인은 10.4%에 불과하였다. 또한 자신의 소비생활에 '만족'하는 경우는 9.6%, '불만족'은 43.3%로 나타났다(통계청, 2008). 한편 보건복지가족부가 2008년도에 실시한 전국 노인생활실태 조사결과에 의하면 여유로운 생활을 누리기 위해 필요한 생활비 규모는 약 168.4만 원으로 나타난 반면 65세 이상 노인가구의 월평균 소득은 약 58만 원으로 나타나 기대소득과 현실 간에 큰 차이가 있음을 알 수 있다. 조사 대상자 중 월 가구소득이 50만 원 미만인 경우가 28.9%에 달했다. 소득 구성을 보면 사적 이전소득이 44.7%로 가장 높게 나타났고, 공적 이전소득 25.5%, 근로 및 사업소득이 22.6%로 나타났다.

선진 복지국가의 노인들은 대부분 공적 이전소득을 바탕으로 안정적 삶을 살고 있는 데 반해 우리나라 노인의 경우 노인 자신이 직접 생활비를 마련하거나 비공식 지원망의 지원으로 생활을 유지하고 있고, 경제적 어려움에 노출되어 있음을 알 수 있다.

(2) 질병

노년기 건강은 행복하고 만족스러운 삶의 가장 기본적 조건이라 볼 수 있다. 노인은 신체적 · 정신적으로 쇠약해져 가는 과정에 있어 질병에 쉽게 걸릴 뿐만 아니라, 만성적이어서 장기화되거나 다른 질병과 중복되어 나타나기가 쉽다.

2008년도 전국 노인생활실태 조사결과들도 우리나라 노인들의 건강 상태가 매우 취약함을 보여 주고 있다. 조사 대상 노인의 55.6%가 자신의 건강 상태에 대해 부정적으로 인식하고 있었다. 84.9%의 노인이 의사 진단을 받은 질병을 1개 이상 가지고 있었고, 평균 2개의 질병을 가지고 있는 것으로 나타났다. 질병으로 인해 일상생활의 어려움이 있는 노인은 80%였다. 만성질환이 있는 노인은 만성질환이 없는 노인보다 우울점수가 높고, 삶의 만족도가 더 낮은 것으로 보고되었다. 81.5%의 노인이 신체에 통증이 있다고 했는데 무릎 통증을 호소하는 노인이 가장 많았고(62.3%), 그다음은 허리(60.6%), 어깨(24.8%), 머리(20.7%) 순이었다. 93.3%의 노인이 통증으로 일상생활의 어려움을 호소하였다. 일상생활수행능력(ADL)이나 도구적 일상생활수행능력(IADL)에서 한 가지 이상 제한이 있는 노인은 28.4%였다. 인지기능이 저하되어 치매에 걸릴 위험이 높은 노인은 25.5%에 달했다. 이러한 조사결과를 보면, 우리나라 노인들이 대부분 건강 상태가 좋지 않아 이에 대한 적절한 건강보장제도와 건강증진을 위한 예방사업이 필요함을 알 수 있다.

(3) 무위

의료기술의 발달과 생활수준의 향상으로 수명이 날로 연장되어 긴 노년의 기간을 갖기 때문에 이 시기를 의미 있게 보내기 위한 적절한 역할과 활동이 필수적이다. 그러나 정년퇴직제도로 일정 연령에 달하면 일을 그만두어야 한다. 2008년 보건복지가족부의 조사에 의하면 우리나라 노인 중 30%만이 경제활동을 하고 있는 것으로 나타났다. 그러나 2/3가 농림어업 숙련 종사자와 단순노무 종사자로 나타나 노년기에 자신의 역량을 발휘하고 자아실현의 기회로 경제활동을 하고 있다고 보기는 어렵다. 그나마 70% 정도의 노인은 일, 직업이 없는 것이다. 그렇다면 우리나라 노인의 여가활동 실태는 어떠할까? 2008년 조사결과를 정리하면 [그림 11-2]와 같은데, 종교 및 친목단체활동 참여는 높은 반면 평생교육이나 자원봉사활동 참여율은 매우 낮다.

노령기 특성에 맞는 적절한 역할과 규범이 확립되지 못한 상황에서 대부

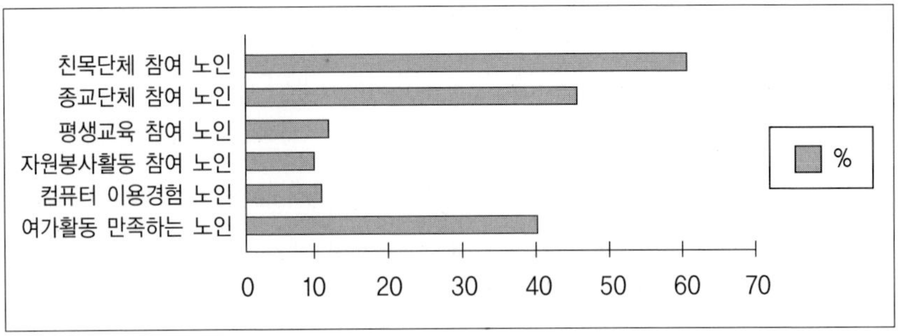

[그림 11-2] 노인 여가활동 참여 현황

분의 노인들이 무엇을 해야 할지 모르고 방황하는 경우가 많다. 또한 젊음과 새로움을 선호하는 사회적 분위기와 세대 간의 의식 및 가치관의 격차가 노인의 지위를 격하시키고 있다. 이로 인해 노인의 적극적 사회 참여, 경제활동 참여를 위한 사회적 대응이 미진해 노인들이 역할 상실 및 변화에 따른 '무위고'를 경험하게 되는 것이다.

(4) 고독과 소외

노년기 다양한 상실의 경험은 허탈감과 소외감을 갖게 할 수도 있다. 개인차는 있지만 노년기는 대개 자신을 필요로 하는 곳이 없어지고, 수입이 감소하고, 건강이 악화되고, 함께 지내던 친구, 친지, 가족과 다양한 이별을 경험하게 되는 시기다. 심지어는 가족원 간의 가치갈등 및 역할갈등은 물론이고 부양 부담에 따른 갈등도 빈번히 일어나고 있다.[2] 이러한 다양한 상실과 변화가 노인의 정신건강에 부정적인 영향을 미치는 것은 너무도 자명하다.

외로움이나 고독, 가족과 사회로부터의 소외는 우울증으로 이어질 수 있고 약물남용, 알코올중독, 자살 등의 사회 일탈현상도 유발할 수 있다.

2) 보건복지부 · 중앙노인보호전문기관의 노인학대 현황보고서에 의하면, 2005년 노인학대 신고는 2,038건이었으나 2010년에는 3,068건으로 약 50%가 증가한 것으로 나타났다.

2008년 조사에 의하면 30.8%의 노인이 우울 상태로 나타났고, 독거노인, 고연령, 저학력, 빈곤계층 노인의 우울이 더 심각한 것으로 드러났다. 또한 2009년에는 우리나라 노인 4,071명이 스스로 목숨을 끊었다. 이 중 기대수명이 얼마 남지 않은 90세 이상 노인이 114명이나 포함되어 있다(통계청, 2010). 통계청(2009b)이 발표한 한국사회의 향후 10년간 사회변화 중 하나가 노인자살률 증가다. 이러한 조사결과 및 통계자료는 우리나라 노인의 정신건강문제가 매우 심각한 수준이고, 이에 대한 적극적 대응이 이루어져야 함을 시사하고 있다.

이상에서 살펴본 다양한 현대사회의 노인문제는 개인보다는 사회적 요인으로 유발된다고 볼 수 있다. 따라서 국가와 사회가 노인문제의 1차적인 책임이 있음을 인식하고, 다양한 노인복지대책을 마련해야 할 것이다.

3) 노인복지정책 및 서비스

다양한 노인문제를 해결하기 위한 우리나라 노인복지정책 및 서비스를 앞서 살펴본 '4고'와 연결하여 정리하면 [그림 11-3]과 같다.

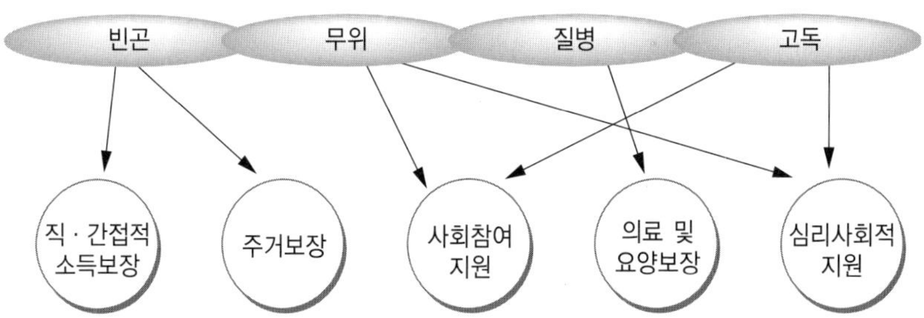

[그림 11-3] 우리나라 노인복지정책 및 서비스

(1) 직 · 간접 소득보장제도

노인의 빈곤문제 해소를 위한 제도는 직접적 소득보장과 간접적 소득보장제도, 주거보장제도로 분류할 수 있다. 직접적 소득보장제도로는 사회보험방식으로 이루어지고 있는 공적연금제도, 공공부조방식으로 운영되고 있는 국민기초생활보장제도, 공공부조방식과 사회적 수당방식을 혼합한 기초노령연금제도가 있고, 그 밖에 긴급지원사업이 있다.

65세 이상 노인의 고용보장을 통한 간접적으로 소득을 지원하는 사업에는 노인 일자리사업과 시니어클럽, 노인취업지원센터 운영이 있다. 각 제도의 이용자격 및 서비스 내용을 정리하면 〈표 11-1〉과 같다.

〈표 11-1〉 직 · 간접 노인 소득보장제도

프로그램 및 사업명		이용자격	서비스 내용
직접보장	공적연금제도	연금 기여금 납부자	특수직역연금과 국민연금 가입자에 대한 노령연금 등 현금 지급
	공공부조제도(국민기초생활보장제도)	기초 생계비 이하의 소득으로 부양의무자가 없거나 있어도 부양능력이 없는 노인	기초 생계비 등 현금, 주거급여 등 현물급여
	기초노령연금제도	65세 이상 노인 중 노인 단독가구의 경우 월 소득이 74만 원 이하(노인부부의 경우 약 120만 원 이하)	기초노령연금 지급(월 소득수준 따라 2~9만 원 지급)
	긴급지원사업	위기사유로 인해 생계유지 곤란, 의료비 감당 곤란, 주거확보의 곤란 및 사회복지시설 이용 서비스를 필요로 하는 자	1개월(1회)에 한하여 생계비 지원, 의료비 지원(300만 원 이내), 주거 지원, 장제비 · 해산비 · 전기요금 지원
간접보장	노인 일자리사업	노인 일자리사업 참여가 가능한 65세 이상 노인(공익형, 복지형은 기초노령연금 수급자에 한해 참여가능)	7개월간의 일자리와 20만 원 급여 지급
	시니어클럽	근로능력이 있는 노인	주로 민간 분야(시장형, 인력파견형) 노인 일자리를 마련해 일할 기회 제공
	노인취업지원센터	취업을 희망하는 65세 이상 노인	취업상담 및 알선, 취업교육

(2) 주거보장제도

노인들의 주거문제 해소를 위한 사업으로는 양로시설 및 노인공동생활가정 운영, 노인복지주택 건립, 주거개선사업을 들 수 있다. 각 사업의 이용자격 및 서비스 내용을 정리하면 〈표 11-2〉와 같다.

〈표 11-2〉 노인 대상 주거보장제도

프로그램 및 사업명	이용자격	서비스 내용
양로시설	일상생활에 지장이 없는 자로서 기초 수급권자 및 적절한 부양을 받지 못하는 자, 도시근로자 월평균 소득 이하 가구 노인(65세 이상)	일상생활에 지장이 없는 노인을 대상으로 급식과 그 밖에 일상생활에 필요한 편의 제공
노인공동 생활가정		
노인복지주택	60세 이상 노인 중 희망자	노인주택 분양, 임대
주거개선사업	65세 이상 노인 -1순위: 65세 이상 노인 단독가구 -2순위: 75세 이상 노인 부부가구	도배 · 장판, 전기공사, 냉 · 난방 수리 등

(3) 사회참여 지원사업

노인의 사회참여를 활성화하기 위해 시행되고 있는 사업에는 노인자원봉사 활성화사업, 경로당 활성화사업, 노인복지관 운영, 노인교실 운영이 있다. 각 사업의 이용자격 및 서비스 내용을 정리하면 〈표 11-3〉과 같다.

〈표 11-3〉 노인 사회참여 지원사업

프로그램 및 사업명	이용자격	서비스 내용
노인자원봉사 활성화사업	자원봉사프로그램 지원에 선정된 노인봉사단	봉사단 예산 지원, 노인자원봉사 대축제, 노인자원봉사단체협의회 운영, 노인자원봉사 전문인력 양성 등
경로당 활성화사업	65세 이상 노인	지역노인들이 자율적으로 친목도모 · 취미활동 · 공동작업장 운영 및 각종 정보교환과 기타 여가활동을 할 수 있도록 하는 장소 제공

노인복지관	60세 이상 노인	• 기본 사업: 평생교육 지원사업, 취미여가 지원사업, 고용지원사업, 기능회복 지원사업, 정서생활 지원사업, 사회참여 지원사업, 경로당혁신프로그램 • 선택 사업: 건강생활 지원사업(기능회복 지원사업 제외), 주거지원사업, 소득지원사업, 가족기능 지원사업, 가족통합 지원사업, 지역자원 개발사업, 지역복지 연계사업, 노인권익 증진사업 등
노인교실	60세 이상 희망자	취미생활 · 노인건강 유지 · 소득보장 기타 일상생활과 관련한 학습프로그램 제공

(4) 노인 의료 및 장기요양보장제도

보험방식으로 운영되는 건강보험제도와 공공부조방식으로 운영되는 의료급여제도는 질병치료를 위한 중요한 제도다. 노인의 장기요양보험제도는 신체기능 저하 때문에 수발이 필요한 노인을 등급에 따라 시설 및 재가의 형태로 요양서비스를 제공하는 것이다. 그 밖에 요양시설 운영, 노인건강 진단사업, 안검진 및 개안수술사업, 치매상담센터 운영, 재가노인복지사업, 노인돌봄사업이 운영되고 있다. 질병과 기능 저하로 인한 의료 및 요양욕구를 해소하기 위한 각 사업의 이용자격 및 서비스 내용을 정리하면 〈표 11-4〉와 같다.

〈표 11-4〉 노인 의료 및 장기요양보장제도

프로그램 및 사업명	이용자격	서비스 내용
건강보험제도	건강보험 가입자 혹은 가입자의 피부양자	요양서비스(병의원 진료)
의료급여제도	기초생활보장 노인, 차상위 노인	요양서비스(병의원 진료)
노인장기 요양보험제도	노인성 질환을 가진 자로서 국민건강보험공단으로부터 요양보호를 필요로 하는 자로 인정받은 노인(1~3등급 판정자)	시설요양서비스, 재가요양서비스
요양시설 운영	장기요양급여 1, 2등급자, 3등급자 중 등판에 의해 시설급여자로 판정된 경우	치매 · 중풍 등 노인성 질환 등으로 심신에 상당한 장애가 발생하여 도움을 필요로 하는 노인을 입소시켜 급식 · 요양과 그 밖에 일상생활에 필요한 편의 제공
노인건강 진단사업	시 · 군 · 구 관할구역에 거주하는 65세 이상 국민기초생활보장 수급권자 및 차상위 노인 중 노인건강진단 희망자	1, 2차에 걸친 건강검진
안검진 및 개안수술	기초생활수급자 및 차상위 노인 중 희망자, 기타 보건소장이 필요하다고 인정된 자	안검진: 11,000명 개안수술: 2,540명
치매상담센터 운영	60세 이상 치매노인과 그 가족	치매노인 및 그 보호자에 대한 상담 및 지원, 치매예방 및 치매노인 간병요령 교육 등
재가노인 복지사업	장기요양급여 수급자, 심신이 허약하거나 장애가 있는 65세 이상 자	• 방문요양서비스: 신체활동 지원, 가사활동, 개인활동, 정서 지원 • 주야간 보호서비스: 기능회복서비스, 급식 및 목욕, 송영 등 • 단기보호서비스기관: 급식, 치료 등 요양시설에 준하는 서비스 • 방문목욕서비스 • 방문간호서비스
노인돌봄서비스	• 기본: 만 65세 이상 요양서비스 불필요 독거노인(국고사업에 의한 유사 서비스를 받고 있지 않은 자) • 종합: 장기요양보험등급 외 A, B의 노인(전국가구 월평균 소득 150% 이하)	• 기본: 안전확인, 생활교육, 서비스 연계 등 예방서비스 • 종합: 가사, 활동지원 서비스를 제공하는 방문서비스와 주간보호서비스(바우처 방식)

(5) 노인 상담 및 지원망 강화 사업

노인의 심리사회적 지원과 정신건강을 목적으로 서비스를 제공하는 기관으로 노인보호전문기관, 노인의 전화, 정신보건센터, 알코올상담센터를 들 수 있다. 각 기관의 이용자격과 서비스 내용을 정리하면 〈표 11-5〉와 같다.

〈표 11-5〉 노인 상담 및 지원망 강화사업

기관명	이용자격	서비스 내용
노인보호 전문기관	학대 피해노인	• 피해자 및 가해자 상담, 의료지원, 가족상담, 지역자원 연결, 쉼터 운영, 학대예방 등 • 경로효친교육, 노인자살예방교육, 노인권익 보호사업
노인의 전화	이용희망자	전화를 통해 각종 노인관련문제 상담
정신보건센터	이용희망자	일반시민 대상 조기평가, 자살예방, 순회상담, 정신건강 예방교육 실시
알코올 상담센터	이용희망자	알코올 중독 예방 및 재활 지원

2. 장애인복지

1) 장애의 개념

세계보건기구(WHO)는 1980년에 국제장애분류시안(International Classification of Impariments, Disabilities and Handicaps: ICIDH)을 발표하였다. 이 '국제장애분류시안'(이하 ICIDH)은 '질병의 제 귀결'을 정리하고 상처나 병이 현재화한 것을 기능장애(impairment), 그것이 원인으로 실생활상의 제 활동에 제한이 생기는 것을 능력장애(disability), 기능장애나 능력장애의 결과로서 그 개인에게 발생한 불이익이나 통상의 사회적 역할이 불가능해진 것을 사회적 불리(handicap)라 규정하였다. 이 세 가지 차원의 관계

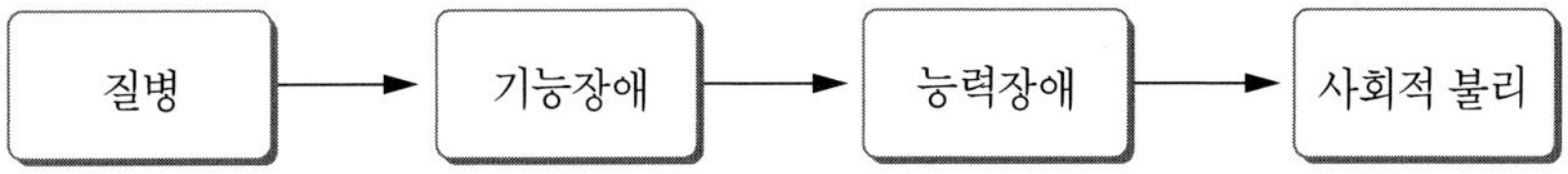

[그림 11-4] ICIDH(1980)의 구조

를 그림으로 설명하면 [그림 11-4]와 같다.

그러나 국제장애분류시안은 환경의 시점이 결여되어 있고 결과로서 개인에게 원인을 부과하는 개인환원주의라고 비판받았다. 더욱이 질병→기능장애→능력장애→사회적 불리의 선형모델은 세 가지의 상대적 독립성에도 불구하고 사회적 불리의 원인으로서의 기능장애와 능력장애로 이해된다고 비판을 받았다.

그리하여 WHO는 1990년부터 개정작업에 들어갔는데, 10년에 걸친 검토를 거쳐 2001년에 결정된 것이 국제생활기능분류(International Classification of Functioning, Disabilities and Health: ICF)다.

개정된 국제생활기능분류(이하 ICF)에서는 장애를 부정적인 이미지로 파악하는 것이 아니라 기능장애 대신에 심신기능 · 구조(body function and structure), 능력장애 대신에 활동(activity), 사회적 불리 대신에 참가(participation)라는 중립적인 용어를 사용하였다. 요컨대, 장애란 이러한 것이 제한 · 제약되어 있는 상태로 특정의 사람에게 일어날 수 있는 것이 아니라 누구에게라도 일어날 수 있다는 것을 명확히 하였다.

더욱이 장애의 발생과 변화에 영향을 미치는 것으로서 새롭게 '환경요인(enviromental factors)'과 '개인요인(personal factors)'을 모델 속에 첨가하였고, 또한 ICIDH에서 요소의 관계가 일방향성이라는 오해의 소지를 시정하기 위해 각각의 요소가 서로 영향을 미치는 관계라는 것을 쉽게 알 수 있는 쌍방향의 모델을 도입하였다.

이와 같이 해서 작성된 새로운 ICF는 장애를 사람과 환경이 서로 영향을 주고 받으며 발생하는 '상호작용모델'의 입장을 취하고, 장애를 인과관계

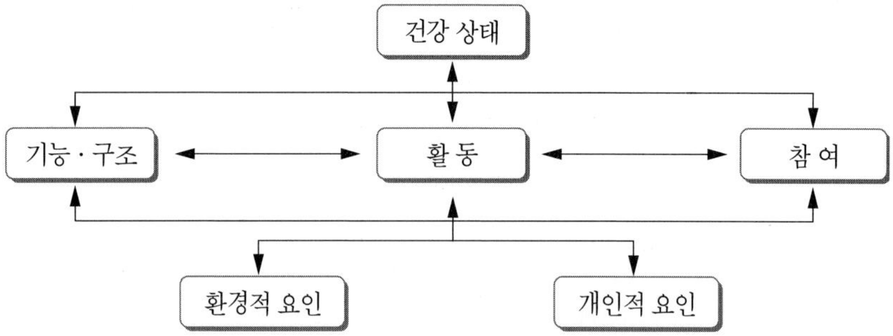

[그림 11-5] ICF의 구성요소 간 상호작용

속에서 파악하는 '의학모델'이라는 점에서 비판받은 ICIDH와는 일선을 긋는 것이 되었다.

이 특징은 ICIDH 공표 후에 받아 온 비판을 적극적으로 받아들인 것이라 할 수 있다. 특히, ICIDH가 의학모델 또는 개인환경주의라 비판받았던 것에 대해 환경을 고려하여 인간과 환경과의 상호작용모델이 되어 있는 점은 적극적으로 평가받을 만하다. 이와 같이 현상을 세 가지 차원에서 이해하는 것은 ICIDH와 동일하지만, ICF에서는 이것을 긍정적, 부정적 양측면

〈표 11-6〉 ICIDH 및 ICF의 제 개념의 표현

	ICIDH(1980)	ICF(2001)	
	부정적	부정적	긍정적
차원(1)	기능장애 Impairment	기능장애 Impairment	심신기능 · 구조 Function and Structure
차원(2)	능력장애 Disability	활동제한 Activity Limitaiton	활동 Activity
차원(3)	사회적 불리 Handicap	참가제한 Participation restrictions	참가 Participation
포괄용어	질병의 제 귀결 Consequences of Disease	장애 Disability	생활기능 Functioning

출처: 佐藤久夫(2003). p. 1142.

에서 보았다는 점에서 차이를 보인다(〈표 11-6〉 참조). 즉, 긍정적 측면에서는 심신기능 · 구조, 활동, 참가를 총칭해서 생활기능(functioning)이라 부르고, 부정적 측면에서는 '기능장애' '활동장애' '참가제약'으로 부르면서 이것의 총칭이 장애(disability)가 된다(竹原健二編, 2004: 54-57).

2) 장애의 개념적 모델

장애이론에 대한 고찰은 1970년대 이전까지 장애를 개인의 심리적 · 의료적 · 기능적인 차원에서 다루어 별다른 진전이 없었으나, 1970년대 중반부터 장애개념의 변화, 장애인복지서비스의 변화, 장애인에 대한 사회적 책임론 대두, 의료사회학의 등장 등으로 비로소 개인적 모델들(individual models)과 사회적 모델들(societal models)로 구분하기 시작하였다. 이렇게 구분한 모델들은 각각 기본적 전제, 이념, 신념, 서비스 접근방법, 실천과정, 문제해결방법을 제시하면서 하나의 패러다임 또는 이론들로 형성되었다. 장애이론이 이렇게 구분되는 이유는 가장 구체적인 이유로 기본 가정, 문제의 원인, 정의, 소재, 문제해결의 주체, 접근방법, 문제해결 후 효과에서 개별이론과 사회이론이 다르게 나타난다는 것과 장애개념과 장애인복지서비스의 변화흐름을 들 수 있다(정무성 · 양희택 · 노승현, 2006: 313-314).

(1) 개인적 모델

장애의 개인적 모델은 장애를 개인이 가진 의학적, 기능적 문제라고 보는 시각이며 치료모델 또는 개인중심의 모델이라고 할 수 있다.

개인적 모델은 근본적으로 다음의 두 가지 점을 강조한다(김미옥 · 김용득 · 이선우, 2004: 20). 첫째는 개인의 장애 '문제'에 그 핵심을 둔다는 점이다. 둘째는 장애가 발생시키는 근본적인 제한 혹은 심리적인 상실로 인해 이러한 문제가 비롯된다고 보는 점이다. 이 관점은 '의료전문가에 의한 개별적 치료'라는 형태의 의료보호를 해결책으로 제시하며, 장애관리의 초점을 개인의 보다 나은 적응과 행위의 변화에 둔다.

장애의 개념 중에서 신체 또는 의학적 차원의 개념이 개인적 모델에 기초한 개념이라고 할 수 있다. 개인적 모델의 한 유형이라고 할 수 있는 의료적 모델은 전문가, 특히 의료전문가의 판단을 중요시하며, 의료적 모델이 우세한 사회에서는 개인을 보호나 치료를 통해 변화시키는 데 초점을 둔다(이선우, 2009: 23).

그러나 의료적 모델은 장애인의 경험이라는 현실을 제대로 반영하지 못하고 있으며, 신체의 기능에 초점을 두어서 장애인이 받고 있는 불이익의 원인 중에서 비의료적 원인을 전적으로 무시하고 있다. 더 나아가 신체 손상이 비정상과 동등하다는 생각을 확산시킴으로써 무엇이 정상이고, 무엇이 정상이 아닌지에 대해 잘못된 가정을 하고 있다(Oliver, 1996)는 비판을 받고 있다(이선우, 2009: 26).

(2) 사회적 모델

사회적 모델은 장애인이 살고 있는 사회환경의 문제를 중요하게 인식하는 시각이며, 사회행동모델 또는 환경중심의 모델이라고 할 수 있다(권유경, 2001).

사회적 모델은 개인적 모델에서 전제하고 있는 두 가지 핵심내용을 완전히 무시하는 것에서 시작한다. 즉, 장애를 개인에게 귀속된 것이 아니라 사회적 환경으로 창조된 조건들의 복잡한 집합체로 보는 것이다. 장애는 사회 내에 존재하는 것으로서 장애인 개인에 내재하는 개별적인 제한이 아니라 장애인의 욕구를 사회 내에서 수용하고 이에 적합한 서비스를 제공하는 것에 대한 사회의 실패를 의미한다. 이러한 사회의 실패결과는 단순하고 무작위로 개인에게 주어지는 것이 아니라 실패를 경험한 집단으로서의 장애인들에게 제도화된 차별의 형태로 전달되는 것이다(김미옥 · 김용득 · 이선우, 2004: 20-21).

장애문제를 관리하고 해결하기 위해서는 '사회행동'을 필요로 한다. 그리고 장애인이 전 영역의 사회생활에 완전히 참여할 수 있도록 하기 위해 환경의 개조가 필요요건이며, 이를 실천하는 것은 사회의 집합적인 책임이라는 것이다. 이 모델은 사회적 변화를 요구하는 이념적인 것이며 정치적으로는 인권과 관련된다. 따라서 장애문제 해결을 위한 모든 의도와 목적은 매우 정치적이어야 하며, 주요 과제는 장애인들이 직면하고 있는 편견과 차별의 해결에 있다고 한다(김미옥 · 김용득 · 이선우, 2004: 21).

사회적 모델을 발전시킨 올리버(Oliver)는 다음과 같은 세 가지를 강조하고 있다(손병돈 외, 2008: 190 재인용).

첫째, 사회적 모델은 개인적인 기능적 결함이 아니라 장애를 야기하는 환경과 태도 그리고 문화로 인해 발생하는 사회통합에 대한 장벽에 분석적 초점을 둔다.

둘째, 사회적 모델은 접근불가능한 교육, 정보통신시스템, 작업환경, 불충분한 장애관련 혜택, 차별적 보건 및 사회적 지지서비스, 접근불가능한 교통수단, 주택, 공공건물 및 문화설비, 문화 및 대중매체에서의 장애인에 대한 부정적 표현과 같은 일상생활에서의 장벽 간의 상호 관계를 강조하는 총체적 접근을 취한다.

셋째, 사회적 모델은 장애인의 삶에 대한 개별적 개입, 즉 의료적 개입, 재활치료, 교육 및 고용과 관련된 개입 등의 중요성을 무시하는 것이 아니라 그러한 개입만으로는 사회통합이 이루어질 수 없다는 것을 강조한다.

〈표 11-7〉 장애의 개념적 모델 비교

개인적 모델	사회적 모델
개인문제	사회문제
개별적 치료	사회적 행동
의료화	자조
전문적 권위	개별적, 집합적 책임
편견	차별
보호	권리
통제	선택
정책	정치
개별적인 적응	사회변화

출처: Oliver, M.(1996), 김미옥 · 김용득 · 이선우(2004) 〈표 1-1〉 일부 수정 발췌

3) 장애의 유형과 범주

우리나라의 「장애인복지법」상 장애인의 정의는 "신체적 · 정신적 장애로 오랫동안 일상생활이나 사회생활에서 상당한 제약을 받는 자"(제2조)라고 되어 있다. 이 법의 규정에 의하면 장애인의 장애 유형은 크게 두 가지로 구분된다. 하나는 주요 외부 신체기능의 장애, 내부기관의 장애 등의 신체적 장애이고, 다른 하나는 발달장애 또는 정신질환으로 발생하는 정신적 장애다.

〈표 11-8〉 장애의 범주

<table>
<tr><th>신체적 장애</th><th>정신적 장애</th></tr>
<tr><td>□ 외부 신체기능의 장애
• 지체장애 • 뇌병변장애 • 시각장애
• 청각장애 • 언어장애 • 안면장애</td><td>• 지적장애</td></tr>
<tr><td rowspan="2">□ 내부기관의 장애
• 신장장애 • 심장장애 • 호흡기장애
• 간장애 • 장루 · 요루장애 • 간질장애</td><td>• 정신장애</td></tr>
<tr><td>• 자폐성장애(발달장애)</td></tr>
</table>

「장애인복지법시행령」 제2조에 따른 장애인의 종류와 기준은 〈표 11-8〉과 같다.

(1) 외부 신체기능의 장애

외부 신체기능의 장애 유형과 기준은 다음 〈표 11-9〉와 같다.

〈표 11-9〉 외부 신체기능의 장애 유형과 기준

장애 유형	기 준
지체장애인 (肢體障碍人)	• 한 팔, 한 다리 또는 몸통의 기능에 영속적인 장애가 있는 사람 • 한 손의 엄지손가락을 지골(指骨: 손가락 뼈) 관절 이상의 부위에서 잃은 사람 또는 한 손의 둘째 손가락을 포함한 두 개 이상의 손가락을 모두 제1지골 관절 이상의 부위에서 잃은 사람 • 한 다리를 리스프랑(Lisfranc: 발등뼈와 발목을 이어주는) 관절 이상의 부위에서 잃은 사람 • 두 발의 발가락을 모두 잃은 사람 • 한 손의 엄지손가락 기능을 잃은 사람 또는 한 손의 둘째 손가락을 포함한 손가락 두 개 이상의 기능을 잃은 사람 • 왜소증으로 키가 심하게 작거나 척추에 현저한 변형 또는 기형이 있는 사람 • 지체(肢體)에 앞의 각 항목 중 어느 하나에 해당하는 장애 정도 이상의 장애가 있다고 인정되는 사람
뇌병변장애인 (腦病變障碍人)	뇌성마비, 외상성 뇌손상, 뇌졸중(腦卒中) 등 뇌의 기질적 병변으로 인하여 발생한 신체적 장애로 보행이나 일상생활의 동작 등에 상당한 제약을 받는 사람
시각장애인 (視覺障碍人)	• 나쁜 눈의 시력(만국식시력표에 따라 측정된 교정시력을 말한다. 이하 같다)이 0.02 이하인 사람 • 좋은 눈의 시력이 0.2 이하인 사람 • 두 눈의 시야가 각각 주시점에서 10도 이하로 남은 사람 • 두 눈의 시야 2분의 1 이상을 잃은 사람

청각장애인 (聽覺障碍人)	• 두 귀의 청력 손실이 각각 60데시벨(dB) 이상인 사람 • 한 귀의 청력 손실이 80데시벨 이상, 다른 귀의 청력 손실이 40데시벨 이상인 사람 • 두 귀에 들리는 보통 말소리의 명료도가 50퍼센트 이하인 사람 • 평형기능에 상당한 장애가 있는 사람
언어장애인 (言語障碍人)	음성기능이나 언어기능에 영속적으로 상당한 장애가 있는 사람
안면장애인 (顔面障碍人)	안면 부위의 변형이나 기형으로 사회생활에 상당한 제약을 받는 사람

(2) 내부기관의 장애

내부기관의 장애 유형과 기준은 다음 〈표 11-10〉과 같다.

〈표 11-10〉 내부기관의 장애 유형과 기준

장애 유형	기 준
신장장애인 (腎臟障碍人)	신장의 기능부전(機能不全)으로 인하여 혈액투석이나 복막투석을 지속적으로 받아야 하거나 신장기능의 영속적인 장애로 인하여 일상생활에 상당한 제약을 받는 사람
심장장애인 (心臟障碍人)	심장의 기능부전으로 인한 호흡곤란 등의 장애로 일상생활에 상당한 제약을 받는 사람
호흡기장애인 (呼吸器障碍人)	폐나 기관지 등 호흡기관의 만성적 기능부전으로 인한 호흡기능의 장애로 일상생활에 상당한 제약을 받는 사람
간장애인 (肝障碍人)	간의 만성적 기능부전과 그에 따른 합병증 등으로 인한 간기능의 장애로 일상생활에 상당한 제약을 받는 사람
장루 · 요루장애인 (腸瘻 · 尿瘻障碍人)	배변기능이나 배뇨기능의 장애로 인하여 장루 또는 요루를 시술하여 일상생활에 상당한 제약을 받는 사람
간질장애인 (癎疾障碍人)	간질에 의한 뇌신경세포의 장애로 인하여 일상생활이나 사회생활에 상당한 제약을 받아 다른 사람의 도움이 필요한 사람

(3) 정신적 장애

정신적 장애 유형과 기준은 다음 〈표 11-11〉과 같다.

〈표 11-11〉 정신적 장애 유형과 기준

장애 유형	기 준
정신장애인(精神障碍人)	지속적인 정신분열병, 분열형 정동장애(情動障碍: 여러 현실 상황에서 부적절한 정서반응을 보이는 장애), 양극성 정동장애 및 반복성 우울장애에 따른 감정조절 · 행동 · 사고기능 및 능력의 장애로 인하여 일상생활이나 사회생활에 상당한 제약을 받아 다른 사람의 도움이 필요한 사람
지적장애인(知的障碍人)	정신 발육이 항구적으로 지체되어 지적 능력의 발달이 불충분하거나 불완전하고 자신의 일을 처리하는 것과 사회생활에 적응하는 것이 상당히 곤란한 사람
자폐성장애인(自閉性障碍人)	소아기 자폐증, 비전형적 자폐증에 따른 언어 · 신체표현 · 자기조절 · 사회적응기능 및 능력의 장애로 인하여 일상생활이나 사회생활에 상당한 제약을 받아 다른 사람의 도움이 필요한 사람

정신적 장애인의 특성을 비교해 보면 다음 〈표 11-12〉와 같다.

〈표 11-12〉 정신적 장애인의 특성 비교

정신장애	• 병원 치료가 필요하다(질병이다). • 주로 사춘기 이후에 증상이 나타난다. • 심리적 · 생리적 요인으로 발생한다. • 반복적 행동을 하지 않는다. • 지능지수가 일반인과 똑같다. • 환상 · 환각 · 환시 · 피해망상 같은 증상을 보인다. • 돌출행동을 하기도 한다. • 성별 발생률이 거의 비슷하다. • 의사소통과 사회적 관계가 비교적 원만하다.

지적장애	• 교육과 훈련이 필요하다(질병이 아니다). • 사춘기 이전에 증상이 나타난다. • 정확한 발생원인을 알 수 없다. • 반복적 행동을 거의 하지 않는다. • 지능지수가 상당히 낮다(IQ 70 이하). • 환상이나 피해망상 증상이 없다. • 행동이 소극적인 편이다. • 남자가 여자보다 더 많다(약 60%가 남자). • 의사소통과 사회적 관계가 비교적 원만하다.
자폐성 장애	• 교육과 훈련이 필요하다(질병이 아니다). • 대부분 3세 이전에 증상이 나타난다. • 정확한 발생원인을 알 수 없다. • 반복적 행동을 하고 환경변화를 아주 싫어한다. • 지능지수와 무관하다. • 환상이나 피해망상 증상이 거의 없다. • 소리지르기, 자기 머리 때리기, 부딪치기 등 이상행동을 보이기도 한다. (그러나 상대방에 대한 공격적 행동은 거의 하지 않는다.) • 남자가 여자보다 훨씬 더 많다(약 80%가 남자). • 의사소통과 사회적 관계가 매우 어렵다.

출처: 윤삼호 · 김의수(2009). p. 66.

4) 장애인복지의 이념

장애인복지의 기본 이념은 장애인이 가지고 있는 능력을 최대한 발휘하여 인간으로서 가치 있는 삶을 누릴 수 있도록 지원하는 데 요구되는 가치개념이다. 즉, 그들이 속한 사회에서 차별을 받지 않고 인간의 존엄성과 가치를 누리며 사회구성원이 받는 권리와 기회를 평등하게 받는 것을 의미한다. 이는 1948년 UN의 세계인권선언을 근거로 하여 1975년 장애인권리선언, 1976년 국제인권조약, 2006년 장애인권리협약 등에서 나타나고 있다. 또한 우리나라 「장애인복지법」 제3조 기본 이념, 제3차 장애인정책발전5개년계획의 비전 등에도 장애인의 권리에 기반한 완전한 평등과 참여를 통한 사회통합의 이념이 잘 나타나 있다.

(1) 인권 존중

장애인은 오랫동안 사회적으로 편견과 차별의 대상이었다. 그러나 UN의 세계인권선언(1948)에서도 밝혔듯이, "인간은 모두 태어나면서부터 자유이며 존엄과 권리에 있어 평등하다." 장애인 역시 한 사람의 인간으로서 존엄성을 보장받아야 하며 인간으로서 그 권리가 존중되어야 한다.

장애인을 편견과 차별에서 벗어나게 함은 물론 비장애인과 동일한 권리의 주체로서 대하는 장애인 인권 존중은 장애인복지 이념의 첫 출발이라 할 수 있다.

인권을 가장 넓은 의미에서 정의하면 인간이 내재적으로 갖는 존엄과 가치에서 파생되는 것으로서, 인간이 자신의 성장과 발전에 필수적인 활동에 종사할 수 있도록 주장할 수 있는 자유 또는 권리다. 이러한 인권은 기본적으로, '평등할 권리' '차별받지 않을 권리' '문화적, 경제적 소수자 및 장애인의 권리'에 기반을 두기도 한다. 인권은 인간이기 때문에 당연한 권리로, '인간의 존엄성을 보장받을 권리'라고 정의할 수 있다. 그러므로 어떠한 「현행법」도 인권보다 우선할 수 없으며, 누구도 성별, 인종, 장애 유무, 계급 등을 이유로 차별하지도 차별받지도 말아야 한다(최윤영 · 이경준, 2010: 282).

인권을 보장하는 것은 개인의 자기실현 기회보장에 대한 기본적인 전제조건이다. 더불어 장애인복지의 궁극적인 목적인 사회통합을 위해서는 장애인의 자기실현이 전제가 되어야 한다. 이런 의미에서 장애인의 인권보장은 장애인복지 이념이 구현되기 위한 전제라고 할 수 있다.

(2) 정상화

정상화(normalization) 이념은 장애를 가진 사람을 장애인으로 특별 대우하는 것이 아니라 지역사회에서 비장애인과 동등하게 대우하고, 보편적 생활을 당연히 영위할 수 있도록 사회적 조건을 정비하는 것을 말한다.

정상화 이론은 1960년대 후반 스칸디나비아에서 지적장애인의 서비스 실천의 원칙으로 제기된 이론으로, 장애인의 대규모 수용에 반대하며 장애인들이 장애를 가지지 않은 다른 사람들과 비슷한 생활양식을 유지할 것을 강조하고 있다. 이러한 이론적 지향은 울펜스버거(Wolfensberger) 등에 의하여 북미에서도 1970년대와 1980년대 초반을 거치면서 대인 서비스의 이념과 실천에 큰 영향을 미쳤다(김미옥 외, 2004: 431).

울펜스버거는 "정상화는 보편적 인간의 행동과 삶에 근접하기 위해 가능한 한 문화적으로 일반적인 여러 수단을 이용하게 하는 것이다."라고 하였으며, 나아가 지역생활을 원조하는 프로그램을 중심으로 지역사회복지서비스를 추진하는 지역사회케어의 중요성을 강조하였다(유태완 외, 2010: 28).

따라서 정상화 이념은 개인의 선택에 의한 자유와 자기결정권을 강조한다. 교육, 직업 등을 포함하여 지역사회와 상호작용하는 데 필요한 기술과 경험을 익혀 독립적 생활이 가능한 사회구성원으로 비장애인과 동등하게 살아갈 수 있도록 하는 것이다. 또한 가치 절하된 장애인에 대한 사회적 편견을 없애고, 사회적 역할을 부여하여 불리한 상황에 보편적 접근이 가능하도록 국가의 적극적인 제도가 필요함을 강조한다.

(3) 자립생활

자립생활(independent living)이란 장애인의 독립적인 생활만을 의미하는 것이 아니라 장애인이 지역사회중심에서 재활의 주역으로 스스로 살아갈 수 있는 법적·제도적 권익을 확보하는 것까지 내포하고 있다.

장애인의 자립생활 이념은 정상화와 사회통합을 기초로 하여 통제된 환경의 장애인 수용시설에 대한 문제를 인식함으로써 장애인의 시설수용의 탈퇴를 주장한 것에서 비롯되었다. 장애인은 인간으로서의 권리와 시민권 확보를 위하여 그동안 비장애인과의 분리된 주거생활, 차별적인 고용이나 불평등한 교육여건 등에 대한 문제점을 제기하면서, 시설수용으로 인한 분리거주를 철폐하고 일반 지역사회 내에서 접근가능하고 이동과 생활이 자유로운 환경을 만들어 주도록 요구하게 된 것이다(강영실, 2008: 41).

자립생활의 궁극적인 목표는 선택할 권리, 서비스를 제공받을 권리, 자기결정권이 포함된 자립생활이며, 이를 통한 사회·경제적 생산성을 높이는 것이다. 그러나 장애인의 자립생활은 자신을 스스로 보호하고 관리하기 위하여 아무런 지원 없이 이룰 수 있는 것이 아니라, 장애인들이 스스로 필요한 원조와 지원을 다양한 지원체계를 통해 제공받음으로써 장애인은 주체적인 삶, 즉 타인에 대한 의존이 최소화된 자립생활이 가능해지는 것이다(유태완 외, 2010: 29). 다시 말해, 장애인의 자립생활이란 법적·제도적으로 다양한 지원을 통해 장애인의 잠재능력을 최대한 활용하여 생활의 주체자로서 자기결정권과 자기선택권을 행사하여, 자신의 생활 전반을 조정·관리하고 최종적으로 직업적, 경제적 자립생활을 영위하는 것을 의미한다.

(4) 사회통합

장애인복지의 궁극적 목표는 사회통합이다. 사회통합은 장애인이 평등의 기초 위에서 사회의 부분이 되어 그들이 속한 사회문화적 활동에 참여하는 것을 의미하는 데, 비장애인이 영위하는 수준과 동등하게 지역사회 내에 존재하고 참여하는 정도를 말한다. 즉, 차별 또는 배제 없이 장애인도 비장애인처럼 자신이 속한 지역사회에서 자신에게 주어진 역할을 수행하면서 사회의 한 구성원으로 인정받고 살아가는 과정을 의미하는 것으로, 사회의 중심권에서 일반적 형태로 장애인의 참여가 보장될 때 비로소 사회통합이 완성된다고 볼 수 있다(최윤영·이경준, 2010: 57).

사회통합은 장애인과 비장애인이 모든 기회를 서로 공유하며 협력해 나가면서 가능성을 높여 나가는 과정이다. 장애인 개인의 발달주기에 맞추어 각 발달단계에서 사회와 통합이 이루어져야 하며, 지역사회의 통합도 이루어져야 한다. 통합화의 과정은 장애인과 비장애인들이 모든 기회에 서로 공동・협력해 갈 가능성을 위한 조건추구를 지향하는 과정이다. 그리고 통합은 장애를 가진 사람들이 가치 있는 방법에 의해 지역사회 안에서 인격적인 개인으로서 참여해야 하고, 장애인 자신의 선택이 전제되어야 한다. 즉, 사회통합은 장애인의 완전한 사회참여와 평등이 보장되는 사회를 목적으로 한다.

사회통합을 위해서는 먼저 장애인이 사회활동을 통해 사회적 역할을 수행할 수 있도록 능력을 개발해야 한다. 둘째, 접근권이 보장될 수 있도록 사회환경을 개선해야 한다. 셋째, 장애인과 비장애인이 편견과 차별 없이 서로 이해하며 살아갈 수 있도록 사회적 환경과 분위기를 조성해야 한다. 넷째, 사회 각 영역의 서비스가 체계화될 수 있도록 법적・제도적인 지원이 있어야 한다. 이렇게 될 때 완전한 사회참여와 평등이 보장되는 사회가 되어 장애인의 적극적인 사회참여와 성공적인 자립생활을 통한 사회통합이 이루어질 수 있다.

5) 한국의 장애인복지서비스

(1) 재가복지서비스

재가복지서비스는 가능한 한 장애인을 지역사회의 일원으로서 그 가정, 지역에서 자립적으로 생활할 수 있도록 원조한다는 정상화의 이념에 입각하고 있다. 또한 생활수준의 향상을 배경으로 하여 복지케어에서의 삶의 질 확보라는 관점에서도 재가복지서비스의 중요성이 제기되고 있다(김중대, 1995: 12).

이처럼 재가복지는 교육이나 훈련을 받은 전문가들이 사회복지시설을 통해 장애인의 보호 및 일상생활 동작이나 기능을 강화하기 위한 통합적 접근방법론으로 장애인에게 개별적 서비스를 제공하는 것이다. 장애인은 이동권이 제대로 확보되지 않아 지역사회 내의 시설을 충분히 이용하기 힘든 상황이다. 따라서 재가장애인의 일상생활과 사회활동을 지원하기 위하여 방문서비스를 시행하는 것은 접근성을 높이기 위한 방법이다.

사회복지관에서 운영하는 재가복지봉사센터 운영지침에 따르면 재가복지서비스의 내용은 다음과 같다.

- 가사서비스: 집안 청소, 식사준비 및 취사, 세탁, 청소 등
- 간병서비스: 안마, 병간호, 수발, 병원 안내 및 동행, 통원 시의 차량 지원, 병원수속 대행, 보건소 안내, 약품 구입, 체온 측정, 신체운동, 집안 소독 등
- 정서적 서비스: 말벗, 상담, 학업지도, 책 읽어주기, 여가지도, 취미활동 제공, 행정업무 등
- 결연서비스: 서비스 대상자에 대한 생활용품 및 용돈 등의 재정적 지원 알선, 의부모 · 의형제 맺어 주기 등의 서비스
- 의료서비스: 지역의료기관, 보건기관과의 연계 및 결연을 통한 정기 또는 수시 방문진료(링거 투약, 혈압 체크, 질병상담 및 치료 등)
- 자립지원서비스: 탁아, 직업보도, 기능훈련, 취업알선 등 자립능력을 배양할 수 있는 내용의 서비스 등
- 주민교육서비스: 보호 대상자의 가족, 이웃, 친지 등을 포함한 지역주민을 위한 재가보호서비스 요령 및 방법 교육
- 기타 서비스

재가장애인에 대한 재가복지서비스는 이 외에도 주간보호서비스와 단기보호서비스가 병행되어 제공될 때 효과성이 높다. 이러한 서비스를 제공하는 장애인이용시설로는 장애인종합복지관과 장애인종합복지관에 부설된 재가복지봉사센터, 장애종별복지관, 주간보호시설 및 단기보호시설 등이

있다. 또한 일반사회복지관에서도 여러 가지 장애인복지사업을 실시하고 있다(정일교 · 김만호, 2010: 270-271).

(2) 시설복지서비스

장애인복지시설이라 함은 장애인이 시설에 입소하거나 통원하여 재활에 필요한 상담, 치료, 교육, 훈련 및 요양 등의 장애인복지서비스를 받을 수 있는 사회복지시설을 말한다. 시설로는 「장애인복지법」 제58조에서 정한 바와 같이 다음과 같다.

- 장애인 거주시설: 거주공간을 활용하여 일반가정에서 생활하기 어려운 장애인에게 일정 기간 거주 · 요양 · 지원 등의 서비스를 제공하는 동시에 지역사회생활을 지원하는 시설
- 장애인 지역사회재활시설: 장애인을 전문적으로 상담 · 치료 · 훈련하거나 장애인의 일상생활, 여가활동 및 사회참여활동 등을 지원하는 시설
- 장애인 직업재활시설: 일반 작업환경에서는 일하기 어려운 장애인이 특별히 준비된 작업환경에서 직업훈련을 받거나 직업생활을 할 수 있도록 하는 시설
- 장애인 의료재활시설: 장애인을 입원 또는 통원하게 하여 상담, 진단 · 판정, 치료 등 의료재활서비스를 제공하는 시설
- 그 밖에 대통령령으로 정하는 시설: 장애인 생산품 판매시설(「장애인복지법시행령」 제36조)

「장애인복지법」 제57조에 의하면 국가와 지방자치단체는 장애인복지시설의 이용을 통하여 기능회복과 사회적 향상을 도모할 수 있도록 정책을 강구하여야 하고, 복지시설을 이용하는 장애인의 인권을 보호하기 위한 정책과 관련 프로그램을 실시할 수 있는 기반을 조성해야 한다고 명시하고

있다. 따라서 장애인복지시설은 장애인의 선택권을 최대한 보장하고 시설 선택에 필요한 정보를 충분히 제공해야 한다.

(3) 장애인 보조기구서비스

장애인 보조기구란 장애인이 장애의 예방 · 보완과 기능향상을 위하여 사용하는 의지 · 보조기 및 그 밖에 보건복지부장관이 정하는 보장구와 일상생활의 편의증진을 위하여 사용하는 생활용품을 말한다(「장애인복지법」 제65조).

장애인 보조기구서비스는 저소득장애인의 일상생활능력의 향상과 복지증진을 목적으로 한다. 장애인 보조기구의 개발, 보급을 촉진하기 위해서 국가와 지방자치단체는 장애인 보조기구를 생산하는 업체에 대한 생산장려금을 지급하고, 보조기구의 품질향상을 위하여 기술 및 연구개발의 지원을 한다.

장애인의 보조기구서비스 신청이 있을 때에는 보조기구를 교부 · 대여 · 수리를 해 주거나 비용을 지급한다. 교부 대상은 「국민기초생활보장법」상 수급자 및 차상위계층으로 등록장애인이다. 교부에는 우선순위가 있는데 장애등급이 상위인 자, 「국민기초생활보장법」상 수급자, 1가구에 2인 이상의 장애인이 거주하는 자, 재가장애인의 순으로 지급한다(정일교 · 김만호, 2010: 279).

6) 한국의 장애인복지정책

(1) 소득보장

① 장애인연금

장애인연금은 일을 하기 어려운 18세 이상의 중증장애인의 생활안정을 위하여 매월 일정금액을 연금으로 지급하는 2010년 7월에 도입된 사회보장제도다. 급여는 기초급여와 부가급여로 나누어진다. 기초급여는 근로능력의 상실 또는 현저한 감소로 줄어드는 소득을 보전해 주기 위하여 지급하는 급여로 소득보장 성격의 연금을 말하고, 부가급여는 장애 때문에 추가로 드는 비용의 전부 또는 일부를 보전해 주기 위하여 지급하는 급여로 추가지출보전 성격의 연금을 말한다. 지급금액은 2011년 기준으로 기초급여는 매월 최고 91,200원, 부가급여는 기초생활 수급자 매월 6만 원, 차상위계층은 매월 5만 원을 추가 지급한다.

② 장애수당

장애수당은 18세 이상의 등록한 장애인 중 3~6급의 장애등급을 가진 자로 국민기초생활 수급자 및 차상위계층에게 지급되며, 지급금액은 2011년 기준으로 기초수급과 차상위 경증장애인은 1인당 월 3만 원, 보장시설입소 경증장애인은 1인당 월 2만 원이다.

또한 국민기초생활보장법에 의한 수급자 및 차상위계층의 18세 미만 재가등록 장애아동에게는 장애아동수당이 지급된다. 지급금액은 2011년 기준으로 중증장애아동은 기초수급 1인당 월 20만 원, 차상위계층 월 15만 원, 보장시설입소 월 7만 원이다. 또한 경증장애아동은 기초수급과 차상위계층은 1인당 월 10만 원, 보장시설입소의 경우는 월 2만 원이 지급된다.

(2) 의료보장

① 의료비 지원서비스

의료비 지원서비스는 생활이 어려운 저소득장애인의 생활안정 및 의료보장을 목적으로 한다. 지원 대상은 「의료급여법」에 의한 1, 2종 수급자인 장애인이다. 지원 내용을 보면 2007년 7월부터 종전에 의료서비스를 무료로 제공하던 1종 수급자는 건강생활유지비 6,000원을 매월 지급받는 대신에 1차 의료기관에서 본인 부담금 1,000원, 2차 의료기관인 종합병원은 1,500원, 3차 의료기관인 대학병원은 2,000원을 본인이 부담한다. 약국에서 의약품을 처방받을 때에도 500원을 본인이 부담한다. 단, 본인 부담금이 2만 원을 초과하면 50%, 5만 원을 초과하면 전액을 지원한다. 2종의 경우에는 1차 의료기관에서 처방전 교부 시 본인 부담금 1,000원 중 750원, 처방전을 교부하지 않고 진료하거나, 「약사법」 규정에 의해 의약품을 직접 조제하는 경우 본인 부담금 1,500원 중 750원을 지원한다. 2, 3차 의료기관 및 국공립결핵병원 진료 시 의료급여수가 적용 본인 부담 진료비 15% 전액을 지원하되, 본인 부담 식대 20%는 지원하지 않는다.

② 보장구 지원사업

보장구에 대한 지원은 1980년부터 저소득장애인에게 의지, 보조기, 휠체어 등을 무료로 교부하였다. 1997년부터 의료보험 대상자에게는 적용대상품목(지체장애인용 지팡이, 시각장애인용 저시력보조기, 청각장애인용 보청기, 언어장애인용 전기후두)의 상한액 범위 내에서 구입비의 80%를 지원하고 있고, 의료급여 수급자에게는 구입가 전액을 지원하고 있다. 1998년부터 급여 대상품목에 휠체어, 흰 지팡이, 목발 등 3종이 추가되었으며, 1999년부터는 청각장애인용 텔레비전 자막수신기와 시각장애인용 음성손목시계를 추가하였다(정일교 · 김만호, 2010: 264-267).

(3) 고용보장

① 의무고용제도

우리나라는 장애인이 기능적, 사회적으로 불리한 위치에 있으므로 이를 보호의 대상으로 삼아 장애인고용에 대한 이행강제수단으로 「장애인고용촉진 및 직업재활법」에 의해 의무고용제와 장애인 고용장려금 및 고용부담금제도를 실시하고 있다. 2009년 개정된 '장애인고용촉진 및 직업재활에 관한 법률'에 의해 중증장애인 2배수 고용제가 도입되고 공공부문과 민간부문의 의무고용률을 상향 조정하였다. 공기업, 준정부기관 등 공공기관의 장애인 의무고용률은 2010년부터 2%에서 3%로 오르고, 민간기업의 부담금 산정 시 적용되는 의무고용률은 2010년부터 2011년까지는 2.3%, 2012년부터는 2.5%, 2014년부터는 2.7%로 상향 조정된다. 또한 의무고용제도를 강화해 종전의 300인 이상 사업장에 적용하던 것을 50인 이상 작업장으로 확대 적용하여 순차적으로 실시하고 있다. 상시근로자 수의 2%를 초과하여 장애인을 고용하는 사업주에게는 초과로 고용하는 장애인 1인당 노동부장관이 고시하는 금액의 장애인 고용장려금을 매달 지급한다. 한편, 의무고용률에 미달하는 장애인을 고용하는 사업주는 장애인 고용부담금을 납부해야 한다.

② 보호고용

일반고용이 어려운 중증장애인을 위한 보호고용제도는 1986년 장애인복지시설 내의 자립작업장 설치 · 운영계획에 의하여 22개의 보호작업장이 설치되면서부터 본격화되었다.

보건복지부에서 운영하고 지원하는 보호고용시설로는 장애인근로작업시설과 장애인이용 및 요양시설에 부설된 보호작업장이 있다.

장애인근로작업시설은 일반사업장에의 취업이 어려운 장애인에게 일정한 기간 직업훈련과 고용기회를 제공하여 장애인이 직업생활을 영위하면서 직업능력을 향상시켜 일반사업장에의 취업을 준비할 수 있도록 조력역할을 하는 시설이다. 이 시설은 작업능력이 있는 장애인에게 근로기회를 제공하고 있는데 근로자의 최소 인원은 30인 이상이 되어야 하고 장애인근로자 비율은 총인원의 70%를 넘어야 하며, 중증장애인고용을 우선하도록 하고 있다. 장애인보호작업장은 직업능력이 낮은 재가장애인에게 직업훈련 및 일거리를 제공하여 이에 상응하는 노동의 대가를 지급하고, 더불어 직업알선 등을 하고 있다. 보호작업장의 근로인원은 최소 10인 이상이어야 하는데 6개월 이상 지속적으로 최소 인원을 충족하지 못할 경우에는 운영 지원이 중단되기도 한다(정일교 · 김만호, 2010: 262-263).

(4) 장애인활동 지원제도

장애인활동 지원제도는 2010년 1월 '장애인활동 지원에 관한 법률'이 제정된 후 2011년 10월부터 시행하고 있다. 이 제도는 만 6세 이상 65세 미만의 등록 1급 장애인을 대상으로 혼자서 일상생활과 사회생활을 하기 어려운 장애인에게 활동지원 급여를 제공하여 장애인의 자립생활을 지원하고, 그 가족의 부담을 줄이는 것을 목적으로 한다. 활동지원 급여는 기본급여 외에 추가 급여가 지원된다. 급여 종류는 신체활동 지원, 가사활동 지원, 이동보조 등 활동보조와 목욕차량 등을 이용하는 방문목욕 그리고 간호, 요양에 관한 상담 및 구강위생서비스 등 방문간호 급여가 있다.

2011년 기준으로 기본 급여액은 활동지원 등급별로 지원이 되는데 성인의 경우 1등급 86만 원, 2등급 69만 원, 3등급 52만 원, 4등급 35만 원이 지원된다. 아동의 경우는 1등급 52만 원, 2등급 35만 원이 지원된다. 추가 급여액은 생활환경에 따라 최소 8만 3천 원에서 최대 66만 4천 원이 지급된다. 서비스이용절차는 활동지원기관을 선택하여 구체적인 급여제공 계획에 관하여 상담을 한 후 기관과 급여이용계약을 체결한다. 매월 일정액의 본인 부담금을 납부하고 월 한도액만큼 지원되는 바우처로 결제한다. 본인 부담금은 소득수준 및 급여량에 따라 차등 부과되는데 기본 급여 본인 부담금은 2011년 기준 최대 91,200원을 넘지 못한다.

용어해설

- **고령화 사회(aging society), 고령사회(aged society), 초고령사회(super-aged society)**: UN이 전체 인구 중 65세 이상 인구가 차지하는 비율에 따라 사회를 구분하였는데 65세 이상 인구가 7% 이상인 경우 고령화 사회, 14% 이상인 경우 고령사회, 20% 이상인 경우 초고령 사회로 분류함
- **일상생활동작능력(ADL)**: 개인의 자기유지와 독립적인 활동을 하는 데 필요한 활동으로 기본적인 개인보호과업과 관련된 기본적 활동, 수단적 일상생활동작으로 구분됨. 기본적 일상생활수행능력 측정지표로는 옷 갈아입기, 세수하기, 양치질하기, 목욕하기, 화장실 이용하기, 대소변 조절하기 등이 있음. 수단적 일상생활수행능력 측정지표는 집안일하기, 식사준비하기, 교통수단 이용하기, 금전관리하기 등이 포함됨

참고문헌

강영실(2008). **장애인복지의 이해**. 서울: 신정.

계명대학교 산학협력단(2009). **전국 노인생활실태 및 복지욕구조사 기초분석보고서**. 보건복지가족부.

권유경(2001). '장애의 개념과 장애등급에 관한 고찰.' 김용득 · 유동철 편. **한국장애인복지의 이해**. 서울: 인간과 복지.

김미옥 · 김용득 · 이선우(2004). **장애와 사회복지**. 서울: 학지사.

김종일 · 최혜지(2006). **쉽게 쓴 노인복지론**. 서울: 정목출판사.

김중대(1995). '지역사회 장애인 복지를 위한 재활–재가복지서비스를 중심으로.' **사회과학연구** 4, 11-24.

나운환(2008). **장애학–통합재활적 접근**. 서울: 나눔의 집.

남기민(2011). **사회복지학개론**. 파주: 양서원.

남일재 · 양정하 · 조윤득 · 윤성호 · 신현석 · 조은정 · 오주 · 윤은경 · 김태준 · 임혁(2011). **현대사회복지의 이해**. 고양: 공동체.

문선화 · 정민숙 · 김종윤 · 이상호 · 장수한 · 김현주(2005). **장애인복지론**. 파주: 양서원.

박차상 · 김옥희 · 배창진 · 엄기욱 · 이경남 · 정상양(2002). 한국노인복지론. 서울: 학지사.

보건복지부(2011). 2011년 노인보건복지사업안내.

보건복지부(2008). 제3차 장애인정책발전 5개년 계획.

보건복지부 · 중앙노인보호전문기관(2010). 노인학대 현황보고서.

오혜경(1999). 장애인과 사회복지실천. 아시아미디어리서치.

오혜경(2005). 장애인복지론. 서울: 창지사.

유동철(2009). 인권관점에서 보는 장애인복지. 서울: 집문당.

유태완 · 김성철 · 김용환 · 최금주 · 허영숙(2010). 장애인복지론. 서울: 창지사.

윤삼호 · 김의수(2009). 장애의 이해. 사단법인한국장애인인권포럼 장애인정책모니터링센터.

이채식 · 이은영 · 이형열 · 김재익 · 전영록(2010). 장애인복지론. 서울: 창지사.

정무성 · 양희택 · 노승현(2006). 장애인복지개론. 파주: 학현사.

정일교 · 김만호(2010). 장애인복지론. 파주: 양서원.

최윤영 · 이경준(2010). 장애인복지론. 서울: 학지사.

통계청(2008). 2008년 고령자 통계.

통계청(2009a). 2008년 사망원인 통계 결과.

통계청(2009b). 향후 10년간 사회변화요인 분석 및 시사점.

통계청(2010). 2009년 사망원인 통계 결과.

한국보건사회연구원(2008). 2008년 장애인실태조사. 한국보건사회연구원.

上田敏(2001). WHO國際障害分類からみた家事の位置づけ－主觀的側面について. OTジャーナル, 35.

小澤溫編(2003). よくわかる障害者福祉. ミネルヴァ書房.

障害者福祉研究會編(2002). 國際生活機能分類(ICF)國際障害分類改定版. 中央法規出版.

佐藤久夫(1992). 障害構造論入門－ハンディキャップ克服のために－. 青木書店.

佐藤久夫(2003). ICIDHからICFへ. 精神醫學, 45(11).

竹原健二編(2004). 現代障碍者福祉學. 學文社.

Oliver, M. (1996). *Understanding disability: form theory to practice*. NY: ST. Martin's Press.

법률 지식정보시스템(http://likms.assembly.go.kr)
법제처(www.moleg.go.kr)
보건복지부(www.mw.go.kr)

사회복지의 실천 분야 III

학습개요

– 사회복지실천 분야로서 의료 · 정신보건사회복지, 학교사회복지, 산업복지, 교정사회복지에 대한 개념, 실천내용 및 대상을 살펴본다.

학습목표

– 의료 · 정신보건사회복지, 학교사회복지, 산업복지, 교정사회복지 실천 분야를 설명할 수 있다.
– 의료 · 정신보건사회복지, 학교사회복지, 산업복지, 교정사회복지의 실천현장과 사회복지사의 역할을 설명할 수 있다.

학습과제

– 의료 · 정신보건사회복지, 학교사회복지, 산업복지, 교정사회복지는 사회복지실천을 위한 2차 환경으로 다른 분야 전문가와의 협력적인 파트너십이 요구된다. 각 분야에서 효과적인 사회복지실천을 위한 방안과 발생할 수 있는 문제 상황들에 대해 논의해 보자.

제12장 사회복지의 실천 분야 III

1. 의료 · 정신보건사회복지

1) 의료 · 정신보건사회복지의 개념

의료사회복지(medical social work in health care)는 의료시설 내에서 활동하는 사회복지의 한 영역으로 사회복지의 가치, 지식, 기술, 태도를 가지고 의료의 목적을 달성하는 데 협력하는 것이다. 구체적으로 의료사회복지에 대한 정의를 살펴보면(정성숙, 2010: 3-5), 먼저 김덕준은 의료사회복지에 대해 "의료팀(medical)의 일원으로 사회복지의 전문적인 입장에서 질병의 원인이 될 수도 있고, 치료에 장애가 되는 심리사회적인 문제들을 해결하도록 도와주는 의료서비스다."라고 정의하였다. 프리들랜더(Friedlander)는 "의료사회복지란 사회사업의 전문화된 한 분야로서 환자가 가능한 한 보건서비스를 가장 효과적으로 활용할 수 있는 병원이나 진료소, 기타 의료기관에서 실시하는 서비스로 개별사회사업, 집단사회사업, 지역사회조직 등의 실천을 포함한다."라고 정의하고 있다.

이상의 내용을 기반으로 의료사회복지의 개념을 미시적 개념과 거시적 개념으로 살펴보면, 미시적 개념으로 의료사회복지는 병원이나 진료소에서 사회복지사가 임상치료팀의 일원이 되어 사회복지의 입장에서 질병의 원인이 될 수도 있고 치료에 장애가 되는 심리, 사회적인 문제들을 해결하도록 도와주고, 환자가 퇴원 후에도 정상적인 사회기능을 하도록 환자뿐만 아니라 가족에게도 전문적 서비스를 제공하는 영역이라고 할 수 있다. 또한 거시적 개념으로 의료사회복지는 질병예방과 건강증진 및 개발 지향적인 지역사회의료복지를 달성하기 위해 보건 및 의료 분야에 대한 제반 시책 및 시절, 제도와 정책 등에서 활동할 수 있다.

한편, 의료사회복지사는 환자의 장기적, 단기적 질병치료에 장애가 되는 사회적, 경제적, 가족적, 심리정서적 문제를 파악하여 그 문제를 최소화 또는 제거하기 위하여 사회복지실천기술을 활용한 전문적인 상담을 제공하는데, 이들의 활동은 1973년 9월 20일 「개정의료시행령」(대통령 제6863호) 제24조 2항 5호와 1992년 1월 16일 「의료법 시행규칙」 제28조의 6(의료인 등의 정원)의 "종합병원에는 사회복지사업의 규정에 의한 사회복지종사자 자격증을 가진 자 중에서 환자의 갱생, 재활과 사회복지를 위한 상담 및 지도업무를 담담하는 요원을 1인 이상 둔다."라는 규정에 근거한다(http://www.snubh.org). 또한 현대 의료계가 세분화와 전문화되면서 의료사회복지사 또한 재활의료사회복지사, 정신의료사회복지사, 장기이식전담사회복지사 등 활동 영역이 전문화되고 있으며, 병원과 지역사회기관이 연계된 보건과 개호의 영역에서도 의료사회복지사의 활동이 활발히 진행되고 있다.

한편, 의료사회복지에서 분화하여 전문화된 영역으로 정신보건사회복지(mental health social work)가 있다. 정신보건사회복지는 1962년 국립정신병원의 개원과 더불어 정신보건사회복지사가 정신과 치료진에 채용되면서 도입되었으며, 1995년 「정신보건법」이 제정됨으로써 정신보건에 대한 사회적 관심과 정신보건정책의 기본을 세우는 데 기여하게 되었다.

이러한 정신보건사회복지는 학자와 시대에 따라 다르게 규정되고 있는데, 김규수(1995)가 여러 외국학자들의 논의를 정리한 내용을 중심으로 살펴보면(한국정신보건사회사업학회, 2002: 17), 먼저 정신보건사회복지의 대상은 정신적 및 정서적 장애를 가진 클라이언트와 그 가족이며, 주체는 정신과 의사, 사회복지사, 심리학자, 정신과 간호사 그리고 작업치료사 등으로 구성된 팀이고, 활동장소는 병 · 의원을 포함하는 정신보건의료기관, 사회복귀시설, 정신요양시설, 지역사회 장애인재활시설, 지역사회 정신보건센터 등이다. 목적은 정신적 · 정서적 장애로 고통받고 있는 사람들의 건강을 회복시키고 정신건강을 촉진하는 활동 등 2차 예방뿐만 아니라 국민의 정신건강 증진을 위한 1차 예방활동으로 확대된 서비스를 내포하고 있다. 또한 사회복지적 접근방법으로 개별사회사업에 국한하지 않고 제반 사회복지방법론을 적용한다고 정리하고 있다.

이상의 내용을 통해 정신보건사회복지란 정신병원 혹은 정신보건기관 등에서 행해지는 사회복지활동이라고 할 수 있으며, 정신장애 및 정서장애를 가진 환자뿐만 아니라 가족과 환경에 개입하는 광범위한 활동이라고 할 수 있다.

2) 의료 · 정신보건사회복지의 대상

의료 · 정신보건사회복지의 대상은 질병을 가진 환자나 가족 그리고 질병을 야기할 수 있는 주변환경을 포함한다. 이를 정리하면 크게 심리적 문제, 신체적 문제, 사회적 문제, 경제적 문제로 구분할 수 있다(박용순, 2008: 366-368).

심리적 문제의 경우, 일반적으로 환자는 스스로 질병을 앓고 있다는 것을 알게 될 경우 다양한 심리적 반응을 보인다. 환자의 가족 또한 질병으로 인한 심리적 · 정서적 반응을 나타내는데, 이들을 대상으로 환자의 질병에 대해 심리적 · 정서적으로 지지하고 원조하며, 질병치료에 효과적인 영향을 줄 수 있도록 원조하게 된다. 신체적 문제의 경우, 질병 자체가 환자에게 손상 및 신체기능상 장애의 원인이 된다는 것이다. 또한 신체적 문제는 정신건강에도 영향을 줄 수 있기 때문에 이에 대한 의학적 처치와 더불어 근본적인 치료로서 심리사회적 치료가 필요하다. 사회적 문제는 일반적으로 질병은 환자와 그 가족에게 영향을 미치고, 사회적인 측면에서도 영향을 미치는데, 환자가 질병으로 장기간 병원에 입원하는 경우, 이후 사회복귀의 어려움을 경험할 수 있다. 따라서 환자의 사회활동 적응과 관련한 다양한 프로그램이 필요하다. 또한 환자의 질병에 따른 경제적 문제는 치료비와 요양비, 생활비 등의 문제를 경험하는 것으로 장기간 입원에 따른 경제적 어려움과 심각한 질병으로 인한 실직 때문에 환자뿐 아니라 가족까지 경제적 어려움을 경험할 수 있다. 그리고 이러한 문제는 환자의 질병치료에 장애요인으로 작용할 수 있기 때문에 경제적 지원을 받을 수 있도록 하는 노력이 필요하다.

한편, 정신보건사회복지의 대상은 정신장애를 가진 환자와 그 가족 그리고 지역사회가 될 수 있으며, 이를 정리하면 다음과 같다(서윤 외, 2008: 282-283). 첫째, 정신장애로 진단된 환자의 정신병리와 기존 병리를 사정하고 평가하여 의료팀과 협력적으로 개입해야 하는 정신장애를 가진 사람들이다. 둘째, 정신장애로 파생되는 심리사회적 문제와 이로 인해 어려움을 겪는 가족들을 대상으로 한다. 셋째, 만성정신장애인의 사회복귀와 사회재활을 위한 환경, 즉 법적 · 제도적 보장과 전달체계의 확충, 지역사회 개선 등이 정신보건사회복지의 대상이 된다.

3) 의료 · 정신보건사회복지의 실천

의료사회복지는 1905년 매사추세츠병원에서 카보트(Cabort)가 처음 소개한 후 지금은 미국의 거의 모든 병원에 사회사업부서가 설치 · 운영되고 있다. 이러한 의료사회복지현장은 계속 확대되어 병원 내 활동에 국한하지 않고 3차 보호기관인 요양원이나 호스피스까지 활동 폭이 넓어지고 있으며, 우리나라도 국민들의 복지수준 증가와 의료 환경의 변화로 의료사회복지사의 개입 필요성이 강조되고 있다(강흥구, 2009: 2).

이러한 의료사회복지실천은 의료사회복지활동이 이루어지는 현장에 따라 다양한데, 여기에서는 포괄적으로 살펴보고자 한다(정성숙, 2010: 5-6).

첫째, 의사, 간호사, 물리치료사 등으로 구성된 의료팀과 협동적인 서비스로 환자를 위한 효과적인 치료계획을 위해 상호 협력적인 노력을 한다.

둘째, 환자 및 가족에 대한 직접적인 서비스를 수행한다. 의료사회복지사는 진료과정에서 환자를 위한 정보를 수집하고 사정, 평가하는 개별사회사업활동과 치료계획을 설정한다. 환자와 그 가족들에게 질병에 대한 정서적, 사회적, 경제적 영향력을 이해시키고 이들 문제에 개입하여 진료과정의 문제를 제거하거나 진료를 촉진시킨다.

셋째, 병원 내 프로그램계획과 정책결정에 참여한다. 의료사회복지사는 병원직원의 문제를 상담하거나 병원행정 또는 의료전달체계에 관여함으로써 병원 운영과 지역사회 기관과의 관계를 유지하는 데 개입하며, 지역사회 참여 등에 사회복지와 보건서비스 프로그램 등을 제안하는 일을 한다.

넷째, 지역사회조직에 참여한다. 의료사회복지사는 보건 · 의료기관이나 행정당국과의 유기적인 관계를 통해 진료 및 예방사업의 다양하고 양질의 의료서비스를 지역주민에게 제공할 수 있도록 돕는다. 동시에 병원이나 환자의 문제를 돕는 과정에서 필요한 자원을 지역사회 내에서 조직화하고 동원하는 일을 한다.

다섯째, 교육프로그램에 참여한다. 수련병원에서는 의과대학생, 간호학과 학생, 사회복지학과 학생들의 보건·의료 영역의 전문적인 교육과 임상실습지도에 참여하여 의료팀의 일원으로서 사회복지사의 기능과 역할을 소개하고 다양한 프로그램을 지도한다.

여섯째, 의료에 관련된 조사연구에 참여한다. 의료사회복지사는 사회복지개입이 필요한 욕구를 측정하고 프로그램 개발을 위한 자료를 수집한다. 또한 임상가와 역학조사나 학술적인 연구활동에 참여한다.

정신보건사회복지는 1945년 대한신경정신의학회가 조직되면서 시작되었으며, 실질적으로는 1958년 서울시립아동상담소가 개설되면서 정신의학자(유석진 박사), 정신보건사회복지사(하상락 교수), 심리학자 및 법률전문가들이 팀 접근을 시도하면서부터다. 1980년대 이후에는 종합병원에 정신보건사회복지사를 채용하게 되었으며, 1995년 「정신보건법」이 제정된 이후에는 병원중심의 활동에서 다양한 지역사회활동으로 영역이 확대되었다(이영호·심경순·김태준, 2006: 44). 또한 「정신보건법」 제정으로 정신보건전문요원의 자격제도[1]가 마련되었다(이영호·심경순·김태준, 2006: 44-46).

한편, 정신보건사회복지 조사, 진단, 치료, 재활, 예방의 모든 분야에서 정신과 치료팀과 긴밀한 협조를 통해 활동한다. 이러한 정신보건사회복지 실천을 정신보건기관에 따라 살펴보면 다음과 같다.

먼저, 종합병원 정신과, 전문정신병원, 정신과 의원을 포함한 치료기관에서 정신보건사회복지사는 평가, 치료, 퇴원의 전 과정에 참여하게 되는데, 평가과정에서 입원사정과 계획, 심리사회적 평가, 가족면접, 상담 및 교육 등이 이루어지고, 치료과정에서는 집단치료, 심리극 또는 사회극 등을 수행한다. 퇴원과정에서는 퇴원계획 및 재활계획 상담 및 지도가 이루어지고, 낮병원서비스, 퇴원 후 가정방문 등이 이루어진다.

1) 부록 2 참조

둘째, 사회복귀시설 및 재활시설에서는 개별적인 재활계획 상담, 사회복귀 촉진을 위한 상담 및 원조, 가정방문 지도, 사회적응프로그램, 지역사회를 위한 정신건강 강좌 및 교육 등이 이루어진다.

셋째, 지역사회 정신보건센터에서는 정신건강에 대한 상담 및 지도, 지역의 정신보건실태 파악, 지역사회 자원의 개발 및 활용, 정신장애인의 조기발견 및 조기조치, 지역사회 정신장애인의 역할조사활동 등을 수행한다.

넷째, 정신요양시설에서는 심리 · 사회적 상담 및 개별 문제 지도, 생활훈련, 가족상담 및 가정방문, 기초생활수급권자를 위한 행정업무 등을 수행한다.

마지막으로 알코올상담센터에서는 알코올남용 및 의존자 발견 · 등록, 알코올의존자 가족상담 및 교육, 학생 · 직장인 · 지역주민을 대상으로 한 알코올문제 예방교육, 홍보, 음주운전자 및 음주범죄자 보호관찰 프로그램, 지역사회 자원발굴 및 유관기관과의 연계체계 구축 등을 수행한다.

2. 학교사회복지

1) 학교사회복지의 개념

학교사회복지(school social work)는 학교를 중심으로 이루어지는 사회복지활동으로, 시대적 변화와 학자에 따라 다양하게 정의되고 있다. 즉, 학교사회복지가 시작된 1900년대 초기에는 가정과 학교의 협조를 연계해 주는 방문교사의 역할에 초점을 두고 학교사회복지를 정의하였으나, 1900년대 중반부터는 학교부적응학생의 심리치료와 사회기능의 향상에 초점을 둔 활동으로 정의하였다. 그리고 1970년 이후에는 생태체계적 이론의 영향으로 학생-학교-가정-지역사회의 연계를 중심으로 하는 학교사회복지를 강조하기 시작하였고, 최근에는 학교를 중심으로 하는 사회복지서비스 제공에 초점을 둔 학교사회복지의 정의가 대두되기 시작하였다(권경연, 2007: 4 재인용).

구체적으로 다양한 학교사회복지에 대한 정의들을 살펴보면 다음과 같다. 학교사회복지의 이론적 토대를 발전시킨 코스틴(Costin, 1981)은 학교사회복지에 대해 학교가 학생 개개인의 지적 · 사회적 · 정서적 욕구와 문제해결에 관심을 갖도록 도와주며, 이를 통해 모든 학생들이 학교에서 공평한 교육기회와 성취감을 제공받을 수 있도록 학교현장에서 활동하는 전문적인 사회복지 분야라고 정의하였다. 또한 전재일 등(1997)은 학교사회복지사가 사회복지실천의 원리와 방법의 적용을 통해 학교, 가정, 지역사회의 자원체계를 조정 · 활용하여 학생의 정상적인 생활에 장애가 되는 심리적, 사회적 부적응을 조기에 발견, 예방, 치료함으로써 교육체계의 중요한 임무를 원활히 수행하는 데 필요한 서비스를 제공하는 사회복지실천의 한 분야라고 정의하였다. 윤철수 등(2006)은 학교에서 학교사회복지사라는 전문가가 학생의 심리사회적 문제의 예방 및 해결을 통해 학교교육의 목적을 달성할 수 있도록 학생, 학교, 가족 및 지역사회를 대상으로 사회복지의 기술과 지식을 활용하여 개입하는 활동이라고 정의하고 있다.

앞의 내용을 통해 학교사회복지란 학생, 학교, 가정, 지역사회가 연계하여 학생의 문제를 해결하고, 예방하는 사회복지실천활동이라고 할 수 있다.

2) 학교사회복지의 대상

학교사회복지에 포함되는 대상은 일차적으로 모든 학생이다. 그리고 학교사회복지사는 학생들의 사회적 기능수행과 교육목적 성취에 영향을 미치는 교사, 부모, 학교체계 및 지역사회에 개입하게 된다. 이처럼 원칙적으로 모든 학생이 학교사회복지의 대상이 되지만, 학교사회복지사는 특히 학교에서 다양한 문제를 경험하는 학생들을 대상으로 해야 한다. 이 같은 내용을 구체적으로 정리하면 다음과 같다(이수진, 2005: 10-11).

- 일반학생 전체가 실제로 학교사회복지의 대상인데, 문제 예방을 위한 성교육, 마약방지교육, 성폭력 피해방지교육, 정신건강교육, 진로상담교육, 집중력향상교육, 의사소통교육, 갈등중재교육, 자기주장훈련교육 등 각 학교의 필요에 따라 예방프로그램을 계획하여 일반학생 전체를 대상으로 교육할 수 있다.
- 위기를 경험하고 있는 학생, 즉 학대피해, 폭력피해, 자살기도, 결식, 자연재해 피해학생 등 즉각적인 개입을 요하는 학생이 해당된다.
- 가정문제와 결부된 학생, 부모양육의 소홀, 방임, 이혼가정, 소년소녀가정 등 부모 및 가족에 대한 개입이 우선적으로 필요한 경우다.
- 심각한 범죄행동을 한 학생이 해당된다.
- 학교규칙 위반학생, 즉 무단결석, 무단조퇴, 등교거부, 흡연, 음주문제, 교사와의 갈등 등을 보이는 학생이 해당된다.
- 우울감, 불안감, 대인기피, 집단따돌림 등 정서적 문제를 가진 학생이 해당된다.

3) 학교사회복지의 실천

우리나라의 학교사회복지는 지역사회복지관을 중심으로 1930년대부터 시작된 것으로 본다. 이후 1958년부터 각 학교에서 교도교사제도가 실시되어 학교복지형태의 서비스가 이루어졌으며, 1960년대 서울시 마포사회복지관이 지역의 한 초등학교와 연계하여 학교 내의 요보호학생들에게 서비스를 제공하면서 학교사회복지가 본격적으로 실시되었다. 이러한 학교사회복지에 대해 교육계에서는 1997년 서울시교육청 산하 3개 중 · 고등학교에 학교사회복지 시범사업을 전개하면서 관심을 갖기 시작하였다. 현재는 민간 및 학교 자체차원, 지방자치단체, 교육인적자원부, 보건복지부가 주관한 학교사회복지실천이 이루어지고 있다. 또한 2005년부터 학교사회복지학회, 학교사회복지협의회가 주관이 되어 학교사회복지사 자격시험[2)]을 시행하고 있으며, 여기에 한국사회복지사협회도 간접적으로 참여하여 자격제도를 관리하고 있다.

이러한 학교사회복지실천은 학교사회복지 운영모델이 학교상주형인지 지역사회기반형인지에 따라 조금은 다를 수 있으나 전체적으로 학교사회복지사의 역할에 따라 코스틴(Costins, 1969)이 정리한 내용을 살펴보면 다음과 같다(이수진, 2005: 14-16 재인용).

- 학생과 부모에 대한 개별사회사업 서비스 제공: 학생과 부모에 대한 개별사회사업 서비스는 학생의 문제와 관련해서 학생과 부모에게 개별사회사업 서비스를 제공하는 것이다.
- 학생과 부모에 대한 교육적 상담: 학생과 부모에게 학교의 교육적 기능에 대해 상담하는 것으로 학교의 사회적 · 학문적 기대와 학교의 권위에 대해 설명하고, 명확화하는 업무다. 이는 학생들이 부모와 학교와의 관계를 개선시키고 학생 개인의 교육적 목적을 달성하도록 돕는다.
- 학생의 정서적 문제에 대한 개입: 개별사회사업이나 집단을 통해 학생들에게 학생이 지닌 정서적 문제에 대한 통찰력을 갖게 하며, 학생 개인의 목표와 가치를 개발하도록 도움으로써 행동의 변화를 도모한다.
- 사례관리: 복잡한 문제를 가진 학생을 대상으로 효과적인 업무수행을 위해 내 · 외부의 다양한 자원을 활용하는 사례관리를 수행한다.
- 학생문제에 대한 교사와의 협력: 학교사회복지 서비스를 수행하는 과

2) 부록 3 참조

정에서 특정 학생들에 대한 교사의 이해를 높임으로써 학생에 대한 효과적이고 신속한 개입이 이루어질 수 있도록 한다.

- 교사에 대한 개별적인 사회사업적 개입: 학생을 교육하고 있는 교사가 개인적인 문제로 학생들을 지도하는 데 지장을 초래하지 않게 하기 위해서다.
- 타 관계자들에게 학교사회복지에 대해 설명: 학교체계 안에 있는 다른 전문가들에게 학교사회복지 서비스를 조장하고 명확화한다.
- 가정과 지역사회의 연결: 사회복지서비스가 필요한 학생과 부모를 지역사회복지기관들과 연계시킨다. 이는 학생과 가족에 대한 적극적인 지원을 위해 지역사회 자원을 활용하는 것이다.
- 지도력과 정책결정에 참여: 전문가로서 책임성을 반영하는 것으로 학생들의 복지정책과 관련된 학교행정가를 돕는 역할이며, 사회정책 및 사회운동과 관련하여 지역사회를 위한 서비스를 제공하고 학교의 주요 관심사에 대해 학부모조직과 함께하는 역할이 포함된다.

3. 산업사회복지

1) 산업사회복지의 개념

산업사회복지(industrial welfare)는 사회복지의 원리와 방법 · 기술 등을 산업 현장에 적용한 것으로, 산업복지, 직업복지, 근로복지, 노동복지 등 다양한 용어로 표현되고 있다. 산업복지는 크게 광의의 개념과 협의의 개념으로 구분할 수 있다.

광의의 개념으로는 국가 또는 지방자치단체, 기업, 노동조합, 협동조합 등이 주체가 되어 노동자와 그 가족의 생활안정, 생활수준의 향상, 복지서비스의 증진 등을 목적으로 하는 제도, 시설, 서비스 활동의 총체를 의미한다. 여기에는 정부가 주체가 되는 공공산업복지, 기업이 주체가 되는 기업복지, 노동조합이 주체가 되는 자주복지, 협동조합이 행하는 각종 복지활동 등이 포함된다(이정환 · 노병일 · 변보기, 2007: 13).

협의의 산업복지는 미국에서 쓰이는 산업사회사업(industrial social work)의 개념에 근거를 두고 있다. 커즈먼(Kurzman, 1987)은 "산업사회사업이란 경영이나 노동의 후원아래 피고용자나 노동조합원을 돕기 위해, 그리고 노동조직이나 산업조직의 적법한 사회복지 욕구를 충족시키기 위해서 전문사회사업가를 활용하여 실시하는 프로그램이나 사업이다."라고 정의하고 있다. 또한 바커(Barker, 1987)는 "산업사회사업이란 고용조직이나 노동조합 또는 이 양자의 후원아래 직장 내외에서 노동자의 삶의 질을 향상시키기 위해서 실시하는 전문사회사업이다."라고 정의하였다(이정환 외, 2007: 13-14 재인용).

이러한 산업복지의 목적은 사업장과 관련된 사람이나 조직이 가진 인간적 욕구와 사회적 욕구를 충족하는 것이라 할 수 있다. 즉, 노동자와 그 가족의 생활여건을 개선하고자 하며 산업사회에서 변화하는 욕구를 근로자와 그 가족의 욕구에 맞게 조정하고자 하는 기본적인 목적을 갖고 있다. 이러한 목적을 바탕으로 근로자와 그 가족이 물질적 안정과 심리적 안정을 얻도록 도와주며, 노동자와 그 가족이 적절한 근로여건에서 일하도록 도와줄 수 있다(노병일, 2008: 22-23).

2) 산업복지의 구성

산업복지는 주체에 따라 공공산업복지, 기업복지, 근로자 자주복지, 민간산업복지 등으로 분류할 수 있다(조흥식 외, 2001: 307).

공공산업복지는 국가, 지방자치단체가 주체가 되어 사회보험, 근로자 재

〈표 12-1〉 산업복지 주체에 따른 제도 및 서비스

구 분	공공산업복지	기업복지	근로자 자주복지	민간산업복지
주체	• 국가, 지방자치단체	기업	노동조합	민간조직 및 단체
제도 및 서비스	• 사회보험 • 근로자 재산형성 • 생활안정 지원 • 공공산업복지서비스	• 주택자금 지원 • 경조비 지급 • 사내 근로복지제도	• 공공산업복지의 개선 • 기업복지의 확대 요구 • 자체 복지사업	• 직업훈련 및 알선 • 미혼부모 상담 • 실직자 쉼터 • 노동 및 법률상담 • 보육사업

출처: 조홍식 외(2001). p. 308 〈표 10-5〉에서 발췌

산형성, 생활안정 지원 등의 급여와 서비스를 제공한다.

기업복지는 개별 기업 또는 개별 자본이 주체가 되어 근로자와 가족의 복지 증진을 위해서 행하는 각종 시책, 시설, 서비스의 종합적인 체계로서 산업복지정책의 부족한 부분을 보완하는 노무관리의 차원에서 실시된다.

근로자 자주복지는 노동조합이 근로자에 대한 복지사업을 행하는 민간 차원의 복지서비스다.

민간산업복지는 주로 사회복지기관, 종교단체, 사회단체가 중심이 되어 상담, 보육, 직업훈련 및 알선 등 각종 서비스를 제공한다.

최근 산업복지의 실천과정에서 보다 광범위하게 지역사회 발전에도 기여하도록 기업의 사회적 책임(Corporate Social Responsibility: CRS)이 강조되고 있다. 일반적으로 기업의 사회적 책임이란 기업의 전통적인 경제적 책무의 영역을 벗어나 사회적으로 수용되는 범위 내에서 '인간적 가치(human value)'까지 창출하여야 하는 책임을 가리킨다(황보람 · 김환희, 2010: 128).

초기에 경영학적인 측면에서 정의된 기업의 사회적 책임은 1990년대부터 점차 사회복지적 관점에서 정의되기 시작하였는데, 이를 요약하면 〈표 12-2〉와 같다.

기업의 사회적 책임이 급속도로 확산됨에 따라 기업들은 사회공헌활동

〈표 12-2〉 사회복지적 관점에서 본 기업의 사회적 책임

먼디 (Mondy, 1990)	다른 집단의 이익을 위해 봉사하거나 그것을 보호하려는 경영자의 의무
바톨 (Bartol, 1991)	조직자체의 이익과 동시에 사회복지를 증진시키는 행동을 추구할 의무
오두범 (1991)	사회적 문제들의 해결을 기업의 인적 · 물적 자원 등을 통해 사회적 약자를 도울 책임
비세르 (Visser, 2009)	사회의 복지를 보호하고 개선할 경영자의 의무, 경제적 · 법적 책임을 완수하거나 그 이상의 의무를 수행하는 것

출처: 황보람 · 김환희(2010). p. 129. 〈표 1〉에서 발췌

을 대규모로 시행하고 있다. 기업의 사회공헌활동(corporate philanthropy)이란 '기업이 행위 주체가 되어 기업 내 근로자가 아닌 기업 외에 행하는 복지적 개입의 총체'(박찬임, 1996; 김은희, 2001)로 정의되며, 이 개념은 주체, 대상, 형태, 재원의 네 가지 차원에서 살펴볼 수 있다(황보람 · 김환희, 2010: 130).

첫째, 주체차원에서 보면 기업의 사회공헌활동은 크게 재단과 기업 내부의 전담부서에서 이루어진다. 재단이 기업과 일정한 관계를 유지하면서 사회공헌활동을 펼친다면 기업 내부의 전담부서는 물적 기부는 물론 직원들의 자원봉사활동을 직접 동원, 조직, 배치하는 것을 특징으로 한다.

둘째, 대상차원에서 볼 때 기업의 사회공헌활동은 기업 외부, 특히 기업의 직접적이고 명시적인 이해당사자인 주주 및 투자자, 그리고 소비자와 생산과정상의 협력업체를 벗어난 지역사회 전반을 대상으로 삶의 질 향상 및 지역사회 통합을 목적으로 한다.

셋째, 형태차원에서 보면 물적 기부, 즉 현금 및 현물 기부(기술 지원 및 시설개방 포함)와 인적 봉사로 나뉜다.

마지막으로 기업의 사회공헌활동의 재원은 기업 매출액의 일부와 조직구성원으로서의 직원들의 자발적, 비자발적 기부액으로 이루어진다.

3) 산업복지의 필요성

산업복지가 필요한 이유는 첫째, 산업복지는 노동자와 그 가족을 원조함으로써 직장 내외에서 발생하는 그들의 욕구를 충족시켜 만족스러운 생활을 영위할 수 있도록 지원할 수 있다. 둘째, 산업복지는 열악한 작업환경을 개선하고 보다 나은 직장 내 물리적 혹은 사회적 환경을 조성하기 위한 일도 수행한다. 셋째, 파업노동자들의 요구를 충족시키기 위한 협상이나 실업자를 위한 서비스프로그램도 제공할 수 있다. 넷째, 전문적 사회사업지식과 기술을 활용하여 사회심리적 · 정신적 문제들에 대한 개입도 가능하기 때문이다.

이처럼 산업복지는 노동자 개인뿐 아니라 가족, 기업, 나아가 사회 전체의 복지향상에 기여한다. 그러므로 산업복지는 단지 기업의 경영정책적 측면이나 노동조합의 요구 때문에 시행되어서는 안 되고 사회정책적 차원에서 시행될 필요가 있다(이정환 외, 2007: 15).

또한 물량중심적 경제개발이 가져다준 여러 문제들을 사회개발로 보완하면서 산업사회에 따른 노동자의 인간성을 회복시켜 주고, 인간다운 보람 있는 삶을 영위하도록 삶의 질 내지는 노동생활의 질을 높여 주기 위해 산업복지가 필요하다(조흥식 외, 2001: 27).

한국의 경우 정치, 경제, 사회적 측면에서 살펴보면 다음과 같다(이정환 외, 2007: 15-16). 먼저 정치적 측면에서 보면 한국은 민주화 과정 등 정치, 사회적 환경의 변화로 노동자들의 권리가 신장되었는데, 이는 한국의 산업복지 발전에 질적 · 양적으로 큰 변화를 초래하였다. 경제적 측면에서는 과거 1960~1970년대 한국의 경제발전과정에서 성장의 몫이 노동자에게 불평등하게 분배됨으로써 상대적 박탈을 경험한 그들에게 보상하는 의미에서 산업복지를 통한 노동자의 소득보장 등이 절실하게 요구되었다. 사회적 측면에서는 노동자가 건강하고 문화적인 생활을 영위하여 인간다운 생활을 할 수 있도록 보장수단으로서 산업복지의 필요성이 인식되었다.

송호근(1995)은 1987년 이후 한국에서 산업복지의 필요성에 대한 인식 제고 및 발전을 가져온 조건에 대해서 다음과 같이 정리하고 있다. 첫째, 과도한 임금인상 요구를 충족시키지 못했을 경우 임금보전의 수단으로 복지수단을 제공해야 했다. 둘째, 충분한 임금인상이 이루어진 경우라도 노동자들의 급진성을 완화시키려는 목적으로 부가혜택을 제공해야 했다. 셋째, 노동자들의 직장소속감을 고취시키고 근로의욕을 증진하여 기업의 경쟁력을 제고하려는 정책적 목적에서 더 많은 부가급여를 제공했다. 넷째, 노동조합의 요구를 수용할 수밖에 없는 상황에서 적정선을 넘어 부가급여를 인상했다.

4) 산업복지의 특징 및 기능

산업복지는 다음과 같은 특징을 갖고 있다(박용순, 2006: 292). 첫째, 산업복지는 경영이나 노동의 후원아래 이루어진다. 둘째, 산업복지는 직장 내외의 근로자의 전체적인 삶의 질에 관심을 가진다. 셋째, 산업복지는 전문사회복지사의 전문적인 사회복지의 실천활동이다. 넷째, 산업복지는 경영이나 노동, 이들 양자의 연합적 후원으로 근로자와 그 가족의 욕구충족을 돕는다. 다섯째, 산업복지는 근로자 삶의 질을 향상시키기 위하여 사회사업의 지식과 기술을 활용하여 실시되는 전문 사회복지실천이며 사회복지의 한 분야라 할 수 있다.

산업복지는 근로자에게는 욕구의 충족과 삶의 질 향상을 통한 복지의 증진이라는 복지적 기능과 생산성의 향상을 통한 이윤의 증대라는 산업적 기능도 수행한다. 구체적으로 산업복지의 기능은 크게 다섯 가지로 제시된다(김기태 · 박병현 · 최송식, 2004: 493-495 재인용).

첫째, 노동력의 보호기능이다. 일반적으로 산업복지는 노동력을 보호하는 기능을 갖고 있다. 즉, 산업재해와 직업병의 예방과 재활을 통하여 그리고 건강의 보호와 증진, 레크리에이션과 휴식시간의 관리, 주택과 식사의 제공 등을 통해 노동력의 손실을 방지하고 노동력 재생산을 촉진하여 양질의 노동력 확보에 기여한다.

둘째, 노동력 안정화의 기능이다. 부가급여형태 등의 산업복지는 임금차이가 없는 동종업계에서 기업의 매력도를 상승시키며, 다른 직장으로 전직하려는 근로자의 이직의도를 약화시킬 수 있다. 즉, 노동력의 이동을 줄이고 안정된 노사관계를 유지시킴으로써 원활한 노동력 확보에 기여하고 기술과 경험의 축적을 가능하게 한다.

셋째, 노동력 표준화의 기능이다. 노동력은 개인, 가족 그리고 주변 환경적 요소 때문에 저해될 수 있다. 노동력을 저해하는 다양한 요소들을 산업복지를 통해 노동자들이 가지는 다양한 특징을 제거, 변형 또는 순화시켜 작업에 투입할 수 있도록 표준화한다.

넷째, 사회적 책임수행기능이다. 일반적으로 기업은 이윤추구의 목적을 위해 존재하는 조직으로 인식되어 왔다. 그러나 생태학적 관점과 사회연대성, 사회통합의 가치는 기업을 지역사회의 일원으로 파악하기 시작하였다. 그래서 기업은 사회에 대한 반대급부를 사회에 대한 책임으로 인식하고 이를 이행해야 한다. 또한 산업복지에 내재하는 사회사업의 잠재력을 동원할 수 있다. 그러므로 산업복지는 지역사회 관계, 긍정적 행동, 순회복지서비스, 시설개방과 같은 활동에서 전문적 자문을 제공한다.

다섯째, 조직의 인간화기능이다. 이는 인간이 생활하는 장으로서 일의 세계가 혹사와 괴로움의 장이 아니라 보다 쾌적하고 지낼 만한 환경으로서 존속하도록 산업복지의 적극적 노력이 요구된다. 이는 마치 인간공학이 작업하기에 적합한 기계기구와 작업환경을 설계하는 것과 같이 산업복지는 근로자가 일하며 일생을 지내기에 적합한 인간관계와 조직을 구상하고 조언할 수 있다. 그러므로 산업복지는 재택근무제, 과제중심조직과 같은 직무설계와 조직개발의 분야에서 복지적 전문 소견을 공급하여 조직의 인간화에 기여한다.

5) 산업사회복지사의 역할과 활동

산업사회복지사의 역할은 다양하게 제시할 수 있다. 예컨대, 상담가, 교육가, 개발가, 중개자, 옹호자 등의 역할을 수행한다(이정환 외, 2007: 107-115; 노병일, 2008: 73-78; 남기민, 2005: 418-419).

첫째, 상담가 역할은 근로자 개인, 가족, 집단을 평가하고 이들에게 단기적 또는 장기적으로 상담서비스를 제공하는 것이다. 근로자가 자신의 욕구를 분명하게 파악할 수 있도록 도와주며 근로자가 자신의 문제를 분명히 파악하도록 해 준다. 또한 근로자가 자신이 겪고 있는 문제에 대한 대안과 해결책을 찾을 수 있도록 해 주고, 근로자 자신이 겪고 있는 문제를 더 효과적으로 다룰 수 있는 능력을 개발하도록 도움을 준다.

둘째, 교육가 역할이다. 사업장에서 근로자에게 정보를 제공하고 근로자 자신의 의견을 설명하고 표현하는 법을 교육하며 복지사가 효과적인 행동 · 기술의 모범적 역할을 수행한다.

셋째, 개발가 역할이다. 이는 사업자 및 근로자의 욕구를 파악하여 욕구를 충족시켜 줄 수 있는 새로운 프로그램을 개발하는 역할이다. 즉, 서비스에 대한 정보를 기록하고 프로그램을 분석하기 위한 자료를 제공하게 될 노조나 경영의 정보체계의 작동을 개발한다.

넷째, 중개자 역할이다. 이는 도움이 필요한 근로자를 회사의 내부 · 외부 자원에 의뢰할 뿐만 아니라 사후에도 지속적으로 관리하는 역할이다. 의뢰를 하기 위해서는 여러 기관, 정부조직, 노동조합, 다양한 기관들에 대한 사전조사 및 협력구축이 필요하다.

다섯째, 옹호자 역할이다. 이는 근로자 개인의 힘으로 확보할 수 없는 서비스와 자원을 근로자가 얻을 수 있도록 도와주는 역할이다. 즉, 노동시장에 참여하려고 준비 중이거나 또는 노동시장에 다시 참여하려고 준비 중인 사람들에게 서비스를 제공할 수 있도록 옹호해 준다. 또한 노동시장에 참여하고 있는 근로자에게 서비스를 제공하도록 하는 것이다.

한편, 커즈먼(Kurzman, 1987)은 산업사회복지사의 구체적인 활동을 다음과 같이 제시하고 있다(조홍식 외, 2001: 310-311 재인용).

첫째, 실직 당할 위험에 처해 있는 문제 근로자가 자신의 개인문제를 풀어나가도록 도와주기 위해 상담이나 기타 활동을 제공한다.

둘째, 근로자의 욕구를 충족시키기 위해 지역사회의 서비스를 사용하는 것과 관련하여 조언하고 프로그램과 연계해 준다.

셋째, 현장감독이 자기 관할 근로자의 직무능력에 변화가 일어나는 것을 보고 어느 시점에서 이 근로자를 복지 부서에 의뢰해야 할 것인가를 결정할 수 있도록 교육하며, 의뢰된 근로자에게 적절한 조처를 취한다.

넷째, 서비스에 대한 정보를 기록하고 인적 자원 프로그램의 분석에 필요한 자료를 제공하는 정보체계를 개발하고 운영을 감독한다.

다섯째, 충족되지 않은 욕구에 근거해 인적 자원 프로그램이 미래에 나가야 할 방향을 구상한다.

여섯째, 인적 자원 정책개발과 관련하여 의사결정을 담당하는 간부와 경영진에게 자문을 제공한다.

일곱째, 현재 근무 중이거나 퇴직한 근로자를 위한 복지 · 의료 · 여가 · 교육 프로그램을 시작하도록 도와준다.

여덟째, 복지급여제도와 의료제도를 운영하는 것과 새로운 계획을 도와준다.

아홉째, 여성 · 소수민족 · 장애인을 위해 적절한 차별 철폐제도를 기획하고 실시하는 것과 관련하여 자문을 제공한다.

6) 산업복지의 과제

산업복지의 몇 가지 과제를 제시하면 다음과 같다(조흥식 외, 2001; 서윤 외, 2008; 한국임상사회사업학회, 2007).

첫째, 산업복지정책의 확충이다. 한국의 경우 국가복지의 후진성으로 기업에서 제공되는 복지혜택이 근로자들의 삶의 질에 중요한 영향 요소다. 그러므로 복지국가의 확대에 있다. 즉, 산재보험, 고용보험이 영세한 작업조직에까지 확대될 수 있도록 해야 하며 실질적인 최저생활 보장이 가능하도록 급여의 임금 대체율 수준을 높여야 한다. 또한 불안정한 노동시장정책을 개선해야 한다. 즉, 적극적 노동시장정책의 부재는 고용상담기관, 직업훈련기관 등의 직업안정 인프라의 부실과 부족을 초래한다. 이는 곧 근로자의 의욕을 감소시키는 것으로 직결된다. 따라서 적극적인 노동시장정책의 활성화가 필요한 실정이다.

둘째, 산업복지프로그램의 개발이다. 선진국의 경험을 살펴보면 단기적으로 산업복지프로그램을 운영하는 것은 일정한 비용이 소요되지만, 장기적으로는 효과적인 산업복지프로그램의 운영은 근로자의 삶의 질 향상뿐만 아니라 기업의 전반적인 생산성 향상에도 매우 긍정적인 영향을 미치기 때문이다.

셋째, 산업복지사의 역할 확대 및 강화다. 일반적으로 산업복지사의 대상은 현재 일하고 있는 근로자에 한정되어 있다. 그러나 산업복지사는 잠재적 근로자와 가족을 포함하여 그들에게 필요한 전문 개입기술을 개발하여야 한다. 예를 들어, 취업준비자, 근로자, 그들의 가족, 실업자 등 다양한 계층에 따라 직업준비를 위한 개입을 해야 한다. 이때 다양한 지식과 기술을 활용하여야 한다.

4. 교정사회복지

1) 교정사회복지의 개념

교정은 좁은 의미에서 사회의 요구에 따라 유죄가 확정된 범죄자를 처벌하고 장래사회에 유용한 삶을 영위할 수 있도록 그들을 지역사회에 재통합시키려 취하는 행동이라고 할 수 있다. 또한 교정은 넓은 의미에서 형사사법의 특정한 과정에서 의미를 가지기보다 범죄 혹은 비행과 관련하여 공적인 제재가 가해지는 순간부터 사회에 복귀하여 통합되어 가는 일련의 과정을 포함하는 개념으로 정의할 수 있다(최준, 2007: 136). 이런 측면에서 교정복지(correctional welfare)는 비행청소년과 범죄인의 재활을 돕고 비행과 범죄를 예방하는 데 중점을 둔 사회복지실천이라고 할 수 있다.

구체적으로 이러한 교정사회복지에 대해 최옥채(2004)는 개별사회사업, 집단사회사업, 지역사회사업, 사례관리와 같은 기초적인 사회복지실천방법론을 활용하여 비행청소년이나 범죄인이 심리사회적으로 가장 편안한 상태를 유지하면서 사회에 적응해 갈 수 있도록 돕는 활동이라고 정의하고 있다. 또한 구종회(2001)는 교정사회복지에 대해 교정기관에서 비행과 범죄로 인해 조사를 받거나 교정받는 사람들과 그 가족들에게 사회사업의 윤리와 철학에 기초하여 사회적 기능을 회복시키고 예방하며, 보다 안정된 사회생활을 돕는 전문직이라고 설명하고 있다.

이상의 내용을 통해 교정사회복지란 범죄자와 그 가족, 환경을 대상으로 범죄자들을 교정하고 건강한 재사회화를 돕기 위해 지원하는 총체적인 활동이라고 할 수 있다.

2) 교정사회복지의 실천

교정사회복지실천은 교정관련 기관 및 시설을 중심으로 설명할 수 있는데, 먼저 교정관련 기관 및 시설을 중심으로 교정사회복지실천을 살펴보고자 한다. 교정사회복지실천 현장은 경찰, 검찰, 법원, 교정기관, 보호기관, 민간기관, 지역사회로 구분할 수 있다(윤철수 외, 2008: 371-375; 최옥채, 2004).

우선 경찰은 범죄의 예방, 진압, 수사와 같은 치안유지를 하는 기능을 수행하며, 여기에서 교정사회복지는 행정발전위원, 명예경찰, 방범대원으로 청소년비행을 예방하는 데 참여할 수 있다. 또한 범죄예방을 위해 지역사회주민을 조직하거나 지역사회 내 비행청소년이나 범죄인을 위한 변호자 혹은 중재자 역할을 할 수 있다.

검찰은 경찰의 지원을 받아 자체 수사활동과 경찰의 수사업무를 지휘 · 감독하는 기능이 있으며, 이와 관련하여 선도조건부 기소유예제도를 통해 제도적으로 교정사회복지실천을 수행할 수 있다. 즉, 이 제도에 따라 기소유예기간 중 지방검찰청 검사장의 위촉을 받아 범죄예방 자원봉사위원을 맡아 활동할 수 있다.

법원은 대검찰청, 고등검찰청, 지방검찰청에 대응하여 단계별로 대법원, 고등법원, 지방법원이 설치되어 있으며, 비행청소년과 범죄인을 처분 · 처벌하는 기관이다. 여기에서는 지방법원의 소년부(지원)에 소년자원보호자협회의 자원봉사자로 활동할 수 있으며, 담당판사에게 피고인을 위해 탄원서나 진정서를 제출하거나 가사부에서 사건 상황을 상세히 이해하기 위해 조사관에게 판결전조사를 의뢰할 때 조사관으로 참여할 수 있다.

교정기관은 범죄인에 대한 처벌을 집행하는 곳으로 법무부 교정국의 지휘 · 감독을 받는다. 교정기관은 유형별로 구치소, 교도소, 여자교도소, 소년교도소, 치료감호소, 개방교도소, 직업훈련교도소로 구분할 수 있다. 여기에서는 수용자가 교도소 생활에 적응할 수 있도록 돕고, 수용자와 직원의 관계가 향상되도록 하며, 수용자의 범죄 유형에 따라 심층적 치료에 개입할 수 있다. 또한 수용자 가족을 지지하고 도우며, 교정시설에서 필요한 자원봉사자 등의 자원을 개발, 관리할 수 있다.

보호기관으로는 법무부 보호국에서 관장하는 보호관찰소, 소년원, 소년분류심사원, 치료감호소가 있다. 보호관찰소에서는 보호처분을 받은 비행청소년과 집행유예기간 중인 성인 형사범의 보호관찰을 담당한다. 소년원 및 소년분류심사원과 치료감호소는 비행청소년과 범죄인을 수용한다. 소년원은 소년원 수용처분을 받은 청소년을 수용하여 직업훈련과 학과교육을 중심으로 운영하고 있으며, 소년분류심사원은 법원이 위탁하거나 가정이나 학교 및 청소년보호단체가 의뢰한 청소년을 보호 · 수용하면서 이들에게 도움을 준다. 치료감호소는 「치료감호법」에 따라 정신질환이나 정신지체로 인해 범죄를 일으킨 자들을 수용하여 이들을 치료한다. 이러한 보호 영역 중 보호관찰소에서는 상담기술과 프로그램을 통해 개입할 수 있으며, 소년원과 소년분류심사원에서는 교육자, 조사자, 상담자, 치료자 등의 역할을 할 수 있고, 수용청소년을 위한 보호소년지도위원으로 활동할 수 있다.

민간기관으로는 한국갱생보호공단, 법원위탁시설, 가출청소년쉼터가 있으며, 민간단체로 한국소년보호협회가 있다. 이러한 기관 중 갱생보호공단의 경우 제도적으로 개입할 수 없으나 범죄예방 자원봉사위원 등의 자원봉사자로 활동할 수 있으며, 위탁시설의 경우에는 후원자나 협력자로 활동할 수 있다.

마지막으로 비행범죄 취약지역의 경우 지역주민들에게 비행 및 범죄와 관련된 제도와 범죄인들에게 유용한 정보를 제공할 수 있으며, 지역사회 자원을 동원하여 비행과 범죄예방을 위한 실제적인 프로그램을 운영할 수 있다. 또한 제반 교정사회복지실천 현장과 교류하여 비행청소년이나 범죄인과 이들 현장 간 중개자 역할을 할 수 있다.

이와 같이 교정관련 기관 및 시설을 중심으로 살펴본 교정사회복지실천을 통해 교정사회복지사의 주요 내용을 정리하면 다음과 같다. 첫째, 교정사회복지사는 비행청소년과 범죄인의 적응을 위해 도움을 주며, 둘째, 범죄인의 질병치료에 개입한다. 셋째, 비행과 범죄예방을 위해 노력하며 넷째, 비행청소년과 범죄인 가족을 위해 도움을 주고 다섯째, 보호관찰업무를 협력하는 역할을 한다. 여섯째, 교정자원봉사자를 관리하고, 마지막으로 교정사회복지사는 교정제도 개선에 기여하는 역할을 한다(윤철수 외, 2008: 383-385).

3) 교정사회복지의 대상과 교정사회복지사의 역할

교정사회복지의 대상은 영역에 따라 다를 수 있지만, 범죄를 저지른 사람도 사회의 한 구성원이며, 언젠가는 지역사회로 되돌아올 것이라는 측면에서 일차적으로 비행청소년 및 범죄자가 대상자이며, 이차적으로 비행 혹은 범죄로 피해를 받은 피해자와 범죄의 원인이 된 환경이 대상이 될 수 있다. 즉, 교정사회복지는 비행청소년 및 범죄자, 범죄의 피해자 그리고 환경을 대상으로 범죄자의 재활, 피해자의 지원, 환경변화를 목적으로 교정사회복지실천을 수행하게 된다. 특히 비행청소년은 다른 대상자들보다 취약하기 때문에 보다 많은 사회적 관심이 필요한 대상이라고 할 수 있다. 이에 교정사회복지 대상으로 비행청소년에 대해 구체적으로 살펴보고자 한다.

비행이란 청소년에게 한정되어 사용되는 용어로, 비행청소년이란 법률에 저촉되는 행위를 하였거나 가능성이 높은 청소년을 의미한다. 이와 관련하여 「소년법」에서는 소년비행을 범죄소년, 촉법소년, 우범소년, 불량행위소년으로 설명하는데, 우선 범죄소년은 14세 이상 20세 미만의 소년으로 형벌법령에 저촉되는 행위를 한 자로 형사책임을 진다.

둘째, 촉법소년은 12세 이상 14세 미만의 소년으로 「소년법」에 저촉되는 행위를 한 자이며 형사책임은 없다.

셋째, 우범소년은 12세 이상 20세 미만의 소년으로 보호자의 정당한 감독에 복종하지 않는 성벽이 있거나 정당한 이유 없이 가정에서 이탈하거나 장래 형벌법령에 저촉되는 행위를 할 우려가 있는 자다.

넷째, 불량행위소년은 20세 미만의 소년으로서 음주, 끽연, 흉기소지, 싸움, 부녀희롱 등으로 자기 또는 타인의 덕성을 해하는 풍기문란행위를 한 자다. 특히, 우범소년과 불량행위소년은 행위자체로 구별되지 않고 장래 범죄를 행할 우려성의 여부에 따라 구체적으로 결정해야 한다. 청소년비행의 주요 유형에는 절도, 폭력, 사기, 유해화학물질 사용 등이 있으며, 청소년비행은 충동적인 성향이 강하고 공격성이 강한 특성을 나타낸다.

다음 교정사회복지사의 역할을 살펴보면, 교정사회복지사는 비행청소년을 교화하여 재범을 방지하고 사회복귀를 돕는 데 목적이 있다. 이에 따라 교정사회복지사의 역할을 정리하면 다음과 같다(박용순, 2008: 343-344).

먼저, 상담자 역할이다. 교정사회복지사는 교정현장에서 비행청소년을 위해 다양한 상담을 할 수 있다. 이러한 상담은 일시적이고 형식적인 상담이기보다는 비행청소년들이 경험하는 어려움을 파악하여 지원해 줄 수 있는 전문적이고 체계적인 상담이어야 한다.

둘째, 안내자 역할이다. 교정사회복지사는 재소자나 비행청소년들에게 다양한 정보를 신속히 전달하는 역할을 해야 한다. 교정시설에 있는 재소자뿐 아니라 지역사회의 비행청소년들은 다양한 정보에 차단되어 있는 경우가 많기 때문에 이들에게 필요한 정보를 제공해 주는 역할을 할 수 있다.

셋째, 중재자 역할이다. 교정사회복지사는 교정시설의 실무자 간, 실무자와 비행청소년 간 관계가 갈등없이 원만히 이루어질 수 있도록 해야 한다. 또한 교정사회복지사는 교정시설 외부에 있는 피수용자 가족 및 갈등관계에 있는 사람들과의 관계를 회복하도록 돕는 역할을 수행할 수 있다.

넷째, 교육자 역할이다. 교정사회복지사는 비행청소년이 재활을 통해 변화와 깨달음을 얻을 수 있도록 교육하는 역할을 수행할 수 있다. 비행청소년의 교화는 마음의 변화를 이룰 수 있도록 하는 지식과 사회복귀에 필요한 기술을 익히게 하는 교육에서 출발하기 때문에 교육자로서 이들에게 다양한 서비스를 제공할 수 있다.

용어해설

- **낮병원(day hospital)**: 낮시간에 병원에 와서 필요한 치료와 서비스를 받고 귀가하는 부분 입원의 형태
- **퇴원계획(discharge planning)**: 병원에서 환자를 다른 환경으로 용이하게 이전하는 데 필요한 모든 활동

참고문헌

강흥구(2009). 의료사회복지의 장기적 발전 방향. **사회과학논총**, 24(2), 1-26.

구종회(2001). **교정사회사업의 이해**. 서울: 홍익재.

권경연(2007). 한국 학교사회복지실천모형의 운영현황과 그 발전방안에 관한 연구. 인하대학교 행정대학원.

김기태 · 박병현 · 최송식(2004). **사회복지의 이해**. 서울: 박영사.

남기민(2005). **현대사회복지학**. 파주: 양서원.

노병일(2008). **현대산업복지론**. 고양: 공동체.

박용순(2006). **사회복지개론**. 서울: 학지사.

박용순(2008). **사회복지개론**. 서울: 창지사.

서윤 · 강병연 · 박연희 · 서강훈 · 심미연 · 오복희 · 유명원 · 이원식(2008). **사회복지학의 이해**. 서울: 학지사.

성민선 외(2005). **학교사회복지의 이론과 실제**. 서울: 학지사.

송호근(1995). **한국산업복지연구**. 한국노동연구원.

윤철수 · 노혁 · 도종수 · 김정진 · 김미숙 · 석말숙 · 김혜경 · 박창남 · 장은숙(2008). **사회복지개론**. 서울: 학지사.

윤철수 · 진혜경 · 안정선(2006). **학교교육과 복지**. 파주: 양서원.

이수진(2005). 학교사회복지 모델에 따른 교사들의 인식 비교 연구. 이화여자대학교 사회복지대학원.

이영호 · 심경순 · 김태준(2006). **정신보건사회복지의 이해**. 서울: 학지사.

이정환 · 노병일 · 변보기(2007). **산업복지론**. 파주: 교육과학사.

전재일 · 권복순 · 조운희 · 이경은 · 이성국(1997). **학교사회사업**. 서울: 사회복지개발연구원.

정성숙(2010). 의료사회사업이 병원이미지에 미치는 영향에 관한 연구－천안지역 중심으로. 단국대학교 석사학위논문.

조홍식 · 김진수 · 홍경준(2001). **산업복지론**. 파주: 나남출판.

최옥채(2004). **교정복지론**. 서울: 학지사.

최준(2007). 교정복지와 교정복지전문가. **교정복지연구**, 10, 133-159.

한국임상사회사업학회(2007). **사회복지개론**. 서울: 신정.

한국정신보건사회사업학회(2002). 정신보건사회복지사를 위한 정신보건 전문요원 수련교재. 파주: 양서원.

분당서울대학교병원 의료사회사업실.

한국학교사회복지사협회(http://www.kassw.or.kr)

제13장 사회복지와 복지국가

학습개요

- 이 장에서는 복지국가 형성배경과 유형, 그리고 전개과정에 대해서 살펴본다. 이를 위해 국가 유형에 따른 기능과 역할의 차이와 변화를 알아보고, 복지국가 발전단계별 특징과 의미를 살펴본다.

학습목표

- 복지국가의 개념과 목표를 알 수 있다.
- 복지국가의 유형을 살펴보고 분석할 수 있다.
- 복지국가 발전단계별 특징과 의미를 알아보고, 향후 전개될 복지국가 변화방향을 예측할 수 있다.

학습과제

- 복지국가 유형을 적용하여 한국의 사회복지 발전 정도를 가늠해 보자.
- 사회투자국가에 대한 개념을 정리하고, 우리나라에서 전개되고 있는 사회투자정책의 예를 찾아 그 성과를 분석해 보자.

제13장 사회복지와 복지국가

1. 복지국가의 개념

1) 국가 유형의 변화와 복지국가

복지국가의 개념을 살펴보기 위해서는 먼저 국가의 유형과 성격을 살펴보는 것이 중요하다. 왜냐하면 복지국가란 국가의 다양한 기능 가운데 복지기능이 제도적으로 강화된 국가이기 때문이다. 따라서 국가가 역사적으로 어떻게 성장해 왔고, 어떤 배경과 과정 속에서 구성원들의 복지문제에 개입하게 되었는가를 이해할 필요가 있다.

김태성, 성경륭(2000: 19-41)은 국가의 유형을 구분하는 기준을 두 가지로 제시하였다.

① 국가가 사회에 대해 법과 질서유지라는 기본적 기능만 수행하는가, 아니면 경제발전이나 시민을 위한 복지제공과 같은 실제적 기능도 수행

〈표 13-1〉 국가의 유형이 갖는 특성과 차이점

<table>
<tr><th colspan="2" rowspan="2">구 분</th><th colspan="2">국가권력의 구성과 행사</th></tr>
<tr><th>폐쇄적/권위적</th><th>개방적/대중참여적</th></tr>
<tr><td rowspan="2">국가기능</td><td>기본적 기능</td><td>정복국가 · 약탈국가</td><td>민주국가</td></tr>
<tr><td>실체적 기능</td><td>발전국가</td><td>복지국가</td></tr>
</table>

하는가, ② 국가권력의 구성과 행사가 소수의 지배집단에 의해 독점되고 있는가, 아니면 국가의 구성원 전체에게 개방되어 있는가에 따라 정복국가 · 약탈국가, 발전국가, 민주국가, 복지국가 등 네 가지 유형으로 구분하였다.

각각의 국가 유형이 갖는 특성과 차이점은 〈표 13-1〉과 같다.

(1) 정복국가 · 약탈국가

정복국가(conquering state)란 강압수단을 소유하고 타인 혹은 타 집단을 강제적으로 지배하는 데 전문화된 정치집단 또는 군사집단이 특정 영토 내외의 경쟁세력을 무력으로 정복함으로써 강압력을 독점하고 수립한 국가를 의미한다. 이러한 국가를 약탈국가(predatory state)라고도 일컫는데, 국가 자신이 생산활동을 통해 부를 창출하지 않으면서 특정 영토 내의 사회구성원들에게 폭력을 사용하거나 폭력사용의 위협 혹은 외부로부터의 침략 위협을 이용하여 보호요금을 갈취하기 때문이다.

이러한 국가들은 폐쇄적이고 권위적인 국가권력을 행사하면서 최소한의 질서유지기능을 수행한다. 즉, 사회 내부로부터의 저항을 무력화하고 저항세력을 무장해제시키기 위한 질서유지기능이나 산적 또는 강도 등에 의한 사적 약탈과 사적 폭력을 금지하는 등 사회구성원들에게 최소한의 보호서비스를 제공한다. 따라서 이러한 의미의 질서유지는 사회구성원 모두에게 공공재(public goods)로서의 성격을 갖는다.

정복국가 · 약탈국가는 이후 간접통치를 근간으로 하는 연합체적 국가나 봉건국가에서 주민에 대한 직접통치를 실시하는 '국민국가(national state)'로 발전했다.

(2) 발전국가

정복국가 · 약탈국가는 강압력을 독점하면서 특정 영토와 주민에 대한 직접적 통치를 실시하는 국민국가로 발전한다. 그러나 정복(즉, 경쟁자의 제거와 피지배자의 복종)과 약탈(즉, 각종 자원의 추출)의 극대화를 추구하는 이러한 형태의 국가 형성과정은 다음과 같은 한계를 지닌다. 즉, ① 국가 간 전쟁이나 치열한 생존경쟁으로 조성된 외부적 제약, ② 정복과 약탈이 일정 수준 이상을 넘어설 때 발생하는 각종 저항(예를 들어, 폭동과 반란, 납세거부, 징병거부 등)의 발생, ③ 더 나은 보호와 지원을 제공하는 다른 국가로의 이탈가능성 등이다.

이러한 한계를 극복하고 국가재정수입을 극대화하기 위해 국가는 피지배자의 복종을 전제로 다음과 같은 조치를 취하게 된다. 즉, 사회구성원들의 재산권에 대한 보장, 자유로운 경제활동에 대한 보호, 도로와 항만 등 사회간접자본 확충 등을 통해 경제발전을 지원한다. 이런 점에서 생산활동을 보호하고 경제발전을 지원한 발전국가를 서비스국가(service state) 혹은 유기적 국가(organic state)라고도 부른다.

발전국가는 자본주의적 산업화를 촉진하고 놀라운 경제성장을 달성하게 된다. 그러나 발전국가가 경제발전을 촉진하고 지원하는 과정에서 강압수단을 소유한 정치집단과 생산수단을 소유한 경제집단, 특히 자본가집단 사이에 이익의 융합현상이 나타나고 그 결과 양자 사이에 폐쇄적 지배연합이 형성된다.

(3) 민주국가

폐쇄적이고 권위적인 국가권력을 행사하던 정복국가 · 약탈국가, 발전국가는 국가권력의 분산과 사회구성원들의 정치참여와 선거로 민주국가(democratic state)로 변모하게 된다. 즉, 국가권력이 사회구성원들의 정치적 참여와 선거에 의해 구성되고, 그동안 자의적으로 이루어져 온 국가권력의 행사가 의회와 사법부 등에 의해 공공적 통제를 받게 된 것이다. 이로 인해 군주(혹은 왕)가 폐쇄적으로 독점하였던 국가권력이 사회구성원들의 참여와 견제에 개방됨으로써 민주국가가 탄생하였다.

국가기능과 관련된 민주국가의 주요한 특징은 국가권력의 구성과 행사가 정당 간 경쟁과 선거를 통해 이루어지는 공적 영역(public sphere)에서는 민주주의 원리가 적용되고, 시장을 통해 상업 및 산업활동이 영위되는 사적 영역(private sphere)에서는 자유주의 원리가 적용된다는 점이다. 시장에 대한 국가개입이 이념적으로 또는 현실적으로 거부되던 상황에서 민주국가가 사회에 대해 실질적으로 담당했던 가장 중요한 기능은 법과 질서 유지기능과 국내외 시장에서의 자본가계급에 대한 보호기능이었다.

(4) 복지국가

민주국가가 복지국가로 전환되는 데는 크게 두 가지 이유가 있다. 첫째, 민주주의는 자본주의 경제체제의 주요 계급으로 성장한 노동계급에게 노동 3권(단결권, 단체교섭권, 단체행동권)을 부여해 노동계급의 조직화와 집단행동을 합법적으로 보장했기 때문이다. 둘째, 민주주의는 민주적 제도와 절차를 통해 노동계급의 이익을 대변하는 좌파정당이 합법적으로 국가권력을 장악함으로써 자본가계급의 이익에 반하는 개혁정책을 시도할 수 있는 가능성을 보장했기 때문이다.

이 두 가지 요인의 결합으로 민주국가와 자본주의 경제체제 사이에는 피할 수 없는 구조적 갈등이 나타났고, 이 갈등을 해소하는 방안의 하나로 공적복지의 제공을 통해 국민들의 삶의 안전과 평등을 촉진하고자 하는 복지국가가 수립되었다고 볼 수 있다.

복지국가가 성립되는 시기와 그 정치, 경제적 조건은 나라마다 다르고, 또한 각 나라가 수립한 복지체제는 많이 상이하기 때문에 민주국가에서 복지국가에 이르는 하나의 길은 제시하기 어렵다. 그러나 자본주의적 경제발전이 상당히 진전되고 정치민주화가 이루어진 거의 대부분의 나라들이 복지국가로 전환된 것은 민주주의가 복지국가 발전에 얼마나 중요한 구조적 요소인지를 잘 보여 준다.

2) 복지국가의 어원

복지국가(welfare state)는 1880년대 독일의 비스마르크(Bismarck)가 시작한 사회보험체계에서 그 기원을 찾을 수 있다. 유럽의 여러 국가들이 빈민통제와 구제를 위한 개입을 시작한 것이 14세기부터였다고는 하나, 이 시기는 국가에 의한 잔여적 복지 제공의 틀을 벗어나지 못했었다. 영국이나 프랑스에 비해 뒤늦게 산업화의 길에 들어선 독일은 노동자들을 대상으로 한 사회보험제도를 도입한 후 적용 대상의 확대와 다른 나라로의 확산에 기여하는 등 복지국가의 기틀을 마련하였다.

복지국가라는 어원 또한 독일에서 시작한 사회보험체계를 두고 명명한 볼팔트슈타트(Wohlfartstaat)에서 그 유래를 찾을 수 있으나, 당시 비스마르크정부가 민주주의 정부가 아니었기 때문에 최초의 기원으로 인정하지 않는 것 같다. 대신 복지국가라는 용어는 1930년대 후반 영국 옥스포드대학의 알프레드 짐메른(Alfred Zimmern)이 강연 등에서 독일 나치즘의 권력국가(power state)에 대비되는 뜻으로 사용했다. 요크 시의 주교였던 윌리엄 템플(William Temple)은 1941년에 『시민과 성직자(*Citizen and Churchman*)』에서 나치스의 전쟁국가(warfare state)와 대조해 영국의 국가이념을 복지국가로 지칭하면서 성문화했다고 알려지고 있다(Bruce, 1968: 30-31; 김상균 외, 2001; 325-326 재인용).

복지국가라는 용어에 구체적인 의미가 부여된 것은 1942년 영국의 베버리지가 '사회보험과 관련 서비스'라는 보고서를 통해 광범위한 사회보장과 완전고용의 실현을 국가의 책임으로 제시하고, 1945년 정권을 잡은 노동당 정부가 1948년까지 사회보장체계를 완성한 이후다. 이 기간에 집권 노동당은 「가족수당법」(Family Allowances Act: 1945년), 「국민보건서비스법」(National Health Services Act: 1946년)을 제정하고, 이어 1948년 「국민부조법」(National Assistance Act)을 제정하면서 347년간 지속되었던 「엘리자베스빈민법」을 폐지하고 '요람에서 무덤까지'의 사회보장제도를 확립하여, 복지국가의 원년을 열었다.

3) 복지국가의 개념

복지국가에 대한 개념은 사회복지의 개념 정의만큼이나 매우 광범위하게 정의되고 있다. 이는 연구자의 가치관, 이념적 관점, 특정 이론에 대한 신념 등 다양한 변수의 조합에 따라 복지국가에 대한 개념이 달라지기 때문이다.

일반적으로 복지국가는 국민들의 복지가 가족 또는 시장이 아니라 국가의 책임아래 제공되는 국가를 의미한다. 이에 대한 보다 정교한 개념 정의를 살펴보면 다음과 같다(김태성 · 성경륭, 2000: 45-48).

(1) 윌렌스키의 정의(Wilensky, 1975)

국가가 모든 국민에게 최소한의 수입, 영양, 건강, 주택, 교육을 보장하는 것이다. 국가의 이러한 복지 제공은 자선이 아니라 모든 국민이 누리는 정치적 권리에 대응하여 주어지는 것이다. 최소한의 수준을 보장하기 위하여 국가가 시행하는 모든 프로그램들은 그 결과에서 재분배를 통해 평등을 증진시킬 수 있다.

이러한 그는 정의는 '최소한의 전국적 기준'을 매우 중요한 복지국가의 기준으로 설정하면서, 불평등 감소와 평등 증진은 국가복지의 결과로서 얻어지는 부산물이라는 시각을 나타낸다.

(2) 헤크셰르(Heckscher, 1984)

복지국가는 자국 내에 거주하는 국민들의 삶에 대해 집합적 책임을 지는 국가다. 복지국가는 빈곤을 제거하기 위해 노력하고 국민들이 빈곤상태에 빠지는 경우 그들을 위해 적절한 사회보장을 제공한다. 또한 복지국가는 기회의 평등을 촉진하여 국민들의 삶을 향상시키기 위해 노력한다.

그는 '기회의 평등'과 '결과의 평등' 중 복지국가는 국민들에게 적절한 사회보장을 제공하되 결과의 평등이 아닌 기회의 평등을 촉진하는 데 초점을 둔다고 하였다.

(3) 코르피(Korpi, 1983)

복지국가의 발전 정도는 정치적 민주주의와 국민들에 대한 최소한의 사회보장을 전제조건으로 하여 상대적 빈곤이 어느 정도 감소되는가 혹은 결과의 평등이 어느 정도 실현되는가에 따라 결정된다.

그는 최소한의 전국적 기준에 의한 복지 제공을 하는 국가의 경우 절대적 빈곤 개념에 입각하여 빈곤선을 설정하는 것으로서, 이러한 국가는 매우 낮은 단계의 복지국가로 규정할 수 있다고 하였다. 높은 수준의 복지국가를 이루기 위해서는 상대적 빈곤을 감소시키고, 적극적인 재분배를 통해 결과의 평등을 증가시키는 노력을 해야 한다고 규정하였다.

(4) 에스핑-안데르센(Esping-Andersen, 1990)

복지국가에는 다양한 형태의 복지체제, 즉 자유주의적, 조합주의적, 사회민주적 복지체제가 존재한다. 그러나 복지국가의 발전 정도는 국가에 의해 부여되는 사회권이 국민들의 시장에 대한 의존성을 얼마나 줄이는가 즉, 탈상품화(decommodification) 정도가 어느 정도인가에 달려 있다.

사회민주주의자인 그는 코르피보다 더 진보적인 입장을 보였다. 즉, 상대적 빈곤의 감소에서 한 걸음 더 나아가 국민들의 삶을 어느 정도 탈상품화(시장기제에 대한 독립성 정도)시킬 수 있느냐 하는 점에 초점을 두고 있다.

이상과 같이 복지국가의 다양한 정의 내용을 정리해 보면 다음과 같은 세 가지 공통점을 발견할 수 있다.

첫째, 복지국가는 자본주의 경제체제 속에서 발전하고 있다는 점이다. 자본주의 산업화 과정에서 발생한 광범위한 빈곤, 산업재해, 경제적 불평등, 실업 등의 사회문제를 해결하기 위해 복지국가가 등장했다고 본다.

둘째, 복지국가가 탄생할 수 있는 필요조건으로 정치적 민주주의를 전제로 하고 있다. 만약 정치적인 민주주의가 이루어져 있지 않다면 국가와 자본가계급을 움직여 막대한 비용이 소요되는 복지국가를 구축하는 것이 어려울 것이다. 자유권, 참정권, 선거권 등을 비롯한 정치권을 박탈한 채 국민들에게 물질적으로 향상된 보장만을 제공한다고 하더라도 이는 진정한 복지라 할 수 없다.

셋째, 복지국가는 모든 국민에게 최소한의 인간다운 생활을 할 수 있는 생활수준, 즉 최소한의 국가적 수준(national minimum) 이상을 보장하는 국가다. 이는 특정의 빈곤층만을 대상으로 열등수급(less eligibility)의 원칙에 따라 빈민구제를 실시했던 과거의 국가와는 구별되는 기준이다.

4) 복지국가의 목표

현대적 의미의 복지국가는 일반적으로 사회적 보호에 대한 정부의 상당한 책임을 지는 국가를 의미한다. 따라서 현대 산업국가는 정도의 차이는 있어도 모두 복지국가(the welfare state)라고 말할 수 있다(Gutmann, 1988: 4). 정부의 개입과 통제기능을 빌리지 않고서는 현대사회가 구조적으로 안고 있는 빈곤, 실업, 질병, 교육, 주책, 환경 등의 문제를 해결할 수 없기 때문이다. 이러한 맥락에서 브리그스(Briggs, 1961: 221)는 복지국가는 스스로의 힘으로 살아갈 수 없는 사람들의 복리를 향상시키기 위해 '시장의 작동을 수정'하기 위한 것이라고 하였다.

브리그스는 복지국가의 목표를 세 가지로 제시하였다(박병현, 2006: 48-50). 첫째, 실업, 노령과 같은 '우발적인 사고'로 정상적인 자립이 불가능할 경우 사람들로 하여금 소득을 유지할 수 있도록 돕는 것이다. 즉, 소득상실의 보충(offsetting income loss)을 목표로 한다.

여기에 해당하는 정책으로는 소득의 상실을 보상해 줌으로써 경제적 불안정을 예방해 주는 사회보험정책이 있다. 사회보험정책의 대상이 되는 주요 자격요건은 빈곤상태만이 아니다. 오히려 사회보험정책의 주요 목표는 빈곤여부에 상관없이 모든 사람들의 소득상실에 대처하는 것이다. 예를 들어, 실업자는 그 자체로 빈민을 의미하지 않지만 고용보험의 실업급여 수급자격이 주어진다. 퇴직노인은 다른 유형의 소득이 있을 수 있지만 노령연금 수급자격이 주어진다. 이러한 제도들은 모든 계층의 사람들을 대상으로 하는 보편적인 성격을 지니고 있기 때문에 복지국가 예산 가운데 가장 많은 부분을 차지한다.

둘째, 개인과 가족에게 최저수준의 소득을 보장해 줌으로써 그들이 적어도 최저수준의 물질적인 충족을 얻을 수 있도록 하는 것을 목표로 한다. 이것은 빈곤퇴치(antipoverty)에 해당한다. 여기에 해당하는 사회복지정책으

〈표 13-2〉 복지국가의 세 가지 목표

목 표	정 책	대상 집단
경제적 보장: 우발적인 사건으로 상실된 소득을 대체	사회보험정책: 질병, 실업, 장애, 퇴직, 배우자의 사망 등에 대비한 사회보험	근로계층, 퇴직자, 그들의 가족 및 피부양자
물질적 충족: 최저수준의 소득을 보장	공공부조정책: 현금급여 및 사회적 서비스	빈민 및 특수계층
기초 서비스 제공: 중요한 상품과 서비스에의 접근 보장	교육정책, 의료보장정책, 주택정책, 영양보충정책	모든 국민

출처: Neil Gilbert & Paul Terrell (1998).

로는 공공부조가 있다. 공공부조정책은 기술과 자립심의 조장과 불우한 사람들이 주류사회로 들어갈 수 있도록 하는 서비스를 제공한다. 공공부조정책의 대상이 되는 주요 자격요건은 일정한 수준 이하의 소득이 있는 개인이나 가족이다. 즉, 특정 욕구를 지니고 있는 특수계층을 대상으로 한다. 선정방법은 자산조사 등의 방법을 사용한다. 여기에 소요되는 국가재정은 사회보험정책에 비교해서 적게 소요된다.

셋째, 모든 국민들이 그들의 지위나 속해 있는 계층과 관계없이 그들의 삶에 필수적이고 기본적인 최소한(the basic minimum essentials of life)의 상품과 서비스를 제공받는 것이다. 대표적인 서비스로는 건강보호, 교육, 적절한 영양, 탁아, 주택 등을 시민적 권리로서 제공하는 것이다. 이상의 내용을 정리하면 〈표 13-2〉와 같다.

2. 복지국가의 유형

윌렌스키가 1975년 『복지국가와 평등(*The Welfare State and Equality*)』에서 22개국을 대상으로 한 복지국가 유형화를 최초로 시도한 이래 복지국가 유형화에 대한 많은 연구가 이루어졌다. 이러한 연구들은 다양한 기준에 따라 복지국가를 유형화하고자 했는데, ① GDP 대비 사회복지 지출에 따른 분류, ② 사회복지프로그램의 도입시기에 근거한 분류, ③ 복지국가 성격의 개념적 분석에 따른 분류 등이 있다.

1) GDP 대비 사회복지 지출에 따른 분류

1975년 윌렌스키는 22개 국가를 복지국가로 규정하고 각국의 국민총생산에 대한 사회보장비 비율을 비교하였다. 그리고 그 비율이 20% 이상이면 복지선진국(the welfare state leaders), 15~20%면 복지중진국(middle-rank spenders), 그리고 10~15%면 복지후진국(the welfare state laggards)이라고 규정했다.

사회복지 지출 비율에 기초한 유형화는 오늘날 가장 많이 활용되는 기준으로, 자료 확보가 용이하고 비교방법이 단순하다는 장점이 있다.

그러나 단점으로는 첫째, 국가마다 사회복지 산출방식이 다르기 때문에 어느 나라에서는 포함된 항목이 다른 나라에서는 포함되지 않을 수 있다는 점이다.

둘째, 국가마다 사회복지 지출의 성격이 다르다는 점을 반영할 수 없다는 점이다. 즉, 어떤 국가들은 정부의 일반예산으로 직접 사회복지서비스를 제공하는 비용이 많이 포함된 반면, 어떤 국가들은 사회보험 재정에서의 비용이 많이 포함되기도 한다. 복지국가의 발전을 사회권의 확대로 본다면, '보편적 프로그램'을 강조하는 국가들이 '계약상의 권리'인 사회보험을 강조하는 국가들보다 더 발전된 것으로 볼 수 있다. 따라서 단순히 사회복지 지출이 많은 국가라고 해서 복지선진국으로 분류하는 것은 바람직하지 않은 측면이 있다.

셋째, 국가마다 사회복지 지출의 분야별 편차가 존재한다는 사실을 반영할 수 없다는 점이다. 즉, 프랑스나 스웨덴 등의 국가에서는 국민연금 등 직접적인 소득보장에의 지출이 많은 반면, 캐나다, 일본, 미국 등은 교육에 대한 지출이 상대적으로 높다. 사회복지의 가장 큰 목표가 국민의 최저생활 보장이라는 측면에서 보면 교육에 대한 지출이 상대적으로 높다는 것은 복지국가 발전의 후진성을 보여 주는 것이라고 할 수 있다.

2) 사회복지프로그램의 도입시기에 근거한 분류

사회복지의 가장 대표적인 다섯 가지 프로그램인 국민연금, 건강보험, 산재보험, 실업보험, 아동수당의 도입시기에 따른 분류다. 이는 어떤 제도를 일찍 도입하면 그만큼 제도의 성숙도가 높을 것이라는 가정에 근거하고 있다. 독일은 산재보험, 건강보험, 국민연금 등을 가장 먼저 도입하였고, 그 때문에 복지국가의 선두주자로 불린다.

반면, 미국, 캐나다, 네덜란드 등은 적어도 한 세대 후에 이러한 프로그램을 도입하였다. 특히 미국의 경우 독일에 비해 50년이 지나서야 국민연금, 산재보험을 도입하였고, 전 국민을 대상으로 하는 강제적인 의료보험은 아직 도입하지 않았으며, 아동수당은 존재하지 않는 등의 이유로 복지후진국이라고 부르고 있다.

이 방법은 최초의 도입시기를 통일할 수 없다는 한계를 가지고 있다. 왜냐하면 어떤 국가에서는 임의적용이나 일부 국민을 대상으로 했던 시기를, 어떤 국가에서는 강제적용이나 전 국민을 대상으로 했던 시기를 적용하기 때문이다. 또한 도입시기가 빠르다고 해서 반드시 성숙한 제도가 되었다고 볼 수 없다는 점도 문제로 지적할 수 있다. 즉, 도입시기가 빨랐다고 해도 프로그램의 내용(대상, 급여수준, 자격, 재원조달방법 등)에서 부실하게 발전할 수도 있고, 도입시기가 늦었다고 해도 충실하게 발전할 수 있는 여지가 있기 때문이다.

이런 문제점을 반영한 연구로는 커들(Kurdle)과 마모르(Marmor)의 1981년 연구와 피어슨(Pierson)의 1991년 연구가 있다. 커들과 마모르는 그들의 연구에서 복지프로그램의 도입시기가 빠른 국가들과 늦은 국가들에 특별한 명칭을 사용하지 않고 단순히 제1군(Group I)과 제2군(Group II)이라고만 명명했다. 피어슨은 먼저 시작한 나라들에 대해서는 '한 세대 앞선(a generation early)'이라는 표현을 사용하고 그에 대칭되는 나라들을 '제2세대(second generation)'라고 불렀다. 두 연구결과를 보면 프랑스나 독일은 제1군이나 제1세대에 속한 반면, 스웨덴이나 미국은 제2군이나 제2세대로 분류되었다(최일섭 · 정은, 2006: 124).

3) 복지국가 성격의 개념적 분석에 따른 분류

앞에서 소개한 두 가지 유형화에 대한 고찰은 질적 분석이 결여되었다는 한계가 있다. 이러한 약점을 보완한 질적인 연구로는 복지국가의 성격을 개념적으로 분석하는 방법이 사용될 수 있다.

(1) 퍼니스와 틸턴의 구분(Furniss & Tilton, 1977)

서구 선진국가들에서 행해지는 정치적 선택을 설명해 줄 수 있는 규범적 기준을 설정하려는 시도로 이루어진 구분이다.

① 조합지향의 적극국가(corporate-oriented positive state)

자본주의 사회에서 발생하는 여러 가지 시장에서의 문제들과 재분배를 요구하는 세력으로부터 자본가들을 보호하는 데 근본적인 목표가 있다. 따라서 경제적 효율성에 반하는 복지정책에 대한 강한 저항이 있다. 엄격하게 보험수리원칙을 바탕으로 하는 사회보험프로그램에 크게 의존한다. 대표적인 나라로는 미국이 해당된다.

② 사회보장국가(social security state)

국민들의 최저생활 보장을 중요한 목표로 한다. 이러한 목적을 이루기 위해서는 사회보험 이외의 다른 프로그램들이 중요해지고, 사회보험프로그램은 보험원칙에 엄격하게 의존해서는 안 되지만, 사회보장을 하는 데 개인의 동기, 기회, 책임 등을 무시해서는 안 된다고 강조한다. 영국이 대표적인 국가다.

③ 사회복지국가(social welfare state)

정부와 노동조합의 협력을 강조하고, 노조는 정부의 임금과 고용정책에 깊이 개입하여 정부와 기업의 통제를 넘어서며, 전반적인 삶의 질의 평등을 추구한다. 스웨덴이 대표적인 국가다.

(2) 미슈라의 구분(Mishra, 1974)

미슈라는 복지국가의 위기를 타개할 수 있는 진정한 대안을 모색하면서 복지국가 유형을 경제, 사회복지 및 정치의 세 가지 영역에서 구별되는 특성을 기준으로 구분하였다.

① 통합(corporatist or integrated)복지국가

통합복지국가의 경제는 수요 및 공급 측면이 조화를 이루고, 사회복지는 제도화되면서 경제정책과의 상호 보완적 기능을 할 수 있다. 정치는 사회적 합의에 기초하여 주요 사회세력들 간에 균형을 유지한다. 오스트리아, 스웨덴, 서독, 네델란드 등이 여기에 속한다고 하였다.

② 분화(pluralist or differentiated)복지국가

통합복지국가와 정반대의 특성을 나타내는 국가다. 이러한 국가에서의 사회복지는 경제와 구분되고 대립되는 개념으로 본다. 따라서 경제에 나쁜

영향을 주는 사회복지는 제한되고 잔여적인 역할을 한다. 복지정책들은 통합적이지 않고 포괄적이지 못하며 단편화되는 경향이 있다. 미국과 영국 등 영어사용권 국가들이 여기에 속한다고 하였다.

(3) 에스핑-안데르센(Esping-Andersen, 1990)

개인의 복지가 시장에 의존하지 않고도 충족될 수 있는 이른바 탈상품화의 정도와 국가와 사회계층제 형태의 관계를 기준으로 세 가지 유형의 복지국가를 설명하였다.

① 자유주의적 복지국가(liberal welfare state)

소득조사에 의한 공적부조프로그램이 상대적으로 중시되어, 급여 대상으로 저소득층에 초점을 맞추는 경향이 있다. 탈상품화 효과는 최소화되며, 따라서 사회권의 영역은 제한되고 다차원의 사회계층체제를 발생시킨다.

② 조합주의적 복지국가(corporatist welfare state)

사회복지의 제공이 사회적 지위의 차이를 유지하는 데 있다. 따라서 국가가 주된 사회복지 제공자의 역할을 하지만 국가복지의 재분배 효과는 거의 없고 탈상품화 효과에는 한계가 있다.

③ 사회민주적 복지국가(social democratic welfare state)

보편주의 원칙과 사회권을 통한 탈상품화 효과가 가장 크고 또한 새로운 중간층까지 확대되는 국가들이 이에 속한다. 가능한 최대한의 수준에서의 평등을 추구하고 사회의 모든 계층이 하나의 보편적이고 포괄적인 복지체계에 통합된다. 이러한 복지국가의 성공은 완전고용정책의 성공여부에 크게 달려 있다. 〈표 13-3〉은 이상 설명한 세 가지 복지국가 유형의 특성을 잘 보여 주고 있다.

〈표 13-3〉 에스핑-안데르센의 복지국가 유형의 특성

	자유주의적 복지국가	조합주의적 복지국가	사회민주적 복지국가
특징	보편주의 원칙과 사회권을 통한 최대수준의 복지 추구	정부, 자본, 노동의 협조관계에 의한 경제복지정책의 수행	자유주의적 노동윤리를 강조하고 시장원리에 입각한 차별적 수혜
탈상품화 정도	큼	제한적	최소화
급여 대상	모든 시민	피용자중심	빈곤자, 요보호자중심
급여 종류	극대화	필요시 확대가능	극소화
급여수준	중간계층의 생활수준	계층과 지위에 따라 상이	최저생계비
가족복지서비스	강력	미약	미약
사회보험 운영체계	통합적	분립적	분립적
본인 부담(사회보험)	적음	많음	많음
직업복지, 자원복지의 역할	미약	강력	강력
복지에 대한 가족책임의 강조	미약	강력	강력
복지의 재분배적 기능	강력	미약	미약
해당 국가	핀란드, 덴마크, 스웨덴, 네덜란드	프랑스, 독일, 벨기에, 오스트리아, 이탈리아	영국, 일본, 미국, 캐나다, 호주, 스위스

출처: Esping-Andersen, G. (1990).

3. 복지국가의 발전단계

독일에서 1880년대 사회보험제도가 처음 도입된 이후 서구의 많은 국가들에서 복지국가 기틀 마련을 위한 각종 제도들이 도입되었다. 제2차 세계대전 이후 1970년대까지 복지 선진국가들은 전 국민을 대상으로 한 보편적인 복지제도들을 도입하는 등 사회복지 확대와 발전을 이룩하였다. 그러나 1973년 발생한 석유파동과 경제성장 둔화, 신보수주의의 득세는 복지국가의 새로운 방향에 대한 모색을 요구하고 있다.

여기에서는 복지국가가 어떠한 배경과 상황 속에서 발전해 왔는지를 살펴보고자 한다(김태성 · 성경륭, 2000: 61-127).

1) 복지국가의 기원(~1880)

일반적으로 1880년대에 독일에서 수립된 사회보험제도를 복지국가의 기원으로 본다 하더라도, 유럽의 여러 국가들이 빈민통제를 위해 국민의 복지문제에 개입하기 시작한 것은 훨씬 이전인 14세기까지 거슬러 올라갈 수 있다.

고대에서 근대에 이르기까지 개인이 다양한 삶의 문제에 직면했을 때 그에게 일차적으로 복지제공을 담당한 가장 중요한 주체는 가족과 친족이었다. 그다음으로는 공동체 내의 친구, 이웃, 동업조직 그리고 종교단체를 비롯한 각종 자선단체 등이 부차적으로 복지제공 기능을 수행하였다. 인류역사의 오랜 기간에서 보통 사람들은 문제 상황에 처했을 때 국가로부터 제도적 복지제공이 없는 상태에서 자신을 중심으로 형성된 방어선을 따라 비공식적 · 자발적 복지제공 통로를 통해 생존을 영위해 왔다는 뜻이다.

그러나 봉건제가 해체되던 14세기, 흑사병과 인클로저운동 등으로 수많은 유망인과 걸인이 양산되었다. 이러한 빈민을 통제하기 위해 국가는 복지제공에 깊숙이 개입하기 시작했고, 서서히 가장 중요한 주체로 부상하기 시작하였다. 영국에서 가장 체계적인 「구빈법」으로 알려진 1601년 「엘리자베스 빈민법」은 14세기 이후 확립된 빈민통제와 노동통제 그리고 빈민구제에 대한 국가의 법적 · 재정적 책임을 명시하였다. 그러나 이것은 잔여적 복지제공으로서 모든 사람들이 자신의 생존을 유지하기 위한 필요에 턱없이 모자라는 것이었다.

2) 복지국가의 태동(1880~1920)

1880년대 독일에서 제정된 일련의 사회보험제도들은 공적, 노동포섭적, 항상적, 예방적, 제도적 복지제공의 새로운 주체인 복지국가를 태동시키는 역사의 전기를 조성하였다. 사회보험이 복지의 역사에서 갖는 중요성은 다음 네 가지로 요약할 수 있다. 첫째, 사회보험은 제도화된 일상적 수단을 통해 빈곤을 예방하는 데 초점을 둔다. 둘째, 특정의 위기가 발생했을 때 가입자의 소득을 보장하는 데 중점을 둔다. 셋째, 주요 수혜자는 취업한 남성노동자들이다. 넷째, 수혜자는 보험료를 납부하기 때문에 혜택의 수혜는 상호성을 띠고 또 수혜자는 혜택에 대한 법적 청구권을 가진다. 그러므로 사회보험은 자선이 아니라 권리로서의 복지개념에 더 잘 부합된다.

19세기 후반에 사회보험제도가 수립되고 나아가 복지국가가 등장하게 된 거시 역사적 조건은 다음과 같이 세 가지로 제시해 볼 수 있다. 첫째, 19세기 후반에 이르러 많은 유럽국가들에서 자본주의적 산업화가 고도로 진행되면서 산업화로 인한 새로운 '사회적 문제'—빈곤문제, 실업문제, 주택과 도시환경문제, 질병문제—를 개혁적으로 풀어 가야 했다. 둘째, 강력한 국민국가의 형성이다. 이는 자본주의적 산업화가 초래한 부산물인 제반 사회적 문제들을 풀어 가는 해결자로서의 역할을 충분히 해낼 수 있게 한 요인이었다. 셋째, 19세기 들어 확산되기 시작한 정치적 민주주의였다. 대중의 정치적 권리가 신장되고 노동계급의 정치참여가 허용되면서 복지국가 등장의 역사적 조건을 형성한 것이다.

1880년대 독일에서의 세 가지 사회보험제도 수립으로부터 비롯된 복지국가의 태동은 각 국가에 존재하는 여러 가지 상이성에도 불구하고 전 유럽으로 확산되어, 1919년까지는 거의 모든 유럽국가에서 복지제도가 가장 핵심적 제도로 정착되었다. 유럽과 정치 · 경제 · 사회 · 문화적 측면에서 이질성이 높은 미국과 캐나다에서는 이 제도들이 다소 늦은 경제공황기에 도입되었지만 역시 복지국가의 초보적 기초는 다졌다고 할 수 있다. 이처럼 19세기 후반과 20세기 초반 사이에 유럽과 북미에서 수립된 핵심적 복지제도들은 이후 복지국가가 양적 · 질적으로 확장되는 토대가 되었다.

3) 복지국가의 정착기(1920~1945)

복지국가의 정착기라고 불리는 1920년대부터 제2차 세계대전의 종결시점까지는 세계적 수준에서 진행된 대규모 전쟁과 경제공황이 복지국가 발전의 가장 중요한 요인이었다.

1 · 2차 대전 같은 총력전이 진행되는 동안 구미의 국가들은 효과적 국민동원을 위해 전후에 국가가 국민들에게 더 나은 삶을 보장할 것이라는 약속을 할 수밖에 없었다. 국민들에게 엄청난 희생을 강요하고 동시에 국민생활의 광범위한 영역에 국가가 개입하면서 국가의 국민에 대한 복지책임이 증가하게 되었다. 그뿐 아니라 전쟁은 엄청난 수의 사상자와 빈민을 양산하여 종래의 구빈제도나 시장을 통한 상업보험제도는 더 이상 작동할 수 없었다. 따라서 전쟁기간 중에 혹은 그 직후에 노령연금과 실업보험 같은 중요한 사회복지제도가 수립되었고 또 각종 제도의 수혜자가 증가하게 된 것이다.

한편, 경제공황은 전쟁과 다른 측면에서 국가의 경제개입과 복지개입을 초래하였다. 1920년대 말과 1930년대의 경제공황은 세계 곳곳에서 광범위한 생산중단을 가져왔고 동시에 엄청난 수의 실업자를 양산하였다. 이러한 절박한 상황에서 구미의 국가들은 자본과 노동 사이에 사회협약을 체결하여, 경제적 측면에서는 케인즈경제학과 완전고용이라는 목적이 정부 내에 수용되었다. 그리고 정치적으로도 경제적 어려움에 대한 사회문제들에 대해서 사적 부문에서 대처할 수 있다는 신념이 와해되고 정부역할의 적극론이 사회 전반에 수용되었다. 두 차례의 전쟁과 대공황으로 특징되는 1920~1945년 기간의 복지국가 발전은 제도적 확충, 복지수혜자의 범위 확대, 복지예산의 증대라는 세 가지 측면에서 진행되었다고 할 수 있다. 특히 복지제도의 '2세대(second generation)'라고 할 수 있는 실업보험은 1920년 이전에, 가족수당은 1920년 이후에 거의 모든 국가에 도입되었다.

이러한 변화들은 무엇보다도 19세기 후반부터 태동하기 시작한 복지국가의 제도적 · 재정적 기틀을 확고부동하게 정착시킨 것은 물론, 복지수혜자를 확대시킴으로써 복지국가를 지탱하게 하는 지지세력을 확보하게 되었다는 점에서 커다란 의의를 갖는다.

4) 복지국가의 팽창기(1945~1975)

제2차 세계대전이 종결된 1945년부터 대략 1975년까지는 '복지국가의 황금기'로 불린 시기였다. 그 이유는 1920~1945년에 제도적 · 재정적 측면에서, 그리고 복지수혜자 측면에서 확고하게 정착된 복지국가가 2차 대전 이후 약 30년간 지속된 경제적 번영과 함께 복지국가의 발전이 모든 측면에서 극대화되었기 때문이다. 그뿐 아니라 이 시기에는 이전 시기에 뉴딜, 사회계약 혹은 역사적 타협을 위해 국가-자본-노동 간에 형성된 화해적 정치구조가 그대로 지속되어, 경제성장-완전고용-복지국가를 한 묶음으로 하는 '동의의 정치(politics of consensus)'가 장기간 실현되었다. 이러한 화해적 정치구조는 국가에 따라서 사회민주당, 노동당 혹은 민주당의 집권하에 수립되었다.

이 기간에 구미 선진국들이 높은 경제성장률, 낮은 인플레이션 그리고 낮은 실업률을 기록하였다는 것은 그만큼 이들 국가들이 복지비 지출을 더 많이 할 수 있는 좋은 조건을 가지고 있었다는 뜻이다. 일본과 미국을 제외한 대부분의 나라들이 1960년대까지 대체로 GDP 대비 10%대의 복지비를 지출했으나, 1970년대 중반에 오면 모두 20% 이상을 복지비로 지출했다.

제도적인 측면에서의 뚜렷한 변화는 없었다고 할 수 있다. 그 이전까지 구축되어 온 다양한 복지제도들이 개별 국가에 빠르게 확산되어 나라마다 산재보험, 질병보험, 노령연금, 실업보험, 가족수당 등의 제반 복지제도를 갖추었고 또한 사회서비스와 공적부조를 위한 제도도 더욱 확충되었다. 이 시기의 복지국가는 복지수혜자 또한 보편화되어 복지 발전이 절정기에 이르렀다고 할 수 있다.

5) 복지국가의 재편기(1975~현재)

지속적인 경제성장에 힘입어 국가의 복지지출이 증대함으로써 복지국가는 확대일로를 걷게 되었다. 그러나 이러한 경제성장에 조율을 맞추어 성장해 온 복지국가는 1970년대 중반 이후에 새로운 전환점을 맞는다. 1973년에 무려 5배의 유가상승을 가져온 석유파동은 2차 대전 이후 약 30년간 지속되어 온 자본주의의 안정적 축적체제를 근원적으로 뒤흔드는 결정적 작용을 했다. 경제성장률은 저하되고, 인플레이션은 급증했으며, 실업률은 상승했다.

1970년대 후반 이후 사회민주당이 확고한 정치적 헤게모니를 행사하던 구미 선진국의 대부분의 나라에서 보수회귀의 물결이 일어났다. 흔히 신우파(new right) 혹은 신보수주의(neo-conservatism)로 불리는 보수세력은 1973년 석유파동 이후의 경제위기가 오직 유가상승이라는 외부적 요인에 의해서만 기인한 것이 아니라, 근본적으로는 자유시장 기제의 작동을 왜곡하는 국가의 경제개입과 복지개입이라는 내적 요인에서 비롯되었다고 주장했다. 그리하여 이들은 경쟁력을 강화하고 경제성장과 고용증대를 이루기 위해서 국가의 경제개입을 축소하는 것은 물론 생산비의 경직적 상승을 가져오는 복지지출을 감축해야 한다고 주장했다.

그러나 보수정권에 의한 지속적 복지삭감 노력에도 불구하고 1975년 이후 국가의 복지비 지출은 실제로는 증가해 왔다. 다시 말하면, 복지비 지출의 증가율은 둔화되었지만 복지비의 절대액은 감축되지 않았다.

보수정권의 대대적인 복지삭감에도 불구하고 실제로 복지비가 증가한 이유는 다음의 다섯 가지 요인으로 설명할 수 있다.

- 노령화의 진전에 따라 노령연금의 지출이 빠르게 증가했다.
- 실업률의 증가에 따라 실업수당과 공적부조 지출도 대폭 증가했다.
- 인플레이션의 심화에 따라 물가에 연계된 각종 급여지출이 늘어났다.
- 복지수혜자와 복지 분야 종사자 수가 늘어나면서 복지삭감에 반대하는 친복지 세력이 증가했다.
- 선거경쟁은 복지삭감정책이 가져올 부정적 결과를 두려워하는 정당들로 하여금 이 정책을 피하게 하거나 보다 적극적으로 복지증진정책을 추구하게 만들었다.

이러한 사실은 비록 복지국가에 대한 보수세력의 이념적 · 이론적 공세가 치열했고 복지삭감을 위한 정치적 조치들이 강경했다 하더라도, 경제악화와 인구학적 변화에 따른 복지비 증가의 내적 요인들이 너무나 광범위하고 강력했음을 잘 반영한다고 볼 수 있다.

4. 복지국가의 전망

석유파동 이후 지난 30여 년 동안 신자유주의를 중심으로 복지국가의 위기와 변화 및 조정, 즉 복지국가 재편과 관련된 논의가 많이 이루어졌다. 이것은 대체로 세금삭감, 복지비삭감, 민영화, 규제완화, 노동유연성 강화와 같은 정책을 통하여 작지만 강한 정부를 표방하면서 진행되었다. 이러한 경향은 노동연계복지(workfare)를 전제로 복지급여를 제공하는 방향을 통해 확인할 수 있다. 이는 노동능력이 있는 사람은 노동이나 이와 상응하는 노력을 통해서만 급여를 받을 수 있도록 하거나 급여기간을 제한하는 등의 조치를 취하는 것이다. 복지국가 황금기 시절 보편주의 입장에서 사회복지의 권리로서 제공하던 급여와는 사뭇 다른 변화를 보이는 것이다. 신자유주의의 확산은 세계적으로 나타나고 있는 빈부격차 확대와 양극화 심화에 대한 대응을 무력화시키고 있다.

이런 가운데 탈산업사회의 도래는 새로운 사회적 위험(new social risks)에 대비한 복지국가의 노력을 요구하는 상황을 발생시키고 있다. 테일러-구비(Taylor-Gooby, 2004: 2-5)는 새로운 사회적 위험을 네 가지로 제시했다. 첫째, 후기 산업사회의 노동구조가 남녀평등의 방향으로 변화되면서 특히 가정과 직장에서 아동들에 대한 보육이나 노인들에 대한 보호 등의 어려움을 감내하지 않으면 안 되는 저숙련 여성노동자, 둘째, 노령화로 인한 사회적 보호의 수요 증가, 연금과 건강서비스비용 증가 등으로 인한 노인들, 셋째, 기술발전으로 인한 노동시장의 변화가 비숙련직의 감소를 초래하고, 국제 간 노동이동의 가능성이 증대됨으로써 교육과 고용의 연계로 저교육노동자들의 사회적 배제문제, 넷째, 민영화와 복지 축소에 따른 사적 서비스부분의 팽창은 그에 대한 규제기준이 효과적이지 못할 가능성이 높으며, 따라서 일반시민들을 제대로 보호할 수 없게 되는 위험이 발생한다.

이러한 사회적 위험에 대비하는 복지국가의 노력은 사회적 투자를 확대하는 방향으로 이루어지고 있다. 이는 영국의 1997년 총선에서 집권한 노동당의 블레어(Blair. T)총리가 기든스(Giddens. A)가 제시한 『제3의 길』을 정치노선으로 채택한 것에서 출발한다. 제3의 길이란 고복지-고부담-저효율로 요약되는 사회민주적 복지국가노선(제1의 길)과 고효율-저부담-불평등으로 요약되는 신자유주의적 시장경제노선(제2의 길)을 지양한 새로운 정책노선이다. 즉, 시민들의 사회경제생활을 보장하는 동시에 시장의 활력을 높이자는 차별화 전략으로서 사회투자국가(social investment state)로 개편하자는 것이다.

사회투자전략의 대표적인 예는 노인이 되었다고 해서 무조건 노동을 중단하는 것이 아니라 노인에게 적합한 일자리를 창출하여 제공하고, 법률적인 정년퇴직 조항을 폐지하여 노인의 사회적 참여를 촉진하는 것이다. 또한 인적 자원에 투자하여 실업률을 줄이는 것이다. 중소기업의 창업이나 기술혁신을 적극 지원하고, 평생교육을 통한 지속적인 교육과 직업변경을 위한 재교육에 투자해야 한다. 정부는 가족친화적 직장이 늘어날 수 있도록 아동양육에 대한 지원, 재택근무, 안식년제 등의 제도를 통해 고용과 가사가 조화를 이룰 수 있도록 지원해야 한다. 복지국가 재편에 관한 논의는 현재도 진행 중에 있다.

용어해설

- **비스마르크(Bismarck)**: 1871년 독일국가의 초대수상으로 독일 통일과 국가 발전에 큰 공적을 남김. 수상 재임 시에 사회주의 운동을 저지하기 위해 1878년 「사회주의자 진압법」을 제정하는 한편, 세계 최초로 사회보험제도를 실시함. 이를 당근과 채찍 정책이라고도 하나, 비스마르크 사회보험은 사회정책의 발전에 획기적인 전기를 마련함
- **새로운 사회적 위험(new social risks)**: 탈산업사회의 도래에 따라 기존의 고용모델과 가족모델, 그리고 복지국가의 취약성에 따라 청년실업, 가족해체, 장기요양서비스 욕구 증대 등 기존의 사회적 위험과는 다른 새로운 문제들이 나타나게 됨
- **인클로우저운동(enclosure movement)**: 중세 유럽에서 양모(羊毛)생산을 위해 토지에 경계울타리를 쳐서 사유화한 것을 일컫는 것으로 이에 따라 농민들은 토지를 잃고 유랑민이 되거나 임금노동자로 전락하게 됨
- **케인즈 경제학(keynesian economics)**: 고전학파이론의 맹점을 비판하면서 대공황의 타개를 위해 정부가 민간경제에 대하여 보다 적극적으로 간섭하고 정부지출을

늘려 유효수요를 창출함으로써 대량실업을 없애고 완전고용을 달성할 것을 제창한 케인즈의 이론 및 그 이론을 이어받은 케인즈학파의 경제이론

- **탈상품화**: 에스핑-안데르센(Esping-Andersen)이 제시한 개념으로서 노동력의 유지와 재생산에 필요한 재화와 용역을 얻는 데 있어서 시장에 의존하지 않는 정도. 즉, 노동자가 자신의 노동력을 시장에 내다팔지 않고서도 생계를 유지할 수 있는 정도를 일컬음
- **흑사병**: 페스트균(Yersinia pestis)의 감염에 의하여 일어나는 급성 열성전염병으로 치사율이 높으며 14세기 중기 전유럽에 대유행한 이래 흑사병(black plague)이라 불리게 되었음

참고문헌

김상균 외(2001). **사회복지개론**. 파주: 나남출판.

김태성 · 성경륭(2000). **복지국가론**. 파주: 나남출판.

박병현(2006). **사회복지정책론**. 파주: 학현사.

최일섭 · 정은(2006). **현대사회복지의 이해**. 고양: 공동체.

Briggs, A. (1961). The Welfare State in Historical Perspective. *European Journal of Sociology*. No. 2. 221.

Bruce, M. (1968). *The Coming of the Welfare State*. 4th ed., B. T. Batsford.

Esping-Andersen, G. (1990). *The Three Worlds of Welfare Capitalism*, Princeton: Princeton University Press.

Esping-Andersen(1999). *Social Foundations of Postindustrial Economies*, Oxford University Press.

Furniss. N., & Tilton. T. (1977). *The Case for the Welfare State*, Indiana University Press.

Gilbert. N., & Terrell. P. (1998). *Dimensions of Social Welfare Policy*. Boston: Allen and Bacon.

Gutmann, A. (Ed.) (1988). *Democracy and the Welfare State*, Princeton: Princeton University Press.

Heckscher, G. (1984). *The Welfare State and Beyond: Success and Problems in Scandinavia*, Minneapolis: University of Minnesota Press.

Korpi, W. (1983). *The Democratic Class Struggle*, London: Routledge and Kegan Paul.

Mishra, R. (1974). *The Welfare State in Crisis: Social Thought and Social Change*, Sussx, UK: Wheatsheaf Books, ch. 4.

Taylor-Gooby, P. (Ed.)(2004). *New Risks, New Welfare*. Oxford University Press.

Wilensky, H. (1975). *The Welfare State and Equality: Structural and Ideological Roots of Public Expenditures*, Berkeley: University of California Press.

부록 1

□ 한국의 사회복지사 윤리강령

전 문

사회복지사는 인본주의 · 평등주의 사상에 기초하여 모든 인간의 존엄성과 가치를 존중하고 천부의 자유권과 생존권의 보장활동에 헌신한다. 특히 사회적 · 경제적 약자들의 편에 서서 사회정의와 평등 · 자유와 민주주의 가치를 실현하는 데 앞장선다. 또한 도움을 필요로 하는 사람들의 사회적 지위와 기능을 향상시키기 위해 저들과 함께 일하며, 사회제도 개선과 관련된 제반활동에 주도적으로 참여한다. 사회복지사는 개인의 주체성과 자기결정권을 보장하는 데 최선을 다하고, 어떠한 여건에서도 개인이 부당하게 희생되는 일이 없도록 한다. 이러한 사명을 실천하기 위하여 전문적 지식과 기술을 개발하고, 사회적 가치를 실현하는 전문가로서의 능력과 품위를 유지하기 위해 노력한다. 이에 우리는 클라이언트 · 동료 · 기관 그리고 지역사회 및 전체 사회와 관련된 사회복지사의 행위와 활동을 판단 · 평가하며 인도하는 윤리기준을 다음과 같이 선언하고 이를 준수할 것을 다짐한다.

I. 사회복지사의 기본적 윤리기준

1. 전문가로서의 자세

1) 사회복지사는 전문가로서의 품위와 자질을 유지하고, 자신이 맡고 있는 업무에 대해 책임을 진다.
2) 사회복지사는 클라이언트의 종교 · 인종 · 성 · 연령 · 국적 · 결혼상태 · 성 취향 · 경제적 지위 · 정치적 신념 · 정신, 신체적 장애 · 기타 개인적 선호, 특징, 조건, 지위를 이유로 차별대우를 하지 않는다.

3) 사회복지사는 전문가로서 성실하고 공정하게 업무를 수행하며, 이 과정에서 어떠한 부당한 압력에도 타협하지 않는다.
4) 사회복지사는 사회정의 실현과 클라이언트의 복지증진에 헌신하며, 이를 위한 환경 조성을 국가와 사회에 요구해야 한다.
5) 사회복지사는 전문적 가치와 판단에 따라 업무를 수행함에 있어, 기관 내외로부터 부당한 간섭이나 압력을 받지 않는다.
6) 사회복지사는 자신의 이익을 위해 사회복지전문직의 가치와 권위를 훼손해서는 안 된다.
7) 사회복지사는 한국사회복지사협회 등 전문가단체 활동에 적극 참여하여, 사회정의 실현과 사회복지사의 권익옹호를 위해 노력해야 한다.

2. 전문성 개발을 위한 노력

1) 사회복지사는 클라이언트에게 최상의 서비스를 제공하기 위해, 지식과 기술을 개발하는 데 최선을 다하며 이를 활용하고 전파할 책임이 있다.
2) 클라이언트를 대상으로 연구하는 사회복지사는 저들의 권리를 보장하기 위해, 자발적이고 고지된 동의를 얻어야 한다.
3) 연구과정에서 얻은 정보는 비밀보장의 원칙에서 다루어져야 하고, 이 과정에서 클라이언트는 신체적, 정신적 불편이나 위험 · 위해 등으로부터 보호되어야 한다.
4) 사회복지사는 전문성을 개발하기 위해 노력하되, 이를 이유로 서비스의 제공을 소홀히 해서는 안 된다.
5) 사회복지사는 한국사회복지사협회 등이 실시하는 제반 교육에 적극 참여해야 한다.

3. 경제적 이득에 대한 태도

1) 사회복지사는 클라이언트의 지불능력에 상관없이 서비스를 제공해야 하며, 이를 이유로 차별대우를 해서는 안 된다.
2) 사회복지사는 필요한 경우에 제공된 서비스에 대해, 공정하고 합리적으로

이용료를 책정해야 한다.

3) 사회복지사는 업무와 관련하여 정당하지 않은 방법으로 경제적 이득을 취해서는 안 된다.

II. 사회복지사의 클라이언트에 대한 윤리기준

1. 클라이언트와의 관계

1) 사회복지사는 클라이언트의 권익옹호를 최우선의 가치로 삼고 행동한다.
2) 사회복지사는 클라이언트에 대하여 인간으로서의 존엄성을 존중해야 하며, 전문적 기술과 능력을 최대한 발휘한다.
3) 사회복지사는 클라이언트가 자기결정권을 최대한 행사할 수 있도록 도와야 하며, 저들의 이익을 최대한 대변해야 한다.
4) 사회복지사는 클라이언트의 사생활을 존중하고 보호하며, 직무 수행과정에서 얻은 정보에 대해 철저하게 비밀을 유지해야 한다.
5) 사회복지사는 클라이언트가 받는 서비스의 범위와 내용에 대해, 정확하고 충분한 정보를 제공함으로써 알 권리를 인정하고 존중해야 한다.
6) 사회복지사는 문서 · 사진 · 컴퓨터 파일 등의 형태로 된 클라이언트의 정보에 대해 비밀보장의 한계 · 정보를 얻어야 하는 목적 및 활용에 대해 구체적으로 알려야 하며, 정보 공개 시에는 동의를 얻어야 한다.
7) 사회복지사는 개인적 이익을 위해 클라이언트와의 전문적 관계를 이용해서는 안 된다.
8) 사회복지사는 어떠한 상황에서도 클라이언트와 부적절한 성적 관계를 가져서는 안 된다.
9) 사회복지사는 사회복지 증진을 위한 환경조성에 클라이언트를 동반자로 인정하고 함께 일해야 한다.

2. 동료의 클라이언트와의 관계

1) 사회복지사는 적법하고도 적절한 논의 없이 동료 혹은 다른 기관의 클라이

언트와 전문적 관계를 맺어서는 안 된다.

2) 사회복지사는 긴급한 사정으로 인해 동료의 클라이언트를 맡게 된 경우, 자신의 의뢰인처럼 관심을 갖고 서비스를 제공한다.

Ⅲ. 사회복지사의 동료에 대한 윤리기준

1. 동료

1) 사회복지사는 존중과 신뢰로서 동료를 대하며, 전문가로서의 지위와 인격을 훼손하는 언행을 하지 않는다.
2) 사회복지사는 사회복지전문직의 이익과 권익을 증진시키기 위해 동료와 협력해야 한다.
3) 사회복지사는 동료의 윤리적이고 전문적인 행위를 촉진시켜야 하며, 이에 반하는 경우에는 제반 법률규정이나 윤리기준에 따라 대처해야 한다.
4) 사회복지사는 전문적인 판단과 실천이 미흡하여 문제를 야기시켰을 때에는 적절한 조치를 취하여 클라이언트의 이익을 보호해야 한다.
5) 사회복지사는 전문직 내 다른 구성원이 행한 비윤리적 행위에 대해 제반 법률규정이나 윤리기준에 따라 조치를 취해야 한다.
6) 사회복지사는 동료 및 타 전문직 동료의 직무가치와 내용을 인정 · 이해하며 상호 간에 민주적인 직무관계를 이루도록 노력해야 한다.

2. 슈퍼바이저

1) 슈퍼바이저는 개인적인 이익의 추구를 위해 자신의 지위를 이용해서는 안 된다.
2) 슈퍼바이저는 전문적 기준에 의해 공정하게 책임을 수행하며, 사회복지사 · 수련생 및 실습생에 대한 평가는 저들과 공유해야 한다.
3) 사회복지사는 슈퍼바이저의 전문적 지도와 조언을 존중해야 하며, 슈퍼바이저는 사회복지사의 전문적 업무수행을 도와야 한다.
4) 슈퍼바이저는 사회복지사 · 수련생 및 실습생에 대해 인격적 · 성적으로 수

치심을 주는 행위를 해서는 안 된다.

Ⅳ. 사회복지사의 사회에 대한 윤리기준

1) 사회복지사는 인권존중과 인간평등을 위해 헌신해야 하며, 사회적 약자를 옹호하고 대변하는 일을 주도해야 한다.
2) 사회복지사는 필요한 사회서비스를 개발하기 위한 사회정책의 수립 · 발전 · 입법 · 집행에 적극적으로 참여하고 지원해야 한다.
3) 사회복지사는 사회환경을 개선하고 사회정의를 증진시키기 위한 사회정책의 수립 · 발전 · 입법 · 집행을 요구하고 옹호해야 한다.
4) 사회복지사는 자신이 일하는 지역사회의 문제를 이해하고, 그것을 해결하는 일에 적극적으로 참여해야 한다.

Ⅴ. 사회복지사의 기관에 대한 윤리기준

1) 사회복지사는 기관의 정책과 사업 목표의 달성 · 서비스의 효율성과 효과성의 증진을 위해 노력함으로써 클라이언트에게 이익이 되도록 해야 한다.
2) 사회복지사는 기관의 부당한 정책이나 요구에 대하여, 전문직의 가치와 지식을 근거로 이에 대응하고 즉시 사회복지윤리위원회에 보고해야 한다.
3) 사회복지사는 소속기관 활동에 적극 참여함으로써, 기관의 성장 · 발전을 위해 노력해야 한다.

Ⅵ. 사회복지윤리위원회의 구성과 운영

1) 한국사회복지사협회는 사회복지윤리위원회를 구성하여, 사회복지윤리실천의 질적인 향상을 도모해야 한다.
2) 사회복지윤리위원회는 윤리강령을 위배하거나 침해하는 행위를 접수받아, 공식적인 절차를 통해 대처해야 한다.
3) 사회복지사는 한국사회복지협회의 윤리적 권고와 결정을 존중해야 한다.

부록 2

□ 정신보건사회복지사 수련자격 및 수련과정

1. 1급 수련자격

1) 「고등교육법」에 의한 대학원에서 사회복지학 또는 사회사업학을 전공하여 석사학위 이상을 소지하고 사회복지사업에 의한 사회복지사 1급 자격을 소지한 자로서, 보건복지부장관이 지정한 정신보건사회복지사 수련기관에서 3년 이상 수련하여야 한다.
2) 2급 정신보건사회복지사 자격취득 후 정신보건시설 또는 보건소에서 5년 이상 정신보건 분야의 임상실무에 종사한 자로서 이론 및 임상수련기간은 없으며 연간 필요 학술활동 점수를 취득하고 한국정신보건사회복지사협회의 규정에 따라 자격승급에 대한 심사를 필하여야 한다.

2. 2급 수련자격

1) 「사회복지사업법」에 의한 사회복지사 1급 자격소지자로서 보건복지부장관이 지정한 정신보건전문요원 수련기관에서 1년 이상 수련을 이수하여야 한다.
2) 2급 정신보건사회복지사 수련 구성
   ① 수련기간: 1년 이상 실시되어야 하며, 일정은 수련기관의 사정에 따라 정한다.
   ② 수련내용
      -이론교육: 연간 총 150시간을 이수하여야 한다. 이론교육은 한국정신보건사회복지사협회에서 주관하는 교육에 참여하여야 하며 개별적으로 실행할 경우 교과과정에 대해 본 협회에서 인준을 받아야 한다.
      -임상수련: 연간 총 830시간 이상(학술활동 20시간 별도)을 이수하여야 한다. 병원에서 수련하는 경우 수련시간의 1/4을 지역사회기관에서, 지역사회기관에서 수련하는 경우 수련시간의 1/3을 병원에서 수련하여야

한다. 즉, 병원에서는 지역사회기관으로 207시간 이상, 지역사회기관에서 병원으로는 276시간 이상을 실습하여야 한다.

3) 교환수련기관이라 함은 수련기관으로 지정된 정신의료기관을 말하며, 지역사회기관은 보건복지부에서 인가한 사회복귀시설과 정신요양시설, 정신보건센터 및 보건소에서 실시하는 정신보건사업을 말한다. 정신보건사회복지사 수련기관으로 지정된 기관에서 실시하는 것을 원칙으로 하며 부득이한 경우에는 최소한 사회복지사가 근무하는 기관이어야 한다.
4) 수련정신보건사회복지사는 교환수련기관의 기관장 또는 부서장(과장, 실장 또는 팀장)으로부터 교환수련 이수증을 발급받아 자격심사 시 제출하여야 한다.
5) 수련정신보건사회복지사는 자신의 임상수련 기록을 명확하게 관리할 일차적 책임이 있다. 모든 사례의 기록은 한국정신보건사회복지학회에서 매년 발간하는 정신보건사회복지사 수련지침서에 의하여 기록함을 원칙으로 한다.

※ 자세한 사항은 한국정신보건사회복지사협회 홈페이지(www.kamhsw.or.kr) 참조

부록 3

□ 학교사회복지사 자격시험 응시조건

구 분	학교사회복지사 자격시험 응시자격
필수자격요건	1. 사회복지사 1급 자격증 소지자 2. 학교사회복지론 [1)6)]을 이수한 자 3. 아동복지론[2)6)]과 교육학관련 교과목[3)6)] 중 1과목 이상을 이수한 자
선택자격요건	4-1. 240시간 이상의 학교사회복지관련 실습[4)]을 이수한 자 혹은 4-2. 초 · 중 · 고등학교에서 학생복지 업무를 전담하는 사회복지사로 6개월 이상 근무한 자 혹은 4-3. 사회복지기관에서 학교사회복지관련 실무[5)]를 1년 이상 담당한 경력이 있는 자

※ 필수자격요건은 세 가지 사항 모두 충족되어야 하며, 선택자격요건은 세 가지 중 한 가지 이상이 충족되어야 한다.

※ 법령에서 「고등교육법」에 의한 4년제 대학졸업자와 동등 이상의 학력이 있다고 인정하는 자로서 전공 · 학과에 관계없이 보건복지부령이 정하는 '사회복지학 전공교과목과 사회복지관련 교과목'(필수 10, 선택 4)을 이수한 경우로 사회복지사 1급 자격증 취득자라면 응시 가능하다.

1) 학교사회복지론은 학교사회사업론의 명칭도 가능하며, 한국학교사회복지학회 혹은 한국학교사회복지사협회가 주최한 학교사회복지 기초과정 연수(30시간) 이수로 대체할 수 있다.
2) 아동복지론은 청소년복지론 혹은 아동 · 청소년복지론으로 대체할 수 있다.
3) 교육학관련 교과목이란 교육학 개론(교육의 이해), 교육행정론(교육행정 및 교육경영, 교육행정의 이해), 교육정책론, 교육사회학, 교육심리학, 교육철학 및 교육사, 교육과정 및 교육평가, 교육방법 및 교육공학 등 교직 필수 과목을 의미하며, 2급 정교사 이상의 자격을 갖고 있는 자는 교과목을 이수한 것으로 간주한다.
4) 학교사회복지관련 실습 240시간 중 120시간 이상은 필수로 해야 하며, 나머

지 120시간은 학교사회복지관련 내용의 직업체험활동, 자원봉사활동 등으로 대체할 수 있다. 단, 학교사회복지관련 실습 및 자원봉사는 1학기를 기준으로 최대 120시간을 인정하며, 같은 기간의 실습과 자원봉사는 중복인정이 불가능하다. 학교사회복지실습 지도자의 자격은 사회복지현장실습 지침(한국사회복지사협회 사회복지현장실습 지침 참조)의 기준에 적합한 경우만 실습으로 인정이 가능하다.

5) 학교사회복지관련 실무란 학교에 상주하여 학생 및 기타 관련 체계에 사회복지 서비스를 제공하는 학교사회복지 실무와 사회복지기관에서 학교 혹은 학생을 대상으로 하거나 이들과 연계하여 사회복지서비스를 제공하는 아동복지 또는 청소년복지 분야의 실무를 의미한다.

6) 학교사회복지론, 아동복지론, 교육학관련 교과목 이수의 경우 학점인증제 기관에서 이수한 경우도 인정한다.

※ 기타 자세한 사항은 한국사회복지사협회 홈페이지(www.welfare.net), 한국학교사회복지학회 홈페이지(www.schoolsocialwork.org), 한국학교사회복지사협회 홈페이지(www.kassw.or.kr) 참조

저자 소개

⊙엄기욱

일본 사회사업대학 대학원 사회복지학 박사

샌프란시스코주립대학(SFSU) 방문교수

보령효나눔복지센터 관장

현 군산대학교 사회복지학과 교수

〈주요 논문〉

「한·일 노인의 건강관련 라이프스타일과 생활기능의 관계」(보건사회연구, 2012)

「장기요양인력관리 정책에 대한 비교 연구: 일본과 미국을 중심으로」(한국사회복지조사연구, 2011)

「東アジア地域用老親扶養意識測定尺度の開發」(評論·社會科學, 2009)

⊙김순규

전북대학교 대학원 사회복지학과 박사

여성인권지원센터 이사

전라북도아동보호전문기관 사례판정위원

현 전북대학교 사회복지학과 교수

〈주요 논문〉

「다문화가정 자녀의 심리사회적 적응」(청소년학연구, 2011)

「빈곤아동, 청소년의 적응유연성 연구에 대한 고찰」(학교사회복지, 2010)

「청소년 음주에 영향을 미치는 결정요인 분석」(청소년학연구, 2009)

⊙배진희

전북대학교 대학원 사회복지학과 박사

JU보건복지서비스센터장

현 예수대학교 사회복지학부 교수

〈주요 논문〉

「자살 행동 영향 요인-성별, 연령별 집단 비교를 중심으로-」(보건사회연구, 2011)

「사회복지학부 교육의 현장적합성 제고를 위한 탐색적 연구-직업기초능력을 중심으로-」(한국사회복지교육, 2011)

「농촌지역 경로당 운영요인이 노인의 우울에 미치는 영향-이용만족도와 주관적 효과의 매개효과를 중심으로-」(노인복지연구, 2011)

⊙오세영

일본 북쿄대학 대학원 사회복지학과 박사

동산사회복지관 운영위원장

사회복지법인 원광효도마을 이사

현 원광대학교 복지보건학부 교수

〈주요 저서 및 논문〉

『노인복지의 정책과 과제』(공저, 양서원, 2010)

『자원봉사론』(창지사, 2011)

『사회복지행정론』(2판, 신정, 2011)

「일본 개호보험제도에서의 급여억제정책의 전개와 시사」(노인복지연구, 2011)

사회복지개론

2013년 2월 25일 1판 1쇄 발행
2014년 2월 20일 1판 2쇄 발행

지은이 • 엄기욱 김순규 배진희 오세영

펴낸이 • 김 진 환

펴낸곳 • (주) 학지사
121-837 서울시 마포구 서교동 352-29 마인드월드빌딩 5층

대표전화 • 02) 330-5114 팩스 • 02) 324-2345

등록번호 • 제313-2006-000265호

홈페이지 • http://www.hakjisa.co.kr
커뮤니티 • http://cafe.naver.com/hakjisa

ISBN 978-89-997-0020-0 93330

정가 **18,000**원

저자와의 협약으로 인지는 생략합니다.
파본은 구입처에서 교환하여 드립니다.